高等学校交通运输专业精品教材

交通枢纽场站设计与运营

主编 ◎ 张嘉敏　　主审 ◎ 李得伟

西南交通大学出版社
·成　都·

图书在版编目（CIP）数据

交通枢纽场站设计与运营 / 张嘉敏主编. —成都：西南交通大学出版社，2020.6
高等学校交通运输专业精品教材
ISBN 978-7-5643-7475-4

Ⅰ. ①交⋯ Ⅱ. ①张⋯ Ⅲ. ①交通运输中心 – 建筑设计 – 高等学校 – 教材②交通运输中心 – 交通运输管理 – 高等学校 – 教材 Ⅳ. ①U412.38②F502

中国版本图书馆 CIP 数据核字（2020）第 109257 号

高等学校交通运输专业精品教材
Jiaotong Shuniu Changzhan Sheji yu Yunying

交通枢纽场站设计与运营

主编　张嘉敏

责 任 编 辑	周　杨
封 面 设 计	曹天擎
出 版 发 行	西南交通大学出版社 （四川省成都市金牛区二环路北一段 111 号 西南交通大学创新大厦 21 楼）
发行部电话	028-87600564　028-87600533
邮 政 编 码	610031
网　　　址	http://www.xnjdcbs.com
印　　　刷	成都勤德印务有限公司
成 品 尺 寸	185 mm×260 mm
印　　　张	16.75
字　　　数	417 千
版　　　次	2020 年 6 月第 1 版
印　　　次	2020 年 6 月第 1 次
书　　　号	ISBN 978-7-5643-7475-4
定　　　价	48.00 元

课件咨询　028-81435775
图书如有印装质量问题　本社负责退换
版权所有　盗版必究　举报电话：028-87600562

前言

本书为"高等学校交通运输专业精品教材",系统性地梳理了交通枢纽场站设计与运营的最新关键知识点,适用于高等院校交通运输、交通工程、物流工程、轨道交通特色或非轨道交通特色的专业课程教学,同时也为从事交通枢纽场站设计与运营相关专业技术人员提供技术参考资料,为实现交通强国提供理论技术支撑。

"客(旅客运输组织)、货(货物运输组织)、行(行车组织)、站(交通枢纽场站)"通常被视为交通运输大类专业中的四大支柱课程,可见交通枢纽场站即是这四大支柱课程之一;其在交通运输大类专业中具有重要地位,且具有跨度大、知识覆盖面广、受众面广的特点。作为节点,交通枢纽场站是交通运输系统的重要构成部分,是交通运输的保障性基础设施,设计为运输服务是各种交通系统的共同宗旨;本书着重回答交通枢纽场站设计与运营领域如下两个问题:

1. 交通枢纽场站设计中应该配置哪些设施设备?如何整体布局这些设施设备使其组成一个系统?

2. 如何兼顾运营便利与工程节省,贯彻运营提前介入的思想,选择决策策略与运营控制方案,以便取得最大化的处理效果(如客运快速化、货运物流化)与最小化的资源占用?

围绕"设计以运营为导向,设计为运营服务"这一主题,在总体内容选编安排上,本书不局限于某一种交通方式的枢纽场站设计,顺应国家"交通强国,铁路先行"的大政策背景,以交通需求预测为前提,以绿色低碳、大容量、快捷高效的轨道交通方式(普速铁路、高速铁路、城市轨道交通)的枢纽场站设计与运营为主体,同时涵盖其他各种主要交通方式(公路(道路)交通、航空运输、水运交通)的枢纽场站设计与运营,以及综合交通枢纽场站规划设计与运营,跨度大、知识覆盖面广,使得整体课程知识体系构成较为全面系统,在内容编排上着重突出自动化、信息化、智能化的现代化专业特色,集理论性、科学性、实用性、适用性于一体，并力求通俗易懂，保证教材的学术水平和实用性。

本教材由山东科技大学张嘉敏主编，北京交通大学李得伟主审。本书是编者在多年从事交通运输工程领域的现场工作实践与教研基础上融入个人深度思考系统整合而成的，围绕"设计以运营为导向，设计为运营服务"这一主题视角，参考了部分国内外相关学术研究文献，旨在传播知识，以飨读者，在此谨向本书所引用参考文献的作者致以衷心的感谢，同时学习了北京交通大学张超教授、李海鹰教授、夏胜利老师、李得伟教授教学团队的部分教学资料，在此一并致以衷心的感谢。

由于编撰时间、编者水平有限，本书难免存在疏漏之处，敬请广大读者批评指正。

张嘉敏

2019 年 6 月

目录

第一章　绪　论 1
第二章　交通枢纽场站需求调查与预测 4
　　第一节　城市群区域交通运输需求特点分析 4
　　第二节　客/货流调查流程与分析技术 5
　　第三节　交通枢纽场站需求预测 6
第三章　轨道交通枢纽场站设计与运营 10
　　第一节　概　述 10
　　第二节　轨道交通枢纽场站设计与运营的基础 17
　　第三节　铁路会让站、越行站和中间站 42
　　第四节　铁路区段站 54
　　第五节　铁路编组站 67
　　第六节　调车驼峰 84
　　第七节　铁路客运站 87
　　第八节　铁路货运站 107
　　第九节　铁路枢纽 130
　　第十节　高速铁路车站 175
　　第十一节　城市轨道交通车站 204
　　第十二节　轨道交通智能客运车站 223
第四章　道路场站设计与运营 229
　　第一节　汽车客运站 229
　　第二节　汽车货运站 233
　　第三节　公交站场 235
第五章　水运港口设计与运营 238
第六章　航空机场设计与运营 244
第七章　综合交通枢纽规划设计与运营 249
参考文献 259

第一章 绪 论

　　交通运输基础设施工程项目通常分为规划、设计、建设、运营几个阶段，设计以运营为导向，并为运营服务；基础设施设计与运营是不能分开的——基础设施的设计优劣取决于其所执行的运营业务的运营效果，反之亦然。交通运输问题一般可以分三个层次：一是宏观层面的问题，主要涉及运输系统发展战略与各种政策；二是中观层面的问题，也是战术层面的问题，主要涉及各类规划以及设计问题；第三是微观层面的问题，重点在于运输现象与微观行为。不同层面问题的分析和研究往往是相辅相成的，上层问题的研究需要以下层问题的分析和具体数据为支撑，下层问题的研究则需要以上层成果为指导。

　　规划属于中观层面的问题，运营需要细致到微观层面，设计则是介于规划与运营之间的过程。实践证明，好的规划与设计方案离不开对运营阶段关键技术的兼顾。一方面，规划是系统形成的第一步，是做好运营工作的前期；另一方面，规划的许多数据直接来自运营实践，即规划与设计工作中采用的许多参数实际上是以类似系统以往的运营工作为参照的。因此，规划与设计同运营与管理是系统发展的两个密切联系、互相制约的重要阶段，两阶段的工作必须相互支撑、相互参照。

　　"客（旅客运输组织）、货（货物运输组织）、行（行车组织）、站（交通场站枢纽）"通常被视为交通运输大类专业中的四大支柱课程，可见交通枢纽场站即这四大支柱课程之一；其在交通运输大类专业中具有基础性的重要地位，且具有跨度大、知识覆盖面广、受众面广的特点。作为节点，交通枢纽场站是交通运输系统的重要构成部分，是交通运输的保障性基础设施，设计为运输服务是各种交通系统的共同宗旨；通常，交通枢纽场站设计与运营可被理解为回答如下问题：

　　（1）交通枢纽场站设计中应该配置哪些设施设备？如何整合布局这些设施设备使其组成一个系统？

　　（2）如何兼顾运营便利与工程节省，贯彻运营提前介入的思想，选择决策策略与运营控制方案，以便取得最大化的处理效果（如客运快速化、货运物流化）与最小化的资源占用？

　　交通枢纽站场设计与运营中处理的问题具有以下几方面的特点：

　　（1）多解性。对一项设计可能有多种符合技术要求和经济要求的解决方案，设计师的任务是从中找出最佳解。

　　（2）近似性。设计过程中为降低设计的复杂性，往往需要对实际模型做一些简化和近似。

（3）经验性。评价和做出修改的决定很少是完全遵循各种理论模型或通过数值计算的，而大多是根据经验甚至直觉来判断。

（4）模糊性。设计中许多知识和经验带有不确定性，有时甚至要解决的问题本身也是不确定的。

（5）综合性。设计是一个多目标的综合优化问题，众多目标之间往往存在相互矛盾。不同的设计师对各项目标的含义和重要性经常持不同的见解，导致对设计方案整体上的优劣观点不完全一致，甚至完全不相同，因此，站场设计人员在交互设计过程中对一个设计做出评价和决策，相当一部分工作是非计算性的，需要推理和判断。所以，交互式站场系统的效率和设计质量很大程度上取决于设计师丰富的实践经验、创造性思维和工作责任心。

在交通枢纽场站的设计过程中，设计人员所需要处理的问题具体有以下几个方面：

（1）解的非单一性。设计人员在实践的工作中常常会提出多种方案，并需要在这些符合技术要求和社会经济要求的方案中比选出较优的方案。

（2）经验性。对设计方案的评价和修改，通常应以通过计算各种理论模型得到的数值为参考前提，根据设计人员的设计经验来进行最终判断。

（3）不确定性。设计工作的经验性特征决定了需要解决的问题本身也具有不确定性。

（4）综合性。站场的设计所需要考虑的因素很多，本质上其属于多目标优化的复杂问题，而且各优化目标之间往往存在着相互矛盾之处，对于各种目标的重要性不同的设计人员经常持有不同的见解，这些差异导致了在设计方案整体评价上各种优劣观点的不完全一致，甚至完全不相同。

经济发展，交通先行。交通枢纽场站设计与运营是一门交通工程学与运输组织学相结合的交叉学科，应贯彻"以人为本、服务运输、着眼当前与长远发展、系统优化"的方针与新时代"创新、协调、绿色、开放、共享"的发展理念，设计以运营为导向，设计为运营服务，交通枢纽场站设计与运营遵循如下基本原则：

（1）保证必要的运输能力与服务质量。车站及枢纽的单项设备及总体能力应满足近、远期客货运输需求，并应具有必要的储备能力，同时保证在各时段的运营服务质量。

（2）保证作业安全和人身安全。安全是交通运输业的永恒主题，车站及枢纽的设备布置和设计技术条件应符合有关规章、规程和标准的要求，始终坚持把安全理念贯穿于整个设计与运营过程中。

（3）系统的思想结合工程技术的方法。交通枢纽车站的设计与运营是一项系统工程，从系统全局的思维观点出发，在工程设计与运营过程中，不仅着眼于交通枢纽场站自身内部各项设备及其与相邻轨道、道路区段的协调，考虑各种运输方式间的统筹配合，还要考虑其所处的系统外部环境，满足城市规划、工农业布局、社会经济发展和国防等多方面的要求。

（4）注重成本与效益的平衡。在满足设计期运能需求和保证安全的前提下，尽可能节约设计与运营成本，少占土地资源，提高运营效益。

（5）提高交通枢纽场站装备与运营的现代化技术水平。积极采用国内外先进技术和装备，以实现数字化、智能化、智慧化的设计与运营，适应交通运输现代化的要求。

（6）重视设计与运营两个阶段间的交互影响。在设计阶段提前介入运营的思想，在运营阶段要充分了解认知基本设计原理。

（7）对未来的运营需求和科技发展有预见性和前瞻性。布置车站及枢纽各项设备时，要预见其未来潜在的扩大运输需求，预留扩建用地，设计好前瞻性的分期过渡方案，留有足够的发展空间。

围绕"设计以运营为导向，设计为运营服务"这一主题，在总体内容选编安排上，本书不局限于某一种交通方式的枢纽场站设计，本着设计以运营为导向，设计为运营服务的宗旨，顺应国家"交通强国，铁路先行"的大政策背景，以交通需求预测为前提，以绿色低碳、大容量、快捷高效的轨道交通方式（普速铁路、高速铁路、城市轨道交通）的枢纽场站设计与运营为主体，同时涵盖其他各种主要交通方式（公路（道路）交通、航空运输、水运交通）的场站设计与运营，以及综合交通枢纽场站规划设计与运营，跨度大、知识覆盖面广，使得整体课程知识体系构成较为全面系统，在内容编排上着重突出自动化、信息化、智能化的现代化专业特色。

复习思考题

1. 交通枢纽场站设计与运营中处理的问题有哪些特点？
2. 交通枢纽场站设计与运营遵循的基本原则有哪些？

第二章 交通枢纽场站需求调查与预测

第一节 城市群区域交通运输需求特点分析

在当前全球化时代的国际竞争格局中，一个国家的综合竞争力越来越取决于是否有若干综合经济实力强大的城市群与全球城市区域。20 世纪 80 年代以来，伴随信息化和经济全球化的发展，城市群已成为世界城市化的主流趋势。在我国，受技术革新、要素流动和产业更新换代等因素影响，区域经济也正由传统的省域经济与行政区经济向城市群经济转变，城市群已成为我国区域发展的主要空间形态，代表性城市群如京津冀城市群、长三角城市群（位于长江经济带）、珠三角城市群、粤港澳大湾区、长江中游城市群（位于长江经济带）、成渝城市群（位于长江经济带）、山东半岛城市群等。

随着城市群的发展，城市群区域间的城际铁路快速客运网络迅速形成，铁路网络相对封闭、独立的特征，促成了城市群区域内部交通的相对独立性和整体性特征的显现。城市群区域内部交通需求密度不断升高，需求量日益增大。城市群区域货运方面，由于生产布局与资源的协调优化，同一产品的不同工序、不同零部件的加工可能在区域内的不同地区进行，这就需要交通系统来保障生产过程的连续性。城市群区域客运方面，由于产业的分散，诱导传统城市内部通勤交通流转移到城市群区域地域上，使通勤交通成为城市群区域交通需求的重要构成；各地间的横向联系发展，人员流动性增强，商务、旅游、通勤、消费的结合形成了城市群区域内部巨大的客运需求量。

中共中央、国务院于 2019 年 9 月印发实施的《交通强国建设纲要》中提出构建便捷顺畅的城市（群）交通网，建设城市群一体化交通网，推进干线铁路、城际铁路、市域（郊）铁路、城市轨道交通融合发展，完善城市群快速公路网络，加强公路与城市道路衔接；尊重城市发展规律，立足促进城市的整体性、系统性、生长性，统筹安排城市功能和用地布局，科学制定和实施城市综合交通体系规划；推进城市公共交通设施建设，强化城市轨道交通与其他交通方式衔接，完善快速路、主次干路、支路级配和结构合理的城市道路网，打通道路微循环，提高道路通达性，完善城市步行和非机动车交通系统，提升步行、自行车等出行品质，完善无障碍设施；科学规划建设城市停车设施，加强充电、加氢、加气和公交站点等设施建设；全面提升城市交通基础设施智能化水平。

城市群区域内部交通需求质量要求日益升高。城市群区域内各城市之间广泛而紧密的生产合作关系，必然要求城市群区域内部交通系统具备及时、快捷、经济、安全的特性来与之匹配；货运交通要能满足生产过程连续性的需要，满足现代企业生产管理和"零库存"的需要。客运方面，城市群区域内居民收入水平较高，工作、生活节奏快，必然要求准时、快速、舒适、安全的出行，区域对外交通的一体化趋势日益明显。当城市群区域内部交通发展到一定水平后，内部交通变得非常便捷，客货运按照成本最小化、效益最大化的原则在整个城市群区域内选择最佳的出入地点，城市群区域对外交通出现一体化的特征：即把城市群区域作为一个整体，按照城市群区域整体最优的原则来统一规划、布局、建设对外交通通道与场站枢纽。

第二节　客/货流调查流程与分析技术

一、客/货流调查的一般流程

客/货流调查在于通过各种调查技术，设计信息收集的方法，把消费者、顾客、公众与企业联系在一起，实现消费者和企业之间的双向交流，获得旅客、货主的需求、偏好以及忠诚度等市场信息，管理并实施数据收集过程，进行定性和定量分析，统计分析调查结果，总结出目标顾客群的特征及其需求，作为先验知识用以指导后续需求预测工作。客/货流调查的一般流程如图 2-2-1 所示。

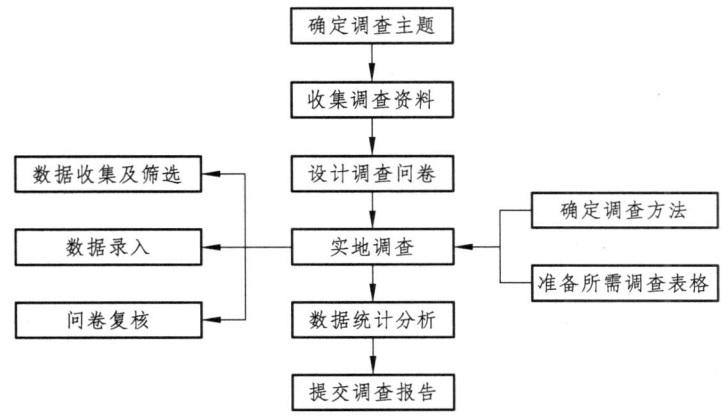

图 2-2-1　客/货流调查的一般流程

二、客/货流调查的统计分析技术

通常首先将调查得到的数据资料划分为4类：

（1）计量的（如铁路的旅行距离、旅行时间等）。

（2）计数的（如外出旅行的总次数、乘坐火车旅行的总次数等）。

（3）名义的（名义数据指观察值是事物的属性，如人的性别男、女，常用整数来表示属性的分类，例如用"0"和"1"分别表示男和女）。

（4）有序的（有序数据指有些事物的属性有一个顺序关系，如旅客/货主对交通运输服务的满意程度评价分为"特别不满意""很不满意""比较不满意""一般""比较满意""很满意""特别满意"七类，分别用1，2，3，4，5，6，7来表示）。

总体上，可以将以上4类指标分为两类：定量的（即计量和计数的）和定性的（即名义的和有序的）；在实际问题中可以将定性资料量化以后，作为定量资料来处理。在此基础上，采用调查统计分析技术，根据调查目的，对经过分类整理的调查数据资料进行分组、汇总、检验和分析，得到客/货流市场需求的本质及规律性结论报告。调查统计分析技术归纳总结如表2-2-1所示。

表2-2-1 调查统计分析技术

统计方法	具体内容
直接统计法	表格法、图示法
组合统计法	表格法、图示法
归纳统计法	属性变量独立检验、回归分析、相对比描述、因子分析、聚类分析

第三节 交通枢纽场站需求预测

一、旅客运输与货物运输异同性分析

1. 旅客运输和货物运输需求的相同方面

（1）位移需求——每一具体的运输需求都有其始发、终到地点构成位移需求。

（2）数量需求——都有一定批量构成运输量的需求。

（3）质量需求——都有一定的对运输过程的运输服务水平（如安全性、快速性、方便性、经济性、舒适性等）的质量需求。

（4）运输供给与服务需求——都需要利用一定的运载工具和运输线路，在一定地点

（港、场、站）完成一定的作业；运输生产过程由多个环节组成，都需要多部门之间的衔接和配合。

2. 旅客运输与货物运输的区别

（1）旅客运输的运输对象是人，在运输过程中接受运输服务过程有一定的自主性，因此运输组织过程需要旅客的参与和配合。

（2）在货物运输过程中，货物的仓储、装卸和中转、货物运输载体的各种作业和运动，要由相关运输企业的生产活动来完成，需要运输企业对货物运输及其技术作业过程进行一系列严密、科学、有效的组织管理。

二、运输需求函数

运输需求的大小通常用运输需求量来描述。运输需求量是指在一定时间、空间和一定的条件下，运输消费者愿意购买且能够购买的运输服务数量。运输需求量可表示为影响它的诸多因素的函数：

$$Q = f(P, a_1, a_2, \cdots, a_n) \tag{2-3-1}$$

式中　Q——运输需求量；

　　　P——运输服务价格；

　　　$a_1, a_2, \cdots, a_n$——除运价以外的其他影响因素。

上式是运输需求量的一般表达式，并没有表示运输需求量同其他影响因素之间的确定关系。要得到有实际应用价值的函数关系，必须对具体问题进行具体的经济分析和数据统计、数量计算，从而得出确切的函数表达式。

三、运输需求预测思路及方法

把握运能供给与客流需求相互匹配的动态规律，进行运输需求预测，是交通枢纽场站设计与运营的前提和依据，预测思路及方法如图 2-3-1 所示，具体预测流程可按如下步骤进行：

（1）确定规划预测范围，明确预测目的及通过预测拟解决的问题。

（2）筛选出与预测对象有关的主要影响因素，并确定各因素间的逻辑关系。

（3）选择预测方法，建立预测模型。

（4）模型校验，即采用历史数据检验模型的合理性，并将历史预测结果和实际情况相比较，修正模型。

（5）灵敏度分析，确定某些条件情况发生变化时预测结果随之变化情况。

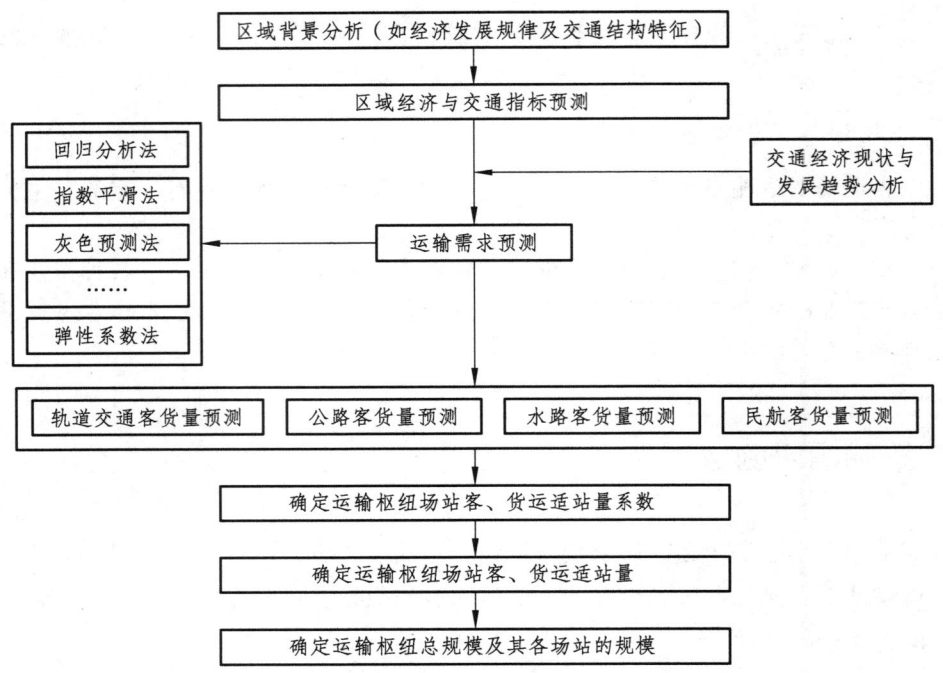

图 2-3-1　交通枢纽场站运输需求预测思路及方法

四、轨道交通枢纽场站客流预测的主要内容

1. 铁路（高速铁路）枢纽场站客运量预测主要资料编制内容

客流按运输性质分为始发旅客、终到旅客及通过旅客；按运输范围分为直通旅客、管内旅客及市郊旅客。铁路枢纽场站客运量预测主要资料编制涉及如下内容：

（1）车站旅客发送量表（包括吸引范围人口、乘车率、旅客发送量及其增长情况等项）。

（2）旅客列车对数及径路表（包括列车起讫点、列车性质、经由、里程及列车对数（分近远期））。

2. 铁路枢纽场站货运量预测主要资料编制内容

（1）枢纽货物交流表（包括枢纽的地方运量、通过运量、总运量）；

（2）车站发到运量表（包括近、远期运量及其对应的货物品名）；

（3）大宗货物始发终到表（枢纽内车站与工业企业线的大宗货物发到运量和车站的通过运量）；

（4）车站仓库、雨棚、货区及工业企业线运量表。

3. 城市轨道交通枢纽场站客流预测主要内容

（1）车站客流预测内容：全日各车站的乘降量、车站分时进出站量、早（晚）高峰小时各车站的乘降量、全日站间断面流量、早（晚）高峰小时站间断面流量、超高峰系数、突发客流量、车站各出入口高峰时段分担客流量。

（2）枢纽换乘客流预测内容：全日各换乘站换乘客流量、早（晚）高峰小时各换乘站换乘客流量、换乘站分时换乘量。

复习思考题

1. 城市群区域交通运输需求有哪些特点？
2. 客/货流调查的一般流程与统计分析技术有哪些？
3. 交通枢纽场站运输需求预测思路及方法有哪些？

第三章 轨道交通枢纽场站设计与运营

第一节 概 述

一、轨道交通规划与管理方向知识图谱

高等学校培养人才的基本单位是专业,课程是专业及教研体系创建的基础单元,课程设置、教学目标、教材选用、教学方法、教学模块设计、研究思路、学生专业技能培养等都必须依托于特定学科体系中的专业方向划分及其学缘结构,轨道交通规划与管理方向的知识图谱如表 3-1-1、表 3-1-2、表 3-1-3 所示。

表 3-1-1 轨道交通规划与管理方向知识图谱 1:轨道交通体系类别划分

轨道交通体系类别	知识架构	核心知识/技术内容具体构成及特征项
大铁路系统	传统普速铁路	客货混跑型
	高速铁路	干线高速铁路(如京沪高铁、京广高铁)
		城际高速铁路(如京津城际、沪宁城际)
		客货混跑高速铁路(如石太客专)
城市轨道交通(简称城轨)系统	城轨制式划分	地铁系统、有轨电车、单轨系统、磁浮系统、自动导向轨系统、市域快速轨道系统、轻轨系统

表 3-1-2　轨道交通规划与管理方向知识图谱2：轨道交通规划设计体系子方向

轨道交通体系类别	知识架构	核心知识/技术内容具体构成及特征项
大铁路系统	铁路站场/枢纽规划设计	布置图型设计/选择、选址、设备配置、线路连接、调车驼峰设计、能力计算、进出站/枢纽进路布置和疏解
	铁路选线规划设计	总体设计、空间线形设计、车站分布、走向选择、线路/区间能力计算、平面设计、纵断面设计、横断面设计、牵引计算
	铁路路网规划	规划目标、基本原则、运量预测、规模匡算、路网结构分析、联络线设计、中长期铁路网规划方案、保障措施
城轨系统	城轨车站/枢纽规划设计	规划的基本原则、总平面布局设计、结构形式选择与设计、设施选择与设计、规模的确定、换乘站设计、配线设计（折返线、渡线、停车线、安全线、车辆段出入线、联络线）、流线设计与容量校核、枢纽的界定/构成/分类、枢纽衔接布局
	城轨线路规划设计	线路走向/经由、线路敷设方式/平面位置选择、车站的数量/分布/站位选择、坡度/竖曲线计算、平面设计、纵断面设计、辅助线设计
	城轨线网规划	规划基础/依据/背景、规划范围/年限、规划战略（功能定位/层次/发展目标/模式、服务水平、技术原则）、交通需求分析、线网规模匡算/形态布局/修建时序/实施规划

表 3-1-3　轨道交通规划与管理方向知识图谱3：轨道交通运营管理体系子方向

轨道交通体系类别	知识架构	核心知识/技术内容具体构成及特征项
大铁路系统	设施设备管理	涉及车站、枢纽、线路、路网、机车车辆、动车组、通信信号、牵引供电设备等，可利用全生命周期理论、地理信息系统、大数据技术等对其实现网格化管理
	旅客运输组织	客运市场调查/需求分析、旅客交通行为分析理论、客流分析/预测、客流图的编制、旅客运输计划编制、旅客列车开行方案编制、旅客列车运行组织、车站客流组织、乘务工作组织、旅客联合运输
	货物运输组织	铁路货运基本条件、货运市场调查、货运量分析/预测、整车货物运输组织、集装箱多式联运、阔大货物装载/超限超重货物运输组织、运费计算、货运安全、货流图编制、货物列车编组计划、重载运输（单元式/整列式/组合式重载列车）
	铁路行车组织	运输组织模式、客运专线与既有线合理分工、综合维修天窗设置方式、列车运行计划、施工维修计划、动车组运用计划、车站/枢纽/线路/网络能力计算与管理、列流图编制、列车运行图编制、运营调度指挥模式与系统（列车运行调整、车流调整、日常统计分析）、车站调车及接/发车作业组织
城轨系统	设施设备管理	固定设备（工务系统、供电系统、通信信号系统、机电系统等）维修管理、车辆设备维修管理（列检、月修、定修、架修、厂修）
	客流组织特性分析与服务设计原理	客流时空特征分析、发车间隔的确定、乘客出行特性分析、大客流/突发事件客流/日常客流组织、运营基本要素、运营服务水平、城轨运输组织特性分析、车站/线路/网络客流指标统计、断面客流图/全日分布图、客流计划

续表

轨道交通体系类别	知识架构	核心知识/技术内容具体构成及特征项
城轨系统	运营计划编制阶段划分	数据准备、计划编制、分析调整
	列车开行计划的编制	列车运行交路、全日行车计划、列车开行方案、车辆配备运用计划
	列车运行图的编制	运行图要素与分类、编制原则/步骤/优化方法、车底周转图、运行图指标统计
	乘务计划的编制	列车值乘分析、乘务排班计划编制方法（分割、组合）、乘务指标统计分析
	特殊线路运营计划的编制	环线、单线、含支线路等
	系统能力计算与加强	能力类型界定（通过能力/输送能力，设计能力/现有能力/需要能力，理论计算能力/查定能力/核定能力）、系统通过/输送能力计算、区间能力计算、中间站/折返站能力计算、运能运量适应性分析、运输能力加强措施
	系统运营调度指挥技术	正常/非正常情况下的行车组织、车站/枢纽行车作业组织、调车作业组织、救援列车与工程车的行车组织
	票务系统管理	票制/票价/票种、票务系统、票务清分理论与方法
	运营安全管理	安全管理的定义与法规依据、运营事件定义与分级标准、运营安全风险管理、消防安全管理、突发事件应急处置
	网络化运营组织技术	网络化运营组织特征、网络化行车组织模式与方法（分段运营、多交路运营、快慢车结合运营、换乘运营、共线运营、过轨运营、多编组/可变编组运营）、网络资源运营共享技术、跨线乘客换乘组织模式、网络应急事件处理技术、网络列车运行计划集成编制与协调方法、网络化运营指标分析、换乘站/枢纽组织与管理、网络客流预测与限流技术

二、学科研究内容

铁路车站及枢纽设计作为铁路运输科学的组成部分，是由运输组织学和一般工程设计原则及铁路工程学相结合发展起来的一门学科。本章将以轨道交通工程学为基础，以先进的运输组织工作为依据，对轨道交通车站及枢纽各项设备的布置及其综合运用，提出合理的运营要求和设计方案。具体研究内容如下：

1. 车站及枢纽本身的问题

（1）枢纽内各专业车站的作业分工、设备与位置布局。
（2）车站内各车场、技术设备的相互位置关系布局。
（3）车站咽喉、调车设备、枢纽进出站线路的合理化构造。
（4）车站及枢纽的运营业务优化及其信息化、自动化运营方案与系统设计。

2. 与其他方面的配合问题

与其他方面的配合问题是指与城乡规划、工业布局、他种运输方式、路网规划的协调配合。

3. 市场经济机制因素

（1）增加市场经营的机动灵活性。
（2）建设与运营投资的成本/效益。
（3）经济社会与轨道交通两个效益。

三、轨道交通枢纽场站的分类与运营业务

（一）铁路枢纽场站的分类与运营业务

1. 按技术作业性质分类

铁路车站按其技术作业性质不同，可分为中间站、区段站、编组站，区段站和编组站总称为技术站。

（1）中间站。

设置在铁路牵引区段内，旨在提高铁路区段通过能力、保证行车安全、为沿线城乡及工农业生产提供服务；主要办理列车的通过、交会、越行，以及日常客/货运输和调车与列车技术检查作业。仅办理列车会让和越行，必要时可兼办少量旅客乘降作业的中间站，在单线铁路上又称为会让站，在双线铁路上又称为越行站。

（2）区段站。

设置在铁路牵引区段的起讫点，其主要任务是为邻接的铁路区段供应及整备机车或更换机车乘务组并为无改编中转货物列车办理规定的技术作业。此外，还办理一定数量的列车解编作业及客/货运业务。在设备条件具备时，还进行机车、车辆的检修业务。

（3）编组站。

设置在路网的交叉或汇合地点，是路网中车流的主要集散点，办理大量货物列车解体和编组作业，是列车的"制造工厂"。编组站以处理改编中转货物列车为主，编解各种货物列车，负责路网和枢纽地区车流的组织；供应列车动力，整备和检修机车，进行车辆日常维修和定期检修。

2. 按业务性质分类

铁路车站按其业务性质不同，可分为客运站、货运站和客货运站。

（1）客运站：客运站是铁路旅客运输的基本生产单位，为旅客办理客运业务，设有旅客乘降设施，组织旅客安全、迅速、准确、方便地上下车；办理行包、邮件的装卸搬运；组织旅客列车安全、正点到发和客车车底取送；为旅客提供售、检票等客运服务；个别客运站兼办少量货运作业。

（2）货运站：货运站是专门办理货物装卸作业以及货物联运或换装的车站，也办理少量的客运或货运中转作业。按其服务对象的不同，可分为公共货运站（为城市企业、居民和仓

库区服务）、换装站（为不同铁路轨距之间货物换装服务）、工业站（为某一工矿企业或工业区生产服务）和港湾站（为港口服务）。

（3）客货运站：在同一车站分别办理客货运业务。

3. 铁路枢纽的定义与运营业务

铁路枢纽位于铁路干、支线的交汇点或终端地区，是由各种铁路线路、专业车站以及其他为运输服务的有关设备组成的总体；是客/货流从一条铁路线转运到另一条铁路线的中转地区，也是城市、工业区客货到发和联运的地区。铁路枢纽办理的作业有：① 枢纽内各种车站的有关作业；② 货物运转方面的无改编中转和有改编中转列车的作业以及枢纽地区小运转列车的作业；③ 客运作业方面通过、管内和市郊旅客列车有关的运转作业；④ 货运业务方面各种货物的承运、装卸、发送、保管等作业；⑤ 还涉及供应运输动力、进行机车车辆的检修作业。

（二）高速铁路枢纽场站的分类与运营业务

根据高速铁路车站的主要功能、在线路上所处的位置、站型及平面布置结构，将高速铁路车站划分为越行站、中间站、枢纽站、中心站和高铁无轨站。

1. 越行站

越行站是为中速列车待避高速列车的车站，设于站间距离较长的区间，不办理客运业务。

2. 中间站

中间站是高速铁路线上为数最多的车站，分为有折返列车的中间站和无折返列车的中间站，主要办理列车的接发、越行和通过作业以及旅客上下车作业，在较大的一些中间站还办理少量始发、终到或立即折返的列车作业。有综合维修管理区岔线接轨的中间站，在正常情况下，"天窗"时间内办理检测、维修等列车进出正线作业。与既有铁路（既有站）有联络线连接的中间站，办理来（去）自既有铁路进入（发出）高速中间站列车（包括高、中速列车，城际动车组）的接发作业。

3. 枢纽站

枢纽站通常衔接三个以上方向，一般情况下配有高速列车运用维修所等设施，办理列车接发和通过作业，包括为数较多的列车始发、终到作业。白天在车站到发线上进行作业；夜间到站停运后，配属本站的动车组通过走行线进入动车运用维修所，进行日检（或小修）、存放，翌日早晨动车组从动车运用维修所进入车站到发线并准备发车。在枢纽站或其附近都设有与既有站（线）间的联络线，可办理高、中速列车的转线或可能的中速机车换挂作业。

4. 中心站

中心站只是相对于一条高速线而言。位于某条线路的起讫点，但运行于跨越该线的列车在中心站仍为通过列车，仅仅是通过的方式可能不同。中心站是全线高速列车主要检修基地和运营指挥机构所在地，设有高速列车动车段所和管理机构等，具有全线最大的客运量，基本包括了中间站、枢纽站的全部作业，所不同的是其所办理的绝大多数为始发（或终到）列车，没有不停站通过列车，但可能有少量停站折角通过的列车。中心站一般设有与既有铁路车站之间的联络线，需要在中心站转线的列车，根据联络线的设置方式相应地需要办理旅客上下车换乘作业。

5. 高铁无轨站

高铁无轨站（没有轨道的高铁站）一般坐落在没有高铁线路通过的城市、地区，旅客可以通过高铁无轨站购票、候车、取票，然后通过高铁无轨站的接驳班车直达最近的高铁站乘坐列车出行。2016年12月19日，全国首个高铁无轨站在广西百色凌云县正式启用，凌云县由此成为全国首个没有高铁线路经过却成功融入高铁路网的地区。在高铁无轨站建成前，凌云县至南宁一般需要 5~6 h，至广州一般需要 10 h 以上；高铁无轨站开通后，凌云县的旅客可以通过高铁无轨站班车直达百色站，再乘坐高铁前往目的地，出行线路与接驳时间大大缩短，凌云县至南宁仅需 3 h 40 min，至广州仅需 7 h，因为公铁接驳实现了班次公交化、运输直达化、时刻精准化。高铁无轨站将很多广西偏远地区纳入高铁"朋友圈"，出行通道的畅通，既便利了百姓出行，也进一步增强了这些地区旅游商务客流的吸引力。

（三）城市轨道交通枢纽场站的分类与运营业务

1. 按地理区位和城市功能划分

（1）对外衔接枢纽：位于城市交通和城际交通的衔接点，实现长途客运汽车、铁路、航空等车站与城轨的衔接。

（2）网络节点站（换乘站）：城市轨道交通网络中 2 条及以上线路交叉、衔接的站点，实现网络内部的客流交换。

（3）商业中心站：位于大型商业中心，除到发客流还兼具部分商业功能。

（4）普通车站：线路上的普通终端站和中间站，位于大型商业区以外的其他社会功能区，仅完成客流的到发作业。

2. 按运营管理职能划分

为便于管理，通常将一条城轨线路分为若干区域，每个区域设置一个区域站，下属管理 3~5 个一般中间站；区域站是客运管理体系中承上启下的行政管理层次，与土建层次和线路设置没有任何关系。

3. 按办理站的建筑结构特点划分

根据车站内线路与地面的高低位置关系，可以把车站分为以下三种形式：

（1）地面车站：修建在用地面积不受限制的地面区域。

（2）高架车站：双层设计，站台层在上方，站厅层在下方。

（3）地下车站：根据埋深，可分为浅埋式车站、深埋式车站。

4. 按车站在线路运营中的功能划分

（1）中间站：最为常见简易的车站，仅供乘客上、下车之用。

（2）折返站：站内设有折返线，具有折返功能，设在两种不同行车密度交界处。

（3）换乘站：实现客流在线路间的转换，位于两条及两条以上线路交叉点。

(4)枢纽站:实现大量客流在不同交通方式间交换,多种(两种及以上)交通工具在空间上集中。

(5)终点站:就列车上、下行而言,终点站也是起点站,设在线路两端。

5. 基于功能的城市轨道站点地区分类

(1)依据场所特性不同,以美国丹佛市为例,将城轨 TOD 站点地区类型分为以下七类:

① 商业区站点:公共交通枢纽,也是主要区域目的地,通过高质量的支路公交车或有轨电车紧密联系。

② 主要城市中心站点:次区域目的地,通过区域环线和快速接驳公交联系。

③ 城市中心站点:次区域目的地,有停车换乘设施,通过区域环线和快速接驳公交联系。

④ 城市社区站点:街坊车站,有小型停车换乘设施,通过本地公共汽车连接。

⑤ 城镇通勤中心站点:通勤交通的主要衔接站点,有大型停车换乘设施,快速连接公交系统。

⑥ 主要街道站点:公交或有轨电车的交通通廊,通过区域环线或支线公交服务。

⑦ 校园/特殊项目站点:大型通勤目的地,有大型停车场,但对于公共交通而言并非必需。

(2)根据站点区域的位置、土地开发强度、交通特点和步行环境,以美国旧金山 BART 为例将轨道站点分为以下三类:

① 位于主街的 BART 车站:这些站点是现成的 TOD,位于城市中心,将公交车站与高密度、行人为主的开发结合起来,以拥有宜人的步行环境、较高的开发密度和完整的公车网络而著称。

② 城镇附近的 BART 车站:BART 的车站不在城中心,但是距离城中心是步行可以到达的范围。

③ 远离城镇中心的 BART 车站:没有混合发展,步行环境或巴士服务的车站地区。

(3)依据区位特征、功能构成、开发密度等,以美国奥斯汀市为例将城市轨道交通站点分为如下四类:

① 邻里中心型:位于社区的商业中心。

② 城镇中心型:位于城市重要的商业和办公活动中心。

③ 区域中心型:位于区域交通干线交叉处或主要的办公中心。

④ 城市中心型:位于高度城市化区域。

6. 基于节点—场所的城市轨道交通站点分类

依据站点区位、可利用土地、土地所有权、土地利用相容性、站点开发强度及密度、开放空间可达性、周边区域可达性、道路网密度、机动车容量、步行可达性、市场开发潜力、分阶段开发可行性、停车政策、市政设施承载力、公共服务设施种类、人口及就业岗位增量、公共政策、社区支持度以及公交出行潜力,以美国 Orange-Durham 为例将城轨站点分类为:

① 城市中心站:通常从一个区域为导向目标的中心,主要位于现在城市或城镇核心区,也可以设在廊道规划中非城市区域内的地方。

② 城市社区站:通常以一个区域为导向目标的社区中心,主要位于现有城市或城镇周边的社区,也可设在廊道规划中非城市区域内的地方。

③ 郊区中心站:通常以一个区域为当地的商业和就业中心,主要位于现有的郊区商业区和廊道附近的城市或城镇的周边,也可设在廊道规划中非城市区域内的地方。

④ 郊区社区站：通常以一个当地社区为中心，主要位于现有郊区中心的附近或走廊城市或城镇区域的周边，也可设在廊道规划中非城市区域内的地方。

⑤ 特殊型站点：通常以一个地区的目标导向为中心，主要位于现有城市核心区的中心，也可设在廊道规划中非城市区域内的地方。

7. 基于 TOD 地区潜力的城市轨道交通站点分类

（1）从廊道及区域角度分析站点地区建成要素（居住及就业人口规模、土地利用特征、空间形态、家庭人口结构、与城市中心的距离）、近期发展潜力要素（物业销售规模、租金、可利用土地规模、机构），以美国 Allegheny County 城轨廊道为例将 TOD 站点分为如下 5 类：

① 自我改善型：区位条件好，发展已较为成熟，具有有利于 TOD 发展的良好环境和设施，也具有较大的市场潜力。

② 促进发展型：具有较好的发展条件，但是缺少支撑 TOD 发展的市场需求，具有较大的发展潜力。

③ 可达性提升型：具有较大的市场发展潜力、较合适的空间形态，土地功能混合、开发强度适中，但步行及自行车行驶环境可能利于 TOD 发展。

④ 潜力发展型：位于城市郊区，形态有利于小汽车交通，土地功能结构混合度较低，市场潜力较低。

⑤ 远期发展型：该类站点地区建成现状及人口规模结构、市场发展潜力均不利于 TOD 发展，具有最低的发展潜力。

（2）从廊道及区域角度分析站点周边地区土地利用状况（密度、土地利用混合度、可步行性）、市场特征（占优的、新兴的、条件有限的），以美国 Knowledge Corridor 廊道内城轨为例将站点分为如下四类：

① 填充型：区位条件好，发展已较为成熟，地区环境、慢行条件适宜 TOD 发展。

② 扩张型：区位条件好，具有较强的市场需求，但内部环境主要为小汽车交通导向。

③ 外部促进型：具有较大的市场发展潜力、较合适的空间形态，土地功能混合、开发强度适中，但步行及自行车行驶环境可能不利于 TOD 发展。

④ 重新定位型：主要为城市历史街区，经历了近十年的缓慢衰退，建成环境在一定程度上适宜 TOD 发展。

第二节　轨道交通枢纽场站设计与运营的基础

一、轨道交通枢纽场站的结构特点

构成轨道交通车站/枢纽系统的实体主要有乘客、货物、列车、站台、货场、仓库、自动扶梯、楼梯、闸机、站厅、通道，安检设备等，这些实体要素相互制约、相互作用，最终实现了轨道交通系统的功能和行为。轨道交通车站/枢纽系统是一个动态开放的复杂的反馈系统，主要受乘客/货物流向、服务设施、管理措施、列车运输和空间布局等因素影响。

乘客的影响因素方面主要包括轨道交通车站区域乘客的构成、数量、身体及心理素质、行人特征等内容；服务设施的影响主要体现在设施的服务能力和服务时间上，是轨道交通车站客/货流分布以及演变规律的决定性因素；管理措施对系统功能起到调节和导向作用，是调整和维护车站系统正常运营的强有力工具，主要涉及高峰时段的客流组织/管理；列车运输是保证车站客/货流持续流动的重要因素，主要因素包括列车行车间隔和列车停站时间等内容；空间布局主要包括站台尺寸、站厅尺寸、货场/仓库尺寸、拥堵缓冲区面积等，从地理空间上影响乘客流动速率和车站客流分布。

二、轨道交通枢纽场站设计的基础

（一）轨道交通枢纽场站设计的基本设施要素与相关规范标准

1. 轨道交通枢纽场站线路种类

轨道交通线路按用途和归属分为正线、站线、段管线以及岔线及特别用途线。

（1）正线：连接车站并贯穿或直股伸入车站的线路，可分为区间正线及站内正线，连接车站的部分为区间正线，贯穿或直股伸入车站的部分为站内正线。

（2）站线包括以下几类：

到发线：用于接发旅客列车或货物列车。

调车线、牵出线：用于解体或编组货物列车。

货物线：用于办理货物装卸作业。

办理其他作业的线路：如机车走行线、动车组出入段线、存车线、检修线。

特别用途线：为保证行车安全而设置的线路，如安全线、避难线。

（3）段管线是指机务、车辆、工务、电务、供电等段专用并由其管理的线路。

（4）岔线是指在区间或站内接轨，通向路内外单位的专用线路。

站内正线及站线由车站负责管理，机车车辆由区间、段管线、岔线等地点进入站内正线或站线时都应经车站允许。

铁路车站线路示意图如图 3-2-1 所示。

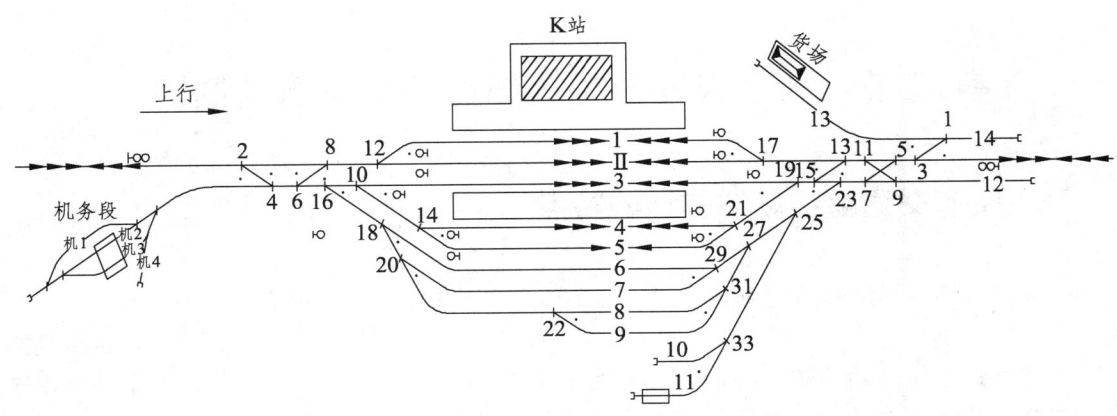

图 3-2-1　铁路车站线路示意图

2. 线间距离

线间距离为两相邻线路间的中心距离。

(1) 设计要求。

① 保证行车安全及工作人员作业安全、便利。

② 通行超限货物列车。

③ 在两线间装设行车设备。

(2) 决定因素。

① 机车车辆限界

② 相邻线路间设备的计算宽度。

③ 相邻线路间办理作业的性质。

(3) 线间距的计算实例。

【例3-1】已知在某高铁车站上，到发线与其他线间设有站台，站台边缘至站线中心距离$L_{站台边缘至站线中心}$为1 750 mm，站台宽$L_{站台宽}$为6 m。要求：① 写出此高铁车站上到发线与其他线路的线间距L的计算公式。② 计算此高铁车站上到发线与其他线路的线间距L。

解：① 此高铁车站上到发线与其他线路的线间距计算公式为：

$$L = L_{站台边缘至站线中心} + L_{站台宽} + L_{站台边缘至站线中心}$$

② 此高铁车站上到发线与其他线路的线间距

$$L = 1\ 750 + 6\ 000 + 1\ 750 = 9\ 500\ (\text{mm})$$

即此高铁车站上到发线与其他线路的线间距为9500 mm。

3. 线路连接

1) 道岔

道岔是最广泛采用的一种线路连接设备，可以保证机车车辆能够由一条线路进入另一条线路。

(1) 道岔的几何要素。

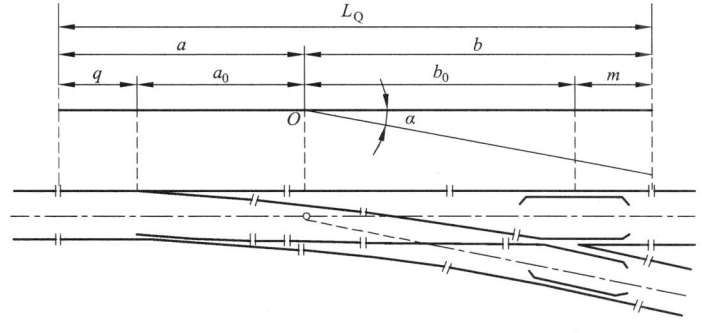

图3-2-2 道岔几何要素

图中：q——从道岔基本轨始端轨缝至尖轨始端的距离（简称尖轨前基本轨长）；

a_0——从尖轨始端到道岔中心的距离；

a——从基本轨始端轨缝至道岔中心的距离,即道岔前长;
b_0——从道岔中心至辙叉理论尖端的距离;
m——从辙叉理论尖端至辙叉后跟轨缝的距离(简称辙叉跟距);
b——从道岔中心至辙叉后跟轨缝的距离,即道岔后长;
L_Q——从道岔基本轨始端轨缝到辙叉后跟轨缝的距离(简称道岔全长),且有 $L_Q = a + b$。

(2)道岔的辙叉号码。

辙叉是影响道岔通过速度的重要因素,定义辙叉角的余切(辙叉的跟端长和跟端支距的比值)为道岔的辙叉号码,在图 3-2-4 中,即

$$N = \frac{FE}{AE} = \cot\alpha$$

式中　N——道岔辙叉号数;
　　　FE——辙叉跟端长;
　　　AE——辙叉跟端支距;
　　　α——辙叉勇。

道岔辙叉号码选用要求:占地短、过岔速度高、运行平稳,根据列车运行方式和路段旅客列车设计行车速度确定。

(3)道岔中心线表示法。

用道岔处的两线路中心线及其交点表示道岔,在站场设计中广泛应用。以9号左开道岔为例,画9号左开道岔时,在主线的中心线上先确定两线路中心线交点的位置,然后从交点沿主线线路中心线画等于辙叉号数的9个等分线段,并在最后一个线段末端画一等分线段,使其垂直于主线的线路中心线,将垂直线段的终点与道岔中心连接,即得支线方向,如图 3-2-3 所示。

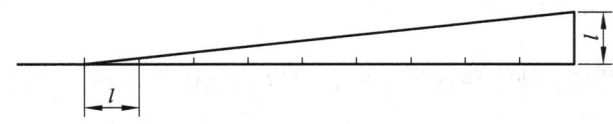

图 3-2-3　道岔用中心线表示法的绘制

(4)道岔的种类。

按照几何形状分类,常用的道岔种类有单开道岔、对称道岔、三开道岔及交分道岔等。

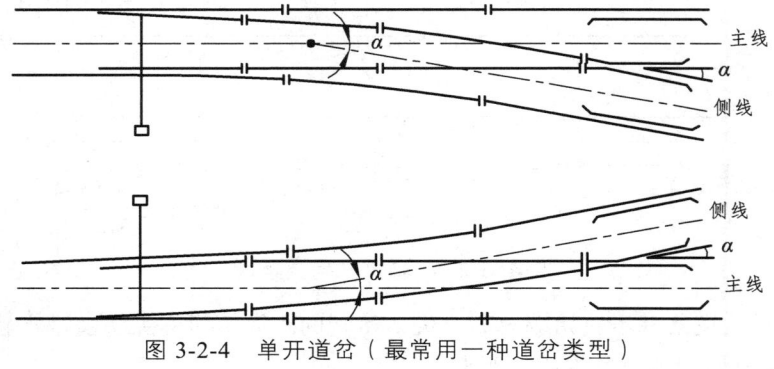

图 3-2-4　单开道岔(最常用一种道岔类型)

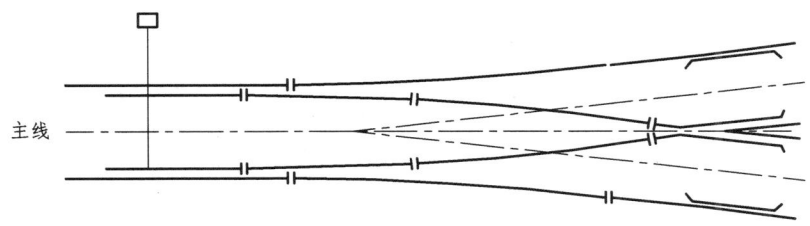

图 3-2-5　对称道岔（道岔全长较单开道岔短）

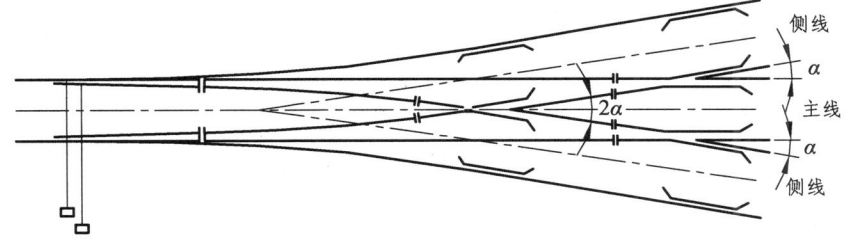

图 3-2-6　三开道岔（通常在调车场的头部或尽头式车站内采用）

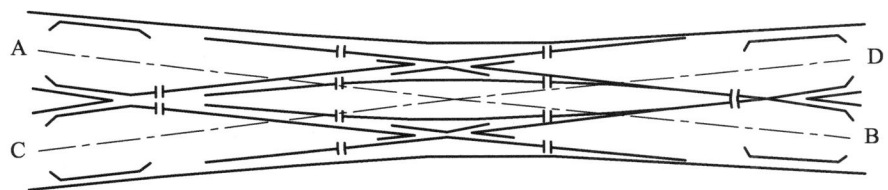

图 3-2-7　交分道岔（通常大编组站、客运站和用地长度受限制的咽喉区采用）

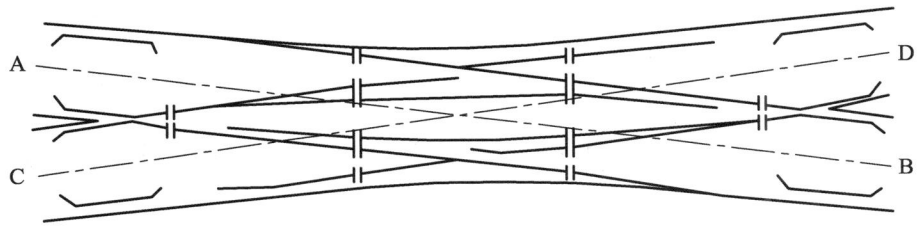

图 3-2-8　活动心轨交分道岔

（5）相邻道岔配列形式和道岔中心间距离的计算。

● 设计要求：整个咽喉长度达到最短；尽量节省工程费和运营费；保证必要的行车速度和作业安全。

● 道岔配列形式和相邻两道岔心的最小距离（岔心距）计算。

① 两单开道岔对向布置（如图 3-2-9 和图 3-2-10 所示）。

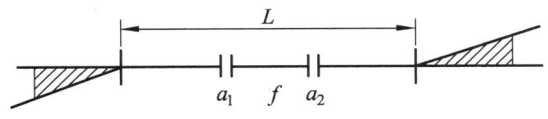

图 3-2-9　两单开道岔基线异侧对向布置

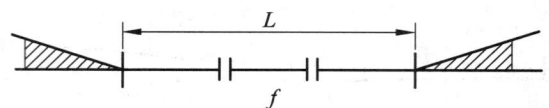

图 3-2-10　两单开道岔基线同侧对向布置

岔心距计算式为：

$$L = a_1 + f + a_2 + \sum \Delta$$

式中　$\sum \Delta$——轨缝的累计长度，Δ 为一个轨缝的长度；每插入一个钢轨，就产生一个轨缝，轨缝的累计长度需根据插入钢轨的根数计算确定；

L——对向布置的相邻道岔中心的最小距离；

a_1——第一组道岔的基本轨起点到该道岔中心的距离；

a_2——第二组道岔的基本轨起点到该道岔中心的距离；

f——两对向道岔基本轨起点间插入的直线段长。

② 两单开道岔顺向布置（如图 3-2-11 和图 3-2-12 所示）。

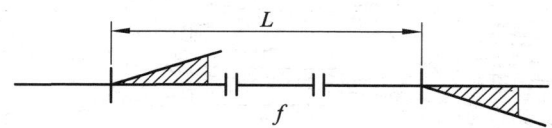

图 3-2-11　两单开道岔基线异侧顺向布置

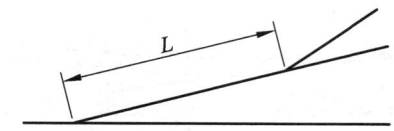

图 3-2-12　两单开道岔基线分支线路上顺向布置

岔心距计算式为：

$$L = a_2 + f + b_1 + \Delta$$

式中　b_1——第一组道岔的辙叉后跟到该道岔中心的距离；

其余符号含义同上式。

③ 两单开道岔在基线同侧顺向布置（如图 3-2-13 所示）。

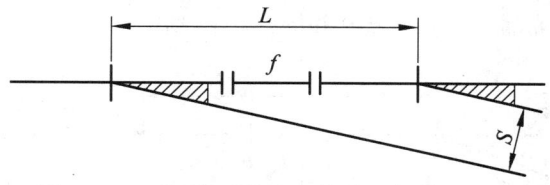

图 3-2-13　两单开道岔在基线同侧顺向布置

岔心距计算式为：

$$L = \frac{S}{\sin \alpha}$$

式中　S——相邻线路的最小容许间距。

④ 两单开道岔在基线异侧布置且两个辙叉尾部相对（如图 3-2-14 所示）。

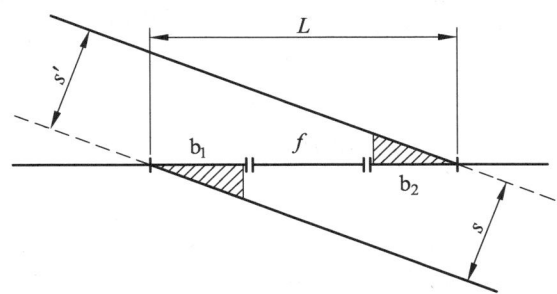

图 3-2-14　两单开道岔在基线异侧布置且两个辙叉尾部相对

岔心距计算式为：

$$L = \frac{S}{\sin \alpha_{\min}}$$

式中　S——相邻线路的最小容许间距。

2）线路的连接形式

（1）普通式线路终端连接：相邻两平行线路中的一条线路的终端与另一条线路连接起来，构成最常见的普通式线路终端连接，它由一副单开道岔、一段连接曲线及道岔与曲线间的直线段组成。

（2）缩短式线路终端连接：当两平行线路的线间距离很大时（如机务段、货场、车辆段等地），若使用普通线路终端连接，则全部连接的长度就很长。为了缩短连接的长度，节省占地，将道岔岔线外转一个角 φ，形成缩短式的线路终端连接。

（3）线路平行错移：在车站两平行线路间的某一段因某种需要（如修建站台或其他建筑物，或办理某种作业）需变更线间距离时，其中一条线路要平行移动，移动后的线路与原线路之间用反向曲线连接，这种连接形式称为线路平行错移。

（4）渡线：可使机车车辆从一条线路进入另一条线路。

● 普通渡线：设在两平行线路之间，由两副辙叉号数相同的单开道岔及两道岔间的直线段组成，如图 3-2-15 所示。

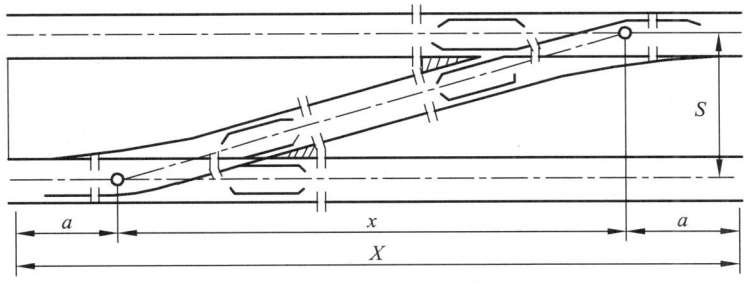

图 3-2-15　普通渡线

- 交叉渡线：由四副辙叉号数相同的单开道岔和一副菱形交叉组成，如图3-2-16所示。

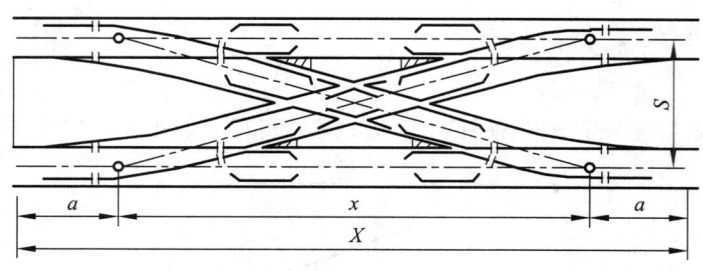

图3-2-16　交叉渡线

3）梯线

梯线指将三条以上平行线路连接在一条公共线上，且必须与正线或牵出线连通。依道岔布置相互位置的不同，可分为直线梯线、缩短梯线、复式梯线3种。

（1）直线梯线：各道岔依次排列在一条直线上，仅适用于线路较少的到发场与调车场，如图3-2-17和图3-2-18所示。

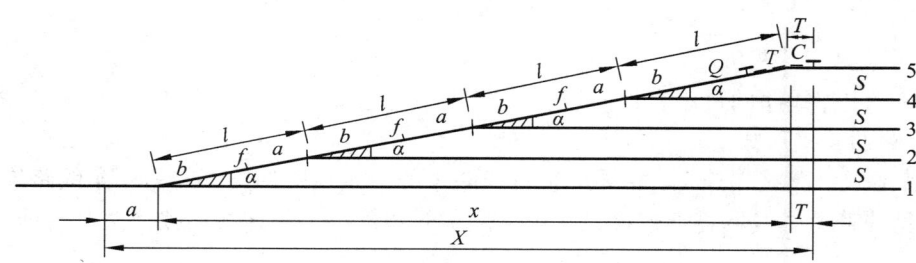

图3-2-17　道岔布置在一条侧线上

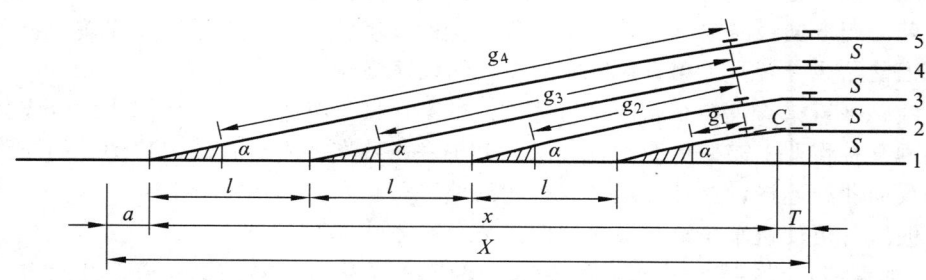

图3-2-18　道岔布置在同一基线上

（2）缩短式梯线：平行线路间距较大时，将梯线在与平行线路成一道岔角的基础上再转一个角，形成缩短式梯线，适用于需要线路较少且线间距离较大的地方（如货场、车辆段及机务段燃料场等处）。

（3）复式梯线：由几条与基线成不同倾斜角的梯线组合起来，连接较多的平行线路；适用于调车线数较多的调车场。

4. 车　场

将办理同一种作业的线路两端用梯线连接起来便成为车场。车场按用途不同分为到发场、到达场、出发场及调车场等；按几何形状不同可分为梯形车场、异腰梯形车场、平行四边形车场及梭形车场。

（1）梯形车场：两端用直线梯线（如图 3-2-19 所示）或复式梯线连接，前者在线路数目较少的情况下可用作到发场或调车场，后者仅适用于无正规列车运行的调车场。

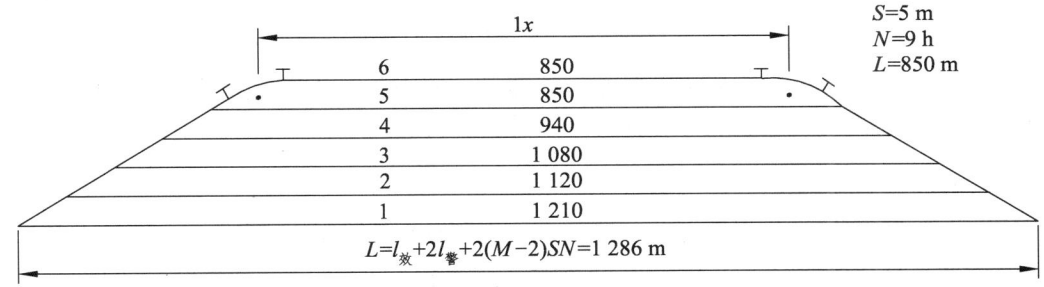

图 3-2-19　梯形车场（两端用直线梯线连接）

（2）异腰梯形车场：不论线路多少，各线路有效长除外侧两条稍长一些外，其余各条线路都是相同的，适用于用地长度受限的到发场、调车场，如图 3-2-20 所示。

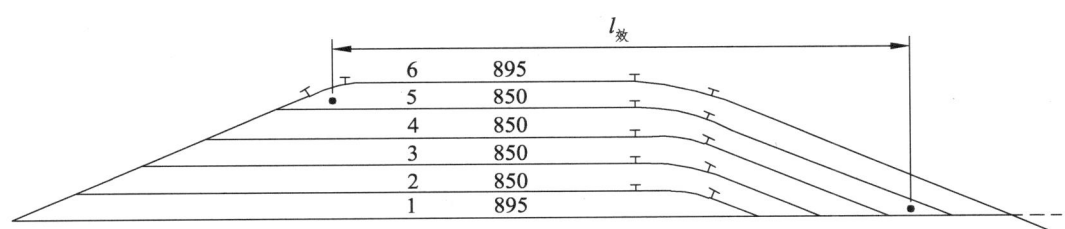

图 3-2-20　异腰梯形车场

（3）平行四边形车场：从车场本身看，这种车场是比较好的；但从整个车站的布置来看，仅适用于特殊地形，一般不宜用在到发场或调车场，但用作客车整备场是合适的，如图 3-2-21 所示。

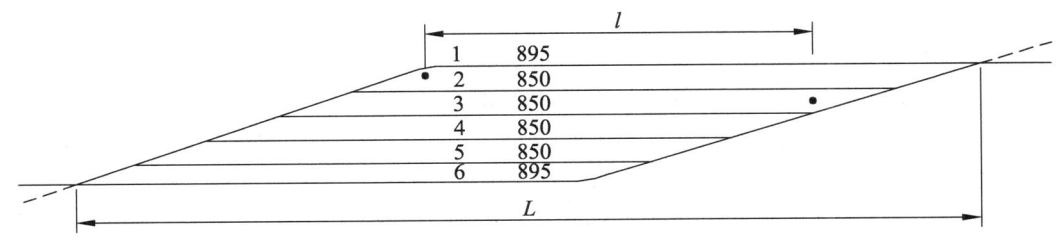

图 3-2-21　平行四边形车场

（4）梭形车场：梭形车场是对称的，实际上是由两个梯形车场组合而成的。在车站线路较多的情况下，其比上述车场都优越，但采用时必须与整个车站的布置相配合，一般可用在到发场、到达场、出发场，如图 3-2-22 所示。

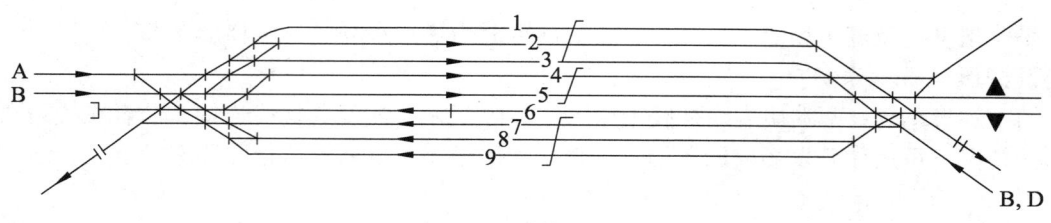

图 3-2-22 梭形车场

（5）评价车场的主要指标：有效长是否均衡；总阻力是否均衡；扳道是否方便；占地面积是否大；铺轨长度是否节省；与其他车场连接是否方便。

5. 站场咽喉

咽喉区是车场或车站两端道岔汇聚的地方，是各种作业（列车到发、机车走行、调车和车辆取送作业等）的必经之地。K 站一端咽喉图如图 3-2-23 所示。

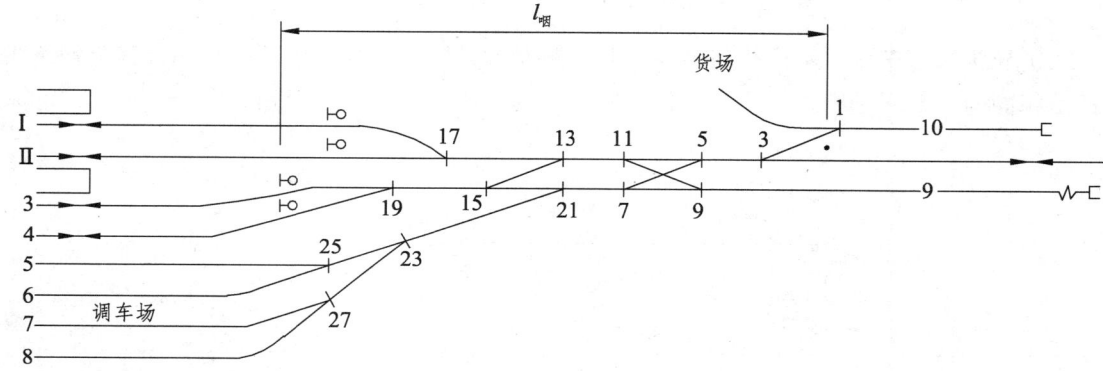

图 3-2-23　K 站一端咽喉图

自进站最外方道岔基本轨始端（或警冲标）至最内方出站信号机（或警冲标）的距离称为咽喉长度。

6. 进　路

作业进路是指在车站或车场咽喉区办理的每项作业（行车和调车作业）的运行径路。

（1）根据两条进路办理作业时是否存在冲突可划分为：

① 平行进路：在车站或车场咽喉区互不妨碍的两条进路，两项作业可同时办理。

② 敌对进路：在车站或车场咽喉区互相妨碍的两条进路，两项作业不能同时办理。

（2）按构成进路的到发线使用方向，进路可划分为：

① 单进路：到发线固定一个运行方向（上行或下行）使用。

② 双进路：到发线可供上、下行两个方向使用。

（3）单、双进路相比较区别如下：

① 双进路机动性大。

② 基本站台线为双进路，方便旅客、装卸。

③ 双进路站坪长，需增加信号联锁设备。

（4）单、双进路的设置原则如下：

① 单线：按双进路设计。
② 双线：原则上应按上下行分别设计为单进路。

7. 车站线路全长和有效长

（1）车站线路的长度。

全长指车站线路一端的道岔基本轨接头至另一端道岔基本轨接头的长度，如为尽头式线路，则指道岔基本轨接头至车挡的长度。确定线路全长是为了便于设计阶段估算工程造价，比较设计方案。

铺轨长度指线路全长减去该线路上所有道岔的长度。

有效长指在线路全长范围内可以停留机车车辆而不妨碍邻线行车的部分。影响线路有效长的因素主要有：

① 警冲标；
② 道岔的尖轨始端（无轨道电路时）或道岔基本轨接头处的钢轨绝缘（有轨道电路时）；
③ 出站信号机（或调车信号机），客运专线车站到发线上不设出站信号机时，应为出站信号机对应的钢轨绝缘；
④ 车挡（为尽头式线路时）；
⑤ 车辆减速器。

（2）有效长的计算公式与计算实例。

货物列车到发线有效长应综合考虑运输能力、牵引重量、地形条件和相邻区段统一牵引等因素，其计算公式为：

$$l_{效} = \sum l_{机} + Q/W + l_{附} \tag{3-2-1}$$

式中 $l_{效}$——货物列车到发线有效长，m；

$\sum l_{机}$——机车总长度，m；

Q——重车方向的货物列车牵引质量，t；

W——车列平均每单位长度的质量，t/m；

$l_{附}$——列车停车时的附加距离，m，其与列车牵引质量正相关。

客货共线铁路旅客列车到发线有效长主要根据旅客列车长度确定，其计算公式为：

$$l_{效} = \sum l_{机} + \sum l_{车辆} + l_{附} \tag{3-2-2}$$

式中 $l_{效}$——客货共线铁路旅客列车到发线有效长，m；

$l_{辆}$——编挂车辆的长度，m。

其余符号含义同上式。

高速列车运行速度高，到发线有效长除满足列车车长外，还应充分考虑列车安全防护距离，高速铁路车站到发线单方向最短有效长计算公式为：

$$l_{效} = l_{列车} + l_{停车余量} + l_{安全防护距离} + l_{警冲标至绝缘节距离} \tag{3-2-3}$$

式中 $l_{效}$——高速铁路车站到发线单方向最短有效长，m；

$l_{列车}$——根据列车最大编组确定的列车长度，m；

$l_{停车余量}$——司机停车时的控制余量，m，一般每端取值 10 m；

$l_{安全防护距离}$——列车超速触发紧急制动条件下列车制动距离与列车进站采用常用制动距离的差值，m，规定不小于 95m；

$l_{警冲标至绝缘节距离}$——警冲标至绝缘节之间的距离，取值为 5 m。

【例 3-2】已知货物列车长度为 13.914 m 时，车列总重为 77.98 t，机车长度为 20 m，单机牵引，列车停车时的附加距离为 30 m。要求：① 写出货物列车到发线有效长的计算公式。② 计算牵引质量为 5000 t 的铁路线上货物列车到发线的有效长度。

解：① 货物列车到发线有效长的计算公式为：

$$l_{效} = \sum l_{机} + Q/W + l_{附} \tag{3-2-4}$$

式中　$l_{效}$——计算的货物列车到发线有线长

　　　$\sum l_{机}$——机车长度

　　　Q——重车方向的货物列车牵引质量，t；

　　　W——车列平均每单位长度的质量，t/m；

　　　$l_{附}$——列车停车时的附加距离，m。

② $\sum l_{机} = 20$ m，$l_{附} = 30$ m，$L = 13.914$ m，$q = 77.98$ t

$$W = q/L = 77.98/13.914 = 5.604 (t/m)$$

当 $Q = 5000$ t 时，$l_{效} = 20 + 5000/5.604 + 30 = 942.22$（m）

即牵引质量为 5 000 t 的铁路线上货物列车到发线有效长度为 942.22 m。

8. 站场平、纵断面

（1）站坪：在铁路正线的平、纵断面上设置车站配线的地段即为站坪。普速正线直线地段路基面宽度如表 3-2-1 所示。

表 3-2-1　普速正线直线地段路基面宽度　　　　　　　　　　单位：m

线路等级	轨道类型	单线		双线	
		非渗水土		非渗水土	
		路堤	路堑	路堤	路堑
I	重型	7.8	7.4	12	11.6
I	次重型	7.5	7.1	11.7	11.3

注：列双线路基宽度系指按线间距 4.0 m 计，大于 4.0 m 时相应加宽。

（2）站坪长度。

站坪长度范围：车站两端正线最外方道岔基本轨始端（警冲标）之间。

站坪长度影响因素包括：远期车站布置图型、正线数量、到发线标准有效长、车站种类。

站坪长度取值如表 3-2-2 所示。

表 3-2-2　站坪长度取值表

车站种类	车站布置图型	站坪长度/m	
		单线	双线
会让站、越行站	横列式	$l_发 + 300$	$l_发 + 600$
中间站	横列式	$l_发 + 450$	$l_发 + 700$
区段站	横列式	$l_发 + 800$	$l_发 + 1100$
	纵列式	$2l_发 + 900$	$2l_发 + 1300$

（3）站坪与区间平、纵断面的协调。

① 在平面上：
- 站坪端部设在平面圆曲线的缓和曲线以外，在地形允许时应适当留有余地。
- 中间站利用正线调车时，为考虑作业实现条件，曲线与进站信号机间要有不小于 200 m 的直线段。

② 在纵断面上：站坪端部至站坪外变坡点的距离不应小于竖曲线切线长度。

③ 站坪范围内的平面和纵断面设计要配合好，以保证车站两端道岔咽喉区设在直线上，在困难条件下要尽量避免进入竖曲线范围。

（4）站坪和区间纵断面配合形式有如下几种情况：
① 站坪和两端线路均为平道或和缓坡道；
② 站坪位于凸形断面上；
③ 站坪位于凹形断面上；
④ 站坪位于阶梯形纵断面上；
⑤ 站坪位于半凹形断面上；
⑥ 站坪位于半凸形断面上。

9. 相关规范标准与各项要素计算结果自动推算技术说明

在计算上述轨道交通枢纽场站各项基本要素（如相邻道岔岔心间的最小距离等）时，所需具体参数取值可查阅《铁路工程技术手册》《铁路车站及枢纽设计规范》《高速铁路设计规范》《铁路技术管理规程》《地铁设计规范》等资料，最终计算结果除应满足最小距离的要求，还需满足枢纽场站线路布置几何形状的要求等。

分析了上述轨道交通枢纽场站设计的各项基本要素后，可以得到各种车站设备的数据信息以及设备间的连接关系，为咽喉区道岔心坐标等（主要是横坐标）的生成做好准备。初始化数据后，利用前文提出的有关计算推理的方法，对设计方案图进行精确的坐标推算，可以利用现代化的轨道交通枢纽场站设计辅助系统 CAD 技术自动计算出道岔心距、各道岔点以及各道岔与股道之间连接曲线的半径，利用通用算法计算出警冲标与信号机的坐标等。在修改方案图的过程中，CAD 系统会对各种车站设备的设计数据进行自动跟踪检查，保证使用的设计数据符合国家有关轨道交通枢纽场站设计的技术规范和其他规定。

（二）列车进路疏解方式及接轨站布置

1. 进路交叉疏解的必要性及其核心功能

我国铁路行车遵循的是前进方向左侧线路行车制，城市轨道交通系统采用的右侧行车制。在轨道交通枢纽场站的交叉节点，多条线路相互交叉、汇合、分歧，本线车、跨线车交织运行，必然相互干扰，产生列车运行径路的正面冲突（对向敌对交叉）或同向汇合交叉。疏解技术在一定程度上可以克服交叉对运行安全、区间线路及车站通过能力以、运输质量等的不利影响，进行交叉化解，梳理、整顿车流，使运营安全可控、枢纽/场站运输能力最大化。合理选择适宜的疏解形式，一直是轨道交通点线能力协调的关键点和设计重点，对轨道交通枢纽场站的设计和运营极为重要。疏解的核心功能在于将对向交叉消除（立体疏解）或转变为相对可控的平面隔开待避（平面疏解，利用空间隔断和时间差行车），以消除安全隐患，保证相互交叉的进路主要行车方向同时行车，平面待避概率降到最低，实现能力最大化。

2. 疏解的分类

疏解按工程措施不同分为平面疏解和立体疏解。最基本的疏解方式是方向别疏解，以达到列车分上下行同向的方向别运行。在工程设计与运营实践中，枢纽/车站内往往本线车、跨线车、各类性质列车同时存在，需要综合运用各类疏解，实现主要、较大车流顺畅通过，次要、汇合车流排队运行。

（1）平面疏解。

平面疏解是利用通过线路隔开、信号等设备保证各列车按"到－通"原则利用行车时间差来疏解线路交叉，工程简易。一般分为线路所、闸站和站内平面交叉3类。

（2）立体疏解。

立体疏解用修建立交桥的方式在空间上消除各种交叉，或保证各主要方向列车各行其道、互不干扰，加强通过能力。一般分为线路别、方向别和列车种类别疏解3类。

3. 接轨站的布置及常用疏解方式

疏解发生在各进出站线路间，接轨站可以是单纯的车流交换接轨站，也可以是技术作业站或客运站。

（1）接轨站布置的一般原则。

① 一般情况下线路均应在车站接轨；特殊困难情况下可在区间接轨，但区间接轨点应设线路所或闸站。

② 保障运营安全。

③ 必须利用平面交叉疏解或立体疏解隔开接轨站敌对进路。

④ 保证主线贯通，即各线主要行车方向正线必须顺直、贯通经过车站，满足不停站通过需要，汇合型接轨站以客运量大或客运量相当、总行车量大的线路贯通车站。

⑤ 保证平行作业。

⑥ 接轨站也是点线能力协调的控制点，应能够进行多种平行作业，必须保证"到—通""发—接"作业平行进行。

（2）常见的进出站线接轨及疏解方式。

接轨站各线路接轨方式一般可归纳为单线与单线、单线与双线、双线（多线）与双线（多线）接轨，按其进出站疏解线的布置集中程度可分为一站式疏解、三角形疏解、十字形疏解。一站式疏解即线路接轨及疏解在某一特定车站完成。三角形疏解属于组合疏解类，常用在多线引入的大型枢纽和地区、线路与线路双向接轨时，其每一角（节点）均衔接2个方向以上，可为车站或线路所。在多线引入的大型枢纽和地区，多线十字交叉形成十字形布局。十字形疏解亦属于组合疏解，综合运用了一站式、三角形疏解方式。

（三）轨道交通枢纽场站设计辅助系统 CAD 与仿真优化技术

1. 轨道交通枢纽场站设计辅助系统 CAD 技术

（1）轨道交通枢纽场站设计辅助系统 CAD 技术的特征与主要类别。

轨道交通枢纽场站设计辅助系统 CAD 旨在通过充分利用计算机技术、图形学理论、工程数学方法等来加快交通枢纽场站设计速度和提高设计质量，实现交通枢纽场站设计的智能化、规范化。CAD 应用软件可分为参数化 CAD、成组 CAD、交互式 CAD 和智能化 CAD 等几种类型。

① 参数化 CAD 是一种最简单的 CAD 应用软件，主要用于标准化、系列化和通用化程度较高的定型产品设计，效率高、可靠性高，但适应性差、效益低。我国早期开发的大部分 CAD 应用软件均属此类型。

② 交互式 CAD 采用交互式的方法产生设计方案图，求达到设计的智能化，具体操作时计算和绘图可由系统自动完成，在设定修改参数以后，可按照设计者的修改要求，自动完成设计方案的调整，便于设计者将主要精力投入方案的设计与优化。

③ 智能化 CAD 是 CAD 技术的主要发展趋向，基于专家系统的理论和技术产生发展，可采用基于连接关系的程序设计方法，为计算机赋予人的智能，使计算机在设计过程中领会设计者的意图。高质量、高效率的站场 CAD 系统的设计与开发应采用智能化 CAD 技术实现站场设计方案。智能化 CAD 的特点在于具备启发性、透明性和灵活性，能够根据设计环境、设计条件以及设计目的的变化，主动利用非数字化的知识，为设计者提供启发性甚至是优化的设计方案，并能实时向用户显示和解释求解的过程，以便让设计者据以确定设计结果是否满意。智能化 CAD 中的知识库、数据库、推理机相互独立，用户可以灵活地修改、扩充和完善。采用智能化站场 CAD 的设计和开发，具体可实现自动拓扑变换，把平面方案图自动转换成现实的站场平面设计图；完成站场平面的方案设计以后，可根据已建立的方案图信息和数据知识推理，实现车站作业的运营模拟，以便对设计方案进行直观的评价比选。

（2）轨道交通枢纽场站辅助设计 CAD 技术的系统结构与数据流程。

轨道交通枢纽场站设计辅助系统 CAD 总体结构通常是以工程数据库为中心，搭建各功能模块协同工作交互式集成设计环境，其总体结构如图 3-2-24 所示。

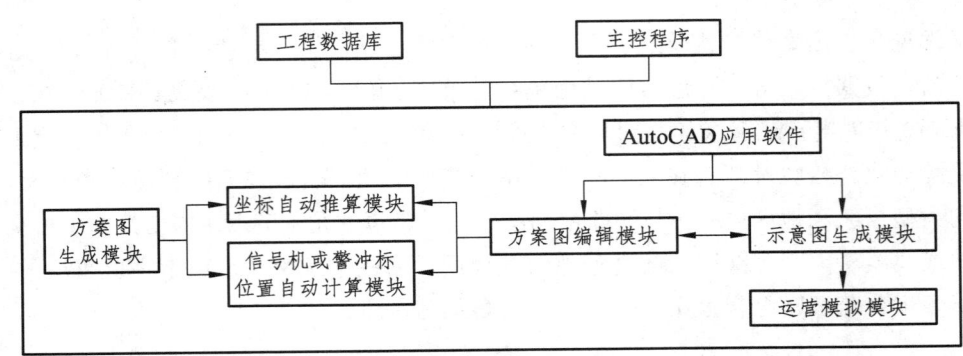

图 3-2-24　轨道交通枢纽站场平面图 CAD 系统的总体结构

数据流程图表达系统内部数据流动的过程、数据转换与存储,轨道交通枢纽站场平面图 CAD 系统的数据流程如图 3-2-25 所示。

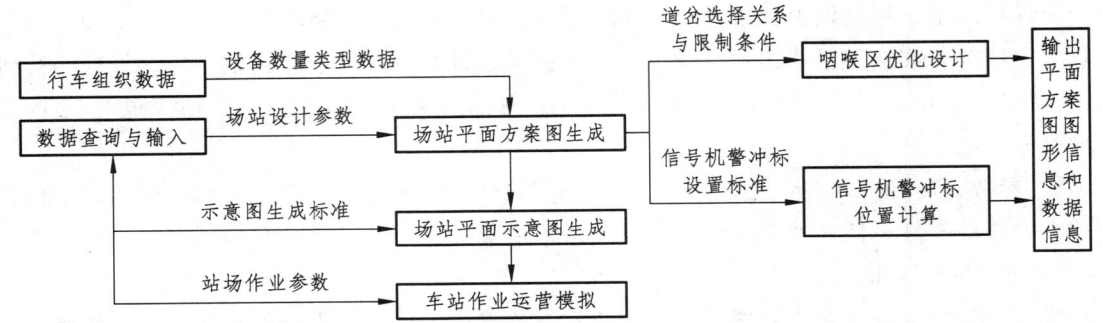

图 3-2-25　轨道交通枢纽场站平面图 CAD 系统的数据流程

(3) 轨道交通枢纽场站辅助设计 CAD 系统人机交互方案设计。

轨道交通枢纽场站的基本元素包括道岔、股道、信号机、警冲标,其图形组合形式多样。枢纽场站设计 CAD 系统可提供以下支持:枢纽场站咽喉/线路布置,设计参数/轨道工程量计算,初步设计/施工设计,编制设计说明书,绘制站场平面设计图。其设计思想是以应用程序集成与工程数据集成为核心,以输入最少的站场原始信息、自动绘制各元素布局形式多样的平面设计图为原则,以图形系统和数据库管理系统为支撑,用计算机接口的方法把应用软件、绘图软件、数据库管理系统、文字编辑软件等集成一个有机的整体,使之互相支持、互相调用、共享数据/信息,并在设计过程中提供数据/程序/接口的统一管理、运行控制等辅助功能。轨道交通枢纽场站辅助设计 CAD 系统人机交互设计方案如图 3-2-26 所示。

2. 轨道交通枢纽场站设计的仿真优化技术

(1) 轨道交通枢纽场站设计采用仿真技术的必要性分析。

任何优化的交通枢纽场站设计方案都应该考虑到这样一些事实:实现一个被选中的设计方案的成本是极其高昂的,所以这个方案应该具有长期性,因为在实践中,交通枢纽场站等设施一旦建成,即使发生了错误的方案决策的情况,也几乎不可能再重新设计修建。

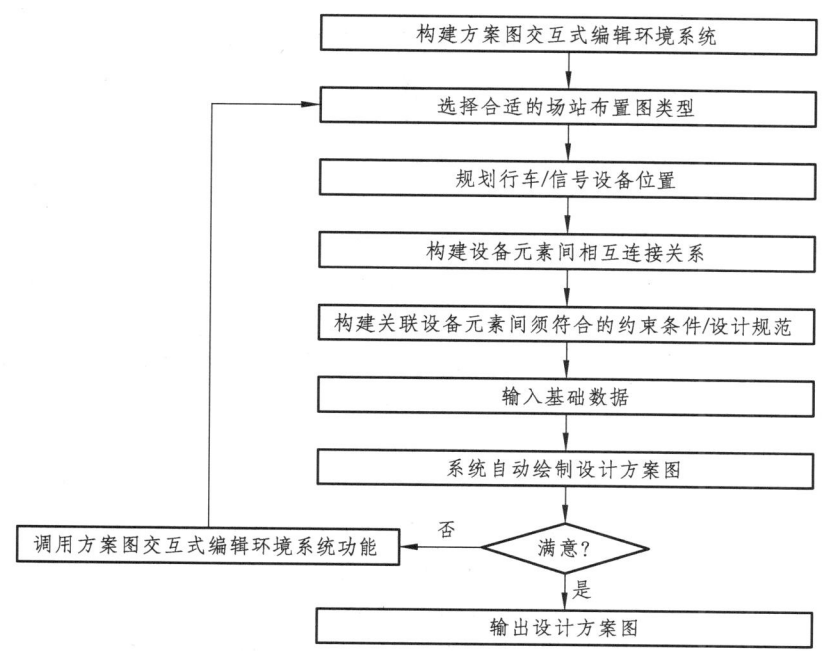

图 3-2-26　轨道交通枢纽场站辅助设计 CAD 系统人机交互设计方案

基础设施仅是一种资源，最终的目标旨在服务于交通运行；只有当其运行的交通是高效畅通的情况下，基础设施的设计方案才是令人满意的。因此，如果要评价一项基础设施的适用性，必须通过详细了解和描述其所运行的交通的实际状况。枢纽场站的交通运行是极其复杂的动态系统，其基本构成设施要素间存在复杂的关联关系，从而导致其交通服务运行过程相互交织，且在大多数情况下具有随机交互影响性。

所以问题的关键在于如何从规划设计与运营管理的角度确保大多数方案决策的客观性与正确性，以避免错误的决策。一方面，由于系统的复杂性和随机行为，使用精确的数学方法具有极大的局限性。另一方面，传统经典的规划设计方法往往使用简化的交通运行模型，并没有考虑系统的随机特征以及具有相互依赖性的动态技术作业过程的详细行为，采用的是基于经验的专家知识所确定的均值或标准值。在用这种方法设计的方案处理实际的交通运行问题时，经常会出现与现实不适应的状况。

如何解决这种设计方案与实际情况不适应的问题呢？唯一可行的方式是构建一个能够真实反映枢纽场站基础设施与交通运行的复杂性环境模型，与此同时，这个环境能够产生基于参数校核的可理解的方案，然后在这个环境里找到并接受一个较好的次优方案。

满足这些条件的试验环境即枢纽场站的仿真模型，模型中嵌入了硬件和软件以构成真实的或设计的枢纽场站的替代，并且与实际基础设施的构成完全一致，能够详细地描述所有运行过程的复杂性。仿真模型通常被作为试验环境来使用，目的在于评价所有枢纽场站设计方案的运行状况。显然，运行效率是评价的关键指标。

（2）仿真优化方法的运用。

通常，交通枢纽场站内部设施的规划设计可以理解为回答这样的问题：在枢纽场站内应配置哪些基本设施要素，以及如何将这些基本设施要素集成为一个高效的优化系统？这个问题对于基础设施长期战略规划的执行以及使既有枢纽场站的运行更为高效具有重要意义。

如今，不利用仿真模型运行的结果分析而直接去进行基础设施的设计、管理决策几乎是不可能的，仿真是通过试验——检测的原理方式，进而校核决策方案的客观正确性的一种有效工具。仿真技术通常按如下步骤支持对于实际系统的分析、提出设计方案与优化：

① 用仿真模型代替实际系统；
② 通过利用仿真模型实验发现系统的属性、行为及对于不同环境条件的反应；
③ 将获得的结果应用于真实系统（既有的或规划的）。

(3) 轨道交通枢纽场站设计仿真优化工具 Villon。

Villon 是一个通用仿真模型软件，支持各种方式的交通运输与物流枢纽场站的微观建模，包括铁路和道路基础设施等（如编组站、铁路客运站、列车养护中心、机务段、机场）。Villon 的子模块由资源模型、顾客模型、运行模型几部分组成，其仿真程序包含几十个决策优化算法。使用 Villon 仿真软件，用户可以在一个一体化的用户友好环境下，创建详细的枢纽场站运行仿真模型，定义仿真场景，利用模型进行仿真实验，以及评价仿真运行结果。

Villon 是一个复杂的仿真工具，支持将枢纽场站设计与运行过程优化相联结的决策过程。同其他用于模拟铁路运行的仿真工具（如 RASIM, RailSys, OpenTrack）相比，Villon 为用户提供了更为精细化的基础设施建模与可视化技术（而非示意图方法），如对于人员、设施的活动的详细建模，以及将铁路与公路的交通流建模在同一个模型中以检验其相互干扰性。Villon 能够让模型与用户（即设计试验人员）在主要决策方面实现闭环式交互协作，支持图形输出以及二维/三维的动画展示。仿真模型为用户提供有关系统状态的信息，以及仿真运行过程中的数据统计发展趋势。同时，系统也设置了用于显示仿真后统计及其他信息的画板，也可以在画板上添加其他新增项目。但是，由于其主要专注于枢纽场站的运行建模，Villon 缺乏对于大规模铁路网络建模的支持以及创建时刻表的能力。合理使用 Villon 仿真工具并开发其更广泛的技术特征，将有助于交通枢纽场站的所有者及运营者节省大量的财务成本支出。

三、轨道交通枢纽场站运营的基础

（一）列车运行过程分析

列车运行的过程从列车自始发站出发开始，到终到站进站停车时结束，中间历经一个或多个区间、车站，在运行过程中正点率与车站/枢纽/区间的运输组织方法和相关技术设施密切相关。列车运行至车站/枢纽时，应满足列车到、发、通等间隔时间标准以及各项技术作业时间标准等。列车在车站/枢纽的作业类型可归结为接发车、列车停站、车底转入（出）、机车（动车组）出入段以及车底转线等。从列车的整个运行过程看，其在车站/枢纽的始发作业流程如图 3-2-27 所示，通过作业（包括停站通过与不停站通过）流程如图 3-2-28 所示，终到作业流程如图 3-2-29 所示，从信号控制角度研究列车出发、到达、通过技术作业运行控制过程如图 3-2-30 所示。

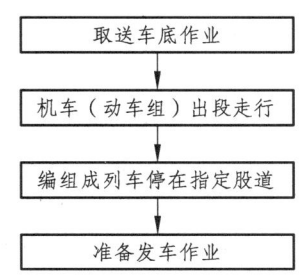

图 3-2-27 列车在车站/枢纽的始发作业流程

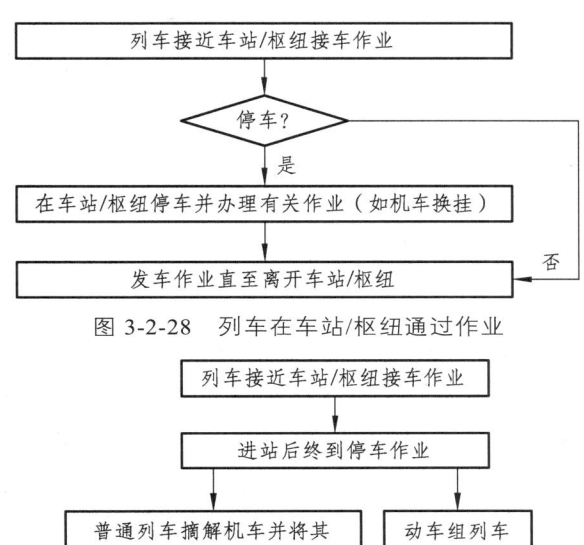

图 3-2-28 列车在车站/枢纽通过作业

图 3-2-29 列车终到作业流程

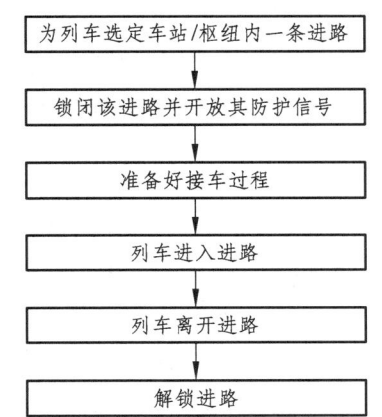

图 3-2-30 从信号控制角度研究列车出发、到达、通过技术作业运行控制过程

(二) 列车进路控制及开行模式

1. 列车进路控制的原理

列车进路控制的实现基础是枢纽场站线路的有向拓扑图形描述,以确定列车的位置为目

标，进而触发列车途经的进路。站场线路数据是描述站场图的基础，用于站场的显示和对站场设备的操作，主要包含信号设备的位置、信号设备之间的逻辑关系等。在基于 CBTC 的 ATS 列车进路控制系统中，列车进路控制系统与列车自动调整相结合，根据联锁表、计划运行图及列车的所在位置自动判断、生成并输出进路控制命令传送至联锁设备，控制列车进路。列车自动触发进路系统根据列车计划为计划车选择进路，在基于 CBTC 的 ATS 列车进路控制系统中，其过程可分为确定触发点、检查进路触发时机、检查进路触发条件、选择列车进路、检查列车进路排列条件这五个阶段。

在 ATS 系统中，站场的线路数据主要包括站场线路静态数据（包括车站信息、信号机信息、道岔信息、轨道信息、站台信息、车次、进路信息等）和线路拓扑数据。站场线路拓扑数据是对线路物理模型的转换，首先将信号机、轨道、道岔等抽象为可视的网络平面图及能够被计算机识别的数据；其次建立各个设备之间的链接关系。其主要目的是直接体现设备的逻辑关系，为实现设备的索引、进路的搜索提供数据基础。

2. 列车开行模式

（1）直达模式。

根据我国铁路网的实际条件，我国铁路客运网中列车的直达模式包含了本线直达和跨线直达，高等级列车下线运行和低等级列车上线运行。根据列车 OD 点分布情况不同，直达模式可分为本线直达和跨线衔接直达；根据途中是否有停站，直达模式可分为航空模式和非航空模式，其中航空模式包括本线一站直达的跨线直达（日行高速列车下线、夜行高速列车下线、既有提速线路列车上线），非航空模式包括本线大站停列车和跨线大站停列车。直达模式的优点主要是缩短旅客旅行时间，提高旅客出行的便捷性；其缺点主要是增加运输成本，增加对区间运行秩序鲁棒性的要求，下线对既有线技术条件要求高，下线列车占用既有线运输能力，上线列车影响高速线的能力利用，客流不足时容易产生运能的虚糜，发生延误时更容易使延误在整个路网中传播扩散。根据快速客运网组成线路的主要技术特征及相关文献，快速客运网中的直达模式可分为不经过衔接站的直达和经过衔接站的直达两种情况。

（2）中转换乘接续模式。

对于因技术条件限制无法提供直达运输服务的客流以及部分直达运输不经济的客流须组织中转换乘衔接运输，中转换乘客流的组织须考虑换乘枢纽的条件以及枢纽内的车站分工。中转换乘模式的主要优点包括节省高速动车组，对其他线路通过能力和运输秩序影响小，平衡区段运输能力，节省旅客旅行时间，既有铁路上的客运条件将有较大的改善，可以充分利用运能、避免运能虚糜；其缺点主要包括依赖换乘的可靠性，增加对车站作业组织的要求，换乘将影响旅客途中休息、增加疲劳，列车接续安排不合理引起旅客换乘费用增加。为保证中转客流的换乘服务质量，应尽可能减少旅客的换乘次数及换乘等待时间，因此中转客流的运输组织往往也与周期列车的组织相联系。法国铁路采用中转与直达相结合的客流组织模式，不同距离客流 OD 的换乘方案比例不同，旅客换乘出行方案比例随距离明显增加，500 km 以下的客流 OD 主要以直达服务为主，900 km 以上的客流 OD 主要以换乘服务为主。

(3)节拍式(周期化)。

节拍式(也称周期性)列车开行方式以全天的运行时间为基础,采取一定时间间隔作为划分时段,或者根据客流波动情况将全天分为若干时段,并以时段为基础,按照一定的节拍程度在相对固定的基本运行图模式的各周期时段中,列车运行线的铺画都具有相同模式,同类列车在同一车站的到发、通过及停站的分钟时间都基本相同,即有规律地开行具有相同的运行径路、停站数量、停站时间、列车速度等级、运行顺序及运行数量等属性的列车的一种列车开行方式。每季度、每周或每日实行的计划运行图,通常都是在考虑客流在不同季节、周内不同日、一天内不同时段的客流波动情况的条件下,对满表铺画的基本运行图抽线后形成的。节拍式运行图的编制可作为确定每季度、每周或每日运行图的基础和依据。节拍式列车开行方式具有车站服务频率稳定化、列车运行时刻规律化、方便旅客出行、有利于引导旅客的出行理念及出行习惯等特征;但因列车的运行线路、运行时间相对固定,易造成运输能力的浪费,且因停站方案固定而不能覆盖全部的旅客出行需求。

(4)公交化模式(地铁模式)。

公交化的列车开行模式源于城市公共交通,通常泛指在城市及其郊区范围内定线定站运营的公共汽车及轨道交通等交通方式。随着对城际铁路、市域铁路等短途铁路运输组织模式研究的开展,关于"公交化"的定义也由定性概括向定量描述逐渐明晰。公交化运输是在较大能力基础上,售票手续简便、交通工具行车密度较高的旅客运输。"公交化"列车是铁路为实现公交化运输而组织开行的列车,是具有一定运能保证的、售票手续简便化的旅客列车。公交化的列车开行模式是为在运输能力与客流需求超大的通道内,以较大的行车密度、较小的单位运输能力、较少的候车时间实现旅客便捷、快速出行的运输组织模式;将公交化模式概念应用于城际轨道交通,是为城际列车(动车组)参照城市公共交通(公共汽车或地铁)的运输组织模式,依据高峰日和非高峰日、高峰时段和非高峰时段的区别,以不同的发车间隔实行大密度、高速度、小编组的运输组织模式。公交化运营是一种旅客输送的运输组织方法,是指在通过能力大的线路上运行的开行间隔时间在 20 min(不包括允许波动时间)以内的高速列车,开行同一方向短途行车密度在 5 min 以内、长途行车密度为 10~15min、由 8 或 16 辆动车编组、上座率为 50%以上且均衡的高速列车,同时,该种列车采用定点、定车次、定座席与不定点、不定车次、不定座席并存的客票发售模式,旅客候车以站房通过型为主、站台候车为辅,且旅客候车时间已不能通过调整运行图、提高发车间隔及服务频率来进一步缩短。

(5)夕发朝至长途车开行模式。

夕发朝至列车,也就是夜行列车,是我国铁路早已推出的成功品牌列车,深受广大旅客的欢迎。随着高速铁路网的逐步形成,各城市之间的通达时间将会大大缩短,部分运行距离较短的既有夜行列车可停止开行;但由于我国幅员辽阔,中心城市间距离较长,部分距离为 2 000~3 000 km 甚至更长的城市间的列车便进入高速夜行列车优势到发时间范围。据统计,我国高速铁路网中主要节点城市构成的 1 000 多个客流 OD 中,里程超过 2 000 km 的约有 328 个,旅行时间超过 7 小时的约有 500 个,而主要城市间是必然存在客流需求的,有组织开行高速夜行列车的需求和必要性。

(三)枢纽站场列车运行仿真系统

列车运行仿真系统构建时要满足具体的行车组织方式及相关技术设备(如线路、车辆和信号控制设施)要求,采用计算机和 MapInfo 技术开发枢纽场站列车运行微观仿真及决策支持信息系统,系统组成上可划分为数据管理子系统、电子地图绘制子系统、牵引计算子系统、运行仿真控制子系统、仿真结果统计分析及输出子系统。利用 MapInfo 技术,可以模拟枢纽站场环境背景、列车在枢纽场站内的实时位置、列车运行指标等信息,实现轨道交通枢纽场站的仿真场景生成、车站作业流程仿真、系统相应数据的输出等功能。

1. 主要仿真数据

根据系统功能设定,该系统中涉及的主要仿真数据内容如表 3-2-3 所示。

表 3-2-3 枢纽站场列车运行仿真系统主要数据

数据类别	数据项
固定设备的属性信息与空间信息	线路数据(坡道、曲线、桥隧)、图形数据(车站站型图库和枢纽内车站位置图等逻辑关系图以及其他图元信息)、车站/枢纽设备数据(股道、道岔、信号机、渡线、车站/枢纽节点、基本轨道、绝缘节、警冲标、车挡、站台)
列车基本参数和编组数据	列车基本参数包括机车车辆(动车组)长度、重量等基本属性和牵引特性曲线、能耗曲线、动力制动特性曲线、闸瓦类型以及最大牵引力等牵引制动特性数据;列车编组数据包括列车(动车组)种类、牵引辆数、牵引机型、闸瓦类型、换算制动率、牵引质量
列车运行计划数据	开行列车等级、数量、起讫点、开行径路、车站、列车到发时刻表、停站时间、行车间隔、天窗时段设置
仿真结果输出数据	列车对数统计数据、车底运用指标数据、列车实际到发数据、停站时间数据、运行速度数据、车站进路排列数据、信号控制数据、股道占用数据及间隔时间等技术作业数据

2. 仿真系统结构与功能设计

(1)系统总体功能结构设计。

遵循 OO 程序设计思想,采用 UML 语言,设计枢纽/场站列车运行仿真系统总体功能结构,轨道交通枢纽场站列车运行仿真系统的总体功能结构划分为输入模块(包括基础数据管理子模块、参数选择子模块、仿真计算参数设置子模块)、仿真运行模块(包括枢纽场站电子地图绘制子模块、列车牵引计算子模块、列车运行仿真控制子模块)、输出模块(包括仿真结果统计分析子模块、系统输出子模块),各模块在系统内部通过仿真系统平台联系,通过运行控制模块完成各模块的切换和调度,其中枢纽场站电子地图绘制和列车运行仿真控制子模块是系统的核心模块。

(2)系统功能模块设计。

① 基础数据管理模块。

基础数据是轨道交通枢纽场站列车运行仿真系统的基石,从功能上将基础数据管理模块划分为固定设备数据管理(包括线路数据管理、信号设备管理、图形数据管理)、列车运行参数管理（包括机车车辆/动车组数据管理、列车编组信息管理）、列车运行计划管理（包括列车运行图/时刻表数据管理、正点率/兑现率等列车运行技术标准设置）、仿真参数管理（包括仿真场景参数设置、仿真策略设置、仿真规模设置）、仿真结果管理（包括数据接口设置、仿真结果输出形式）；根据数据类型相应的可采取数值型、图形、数值与图形相结合等管理方式。

② 枢纽场站电子地图绘制模块。

枢纽场站电子地图绘制子系统是列车运行仿真系统的核心部分之一，其功能划分包括：枢纽场站电子地图绘制、设备图元编辑、数据完整性检查、图形操作工具、进路管理、数据查询及图形数输出等多个部分，如图 3-2-31 所示。

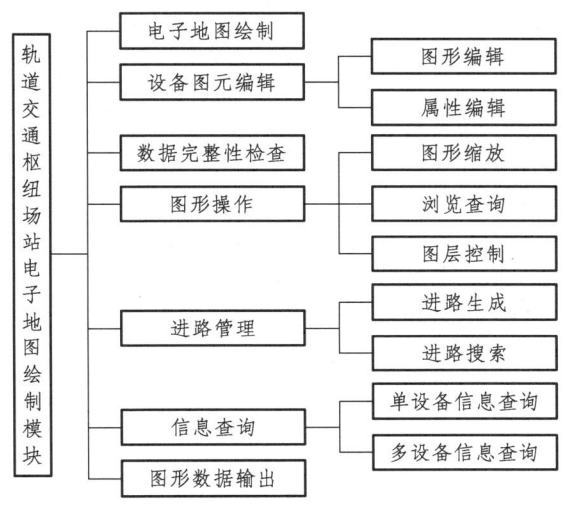

图 3-2-31　枢纽场站电子地图绘制模块功能划分

③ 列车牵引计算模块。列车牵引计算主要是计算列车运行过程的速度时分曲线和能耗曲线，并将计算结果直观地反映到系统中，其功能模块划分为牵引计算参数设置子模块（包括线路数据设置、列车编组数据设置、区间限速设置、牵引计算方法设置）、牵引计算控制子模块（包括列车运行工况控制、牵引计算过程控制、牵引计算结果输出）。

④ 列车运行仿真控制模块。列车运行仿真控制模块是仿真系统的另一个核心组成部分，直观显示列车运行过程，其功能划分为仿真参数设置（包括车站设置、列车模型选择、技术标准选择）、仿真场景建立（包括调用电子地图、仿真场景生成）、仿真时序控制（包括暂停、继续、回放、仿真步长设置）、牵引计算（包括调用牵引计算模块、显示牵引计算过程、生成统计指标）、仿真运行控制（包括列车运行仿真控制、仿真场景重新生成、仿真地图操作、仿真控制参数设置）。

⑤ 仿真结果分析评价包括模块。仿真结果分析评价模块划分为仿真过程显示（包括列车运行轨迹显示、信号状态显示、轨道占用状态显示、牵引计算过程显示），统计报表生成（包括指标计算、报表生成）和仿真结果分析评价（包括指标分析、仿真过程分析、冲突检测、仿真结果评价）。

⑥ 仿真系统输出模块。

列车运行仿真系统的各种数据应该能够以通用的文件格式输出，并且也可以通过设置接口与其他专业系统软件相连，以备其他系统使用。

3. 列车运行仿真控制模块设计

（1）仿真场景与参数的设置。

枢纽场站运行仿真范围适合采取兼顾宏观和微观的仿真管理方法，宏观方面包含全路所有枢纽场站以及列车数据的管理；微观方面包含列车在运行过程中所办理的所有技术作业的过程，如信号、联锁以及列车运行控制策略等内容。仿真场景主要是创建并打开枢纽场站电子地图，模拟现实中单个或多个列车群的行车环境，需要设置的内容包括仿真涉及的线路集合、车站/枢纽集合、列车集合、仿真场景名称、仿真场景列表、仿真起始时间、仿真步长等。仿真场景参数包括仿真起讫点、枢纽/场站设置、轨道区间绝缘设置、车站显示属性、枢纽/场站进路、图层属性、设备尺寸、设备对象的外观显示、列车类型选择、追踪列车数、追踪形式及间隔时间、标注字体等。

（2）仿真初始化。

列车运行仿真需要线路、机车车辆/动车组、运行图等数据，数据的种类规模较多，如果在列车运行仿真过程中重复加载数据影响仿真效率，则在进行列车运行仿真之前需要进行仿真初始化，其处理流程如图 3-2-32 所示。

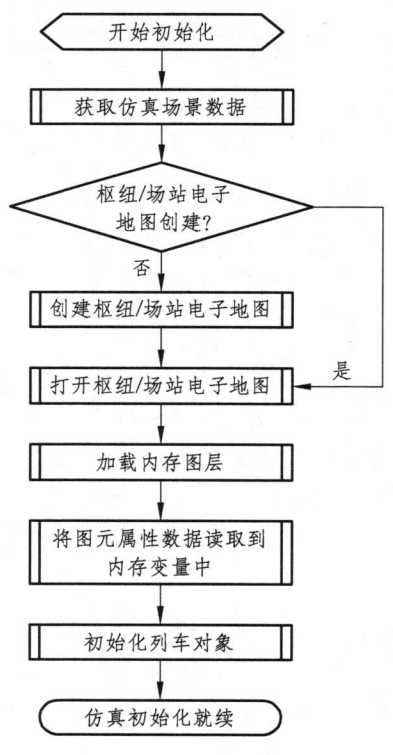

图 3-2-32　仿真初始化处理流程图

(3)仿真系统流程图。

仿真开始时,仿真时钟便随之计时开始,并控制列车按照设定的步长向前运行。刷新仿真界面,列车运行状态随着列车运行位置、运行工况和信号设备状态等参数的更新而更新,具体仿真系统流程图如图 3-2-33 所示。

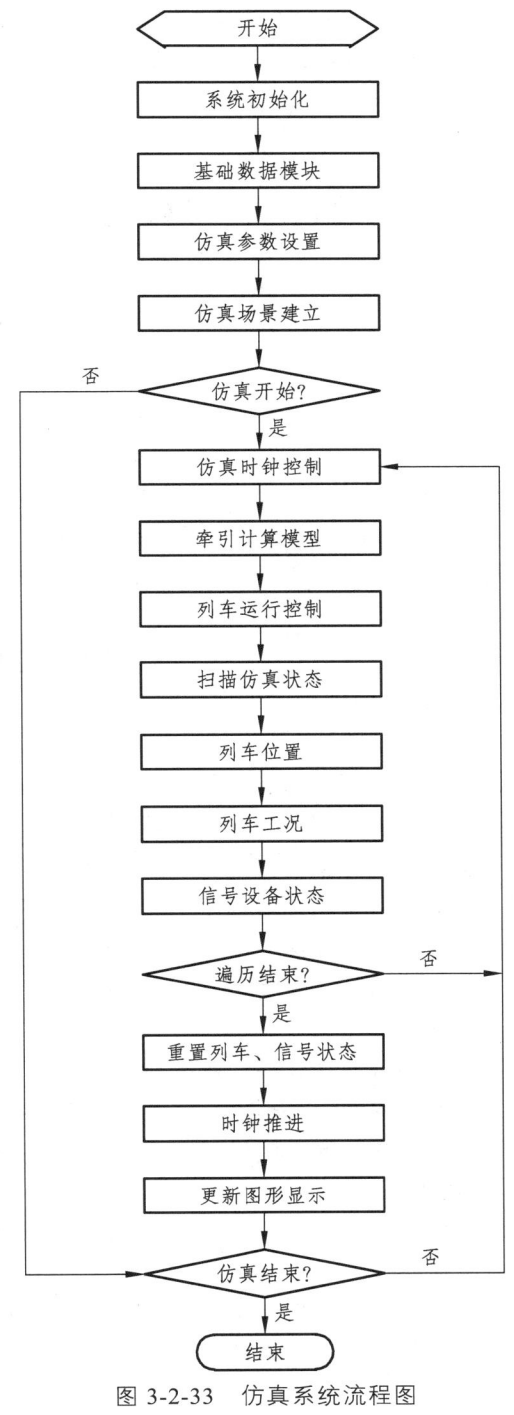

图 3-2-33 仿真系统流程图

（4）仿真结果分析评价模块。

此模块在仿真过程中的作用在于验证列车运行图，主要包括冲突检测、运行速度/间隔时分计算与显示。列车运行至车站时，枢纽/场站电子地图模块自动为列车排列进路，如果出现两列车同时占用同一进路或者咽喉区时，仿真分析系统会自动中断进路并指示系统重新生成列车进路；如果速度大于限速，仿真系统会调用牵引计算模块重新生成速度值；如果出现设备故障或间隔不够，仿真系统会调用列车运行控制模块重新生成间隔时分。

第三节　铁路会让站、越行站和中间站

一、概　述

铁路设置会让站、越行站的目的在于提高铁路区段通过能力；保证行车安全；为沿线城乡及工农业生产服务。

铁路会让站、越行站和中间站在空间分布上，要考虑地形、地质、水文和铁路运营条件、区间通过能力的均衡性，满足国家要求的年输送能力和客车对数。中间站一般设有货场、牵出线、到发线（比会让站、越行站多1~2条），有摘挂列车调车作业。铁路会让站、越行站和中间站的运营业务包括：

（1）会让站主要办理列车的到发、会车、让车，少量的客货运业务。

（2）越行站主要办理同方向列车的越行，反方向列车的转线，少量客、货运业务。

（3）中间站是铁路中最普遍、最常见、最基本的车站站型，是维持正常运行图秩序的关键，分析中间站各种站型设计规律，合理布置中间站，对节约资源、保证按图行车或者在出现特殊情况后恢复运行图秩序，都具有十分重要的作用和意义。其办理的运营业务包括：

① 办理列车的通过、到发、会让、越行和运行调整，在双线铁路上还办理反向运行列车的转线；

② 旅客的乘降和行李、包裹的收发和保管——客运业务；

③ 货物的承运、交付、装卸和保管——货运业务；

④ 摘挂列车向货场甩挂车辆的调车作业；

⑤ 如有铁路岔线接轨，办理向其取送车辆作业；

⑥ 如同时设有机务整备所或折返所，办理机车的整备和折返作业；

⑦ 运量较大和有较大工矿企业接轨的中间站，办理始发终到列车解编，小运转列车的解编和对工矿企业的取送车、交接等作业；

⑧ 个别客流量较大（含平时或节假日高峰期）或铁路局管辖末端的中间站，尚可办理旅客列车始发、终到作业；

⑨ 位于长大下坡终点处的中间站，办理列车的凉闸、试风、列检等技术作业；

⑩ 如兼为乘务员换乘站，办理乘务员的换班作业；

⑪ 如兼为局分界站，办理两铁路局 18 点相互交车的作业；
⑫ 如兼为枢纽前方站，尚有调整枢纽内列车运行的作业。

二、会让站和越行站

（一）会让站（设置在单线铁路上）

1. 横列式会让站布置图（一般情况下，会让站应采用横列式布置）

（1）设一条到发线时，到发线一般应设在站房对侧，如图 3-3-1 所示。

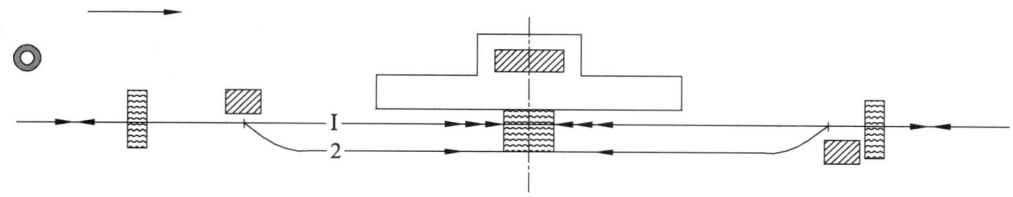

图 3-3-1　横列式会让站布置图（到发线设在站房对侧）

（2）设两条到发线时，到发线分设正线两侧布置，如图 3-3-2 所示。

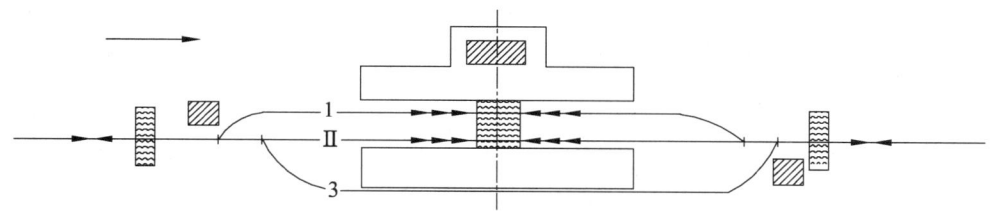

图 3-3-2　横列式会让站布置图（到发线分设正线两侧）

2. 纵列式会让站布置图

纵列式会让站布置图的特点为两到发线纵向排列，并向逆运转方向错移一个货物列车到发线的有效长度，如图 3-3-3 所示。

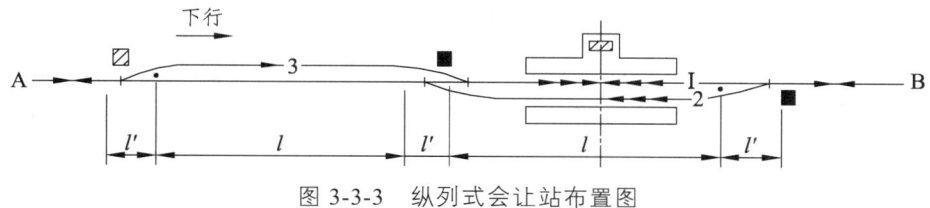

图 3-3-3　纵列式会让站布置图

（二）越行站（设置在双线铁路上）

横列式越行站布置图（一般应采用横列式布置）：

（1）设一条到发线，到发线设于两正线中间，两正线变换线间距，上行正线在站内需设反向曲线，如图 3-3-4 所示。

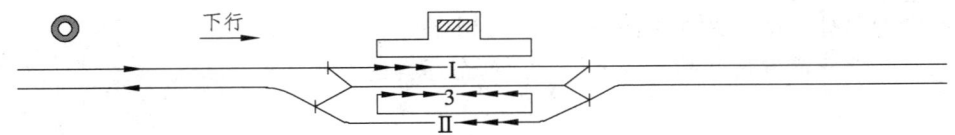

图 3-3-4　横列式越行站布置图（一条到发线设于两正线中间）

（2）设一条到发线，到发线布置在两正线一侧站房对侧，如图 3-3-5 所示。

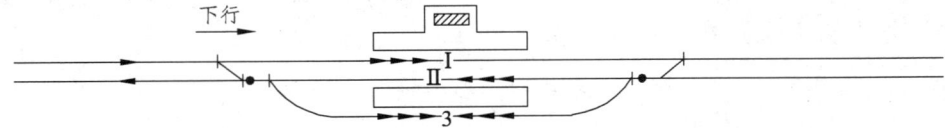

图 3-3-5　横列式越行站布置图（一条到发线布置在两正线一侧站房对侧）

（3）设两条到发线，双方向列车可同时待避，两条到发线分设于正线两侧，如图 3-3-6 所示。

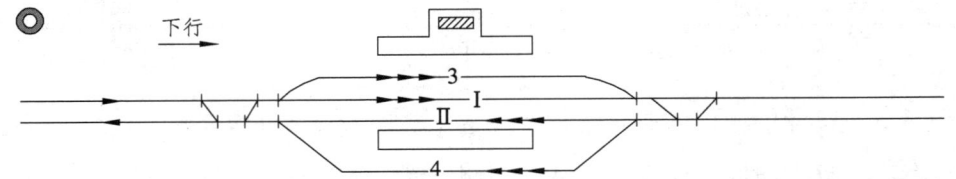

图 3-3-6　横列式越行站布置图（两条到发线分设于正线两侧）

（4）设两条到发线，到发线布置在两正线一侧站房对侧，如图 3-3-7 所示。

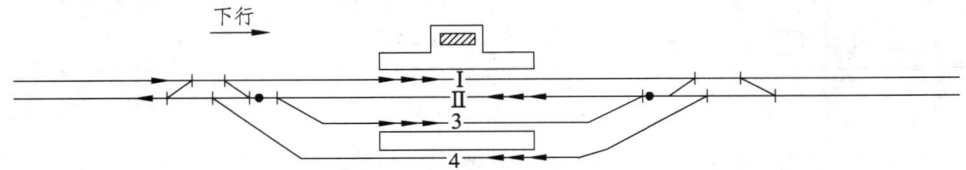

图 3-3-7　横列式越行站布置图（两条到发线布置在两正线一侧站房对侧）

三、中间站

我国铁路车站约有 80%为中间站，站场结构类型多。优化站场结构类型设计，提高中间站装卸车作业效率，压缩货车停留时间，对于释放既有资源潜能，缓解铁路面临的运输压力，是切实可行并具有实际效果的，其操作成本低、见效快，可成为中间站提效工作的一个突破点。

（一）一般中间站布置图（一般采用横列式布置图）

1. 单线横列式中间站布置图（见图 3-3-8）

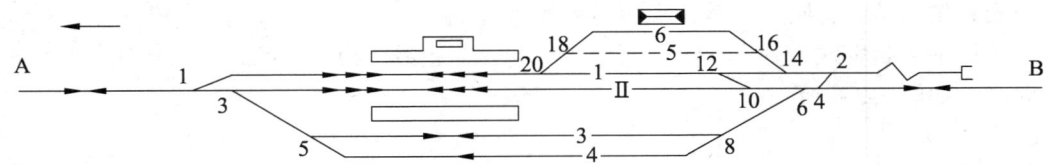

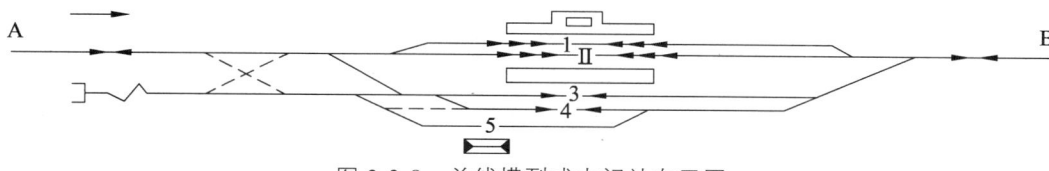

图 3-3-8 单线横列式中间站布置图

2. 双线横列式中间站布置图（见图 3-3-9）

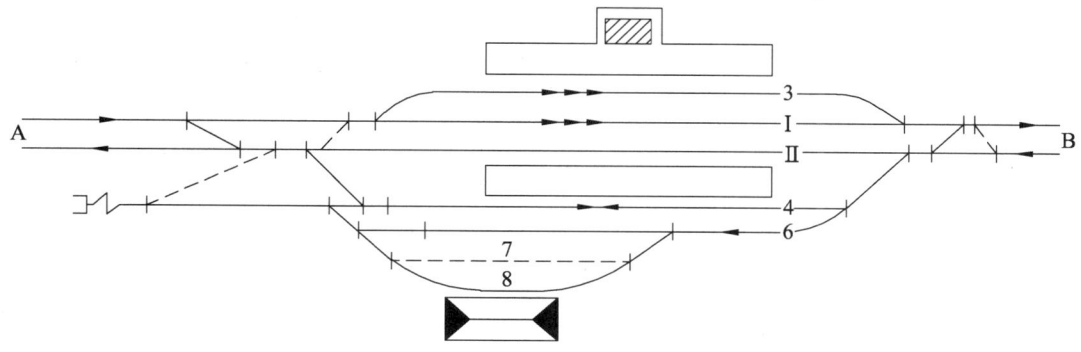

图 3-3-9 双线横列式中间站布置图

（二）客货共线铁路中间站布置图

1. 传统无高站台中间站的布置图型

中间站通常应采用横列式图型。当车站不需要采用 1.25 m 高站台时，一般单、双线铁路中间站可按图 3-3-10 或图 3-3-11 布置。中间站台应设在站房对侧邻靠正线的到发线外侧，货物线（或者货场）另一端与正线相邻的到发线上应设隔开设备，双线铁路设有货场的一端必须设牵出线。

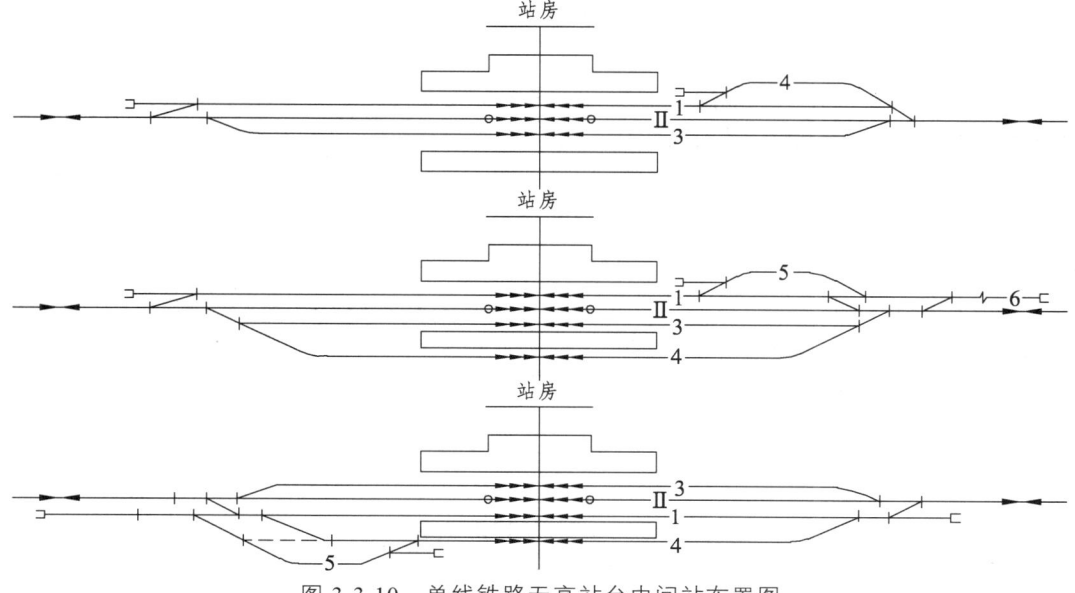

图 3-3-10 单线铁路无高站台中间站布置图

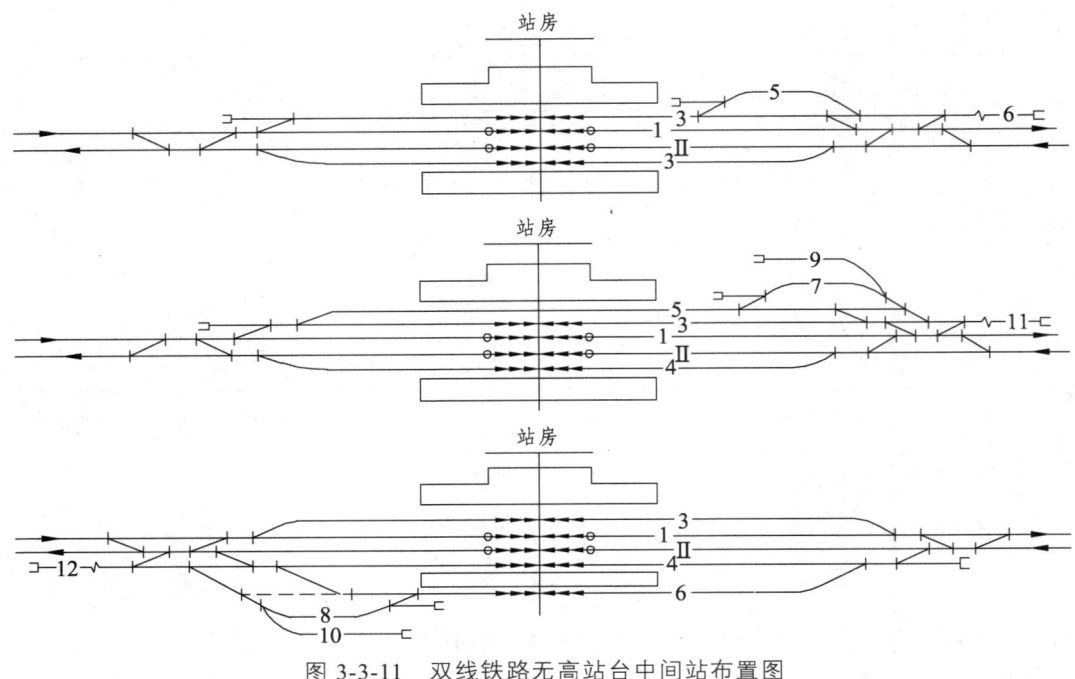

图 3-3-11 双线铁路无高站台中间站布置图

2. 有高站台中间站的布置图型

随着国内大批客运专线的建设和大批动车组列车的开行,为提高旅客舒适性,方便旅客乘降,车站站台一般采用 1.25 m 的高站台。目前,在客货共线铁路上,特别是在一些开行旅游列车的客货共线铁路上,为提高旅客舒适性,方便旅客乘降,一般也要求采用 1.25 m 高站台。同时,一个铁路区段内一般要求要选定 3~5 个车站满足通行超限货物列车要求,由于超限货物列车不能靠近 1.25 m 高站台,因此对于这样的车站到发线数量及其布置形式需要进一步研究。在客货共线铁路中,当设置有 1.25 m 高站台时,应重点分析超限列车的开行情况和车站的作业情况,选用合理的超限列车到发线数量和位置,采用合理的车站布置图型,使车站作业流畅,车流快速运转,整个车站方案最优。当货运列车作业较多时,还应深入研究货场的布置形式,当货场装卸车作业较大时,宜采用贯通式,货场取送车宜具备"直进直出"的条件。

(1)以货运为主的铁路中间站。

在以货运为主的铁路上,当区段内开行客运列车较少,且车站无摘挂列车作业时,在只办理旅客列车作业的车站上下行各设一条到发线即可,即采用图 3-3-12 两台三线的布置形式。这类车站与传统的会让站或越行站相似,不同的是站台采用了 1.25 m 高的高站台。这种车站布置形式只适用于以货运为主的铁路线路上。需要注意的是,当超限货物列车在该站越行通过时,需要客运列车进入到发线避让超限货运列车通行。

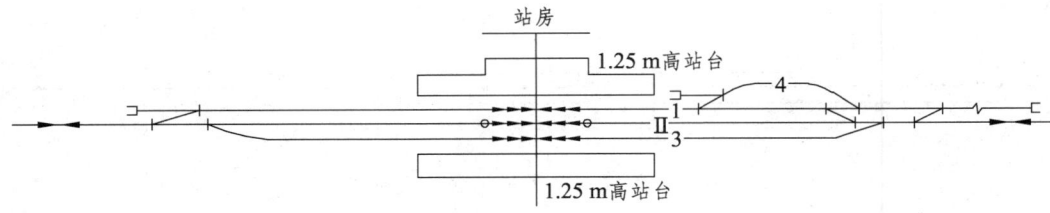

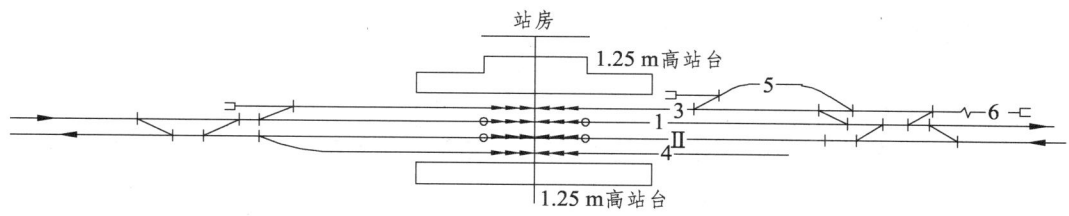

图 3-3-12 两台三线与两台四线布置图型

（2）客运列车较多的铁路中间站。

当区段内客运列车较多时，采取客车避让货车方式是不合适的，这时需要增加一条货运到发线（双线铁路上下行各增加一条），为超限货物列车提供待避停车的条件。双线铁路中间站应设置牵出线，单线铁路一般情况下可利用正线调车，但在路段设计行车速度较大（大于 120 km/h）或行车密度较大（平行运行图列车对数在 24 对以上）时应该设置牵出线。

3. 客货运列车作业均较繁忙的铁路中间站

一些位于县城或者较大经济据点的中间站，是大量人流/物流的集散点，需要进行摘挂列车作业、货场调车作业以及旅客列车接发作业等，车站较为繁忙。在这种情况下，为减少货运列车调车作业与旅客列车接发作业的交叉干扰，一般将一侧超限货物列车到发线以及调车线设于站台外侧。

（三）中间站旅客站房、站台的设计

旅客站房的设计依据为旅客最高聚集人数，即设计年度内车站全年最高月份中一昼夜候车室（8~10 min）出现的最高候车人数的平均值。

旅客站台分为基本站台和中间站台，其中基本站台靠近站房一侧，中间站台设在线路中间，满足如下要求：

① 长度不小于 300 m；
② 宽度（满足同时乘降人数、行包运送方式、设备设置条件），基本站台宽度不应小于中间站台的宽度；
③ 高度（分为低站台 0.3 m、一般站台 0.5 m、高站台 1.25 m）。

站台间的横越设备有天桥、地道、平过道。

中间站的货场布置决定因素主要包括：

① 货源货流方向；
② 车站未来发展、既有设备利用；
③ 便于车站管理；
④ 便于摘挂列车调车作业：顺运转方向前端；
⑤ 环境、城市规划、地形、地质条件；
⑥ 工业企业线、支线接轨。

中间站的货场布置方案主要有站同左、站同右、站对左、站对右。

中间站一般铺设 1~2 条货物线，其长度除满足平均一次来车的长度外，还应保证货物线两侧有足够的货位，线间距满足如下要求：

① 无装卸作业不小于 6.5m；
② 有装卸作业不小于 15m。

中间站货场布置形式有如下几种情况：
① 尽头式（7%）：节省工程量、利用率高、安全、搬运方便。
② 通过式（79%）：取送车、调车方便，对列车摘挂作业有利，一般应优先采用。
③ 混合式（14%）。

（四）到发线数量的确定

确定到发线数量需要综合分析以下主要因素：行车密度、旅客列车与货物列车的技术速度差、旅客列车对数及其中快速列车所占比重、摘挂列车在站作业时间等。

《铁路车站及枢纽设计规范》对中间站到发线数量这样规定：单线铁路中间站应设 2 条到发线，使车站有三交会的条件；双线铁路中间站应设 2 条到发线，使双方向列车有同时待避的机会。对作业量大的单、双线铁路车站，摘挂列车的作业时间一般较长，可采用 3 条。

（五）安全线的设置

安全线属于进路隔开设备，是防止列车或机车车辆进入另一列车或机车车辆进路的一种安全设备。其有效长度一般应不小于 50 m；坡度设为平道或面向车挡的上坡道。

安全线有如下三种设置方式：
（1）区间隔开。
① 在区间内两条铁路平面交叉；
② 在区间内各级铁路线、工业企业线、岔线与正线接轨。
（2）站内隔开。
① 各级铁路线、工业企业线、岔线与站内正线接轨；
② 工业企业线、岔线与车站到发线接轨。
（3）在进站信号机制动距离内为超过 6‰ 的下坡道时，为满足相对方向同时接车和同方向同时发、接列车的需要，应在车站接车方向的末端设置安全线。

（六）避难线的设置

在山岳或丘陵陡峻地区，区间线路纵断面特殊不利时，为了防止在陡长下坡道上失去控制的列车发生冲突或颠覆，应根据线路情况，计算确定在区间或站内设置避难线。避难线应设在陡长坡道的下方，主要依靠逐渐升高的坡度来抵消失控列车的动能。

避难线可分为如下 3 种类型：
（1）尽端式避难线：依靠逐渐升高的坡度来抵消失控列车的动能，可设在进站端或出站端。
（2）环形避难线：依靠线路曲线阻力来抵消失控列车的动能。
（3）砂道（套线式）避难线：依靠砂道阻力来抵消失控列车的动能。

（七）中间站的改建

在如下情况下考虑中间站的改建：
（1）行车量增长；

(2) 工业企业线、支线衔接；
(3) 地方工作量增加；
(4) 行车条件改变；
(5) 采用新技术、新设备。

主要有四种改建中间站的方式：

(1) 增加线路。

加铺到发线时，应尽可能向站房对侧发展，而避免在站房同侧加铺到发线，更不宜绕过站房加铺线路。

(2) 铺设第二正线。

在站内第二正线的位置与区间引入的位置不相矛盾的情况下，一般应在站房对侧引入，不宜设在站房和原有正线之间。

(3) 延长线路。

① 考虑车站两端相邻区间的长度不致相差悬殊，最好是向运转时分较长的一端延长；

② 尽量向车站的一端（最好是咽喉简单的一端）延长站线，避免拆动两端咽喉；

③ 应注意车站两端进站线路平、纵断面的技术条件以及有无大型桥涵等建筑物。

(4) 改变纵断面。

① 保证列车停车后能够再行起动；

② 保证车辆在线路上的停留安全；

③ 尽可能采用填方的办法（纵断面条件许可且标高变更不大时），一般用填道砟的办法解决，但道砟的厚度不应超过 1 m。

(八) 中间站平纵横集成式 CAD 设计系统总体结构

根据铁路中间站设计的功能需求，铁路中间站平纵横集成式 CAD 设计系统总体结构如图 3-3-13 所示。

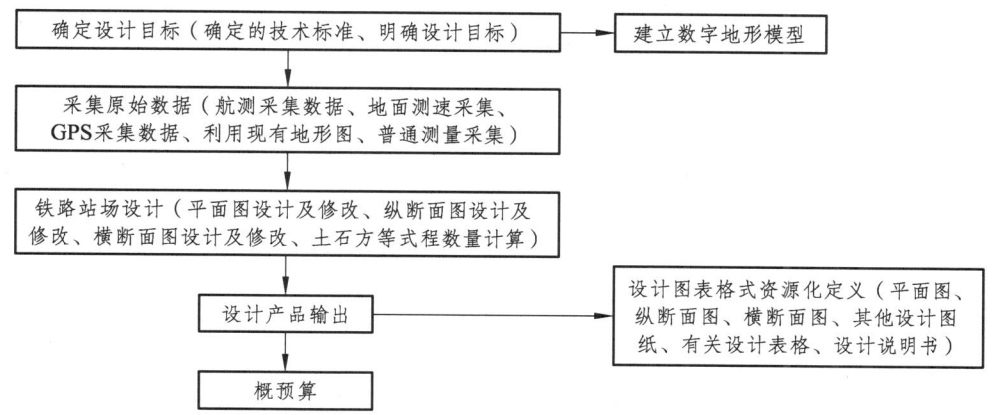

图 3-3-13 中间站平纵横集成式 CAD 设计系统总体结构

(九) 中间站非正常情况下行车组织工作

中间站行车组织工作是铁路运输的重中之重，铁路中间站是铁路运输企业的重要组成部分，担当着大量的接发列车、调车作业等行车组织任务。铁路中间站每年的施工、设备故障、停电及自然灾害等对正常运输的影响较大，也影响中间站的行车安全及运输效率。

1. 中间站非正常情况下行车组织工作的关键控制环节

（1）中间站非正常情况下接发列车的关键控制环节。

在施工、停电等无联锁条件下和行车设备故障、双线区段反方向行车（无反方向闭塞设备）或改单线行车，部分设备不能使用时，接发列车工作要抓好以下几个关键环节：

① 确认区间和接车线路的空闲（车站值班员办理闭塞时，必须根据《行车日志》及各种行车表示牌（或安全帽），确认区间空闲，并及时揭挂区间占用表示牌（或安全帽））；

② 列车进路和凭证的正确（准备接发列车进路时，如设备临时停电、施工或设备全部失去联锁，在准备进路时，扳道长应根据车站值班员准备进路的命令，指示扳道员准备进路，扳道员按照"一看、二摇、三确认、四呼唤"的程序将进路上的道岔手摇到所需要的位置，达到电动转辙机内部机械锁闭状态，逐个检查道岔位置是否正确，对进路上的对向道岔和邻线上的防护道岔加锁后向扳道长报告，扳道长复检确认进路上的道岔开通位置正确后再向车站值班员报告）；

③ 引导员在接车前必须到现场检查确认道岔已加锁（进路准备正确后方可到《站细》规定的地点引导接车，执行施工特定行车办法时，在听取车站值班员的命令后方可显示通过引导手信号）；

④ 列车到达后不能从设备上确认列车整列到达时，扳道长必须现场确认列车尾部已全部进入警冲标内方，再向车站值班员汇报列车整列到达（车站值班员或信号员应在控制台上揭挂安全帽或表示牌）。

（2）中间站非正常情况下调车作业的关键控制环节。

非正常情况下中间站原则上只办理接发列车工作，停止一切调车工作。特殊情况下必须进行调车作业时，由站长亲自上岗监督作业过程。进路的准备工作比照接发列车环节并严格执行要道还道制度。

（3）加强非正常情况下接发列车的演练。

日常加强对中间站行车主要工种人员《非正常情况下接发列车作业标准》的学习、培训、考核工作，提高作业人员对非正常情况下的应急处理能力。坚持每季度一次《非正常情况下接发列车作业标准》的考核和每年1~2次的《非正常情况下接发列车作业标准》表演赛，达到培训率100%，合格率100%。切实做到"严三控"（自控、互控、他控），"把三关"（闭塞关、进路关、凭证关），"达四标"（上标准岗、干标准活、用标准语、交标准班）。

2. 加强中间站非正常情况下行车组织工作的主要对策

（1）施工时非正常情况下行车组织工作的主要对策。

① 施工期间接发列车组织原则。中间站原则上应组织正线通过，减少准备进路的时间，执行施工特定行车办法，提高列车运行速度。遇特殊情况下必须接入侧线时，根据列车调度员的指示办理。

② 施工前车站要组织施工单位及配合单位人员召开施工例会，确定实际影响范围，严禁超范围施工，并组织学习考核。

③ 对于有计划的施工项目，施工前要严格控制好施工计划、行车组织办法及准备工作等环节。车站要根据月度施工计划提前制定施工行车组织办法和安全措施，遇站场改造及电气集中大修等施工还需每日制定列车疏解图供作业人员使用。

④ 施工过程中，要特别把住改变行车闭塞法及施工开始后第一趟列车运行和施工结束前的电务信号联锁试验期间的接发列车安全。监控干部要与施工单位加强联系，密切配合，随时掌握设备变化情况及施工进度。

⑤ 工务部门在区间或站内进行清筛、换轨等作业时，施工结束后要严把列车放行关。严格按列车调度员的指示向有关列车司机、运转车长转交限速的调度命令。遇施工部门的轨道车进入区间作业时，必须按向封锁区间开行路用列车的办法办理，列车进入区间的行车凭证为调度命令。

⑥ 履行施工登销记作业程序。各单位应及时办理登销记及签认手续，避免挤占施工时间。施工前，车站值班员应根据施工负责人在《行车设备施工登记簿》上的请求，向列车调度员汇报，待接到列车调度员发布的调度命令后，在《行车设备施工登记簿》上签认，方可施工。施工完毕后在得到施工单位在《行车设备施工登记簿》上销记后，向列车调度员汇报，根据列车调度员发布开通的调度命令，在《行车设备检查登记簿》上签认。

（2）临时非正常情况下行车组织工作的主要对策。

① 发生设备故障时，车站要立即通知相关部门人员进行处理。如中间站未设设备管理单位值班人员时，要通知归属车间或站段周知。车站接发列车期间需要安设扳道电话时，还应通知通信部门。

② 发生临时停电、设备故障及自然灾害时，车站值班员应立即向列车调度员及车务段调度报告；并迅速启动应急预案，中间站由站长担当应急小组组长，检查人员到位及备品准备情况；迅速组织车站人员到达现场，根据实际情况确定接发列车的主要工作。如道岔区故障时，要指派扳道员、扳道长对道岔进行现场加锁，进站信号机无法开放时，要指派引导员去信号机外方接车。全站信联闭设备停用时，车务段值班干部要迅速赶至现场，车站人员不足时要指派就近车站干部职工赶赴现场进行帮班。

③ 发生自然灾害造成线路塌方、山体落石等列车无法运行时，车站应根据列车调度的命令，组织救援列车的开行。

（十）中间站调车模式与提高作业效率的对策

1. 铁路中间站传统调车模式与调车效率影响因素分析

中间站配备调车组或助理值班员，利用调车机、本务机调车作业是我国铁路广为推行的传统模式。其中，作业量较大的中间站一般有调车机或相对固定的小运转机车，并配备有专职的调车人员，而作业量较小的中间站往往利用摘挂列车的本务机车或小运转机车进行简单的调车作业，调车人员也常常为助理值班员等兼任。

影响中间站作业效率的因素取决于作业环节衔接的紧密性、企业专用线装卸车效率以及中间站调车机车数量等。我国传统调车模式运输组织粗放，增加了作业的交接、联系环节，同时增大了出现差错的概率;摘挂列车沿途甩挂取送,列车旅行速度低,机车交路紧张;同一条线上各车站职工的工作量不均衡;用工较多,人员的精细化管理与减员增效困难。在发达国家,铁路运输已成为物流体系中的一个主要运输环节,与各大物流中心相配套。零星货源通过代理商汇集成大宗货源,送达物流中心装车。从整体而言,发达国家铁路中间站的调车量较小,作业效率较高。

2. 提高中间站作业效率的对策

(1) 优化站段运输组织。

结合实际情况整合专用线和作业量小的车站,关闭作业量少和作业困难车站的货运业务,将装卸作业集中到条件完善的车站办理。集中建设战略装车点,简化作业组织环节,提高机车运用效率。

(2) 确保车站各项作业环节的紧密衔接。

制定车站作业流程图,畅通信息传输渠道与效率(包括达作业车预报信息、车流预测信息、到达配空车辆及重点货物品类和收货人信息),提前将有关信息通知站调、调车区长、货调、外勤值班员、货运员、装卸工组和收货人或企业,便于提前做好计划的编制、作业车取送、人员和设备等相关作业的准备,减少"等作业"时间,提高运输组织效率。调度部门做好货运工作计划、列车工作计划、机车工作计划的衔接,确保分界口严格按车流径路和编组计划组织列车运行。车站细化落实重点时段货物列车开车方案。

(3) 加强货场和企业专用线的装卸车能力。

货场和企业专用线增加卸车货位和装卸车能力,创造夜间作业条件,保证车站调车作业和装卸车作业的连续性。根据到发货物品类和现场作业条件,开展机械化、自动化装卸车作业和集装化运输。段(站)遇装卸车辆集中到达时,及时启动应急预案,提早调拨机具和人力,防止车站货场、企业专用线发生堵塞、瘫痪。

(4) 优化劳动生产组织。

根据中间站作业特点和实际情况,采取区域调度机车和机辆一体化考核等形式,统筹考虑岗位性质、劳动强度、劳动效率、作业方式、工作时间,以及线路繁忙程度等多种因素,核定生产定员,坚持"按作业流程设置岗位,按生产任务核定定员,按定员组织生产"的原则,对劳动力资源进行优化配置。

(5) 准确核收占用费。

准确核定进入专用线的批(次)数和作业车数,以及进入专用线的时间,严格按照规定对超过装卸作业时间标准的车辆收取货车占用费,杜绝铁路车辆长时间停留在专用线和以车代库现象。重视信息化建设,安装车号识别系统和专用线延期占用费核收系统,自动生成收费报表,对货车占用费的核收实现计算机严格把关,防止人为因素造成的漏收。

3. 调车模式创新与实践

通过对传统调车模式的分析,根据成都局内江车务段的实践,跨站调车和区域性调车是较为有效的创新模式。

（1）跨站调车就是利用较大车站（此处简称为 A 站，以下同）的调车组和调车机，到邻近站（此处简称为 B 站，以下同）调车。与之相配套的，是到达 B 站的货车均在 A 站甩挂集结，再由 A 站的调车机和调车组利用空档送到 B 站。

（2）区域性调车就是利用较大车站（此处简称为 A 站，以下同）的调车组和机车，到相邻的几个站（此处简称 C 站群，以下同）调车。与之相配套的，是到达 C 站群的货车均在 A 站甩挂集结，再由 A 站的调车机和调车组利用空档送到 C 站群。

国内在实际的行车组织中，从以下两方面体现出了跨站调车和区域性调车的精神：

（1）小运转列车。

小运转列车与区段列车相对，简单来说就是不运行整个区段，而是在一个区段/枢纽内几个车站间运行。这种方式下，列车开行及编组灵活，可以解决作业量较大中间站的机车供应不足以及货车挂运不及时的问题。从这个意义上讲，小运转列车是区域性调车的其中一种组织形式。

（2）重复运输的行车组织。

在实际的调度指挥中，摘挂车列并非完全按编组的货车到站——停车作业，而是经常将应甩货车带到相邻车站（尤其是针对零星货车）再组织回送，以提高整列车的旅行速度，压缩在途时间。虽然这种行车组织在理论上讲是不科学的重复运输，但从实际效果看，通过延长零星货车的到站时间以换取整列车在途时间的压缩，是一种经济性的选择，也是跨站调车和区域性调车所要达到的目的之一。

（十一）中间站调车作业钩计划优化编制系统

中间站调车作业钩计划优化编制系统主要完成对车站调车作业的管理和相关信息的录入、查询。车站调车作业钩计划是指在车站一批作业任务已确定的条件下，根据车站的线路结构、车辆位置、各种作业时间要求等，在保证有调车辆最终移动至指定位置的条件下，编制调车作业计划，并使整个调车过程的作业效率最高。针对中间站平面调车作业特点，调车作业钩计划优化编制系统与车站 TMIS 的逻辑关系如图 3-3-14 所示。

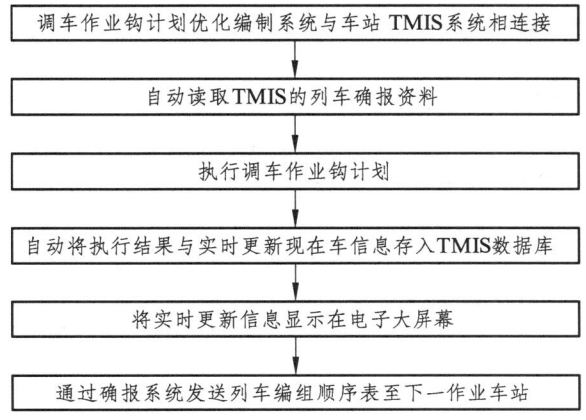

图 3-3-14　调车作业钩计划优化编制系统与车站 TMIS 的逻辑关系

调车作业钩计划优化编制系统的功能列表如表 3-3-1 所示。

表 3-3-1　调车作业钩计划优化编制系统的功能列表

功能项	具体功能
钩计划自动编制与调整	系统内置钩计划编制的优化模型与算法，根据设定的优化限制条件自动编制、调整调车作业钩计划
图形编制钩计划（人机对话式编制）	根据系统所显示的股道现在车图形，通过鼠标拖动车组位置编制钩计划，使编制调车计划过程直观化
调车作业动态模拟	模拟站内发生的调车和接发列车作业情况并感知各时段、各操作所引起的站场内现在车的变化，对线路和车辆状态有直观的了解
现在车信息动态查询和统计	中间站调车作业钩计划优化编制系统能够实现与 TMIS 系统的连接，自动实时读取数据库数据，并可以根据需要显示不同的详细信息，如现在车状态的信息查询与屏幕显示、对现在车进行车辆数和停留时间的统计等
作业回顾和回放	对已执行的钩计划进行回退操作，回放显示每钩操作前后站场的现在车情况，并对历史操作进行跟踪
大屏幕显示	实现全屏显示和画面的缩放，解决"毛玻璃"不能实现的效果，同时也可根据需要对颜色进行设置
作业计划单打印输出	智能打印钩计划作业通知单，根据打印纸张大小自动排版，并自动插入调车作业期间通过本站的旅客列车信息

第四节　铁路区段站

一、概　述

区段站在全路技术站中数量最多，地位十分重要，是车务站段技术管理和安全控制的重点和关键，结合部控制关键点多，岗位设置和工种配置比编组站少，但作业综合性强；作业程序和作业量比中间站多，工作协调分工更细；特别是多站场的纵横排列，更加突出铁路运输的运转功能、站区结合部的合力控制作用。

（一）区段站的主要运营业务

区段站是铁路牵引区段的分界点，主要办理如下业务：
① 为邻接的铁路区段供应及整备机车或更换机车乘务组；
② 为无改编中转货物列车办理规定的技术作业；
③ 办理一定数量的列车解编作业及客、货运业务；
④ 设备条件具备时，还办理机车、车辆的检修业务。

（二）区段站的特点

（1）"小而全"
① 小——作业量、设备规模小。

② 全——作业内容、设备种类全。
（2）"承上启下"：中间站的发展，编组站的雏形。
① 与中间站的区别：设有机务段，有解编作业。
② 与编组站的区别：通过车流大，解编车流少。

（三）区段站在铁路网上分布的影响因素

1. 牵引区段的长度

铁路网上牵引区段的长度根据牵引种类（内燃、电力）、机车交路及乘务组的连续工作时间确定。

2. 路网上技术作业的要求

一般应把区段站设在有一定数量车流集散的地点，在几条铁路线的交叉或汇合处，若需办理各方向的交换车流，则应设置枢纽区段站。

3. 地区及城镇发展规划

区段站应尽可能设在具有一定政治、经济意义及客货运量较大的城镇。
在分布区段站时，亦应适当考虑我国铁路运营的特点及车流集散的规律。

（四）区段站的分类

1. 按作业性质及作业量分类

（1）无解编作业的区段站。

这种区段站只办理无改编中转列车有关作业，没有列车改编任务，或仅担任摘挂列车的整编作业。

（2）有解编作业的区段站。

这种区段站除办理无改编中转列车有关作业外，还担任区段、摘挂列车和少量直通、直达列车的解编作业。

2. 按布置图形分类

（1）横列式区段站。

这种区段站是上、下行到发场平行布置在正线一侧，调车场在到发场一侧。

（2）纵列式区段站。

这种区段站是上、下行到发场分设在正线两侧，并逆运行方向全部错移，在其中一个到发场一侧，设一个双方向共用的调车场。

（3）客货纵列式区段站。

这种区段站是客运运转设备（主要指旅客列车到发场）与货运运转设备（主要指货物列车到发场）纵向配列。

（五）区段站主要设备的相互位置及相互联系

旅客列车到发线应紧靠正线，使旅客列车到发有顺直的进路；所有客运设备应设于靠城镇的一侧，以便客运业务的组织及旅客出入站。

货物列车到发场也应紧靠正线，使列车到发有顺直及便捷的进路。

调车场应尽量靠近到发场，使车列转线的行程较短，干扰较少。

机务段（或机务折返段）的位置应尽可能接近到发场，并且要由便捷的通路以利机车及时出入段。

货场的位置，一方面希望设置于靠城镇一侧，便于货物搬运；另一方面又希望靠近调车场，以减少车辆取送时间及干扰。工业企业专用线应尽可能从调车场或货场接轨，以利车辆取送。

站修所（或车辆段）要靠近调车场，以缩短扣修车辆的取送行程。

二、区段站布置图分析、选择的基本要素

区段站布置图分析、选择的主要依据是运量和运输性质，基本目标是保证车站作业安全和提高车站通过能力，主要方法是分析列车和机车车辆在站内的作业流程及其主要作业进路交叉。区段站布置图分析、选择的目的是调查、了解并掌握有关资料，探索各项设备的相互位置和相互联系，综合分析各项设备及其运用情况探讨布置图的本质特征，从而掌握内在的规律、基本特征、确定采用条件。对于运营中的区段站，发现薄弱环节，有针对地加以改进；对于区段站的新建或改建，提出经济、合理的方案。

三、分析区段站布置图的步骤

（一）调查、了解并掌握有关资料

① 当地自然条件及地理特征，城市现状及发展规划、工农业布局等；
② 车站远、近期客货运量及其在路网中的作用；
③ 相依区段主要技术特征，包括衔接方向、正线数目、线路等级、限制坡度、机车交路、牵引类型、牵引定数、岔线接轨位置等；
④ 车站各项设备的数量及技术条件。

（二）综合分析车站的各项设备及其运用情况

1. 各项设备的相互位置及其联系

① 正线与到发场（线）的相互位置及相互联系；
② 在到发场（线）内，旅客列车到发线与货物列车到发线之间、各方向货物列车到发线之间、无改编中转列车到发线与改编列车到发线之间的相互位置和相互联系；
③ 到发场（到达场、出发场）、调车场和牵出线的相互位置及相互联系；
④ 机务设备的位置及其与到发场（线）的联系；

⑤ 车辆设备的位置及其与调车设备的联系；
⑥ 货场的位置及其与调车场、牵出线的联系；
⑦ 岔线（工业企业线）接轨位置及其与调车设备的联系。

2. 各项设备的运用及作业情况

一般应对下列各项作业进行详细分析：旅客列车的到发及技术作业；无改编中转货物列车的到发及技术作业；改编中转货物列车的到发、技术作业及调车作业；客、货机车交路及机车出入段；货场及工业企业线的取送作业；扣修车的取送作业等。对既有区段站，可参阅列车运行图、列车编组计划及车站行工作细则等文件进行分析。

3. 分析布置图的内在规律

根据布置图各项设备相互位置及作业联系，找出在一定布置图条件下车站咽喉区产生的主要交叉干扰，明确布置图的优缺点及其适用条件。

四、区段站基本布置图的分析

（一）单线铁路横列式区段站布置图（见图 3-4-1）

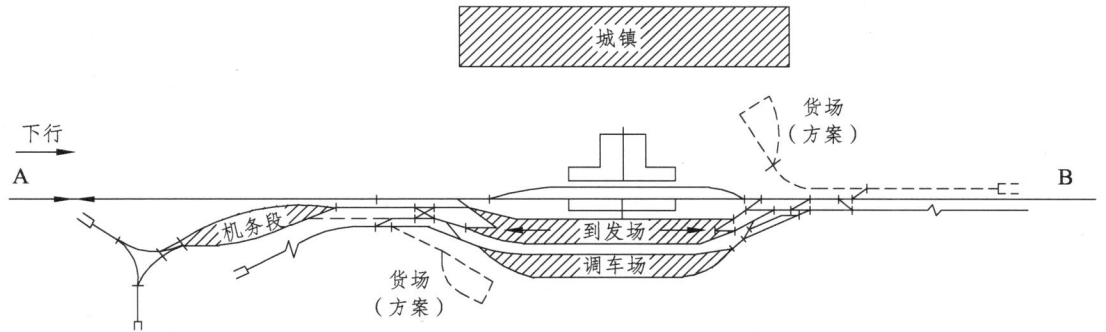

图 3-4-1　单线铁路横列式区段站布置图

1. 单线铁路横列式区段站布置图的结构特点

一条正线，到发场设于正线一侧。各车场横列布置，构成横列式。

2. 单线铁路横列式区段站布置图的作业分析

A 端咽喉区可保证旅客（或货物）列车到（发）、机车出（入）段、调车三项平行作业；B 端咽喉区可保证旅客（或货物）列车到（发）、机车出（入）段作业；或列车到（发）、调车两项平行作业。

3. 单线铁路横列式区段站布置图评价

① 优点：站坪短、占地少、设备布置紧凑。
② 缺点：一个方向机车出入段走行距离长，存在一些进路交叉。

4. 单线铁路横列式区段站发展条件

向 B 端延长股道和横向增加股道都比较方便；发展为双线时，采用横列式和纵列式都可以。

5. 单线铁路横列式区段站采用条件

单线铁路横列式区段站的采用条件是干支线接轨少。

（二）双线铁路横列式区段站布置图（见图 3-4-2）

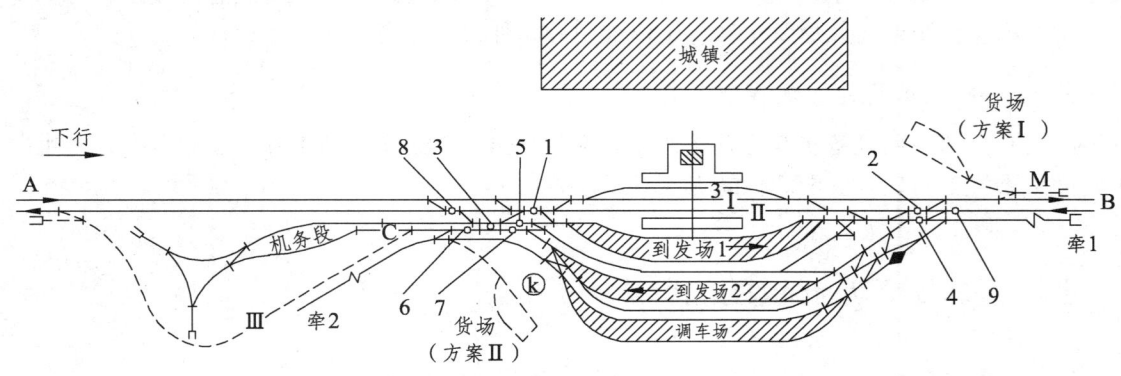

图 3-4-2 双线铁路横列式区段站布置图

1. 双线铁路横列式区段站布置图的结构特征

两条正线，到发场设于正线一侧，A 端还可以设外包正线。旅客列车到发线紧靠正线。各车场横列布置，构成横列式。站房等客运业务设备位于城镇一侧，设有基本站台及中间站台各一座。

2. 双线铁路横列式区段站布置图的作业分析

在没有交会的情况下，A 或 B 方向到达的旅客列车可进入 3 道，停靠基本站台，以方便旅客进出站。有两交会时，A 方向旅客列车进 3 道，停靠基本站台；B 方向列车进 Ⅱ 道，停靠中间站台一侧。有三交会时，第三列旅客列车可停靠于中间站台另一侧的货物列车到发线上。为便于旅客列车换挂机车，旅客列车到发线与机务段有渡线连通。牵出线 1、2 与旅客列车到发线均有直接通路，以便个别车辆的摘挂。货物列车到发场 1、2 相互间及其与旅客列车到发线相互间都是平行布置。到发场 1 供下行货物列车使用，到发场 2 供上行货物列车使用。在同一到发场中，中转列车一般使用靠近正线一侧的线路，而改编列车则使用靠近调车场一侧的线路，以尽可能避免中转列车到发与解编列车转线的交叉干扰。有的车站将到发场 2 靠调车场一侧的部分线路设置为双进路，用于接发上、下行两个方向的改编列车，以增加设备的机动灵活性，并可减少一部分交叉干扰。调车场位于到发场 2 的外侧，在第 1 牵出线上设有小能力驼峰。货场设在方案 Ⅰ 或 Ⅱ 的位置，两者各有所长，可根据当地具体情况进行选择。机务段位于站对右位置时，有两条机车出入段线。站内设一条机车走行线供下行方向列车机车出（入）段走行之用。B 端咽喉设尽头式机待线 J，供下行列车机车出入段进停留及交会之用。车站需设车辆段时，可设于货场（方案 Ⅱ）与调车场之间 ⓚ 处。

3. 两端咽喉的平行作业

（1）A端：接车、发车、机车出段、机车入段、调车。

（2）B端：客（货）发车、货到、机车出/入段、调车。

4. 进路交叉

① 客货交叉1、2。

② 货调交叉3、4。

③ 调机交叉5、6。

④ 货机交叉7、8。

5. 发展条件

便于增加客车到发线，便于发展为纵列式，便于上下行到发场增加到发线。

6. 布置图的评价

（1）优点：站坪短、占地少、投资省；布置紧凑，管理方便，作业灵活。

（2）缺点：存在严重的客货交叉和其他交叉；一个方向机车出入段走行距离长。

（三）双线铁路纵列式区段站布置图（见图3-4-3）

1. 双线铁路纵列式区段站布置图的结构特征

客运业务设备、客运运转设备、货场、机务设备、车辆设备的位置大体上与双线横列式区段站布置图相似。与横列式显著不同之处是到发场1、2与正线间以及到发场1、2相互间的位置。从图3-4-3中可以看出，上、下行两个方向的到发场1、2分设于正线两侧，并逆运行方向全部错移，形成到发场在正线两侧纵向配置的布局。

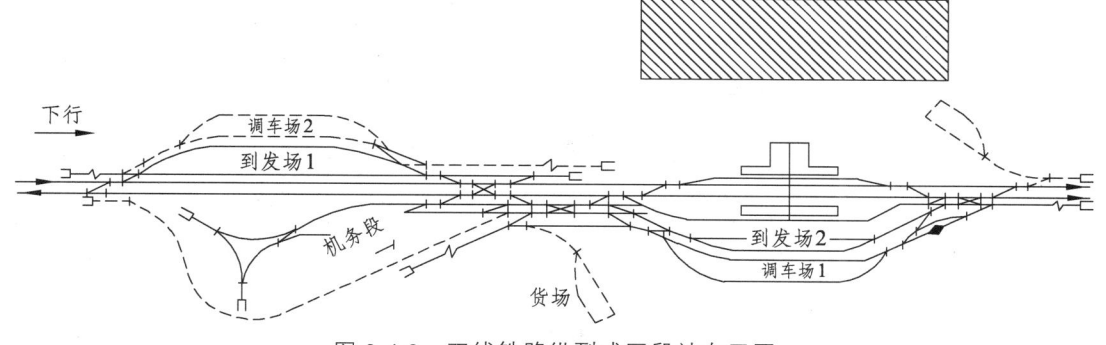

图3-4-3 双线铁路纵列式区段站布置图

2. 双线铁路纵列式区段站布置图的作业分析

到发场1专供接发下行无改编中转列车用。到发场2除接发上行无改编中转货物列车外，在靠近调车场一侧的线路上，还办理上、下行两个方向的全部改编货物列车的到发作业。在区段站上，改编列车的数量不多，故下行方向改编列车的机车出入段不设专用的机车走行线，而是利用到发场2的空走行线。到发场1设有机待线J，机车可经由机待线从中部咽喉出入段。双线铁路纵列式区段站一般只设一个供上、下行两个方向共用的调车场,并应尽可能设于解编作业量较大的一个方向的到发场一侧。但在城镇一侧,用地往往较紧张,故一般常将调车场设于城镇对侧的到发场外方,它与另一方向的到发场1应有直接通路。

3. 咽喉区的平行作业

(1)左端咽喉区可保证两项平行作业,即列车到、列车发。

(2)右端咽喉区可保证三项平行作业,即列车到、列车发、调车。

(3)中部咽喉区能保证四项平行作业,即下行列车发(通过)、上行列车发、机车出(入)段、调车。

4. 布置图的评价

(1)优点:

① 疏解了双线横列式的客货交叉(部分);

② 双线横列式的货调交叉、调机交叉数量减少;

③ 缩短了下行无改编中转列车机车出入段的走行距离。

(2)缺点:

① 下行改编列车的到、发进路与上行旅客列车发、到进路有交叉干扰;

② 上行无改编中转货物列车出发,切断下行无改编中转货物列车出入段的进路;

③ 下行改编列车的机车出入段走行距离很长;

④ 下行改编列车的到达(出发)进路与上行无改编中转列车的出发(到达)进路有交叉干扰;

⑤ 调机往返于到发场1与调车场之间时,横切中部咽喉的正线和机车出入段的通路;

⑥ 下行无改编中转货物列车的机车出入段须跨越正线,与上、下行旅客列车的到发进路发生交叉;

⑦ 站坪长,多一个咽喉道岔区,在工程造价和运营支出方面都比横列式有较大增加。

(四)双线铁路客货纵列式区段站布置图(见图3-4-4)

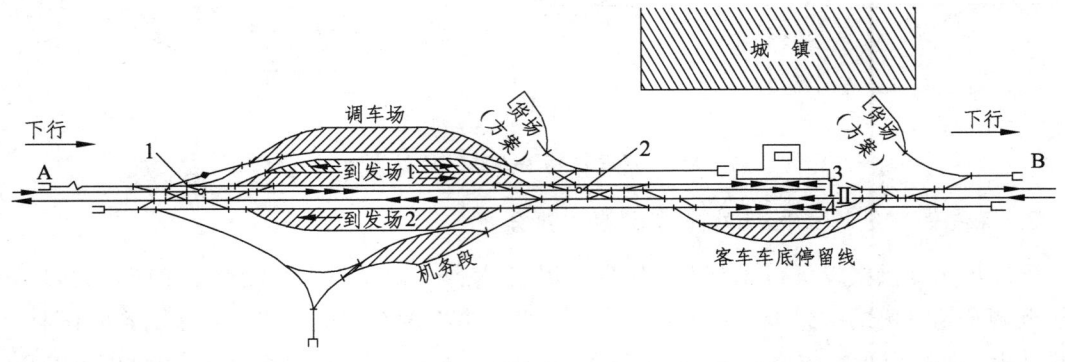

图3-4-4 双线铁路客货纵列式区段站布置图

1. 形成过程

由于运量增长或新线引入，既有横列式区段站横向发展受到限制，或客、货运量站内作业交叉干扰严重，将原有站场改为旅客车运转车场，并沿正线的适当距离另建与其纵列的货物列车运转车场而形成。

2. 双线铁路客货纵列式区段站布置图的结构特征

多数货物列车运转车场的上、下行场分别位于正线两侧横列布置。

3. 双线铁路客货纵列式区段站布置图的作业分析

在旅客列车到发场中，Ⅰ道为下行货物列车通过线，Ⅱ道除办理上行货物列车通过外，还兼为上行旅客列车到发线。站房对侧的客车车底停留线供本站始发、终到的客车车底及个别客车的停留及整备之用。货物列车到发场 1、2 分设于正线两侧，互相平行配列。到发场 2 办理上行无改编中转列车的到发；到发场 1 除接发下行无改编中转列车外，还办理两个方向全部改编列车的到发作业。调车场可根据各方向的解编作业量及货场、工业企业线的位置，设在比较适宜的地点。在图 3-4-4 中调车场设在到发场 1 的外侧，对货场取送车作业及工业企业线的接轨都比较有利。机务段设在到发场 2 的一侧，有两个出入口，上、下行货物列车的机车出入段都比较方便，走行距离也较短。当有客运机车换挂时，机务段也可设在咽喉区附近，以便兼顾客、货列车的机车换挂。货场宜设在靠城镇一侧，以便利城镇的搬运作业。

4. 咽喉区的平行作业

（1）A 端咽喉区可保证四项平行作业，即列车到、列车发、机车出（入）段、调车。

（2）B 端咽喉区可保证三项平行作业，即列车到、列车发、客车车底整编。

（3）中部咽喉区可保证四项平行作业，即列车到、列车发、机车出（入）段、调车。

5. 交叉分析

（1）上行改编列车的到发与下行客货列车的到发进路交叉（交叉点 1、2）。

（2）到发场 1 的货物列车机车出入段横切 A 端或中部咽喉。

五、区段站布置图的选择

区段站布置图的选择依据主要包括：近远期客货运量，地形、地质条件，站坪长度，城镇规划，车流性质（通过、改编比例），工程、运营支出。

从定量与定性两方面评价区段站布置图，定量指标主要考虑占地面积、站坪长度、工程费用、运营支出、定员；定性指标主要考虑运营管理、交叉干扰。

各种类型的区段站布置图适用条件如表 3-4-1 所示。

表 3-4-1　区段站布置图类型与适用条件

车站类型		适用条件
单线	横列式	一般均采用
	纵列式	如为多方向线路引入，且各方向客货列车对数较多，同时地形条件适宜（用横列式咽喉疏解困解）
双线	横列式	客车对数不多，运量不太大时
	纵列式	客车对数多、无改编列车对数多，且地形条件适宜
	客货纵列式	客车对数多、站房同侧有较多专用线接轨，且地形条件适宜

六、枢纽区段站

枢纽区段站是指有两条或两条以上的铁路会合或交叉的区段站，一般有 3~4 个衔接方向。我国的枢纽区段站大部分是由于支线引入后会合而形成的。

枢纽区段站的车流分为如下三类：

① 本线车流：在两条本线上来往的车流。

② 转线车流：从一条线路转至另一条线路的车流，运行方向不变，无须在站内折返；

③ 折角车流：从一条线路转至另一条线路的车流，运行方向发生变更，需要在站内折返。

枢纽区段站设计主要有如下特点：各方向无改编中转货物列车通过车站时，应尽可能不变更运行方向，以便尽量减少折角直通车流；各方向进出站线路均应有独立进路通向到发场，保证能同时接入各方向的列车，可通过线路分组、铺设必要的渡线、梯线等设计灵活的咽喉；当列车密度较大、进路交叉较多、对列车正常运行有较大影响而平面疏解又有困难时，应在有关的进出站线路上修建跨线桥；各方向密集到达的可能性大，到发线数量需酌情增加。

七、运转设备的设置

区段站的运转设备主要包括客货列车到发线、机车走行线、机待线、机车出入段线、调车线、牵出线等。

（一）到发线的设计

确定货物列车到发线数量时主要考虑的因素有：列车对数及其性质、衔接线路方向数及相邻区段的闭塞方式、车站布置图类型、技术作业过程及作业方式、机车交路。在布置到发线时主要考虑的因素有：到发线单进路或双进路的设置、超限货物列车到发线的布置、到发线（包括正线）与旅客站台的布置形式。在我国横列式及纵列式区段站上，客货列车的到发线是兼用的，一般使用靠旅客站台的到发线或正线接发旅客列车。到发线数量根据《铁路车站及枢纽设计规范》规定，区段站上为客、货列车使用的到发线数量，应根据列车种类、性质、运量和列车运行方式等确定，一般情况下可按表3-4-2所列数字确定。

表3-4-2 区段站到发线数量

客货列车换算对数/对	双方向到发线数量（正线及机车走行线除外）/条	客货列车换乘对数/对	双方向到发线数量（正线及机车走行线除外/条
12及以下	3	37~48	6~8
13~18	4	49~72	8~10
19~24	5	73~96	10~12
25~36	6	96以上	12~14

（二）区段站作业进路与交叉

区段站作业进路主要有三大类：行车进路、调车进路、机车进路，各大类进路又可具体化细分如下。

（1）行车进路包括到达进路、出发进路、其中到达进路包括旅客到达进路、货物列车到达进路（中转列车，改编列车），出发进路旅客列车出发进路、货物列车出发进路（中转列车，改编列车）。

（2）调车进路包括牵出解体进路、编组调车转线进路、货场/机务段/车辆段/专用线取送车进路。

（3）机车进路：咽喉两端机车出入段进路。

（4）区段站作业进路间的交叉与疏解。

区段站作业进路间的交叉类型主要有行行交叉、行调交叉、行机交叉、调调交叉、调机交叉、机机交叉几种，从作业性质上其严重程度为：行行＞行调＞行机＞调调＞调机＞机机；这些交叉往往会导致车站能力损失、列车延误、货物送达延误、运营可靠性（安全性）降低等后果，所以有必要采取如下相应的疏解措施：

① 技术组织措施：变更到发线固定使用；活用线路；变更机车运转制。

② 改建措施：变更图形；变更设备位置；设跨线桥；线路分组；设渡线、梯线、机待线。

（三）机务/车辆设备的配置

设置机车走行线的目的在于保证机车在站内走行安全，加快机车出入段速度，简化值班员工作；确定机车走行线数量考虑的因素主要有：每昼夜通过该线的机车对数及机车运转方式、布置图类型及机务段位置、补机及其作业方式。机车走行线的位置应根据车站布置图确定。机待线的设置目的在于方便出入段机车的停留，保证出发列车能及时连挂机车，减少机车出入段与其他作业的交叉干扰，增加咽喉区的平行作业。横列式区段站设有机车走行线时，机待线应设置在无机务段一端的咽喉区；纵列式区段站：机务段对侧到发场出发端的咽喉区应设置机待线。机待线的布置形式有贯通式和尽头式两种。为保证车站与机务段间机车出入畅通,在机务段与到发场间,应设机车出入段线,其数量取决于列车对数、列车到发的不均衡性及机车的运转方式,一般设出、入段线各一条;当出入段机车每昼夜不足60次时,可缓设一条。调车线用来集结、解编列车和停放本站作业车及其他车辆,其数量取决于衔接线路方向数、有调作业车的数量及性质、列车编组计划、调车作业方法。牵出线是区段站的主要调车设备;调车作业量不大时,可采用平面牵出线;调车作业量较大时(调车线数量不小于5条、每昼夜解体车数不小于200辆),可在牵出线上设简易驼峰。货场取送车作业,一般可利用调车场牵出线进行。机车运转交路类型如图 3-4-5 所示。

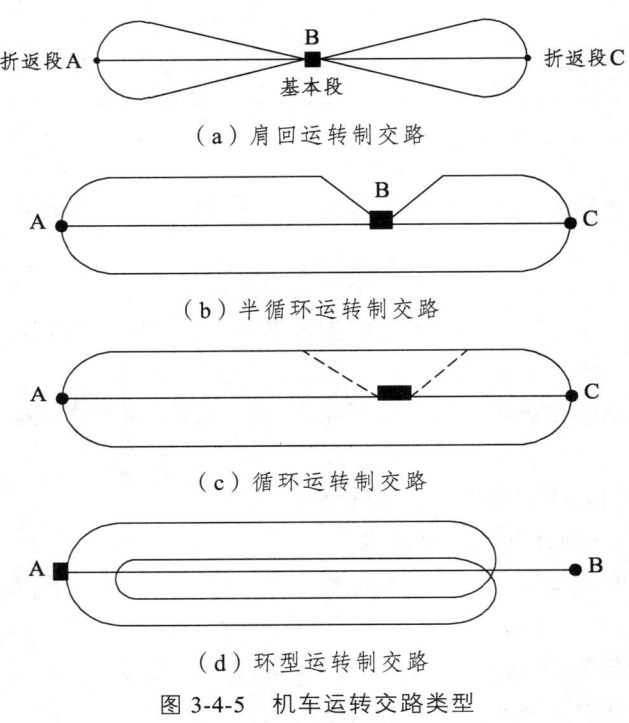

图 3-4-5　机车运转交路类型

八、车站咽喉设计

在区段站上,设备及作业之间相互的联系或制约(矛盾)会大量地集中反映在咽喉区,使咽喉区成为车站运转作业最复杂的区域,也易成为车站通过能力的薄弱环节。对咽喉区的作业进行深入而细致的分析,对咽喉区的线路道岔进行合理的布置,是区段站设计中一个重要环节。区段站咽喉设计应满足如下要求:保证必要的平行作业(一定条件下平行作业组合),即主要平行作业项目,主要平行作业数量;保证作业的机动性、灵活性,如调车场直接发车、到发场反向接发车、到发场部分线路有列车到发与牵出/转线的平行进路;尽量减少敌对进路交叉,尤应避免到达进路交叉;尽量缩短咽喉区的长度。

车站咽喉区设计的第一步是选择区段站参考详图,第二步是确定咽喉区平行进路的数量,第三步是根据到发线固定使用方案、单/双进路及超限货物列车到发线确定线路间距,第四步是进行到发场线路分组,第五步是按通、活、紧、省的原则合理布置道岔和渡线,第六步是计算咽喉区的长度和到发线的有效长。

九、区段站通用管理信息系统

TMIS 车站管理信息系统是整个 TMIS 系统建设的基础,车站系统是 TMIS 的信息源点。一个完善的、功能齐全的车站系统是 TMIS 工程建设的重要保证,完整的区段站管理信息系统功能应涵盖整个车站运转和货运作业两部分的作业内容,全面考虑系统通用性、效率、成本和维护等因素。

系统目标是利用计算机技术,收集处理货车实时信息,掌握车辆的位置及状态信息,实时地为车站生产及 TMIS 中央系统提供有关决策信息,使站段的指挥/管理信息化,提高站段运输能力和运输效率。

系统设计应遵循可靠性原则,由于车站作业是 24 小时连续运转,区段站通用管理信息系统须从软、硬件两方面保证安全可靠、不间断运行。系统设计应遵循安全性和实时性原则,作为多用户实时动态系统,系统内多个进程并行运行,须合理分配系统资源,保证在一定响应速度下的系统安全。系统设计应遵循可维护性和通用性原则,随着运输生产环境及条件的变化,系统的适应性维护要简单、方便、快捷;系统设计上充分考虑其通用性,以适用于系统移植。系统设计应遵循友好的用户界面原则,要适应铁路区段站生产工作人员计算机技术素质能力,尽量直观、友好。系统应提供扩展接口,要充分考虑与 TMIS 中央系统及路外管理信息系统的接口。

区段站通用管理信息系统应具备的功能如表 3-4-3 所示。

表 3-4-3 区段站通用管理信息系统功能列表

功能项	具体功能
计划编制和传递	提供调车作业计划的辅助编制,人工编制以及调车作业计划的修改、打印、查询、统计自动传递功能
现车管理	系统的核心功能模块,全面管理车辆信息库,包括现车库和卸车库;自动推算现车,为计划编制及各种查询提供基础资料
确报处理	自动接收、发送列车编组顺序表(运统一),实现与所属站段及其他相关车站的运统一的网络交换;对确报进行规格化、译报、分类统计、目录登记等处理;具备自动打印,查询功能;实现向 TMIS 中央系统的报告功能
列车到达及出发处理	对到达及出发的列车确报文件进行人工生成、删除、修改和补充
货运调度管理	车站日要车计划的输入、传递及所属站段批准运货五信息的接收;建立运单库;装卸车实绩的录入和传送;主要货运统计报表的编制,打印;冲销月计划库

续表

功能项	具体功能
月度货运计划编制	输入月度要车计划表，建立原提计划库，向所属站段传送要车计划文件，接收批准计划，建立核定库
货票制票	整车、零担、集装箱货票的制作，收入统计报表的编制打印、上报
装卸状态管理	到达列车本站作业车的卸车区及货位的自动及辅助管理，与现车管理进程共同管理车辆的状态信息。自动收集货票制票后的实际装车信息，辅助收集运货五请求车信息。承运簿的自动填制，打印
统计查询	运转及货运统计报表的自动或辅助生成、打印、上报；各种生产管理信息的查询功能
系统维护	系统公用数据字典，参数文件的维护管理；车辆信息库的回贮；运行系统的实时监控及记录信息备份；系统进程互控及终端授权等功能

十、区段站现车管理信息系统

区段站的调车作业以平面调车为主，编制调车作业计划所涉及的随机因素复杂而不规范。区段站现车管理信息系统是 TMIS 工程的基础系统，为使其具有通用性，管理信息系统应充分考虑不同类型区段站的作业特点，共性部分统一设计，特殊部分编制特殊模块进行特殊处理。其主要任务是合理调度车站现在车，实时跟踪车辆状态。系统设计的目标是掌握全路范围内车辆和货物的位置及状态信息，并将掌握的信息直接报告给 TMIS 中央系统，供中央系统实时追踪；列车到达车站后，能在短时间内进行解体，并重新编组形成新列车出发；作业车及时送到作业线进行货运作业。系统的技术处理应具备通用性、实时性、软件可移植性及扩展性、可靠性/容错能力、一致性/完整性、数据冗余小、用户界面友好等特点。根据现车管理内容，区段站现车管理信息系统数据组织如表 3-4-4 所示，区段站现车管理信息系统的主要功能如表 3-4-5 所示。

表 3-4-4　区段站现车管理信息系统数据组织

数据库类别	数据库（表）组成	数据库（表）主要功能与关联关系
现车库	由股道目录表、股道索引表和车辆库组成	现场所有的车都存在此库中。股道目录表存放各股道的参数及股道中现车的统计信息；股道索引表存放各股道上车辆的索引信息；车辆库存放车辆的详细信息。目录表通过股道名与索引表相连，索引表通过为每辆车分配的唯一车键与车辆库相连
确报库	由到达确报库、到达确报历史库、出发确报库组成	到达确报库、到达确报历史库、出发确报库分别存放未到、已到和已出发列车的确报。这三个库的组织方式完相同，均由确报目录表和确报正文表组成。目录表存放确报头信息，正文表存放每辆车的详细信息。目录表通过分配给每一确报的唯一流水号与正文表相连
钩计划库	由目录表和正文表组成	目录表存放各钩计划的计划号及其执行、传送情况等；正文表存放各钩计划正文。目录表通过钩计划号与正文表相连
统计库	由车站日常运输统计的各种报表组成	统计库由一组基表组成，每一种报表对应一个基表。每个基表存放每天不同报表的统计数据

表 3-4-5　区段站现车管理信息系主要功能列表

功能项	具体功能
确报处理	接收 TMIS 中央系统送来的确报信息；对无报列车进行确报录入；对与实际到达列车不符的确报进行编辑、修改；编组完一列车后，及时形成运统一（出发确报）；确报信息查询；将到达列车的确报信息转入现车库中
现车管理	当车辆发生运用/非运用转换时，及时更新车辆状态。当车辆的装卸作业完成时，及时从货运系统获得信息，进行车辆状态转换。当股道中的车辆信息产生错误时，修改错误信息
钩计划处理	包括钩计划编制、钩计划执行、钩计划回推、在相应作业点打印计划单、查询钩计划、对已编制计划进行维护、调整钩计划执行顺序等
查询	为车站各作业点提供方便的列车车辆信息查询手段，以便及时准确地掌握车站车辆分布情况。包括股道详细信息查询，股道统计信息查询，毛玻璃显示查询，以及按指定的车辆信息进行组合条件查询
报告	将车站列车、车辆状态信息向 TMIS 中央系统实时报告。报告内容有：列车到达时间、解体完时间、编组完时间、出发时间、摘挂情况、晚点原因、坏车信息等
统计	从确报历史库、出发确报库和现车库中取出必要的统计信息，按照统规的规定对车站各项运输指标进行统计。将统计数据存入统计库中，并按相应格式打印出报表
系统维护	车站现场生成，根据对车站各股道的编码及各股道的参数信息，生成系统现场环境；字典维护，当站名字典等公用信息发生变化时，及时进行修改；建立日志履历库，以便异常中断时恢复现场

第五节　铁路编组站

一、编组站作业及分类

编组站是在铁路网上办理货物列车解体、编组作业，并为此设有比较完善的调车设备的车站。

（一）编组站的主要运营业务

（1）解编各种类型的货物列车——编组列车的工厂，包括：

① 改编中转货物列车，此项作业又包括解体列车的到达作业和解体作业，始发列车的集结、编组作业和出发作业，是编组站的最主要作业，作业时间比较长，要占用编组站的大部分设备。因此，保证该项作业的流水性是编组站设计的关键。

② 部分改编中转货物列车作业，此项作业除进行无改编中转货物列车的有关作业外，有时还要变更列车重量、变更列车运行方向或进行成组甩挂等少量调车作业，一般在到发场或通过车场进行。因此，保证部分改编中转货物列车作业的顺利进行是编组站通过车场设计必须考虑的问题之一。

③ 无改编中转货物列车作业，此项作业比较简单，内容少且时间短，地点仅限于到发场或通过车场，主要是换挂机车和列车技术检查作业。因此，合理配置机务段、通过车场和机走线的位置是缩短该项作业时间的关键。

（2）组织和取送本地区车流，即本站作业车的作业。

本站作业车是指到达本枢纽或本站货场及工业企业线进行货物装卸或倒装的车辆，其作业过程较有调中转车增加了送车、装卸和取车等内容，其中重点是取送车作业。本站作业车的取送有编开枢纽小运转列车和调车取送两种方式。尽量避免从调车场取送车与其他作业的交叉干扰是布置货运设备应注意的问题。

（3）供应列车动力，整备、检修机车，即机务作业。

此项作业包括机车出段、入段、段内整备及检修作业。保证机车顺利出入段、缩短机车出入段的走行距离是布置机务段、机车走行线和机车出入段线应注意的重要问题。

（4）货车的日常技术保养——技检、摘车或不摘车修理，即车辆的检修作业。

（5）其他作业根据当地需要，编组站还需办理以下作业：

① 客运作业（极特殊情况下）：包括旅客乘降及换乘。

② 货运作业：包括货物装卸、换装、保温车加冰、加盐，牲畜车上水、除粪便，鱼苗车换水等。

③ 军运列车供应作业。

为减少对编组站解编作业的干扰，确保主要任务的完成，应尽量不在编组站办理或少办理客、货运业务。

（二）编组站的分类

（1）据编组站在路网中的位置、作用和所承担的作业量不同可分为路网性编组站、区域性编组性和地方性编组站。

① 路网性编组站，是位于路网、枢纽地区的重要地点，承担大量中转车流改编作业，编组大量技术直达和直通列车的大型编组站。路网性编组站一般衔接3个及以上方向或编组3个及以上方向列车，编组2个及以上去向技术直达列车技术直达和直通列车去向之和达到6个，日均有调出、入中转车达6 000辆，设有单向纵列式或双向纵列式和混合式车场，其驼峰设有自动或半自动控制设备，如丰台西、郑州北、徐州北、阜阳北、山海关、哈尔滨南等站。

② 区域性编组站，是位于铁路干线交会的重要地点，承担较多中转车流改编作业，编组较多的直通和技术直达列车的大中型编组站。区域性编组站一般衔接3个及上方向或编组3个及以上方向的列车，编组3个及以上去向的技术直达列车和直通列车，日均出、入有调中转车达4 000辆，设有单向混合式、纵列式和双向混合式的站场，其驼峰设有半自动或自动控制设备，如南仓、广州北、兰州西、贵阳南、江岸西、向塘西等站。

③ 地方性编组站，是位于铁路干支线交会点、铁路枢纽地区或大宗车流集散的港口、工业区，承担中转、地方车流改编的中小型编组站。地方性编组站一般编组2个及以上去向的直通和技术直达列车，日均出、入有调中转车达2 500辆，设有单向混合式、横列式布置的站场，其驼峰设有半自动或其他控制设备，如长春、通辽、乌鲁木齐西、怀化南、太原北、昆明东等站。

（2）一个铁路枢纽内设有两个或以上的编组站时，据作业分工和作业量分为以下两类：
① 主要编组站，担当路网上中转车流的改编任务，以解编直达、直通列车为主的车站。
（2）辅助编组站，协助主要编组站作业，以解编地区小运转车流为主，个别情况也编组少量直达列车的车站。
（3）根据布置图型的不同分为单向横列式、单向纵列式、单向混合式；双向横列式、双向纵列式、双向混合式。

二、编组站与区段站的区别

编组站与区段站作业数量和性质比较如表 3-5-1 所示，编组站与区段站设备的种类和规模比较如表 3-5-2 所示。

表 3-5-1　编组站与区段站作业数量和性质比较

项目	区段站	编组站
客货运业务	有	无或少量
无调中转列车比重	大	小
有调中转列车比重	小（区、摘）	大
机车业务	小	大
车辆业务	技检、站修	有（技检、站修、段修）

表 3-5-2　编组站与区段站设备的种类和规模比较

项目	区段站	编组站
车场数目	2～3	3～8
占地长度	3～4 km	7～8 km
调车设备	小	大
客运设备	有	无
机务设备	小	大
车辆段	不一定有	有
货运设备	有货场	整倒装、加冰、上水

三、编组站的布置图

（一）编组站各项设备的配置要求

编组站各项设备的配置应满足车站各组成部分工作上的协调性；车站作业的流水性（无

迂回走行）和设备使用的灵活性（车场分工灵活、进站线路灵活、适应不均衡到发）；减少道路交叉和作业干扰；缩短机车车辆的走行距离和在站停留时间；便于采用现代化技术装备；能力大，工程投资省，运营支出少。

（二）编组站的"向、级、场、式"

"向"指调车系统，分为单向和双向，其中单向指上、下行改编车流共用一套调车设备；双向指两套调车设备分别承担上下行改编车流解编作业。"级"指在车站一个调车系统内纵向排列的车场数。"场"指全站主要车场的总数。"式"指车场互相排列的形式，分为横列式、纵列式、混合式，其中横列式指上、下行到发场与调车场并列配置；纵列式指主要车场顺序排列；混合式指部分主要车场纵列、另一部分车场横列。

（三）单向编组站布置图

1. 单向一级三场横列式编组站布置图

（1）单向一级三场横列式编组站布置图示意图。

单向一级三场横列式编组站布置图示意图如图 3-5-1 所示。

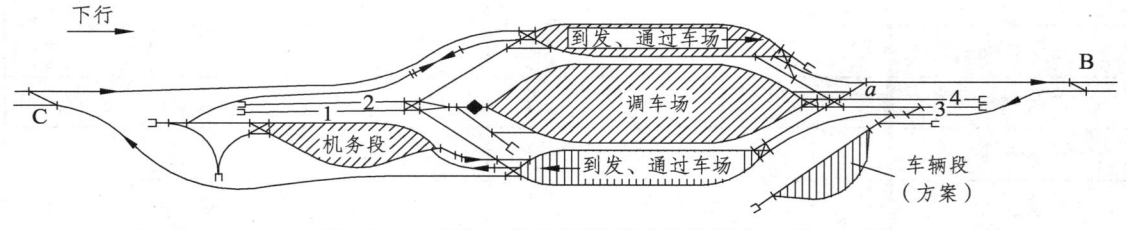

图 3-5-1　单向一级三场横列式编组站布置图

（2）单向一级三场横列式编组站设备布置特点。

两到发场分设在调车场两侧，三场横列，避免了列车到发与车列牵出或转线所造成的交叉。正线外包，消除了横列式区段站图型的客货交叉。机务段设在接发列车较多的到发场出口咽喉处。车辆段设在调车场尾部正线外侧，站修所一般设在调车场外侧的线路上。调车场头尾各设两条牵出线，驼峰的位置应据主要改编车流方向、地形、风向以及进一步发展条件确定。两到发场与调车场之间通过四条联络线连接，上、下行通过车场设在到发场外侧，可保证无调接发与有调转线不交叉、与牵出线有直接通路与到发线合在一起、线路可活用。

（3）单向一级三场横列式编组站的优缺点分析。

优点在于站坪长度短、工程费用少、车场较少、管理方便、作业灵活；克服了横列式区段站图型的客货交叉、货调交叉；部分消除了横列式区段站图型的货机交叉和调机交叉；改编能力有所提高。

缺点在于解体牵出困难，降低了改编能力，应设法减缓到发场与牵出线间联络线的坡度或加大其反向曲线的半径；改编车流折返走行严重，增加了车辆在站作业的中转时间和调机行程；能力不能充分发挥，设备的互换性较差，上、下行车流不均衡时，两侧的调机和牵出线会出现忙闲不均的现象（可将部分到发线设计为双进路，并在其进站线路上铺设相应的渡线）；改编能力较低，存在牵出和转线行程（可采用混合式或纵列式编组站布置图）。

（4）单向一级三场横列式编组站适用条件。

适用于双方向改编车流较均衡、解编作业量不大、或地形条件困难、远期又无大发展的中、小型编组站，也可作为其他大中型编组站的过渡图型。

2. 单向二级四场混合式编组站布置图

（1）单向二级四场混合式编组站布置图示意图。

单向二级四场混合式编组站布置图示意图如图3-5-2所示。

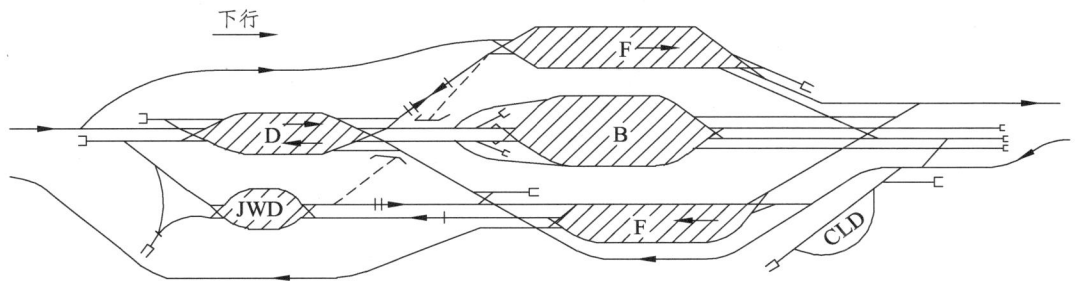

图3-5-2　单向二级四场混合式编组站布置图

（2）单向二级四场混合式编组站设备布置特点。

共用到达场与调车场纵列配置，减少了车列解体时的牵出作业。上、下行通过车场分别设在两个出发场的外侧。机务段一般设在到达场旁边、反驼峰方向一侧。顺向到发列车本务机出入段通路（不设峰下机走线）：①横切到达场出口咽喉；②绕道调车场尾部牵出线；③绕到达场进口咽喉，利用下行正线或专用机走线或到达场的调机走行线（顺向到解列车）出入段。车辆段设在调车场尾部适当地点。在到达场与调车场之间，设有中小能力驼峰，一般实行双推单溜作业方式。调车场尾部设2条牵出线，通常配备2台调机。

（3）单向二级四场混合式编组站优缺点分析。

优点在于避免了到解列车牵引定数较大时整列牵出的困难；改编列车和调机的作业行程均较短，列车解体作业时分较短，驼峰作业效率较高，解体能力与纵列式基本相同；站坪长度较纵列式短。

缺点在于调车场尾部能力较低，头尾能力不协调，能力加强措施如下：分调车场线路直接发车，即采用编发线布置（如怀化南编组站）；调车场尾部设置小能力驼峰；调车线内设置箭翎线或增设辅助调车场，提高牵出线的能力；将尾部牵出线与出发场间联络线在出发场前面一段设计成下坡；增加尾部调车机台数和牵出线数量；出发场后移，将两侧出发场向调车场尾部靠拢布置，如图3-5-3所示；调车场尾部采用"燕尾式"布置，将调车场尾部按线束左右分开，分别与两侧出发场并拢，如图3-5-4所示；调车场尾部咽喉区采用对称道岔、线束布置，可使尾部咽喉长度较大缩短；调车场尾部采用调车集中控制设备，保证调车作业安全，提高平面调车效率。

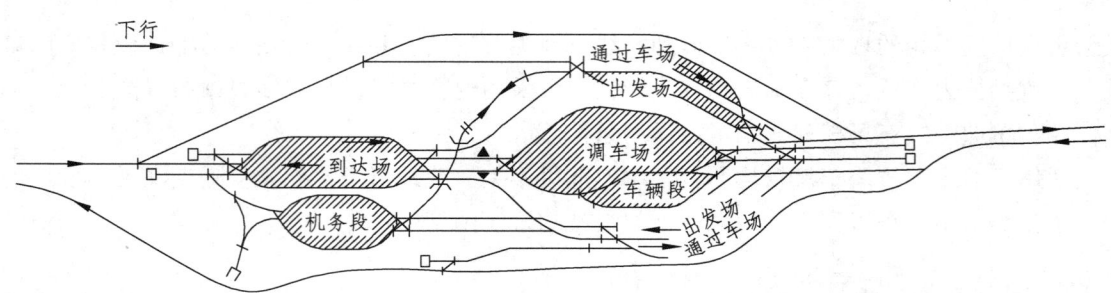

图 3-5-3　单向二级四场（出发场后移）编组站布置图

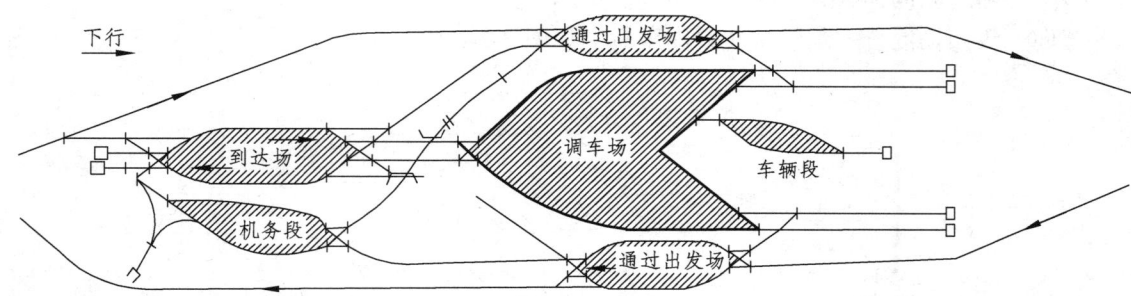

图 3-5-4　单向二级四场（调车场尾部燕尾式）编组站布置图

单向二级四场混合式编组站的另一个缺点在于反向改编列车到达与出发的进路交叉，其解决措施一方面可采用平面疏解，把反向列车接车与其他作业的交叉，分散在出发场两端咽喉，是二级式编组站减少这一交叉的主要措施；另一方面可以采用跨线桥立体疏解，但只有当反向改编车流量很大，对反向出发场和推峰作业的交叉干扰严重，并造成对车站解编能力的限制时，方考虑采用立体疏解。

（4）适用范围。

适用于解编作业量较大或解编作业量大而地形条件困难的大、中型编组站。当顺向改编车流较大或顺、反向改编车流较均衡而顺向车流为重车流时，在运营上是有利的。

3. 单向二级三场混合式编组站布置图

（1）单向二级三场混合式编组站布置图示意图。

单向二级三场混合式编组站布置图示意图如图 3-5-5 所示。

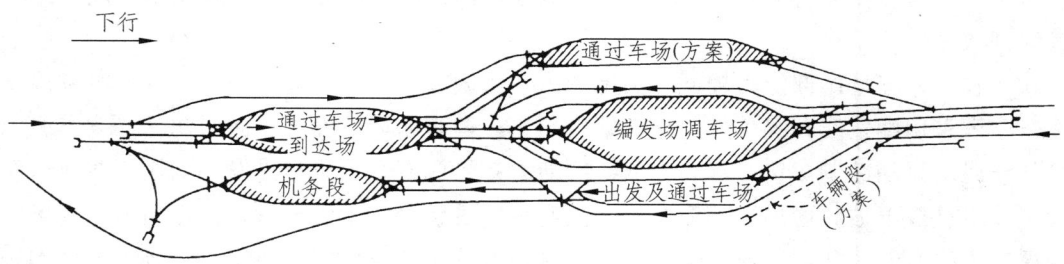

图 3-5-5　单向二级三场混合式编组站布置图

（2）单向二级三场混合式编组站设备布置及作业特征。

取消顺向出发场，减少转线过程；反驼峰方向一般不采用编发线。

（3）二级三场布置图的优点。

编组时间短，加速机辆周转，节省运营支出；提高尾部能力，扩大二级式适用性；少铺轨、铺岔、土方量，节省工程费，节约用地规模较小。

（4）车流特点。

车流量大，且组号简单；小运转车流大，适用于改编作业量在 3500 辆左右的中型编组站。

4. 单向三级三场纵列式编组站

（1）单向三级三场纵列式编组站布置图。

单向三级三场纵列式编组站布置图的示意图如图 3-5-6 所示。

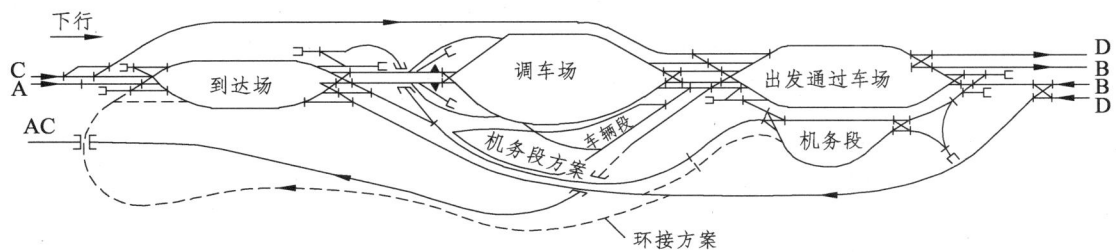

图 3-5-6　单向三级三场纵列式编组站布置图

（2）单向三级三场纵列式编组站设备布置特点。

各衔接方向共用的到达场、调车场、出发场依次纵列配置。通过车场一般设在出发场外侧；无改编中转列车运行顺直，机车出（入）段便捷，可以和出发场共用列检设备，线路布置紧凑、互换性强，可增加线路使用的灵活性。机务段设在出发场附近反向通过车场的外侧；设置峰下跨线桥，顺向到达机车可通过峰下机走线入段。车辆段布置在调车场旁侧，便利取送。正线外包，到发进路立交疏解。

（3）通过车场的位置布置要求。

根据通过车流的作业特点，与机务段、进站线路布置统一综合考虑。保证无调列车进出站径路顺直、便捷，与其他作业干扰少。本务机换挂方便。便于甩挂，尽量不影响车站最薄弱部位能力。尽量利用其他车场设备、人员、工具，节省投资和运营支出。

（4）单向三级三场纵列式编组站优缺点分析。

主要优点在于各方向到达改编的列车在站内的解体、集结、编组、出发过程都是"流水式"作业；改编车辆和调机作业行程短，解编效率高，能力较大；站内各种作业交叉干扰较横列式和混合式都少，车站通过能力较大；同类车场集中布置且仅设一套调车设备，站内线路运用机动灵活，线路数量、用地面积和车站定员均较双向布置图有较大节省，有利于实现编组站现代化。主要缺点在于反向改编列车走行里程较长；车站站坪长度较长，约 6 ~ 8 km；站内采用跨线桥立体疏解布置，不利于向双向编组站布置图发展。

（5）适用范围。

适用条件：解编作业量大（6 500 ~ 8 000 辆/日）；衔接方向较多，要求车站具有较大的机动灵活性；）顺驼峰方向改编车流较强；地形条件允许采用 6 ~ 8 km 站坪；近期运量不大，但远期又有较大发展的大型编组站；路网性、区域性编组站。

（四）双向编组站布置图

1. 双向三级六场纵列式编组站布置图

（1）双向三级六场纵列式编组站布置图的示意图。

双向三级六场纵列式编组站布置图的示意图如图 3-5-7 所示。

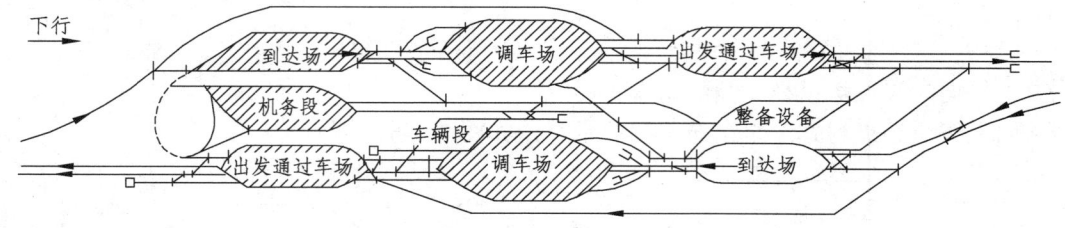

图 3-5-7　双向三级六场纵列式编组站布置图

（2）双向三级六场纵列式编组站基本特征。

上、下行各有一套独立的调车作业系统；驼峰方向相对；车场配置均按到达场、调车场、出发场顺序排列。

（3）双向三级六场纵列式编组站设备布置特点。

上下行通过车场分别设置在各该系统出发场外侧。机务段设在两套调车系统之间，第一套设在机车折返较多一端的到达场与出发场之间，铺设两条机走线；第二套机车整备设备设在车站另一端到达场与出发场之间，到发 25 对以上，10 年内可收回投资。两套调车系统间设置场间联络线处理交换车流。车辆段设在两系统之间靠近空车方向的调车场尾部。

（4）双向三级六场纵列式编组站优缺点分析。

优点（与单向编组站图型比较）在于反向改编车流无多余折返走行，可节省运营费；能力较大，两套完善的调车系统，车场均为纵向排列，进路交叉少，通过能力和改编能力均较大；解编 14 000 ~ 16 000 辆/日，有子场 18 000 ~ 22 000 辆/日；由于车场多，线路容量大，对调整列车运行，适应运量波动，有较大的储备能力；当编组站衔接方向较多时，有利于减少进出站线路布置和疏解的复杂性。

缺点在于两个调车系统间交换折角车流的走行距离长，重复作业较多；占地面积长而宽（约 8 ~ 10 km）、车站定员多、工程费用高；由于两个调车系统方向相反，要求地形两端高、中间低，使得两系统纵、横断面布置较复杂，排水处理较困难；两系统间相互协作困难，某方向车流减少，忙闲不均，能力不协调。

（5）折角车流的处理方法。

折角车流的种类可分为折角直通车流和折角改编车流（转场车、授受车），其中折角直通车流在车站不进行改编，不经过驼峰和调车场，从车站一端引入，仍从该端出发；折角改编车流（转场车、授受车）在车站进行改编，经过驼峰和调车场由一个系统转到另一系统，进行第二次改编。减少折角车流的方法主要有三种：① 正确选择进站线路的引入方向，即在各衔接方向之间交流的车流量一定时，通过寻求两系统间交换车流最小的进站线路布置方案，减少折角车流；② 合理选择编组站的位置，即在多方向衔接的枢纽内新建或改建编组站时，应作多方案站址选择，使折角车流量最小；③ 设置第二进站线路，即折角车流多的衔接方向分别引入两个系统的到达场，变部分折角车流为顺向车流。特别是对于折角直通车流的处理，可通过在进站线路上增设渡线，将通过车场的部分线路设为双进路，或在到达场与出发场之间设置环线。对于折角改编车流的处理，可通过在两系统间设置联络线，或在两系统调车场中间设置共用的交换车场，供两系统间折角改编车流集结用。

（6）双向三级六场纵列式编组站适用范围。

双向三级六场纵列式编组站适用于如下几种情况：衔接方向较多，解编作业量较大，其他图型无法承担；上、下行改编车流量比较均衡，而折角改编车流量比重不大于15%；地形条件允许；路网性编组站。

2. 双向混合式编组站布置图

双向混合式编组站布置图指两个调车系统的车场数目和相互位置不同而组成的图型。双向二级六场混合式编组站布置图如图 3-5-8 所示，双向二级四场混合式编组站布置图如图 3-5-9 所示。

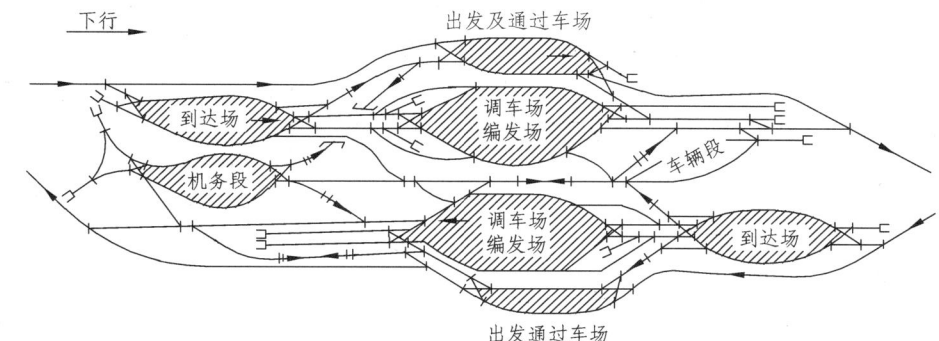

图 3-5-8　双向二级六场混合式编组站布置图

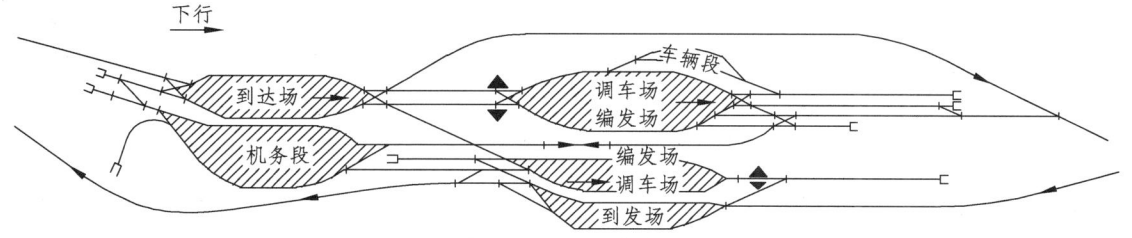

图 3-5-9　双向二级四场混合式编组站布置图

四、编组站布置图的选择与分阶段发展

（一）编组站布置图选择的主要依据

编组站布置图选择的主要依据包括：在路网和枢纽中的地位和作用；衔接线路的方向数；按路网规划编组站分工所承担的作业量和作业性质；工程地质条件；所在城市的经济地位和发展规划；编组站的作业特点以及原有设备可以利用的程度。

（二）编组站布置图选择中的几个具体问题

1. 单向或双向调车系统的选择

选择单向或双向调车系统的依据要考虑改编车流量大小；对于新建编组站，一般应优先采用单向布置图型；折角改编车流量占总改编车流量的比重，小于15%时选择双向，大于15%时选择单向，以减少重复解编作业量；主要车流方向是否显著；地形条件。

2. 各车场配列形式的选择

（1）单向编组站在设置和选定主要车场配列方面，具有下列特点和发展趋势：

作业相同的主要车场集中设置，可减少作业交叉，节约用地，便于管理，有利于编组站设备现代化改造。到达场和调车场顺序纵列布置，可保证到达和解体"流水"作业，提高驼峰能力。调车场和出发场横列或纵列布置需经技术经济比选确定。消除专用出发场，自编列车从调车场内的编发线直接发车。

（2）各车场相互位置的选择.

选择各车场相互位置时，衔接方向少，地区车流较强，上、下行改编车流量较均衡，地形又比较困难时，应优先采用到达场与调车场纵列的二级式图型；衔接方向较多，总改编车流量大，编组远程到达站多，上、下行改编车流相差悬殊，地形不受限制时，应优先采用到、调、发纵列的三级式图型；关于双向编组站，两个调车系统的车场数量和配置形式，应根据各系统的车流量和作业特点进行选择。

3. 调车方向的选择

调车方向的选择指单向编组站驼峰调车方向的确定，即驼峰位置的选择，应与主要改编车流方向一致（当上、下行方向改编车流量接近时，应照顾重车流方向或车流组成比较复杂的方向）；应与地面标高相适应；应顺着控制风向（可以降低驼峰高度，节省土方工程量和调速工具投资）。当前三个条件发生矛盾时，应首先考虑主要改编车流量及其方向，并兼顾地形及气象条件进行综合分析。

4. 正线位置的选择

正线指供通过旅客列车和不需进入编组站作业的其他列车的通过正线。

（1）考虑因素。

选择正线位置时需考虑的因素包括客货列车行车量、客运站位置、货场和工业企业线的衔接、编组站采用的图型。

（2）正线位置的选择与分析。

① 外包式正线（如图 3-5-10 所示）。这种布置方式的特点在于正线行车与站内作业完全分开，客货分流无立交；外包正线呈曲线形，客车运行速度受限；上下行正线分设，需设单独路基，增加工程量；不利于在编组站一侧并列设置客运站；当有货场和工业企业线接轨时，取送作业与一条正线交叉；只通过一般客车或货场和工业企业线作业量少的双线编组站，均应采用外包式正线。

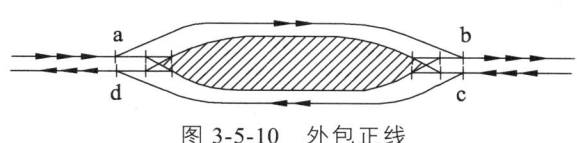

图 3-5-10　外包正线

② 一侧式正线（如图 3-5-11 所示）。这种布置方式的特点在于正线设于编组站一侧；线路顺直，有利于高速客运列车通过；不影响编组站向另一侧发展；便于客运设备的集中设置和工业企业线的衔接；两正线共用一路基，节省工程费用；相对方向客货列车到发进路有交叉，必要时，需设跨线桥疏解；适合客货设备并列或编组站通过客车较多，速度较高，在对侧又有较多的工业企业线或货场接轨时采用。

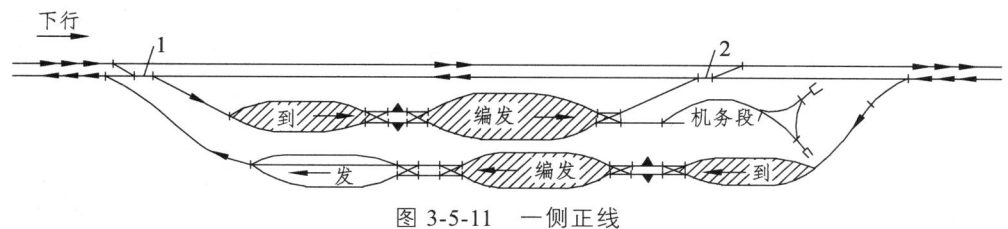

图 3-5-11　一侧正线

③ 中穿式正线（如图 3-5-12 所示）。这种布置方式的特点在于正线从编组站中间穿过；正线顺直；有利于编组站向两侧发展；与货场、工业企业线取送作业不交叉；正线将到发场和调车场分割，车列转场、机车出入段均与正线交叉；设备分散，互换性和机动灵活性较差；除为了充分利用原有设备，新建编组站一般不采用。

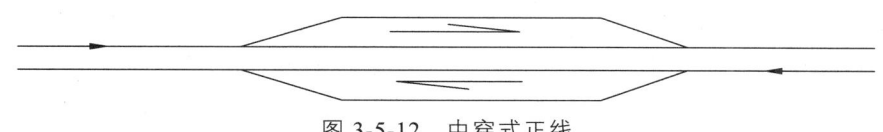

图 3-5-12　中穿式正线

（三）编组站的分阶段发展

首先选好初期工程的规模和位置，位置适中，便于初、近期站场和机务、车辆设备相配合，初、近期运营条件便利。场地较大，初、近期站场布置有较大机动灵活性，远期工程不会产生较大拆迁和废弃。各期工程线路平纵断面易于结合，后期改造工程较小。采用横列式区段站型可充分发挥其布置紧凑、管理方便、作业灵活的优点，而且发展的"可塑性"大，根据运量的变化情况，可发展成一级三场或二级四场甚至三级式布置。远期调车场路基标高一般接近自然地面标高，初、近期工程在此处发展，土石方工程量较小，可加速施工进度。初期过渡车场的平、纵断面应尽可能按远期要求设计，以避免扩建时造成大量废弃。机务段、车辆段、货场、客运站等大型建筑物和固定设备应选在远期预留位置修建，可分期修建或一次建成。

五、编组站车场及线路设计

（一）编组站车场位置的选择

应根据铁路网规划所确定的编组站的位置、作用、新线引入方向、相邻编组站分工、机车车辆设备布局和整备规模进行编组站选址。编组站的位置要符合枢纽总体布局，选择拆迁少、地形地质条件适合的场地。少占农田，尽量减少土石方工程量。当编组站位于大中城市附近时，应充分考虑城市规划的要求，一般以距城市边缘 3~10km 为宜。站内桥涵要尽量避开路基较宽的地带。车站位置应与公路、河流平行设置，要预留发展余地。

（二）车站中轴线的确定

要求到达场、调车场、出发场都布置在直线上，车站中轴线贯穿三场并与车场中轴线吻合。受地形、地物等客观条件限制时，在到达场、调车场、出发场适当处设置转角，保证线路有效长在直线上。

（三）到、发车场的平、纵断面设计

到、发车场的平面设计一般应设计在与编组站中轴线相平行的直线上；如果条件困难，可允许利用咽喉区的道岔布置及其连接曲线，在车场咽喉部分设置较小的转角以适应地形的需要，但在线路有效长范围内仍应保持直线；在特别困难条件下，允许将到达场、到发场和出发场设在曲线上，曲线半径不应小于 800 m。在任何情况下，车场两端咽喉区都必须铺设在直线上。

到、发车场的纵断面设计应保证列车安全停车、顺利起动，有利于调车和车列转线及停留车辆不会溜逸；峰前到达场设在面向驼峰的下坡道上，站坪坡度不宜大于 1.5‰，在困难条件下，也可设在不大于 1.5‰ 的上坡道上；出发场和到发场一般宜设在平道上，在困难条件下，也可设在保证列车起动且不大于 1.5‰ 的坡道上。

（四）调车场的平、纵断面设计

调车场的平面设计要求调车场的中轴线必须是直线，除两端咽喉连接形成的曲线外，调车场必须设在直线上。调车场的纵断面应根据调车场采用的不同调速制式和调速工具分别设计；调车场的纵断面一般设为锅底形，方便尾牵调车和防溜。

（五）牵出线的平、纵断面设计

牵出线的平面设计：一般情况下，牵出线应设在直线上；办理解编作业的调车牵出线，困难条件下，可设在不小于 1000 m 的同向曲线上；特别困难条件下，半径不得小于 600 m；）除为调整线间距，牵出线不设在反向曲线上。

牵出线纵断面的设计：根据不同的调车方式采用相应的设计；平面牵出线设计为面向调车场不大于 2.5‰ 的下坡道或平道；调车场尾部咽喉区采用不陡于 4‰ 的下坡道。

（六）其他线路的平、纵断面设计

编组站的环到、环发线，在困难条件下，可采用不小于 250 m 的曲线半径。站内联络线、机车走行线和三角线等的曲线半径不应小于 200 m。凡停放车辆的线路，纵断面的最大坡度，不能陡于 1.5‰，凡通行车列的线路，其坡度应保证停车后能顺利起动。站内联络线坡度不应陡于 20‰。

（七）编组站各车场线路数目的确定

1. 到发线数目的确定

编组站到发线数量的确定应满足衔接方向列车运行图和车站技术作业过程的需要。在《铁路车站及枢纽设计规范》中，提出按表 3-5-3 确定到达场、到发场和出发场线路数目。

表 3-5-3　到达场、到发场和出发场线路数目

到发列车数/列	线路数量/条	到发列车数/列	线路数量/条
18 及以上	3	55～66	6～7
19～30	3～4	67～78	7～8
31～42	4～5	79～90	8～9
43～54	5～6	91～102	9～10

注：将车场各衔接线路的到、发列数加总后查用；有一定数量的小运转列车的到达场、到发场和出发场，其线路数量可按表中数字酌量减少；表中无甩挂作业的通过列车一到一发按一列计算，其线路数量可按表中数字适当减少；如车场到达的衔接方向达到三个及以上，可再增加一条线路，峰前到达场，尚应考虑每一衔接方向不少于 2 条线路；机车走行线可根据需要另行设置。

2. 调车场线路数目和有效长的确定

确定调车场线路数目和有效长时应保证驼峰不间断解体，不产生待解或停轮、重复解体，不浪费驼峰能力；工程费最少，无多余股道。其影响因素包括运行图运行线的排列；本站与邻站的编组分工；调车场线路的固定使用方法；实行坐编、编发的可能性。通常按如下规则确定调车场线路数目：各种列车集结、解编用线路，据编组计划的组号数和车流量确定；编发线，每一组号车流量 150～350 辆，设 2 条；350 辆以上，增加 1 条；集结空车用线路，每站至少 1 条；集结本站作业车用线路，根据卸车地点和数量而定；集结交换车用线路，双向站型每一调车场至少 1 条；集结其他车用线路，可一线多用。

六、编组站各车场咽喉区的布置及设计

（一）咽喉区布置的基本要求

布置咽喉区时要求保证必要的平行作业进路；进路交叉数量应减少到最低限度；尽量缩短咽喉区长度；力求各条线路有效长接近相等；铺设的道岔要少；咽喉设计要保证安全、满足能力及作业上的需要，符合经济原则和保留进一步发展的可能性。

（二）到达场咽喉区设计

到达场两端咽喉布置，要根据到达场的使用情况、进站线路引入方向、机务段和通过车场的位置、驼峰作业方式、有无峰下跨线桥等因素确定。到达场咽喉区设计着重解决线路的合理分组、两端咽喉区的平行进路、机走线的数目及位置、调机停留线的布置等问题。三级三场到达场咽喉布置图示意图如图 3-5-13 所示。

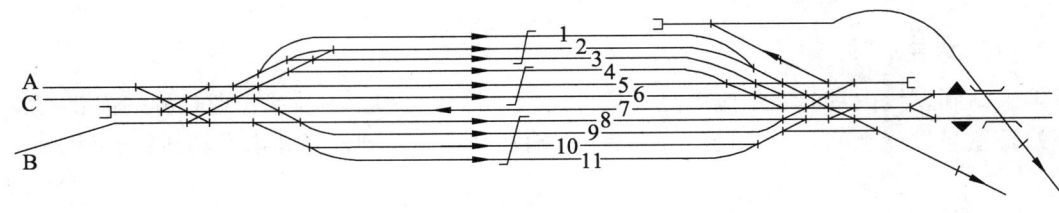

图 3-5-13　三级三场到达场咽喉布置图

（三）车场线路分组

车场线路分组数应多于或至少等于咽喉平行进路数；线路分组多少与编组站图形及到达场衔接方向数有关。以三级三场为例，到达场线路按照用途应分为：顺驼峰方向接车线 2~3 组；反驼峰方向接车线 1 组；调机走行线 1~2 条；本务机入段线 0~1 条；通过车场在到达场两侧时，需设通过线 1~2 组。

七、编组站到发线运用计划与列车运行图、配流计划和调机运用计划的关系

接发列车的股道是严格按照站调编制的股道运用方案进行的，但是大型编组站在实际运行中，往往需要同时接发众多列车，还要进行大量的调车作业，可能会导致列车未能及时接入而站外停车或晚点发车的现象。因此，到发线运用计划的合理编排对编组站实际运行有重要影响。车站阶段计划包括了配流计划、调机运用计划和到发线运用计划。编组站到发线运用计划的主要任务是确定运行图列车占用的具体股道及占用的起止时间。到达、出发列车对到发线的占用都不是一次完成的，往往是由一系列作业所组成的。到达解体列车的作业过程可以分为接车作业、股道停留作业和牵出调车作业，始发列车的作业过程可以分为转线调车作业、股道停留作业和发车作业。无改编中转列车作业过程可以分为接车作业、股道停留作业和发车作业，部分改编中转列车除无改编中转列车作业外，有时还需进行甩挂调车作业。其中，接发车作业的到发时间由列车运行图规定，而调车作业则没有出现在列车运行图中。编组站到发线运用计划是基于具体的编组站和列车运行图编制的，规定了阶段计划内所有到发列车占用到发线股道和时刻。列车运行图是全路列车运行的基础，规定了各次列车占用区间的顺序、列车在每个车站的到达/出发/通过时刻、列车在区间的运行时间，通常情况下各

次列车均应严格按运行图规定的时刻运行。编组站配流计划和调机运用计划紧密相连，到发线运用计划则相对独立，但并不完全独立，到发线占用计划安排的前提条件是列车占用股道的时间已确定；列车在到发线的停留起止时间的确定是由配流计划和调机运用计划推算得到，即只有列车解编顺序确定后，才可以得到列车在到发线的完整停留起止时间。

八、编组站综合自动化

驼峰调速技术是编组站的核心技术，从 20 世纪 70 年代开始，我国编组站现代化技术主要围绕驼峰调速自动化进行研究。新一代的编组站综合自动化是以调度指挥为核心，将编组站调度指挥、现车追踪与管理、运营管理与决策支持、车站计算机联锁、驼峰解体作业过程控制、站内调车安全控制等系统用有线/无线网络集成起来，达到集中控制、计划自动执行的目的，使编组站实现集调度管理与作业全自动化为一体的综合系统。

（一）编组站综合自动化的特点

编组站综合自动化系统的特点是设计一体化（体现局站一体化、管控一体化的设计思想）、信息共享化（局站间/管控间的各种信息平滑交流，减少人工传递环节和重复输入，提高信息的准确性）、决策智能化（利用现代管理科学理论，对生产过程、资源配置进行优化）、控制集中化。其中，局站一体化是指车站自动化设计不仅考虑车站具体业务功能实现，同时也考虑利用铁路局甚至整个运输网络的信息资源为其服务；管控一体化是指车站的管理信息系统和设备控制系统充分融合，资源充分共享，减少信息交互环节，使两者的共同效益最高。智能化是编组站综合自动化的核心，已有相关理论研究将专家系统、智能算法、神经网络等智能化技术应用于编组站日班计划、阶段计划、调车钩计划和列车编组计划的编制，或应用于编组站仿真优化策略的研究，为编组站综合自动化建设奠定了基础。

（二）编组站综合自动化系统设计原则/目标/思路

编组站综合自动化的设计原则是以铁路运站段/网络输组织为主线，以运输安全生产为宗旨，充分体现前瞻性、功能性、系统性、经济性和可操作性，充分运用自动化/智能化技术，切合编组站运输生产实际，适应编组站现代化运营管理模式。编组站综合自动化系统的设计目标是突出"局站、管控、运维"一体化的设计思想，以信息整合、完善、流畅与共享为核心，实现运输生产指挥智能化/信息化/自动化，建成技术先进、功能完善、结构合理、管理科学、经济适用、安全可靠的编组站系统，提高铁路运输生产效率。系统设计思路是将编组站中各计算机应用信息整合、完善，实现信息充分共享；用先进的智能算法完成编组站的智能化/自动化作业，优化设备利用，提高安全与维护效率。

（三）编组站综合自动化系统总体功能

编组站综合自动化系统总体功能架构如表 3-5-4 所示。

表 3-5-4　编组站综合自动化系统总体功能列表

功能项	具体功能组成
作业计划编制与调度指挥	系统与外部信息接口、日班计划与值班、阶段计划与调度
作业计划自动执行与集中控制	作业集中控制、进路自动控制和调度信息表示
作业过程自动控制	机车车辆实时跟踪、驼峰作业过程自动控制、调车机无线综合控制、计算机联锁、编尾停车器控制、脱轨器控制
现车管理	实现现车管理功能
货运管理	实现货运管理功能
统计分析与决策支持	统计分析、数据挖掘与决策支持
运输安全综合监测	实现运输安全综合监测
系统网络平台与安全保障	网络通信及管理、安全保障、仿真培训模拟

（四）编组站作业计划自动执行

1. 编组站自动作业特点

在人机联控的条件下，实现室内的控制系统与现场的实际作业相辅助同步，能够实时准确地掌握作业情况，对作业过程进行跟踪，监测设备状态，掌握其使用情况。实现车站的作业执行信息全站共享，包括作业的控制过程、作业数据的统计、作业完成后的确报、现车的控制，使每个岗位的工作人员都能知道所需要的即时动态信息，辅助其优化解决问题的作业方案，实现编组站的高效作业。

编组站的作业逐步实现了信息化，达到车站作业计划的接收、作业计划执行、作业调度指挥、现存车的调配、货运办理以及统计生产作业等各个方面的信息自动化。实现车站管理与控制的统一，使下达的作业计划与实际的作业过程紧密相连，并根据作业完成后返回的作业结果使调度指挥人员能够掌握车站情况，及时调整计划，保证作业效率的最优化。实现了路局和车站直接进行相互联系，将其融合为一个整体，路局和车站的作业信息共享。自动接收计划编制系统下达的作业计划，并将其以进路控制的形式在作业现场实现，自动向上汇报作业执行的情况。作业自动执行将作业过程数据存储，自动实时监测作业情况，自动对作业计划中的超过解编作业能力进行预报，可随时根据作业变化调整作业计划，并在作业后检查设备状态。

作业自动执行的完整流程涉及的所有数据统一汇总存储到程序数据库，能够非常详细精准地统计分析各种作业指标，将这些指标数据统计成各种形式报表（如将一段时间内所有作业形成的数据进行积累统计），有助于分析确定编组站的运输生产作业能力；并使整个车站的技术作业流程形成一个完整的闭环控制，其中不同阶段的作业过程又形成一个相对独立的闭环控制，如列车在车站的整个到、解、编、发作业流程同执行后对作业的分析形成一个闭环。

2. 编组站自动作业内容与自动执行过程

编组站的自动化作业是编组站综合自动化核心之一，主要包括两个方面：一是根据车站的作业任务，自动编制和调整调度作业计划，属于作业自动化中的作业调度层；二是将接收的作业计划自动进行进路安排和执行作业，并将作业执行结果自动反馈，属于作业自动化的集中控制层。编组站作业自动执行通过作业的计算机自动进路控制程序来实现，其主要是依靠车站运营中的列车作业计划、列车在运输过程中的实际走行现状和进行运输生产作业车站中现场的设备和线路的实际状态等数据信息，将现场作业过程进路控制由计算机自动化输出产生执行作业的操作控制命令来取代人工监控操作，实现无人操作作业过程，全部运用计算机控制产生和执行作业。编组站作业的自动执行过程如图3-5-14所示。

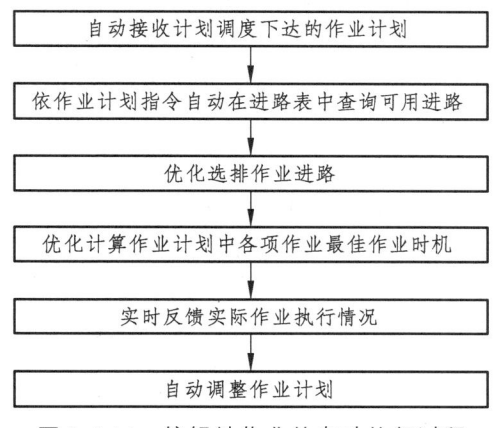

图 3-5-14　编组站作业的自动执行过程

3. 作业自动执行实现途径

作业执行的进路控制过程可分为三种模式，自动控制模式、站控模式和人工控制模式。在自动控制模式中，车站的所有作业过程以及设备控制都是自动控制执行，作业的计算机自动进路控制程序能够自动的接收作业计划，自动解析计划，并能根据实际返回的现场作业情况自动对作业计划进行调整，重新下达作业命令；自动执行作业计划，控制进路自动进行优化选排，自动形成作业执行操作命令，适时自动办理/取消进路并执行。在遇到紧急情况或特殊情况时，则可进行人工控制。作业的计算机自动进路控制程序是使作业能够无人工操作自动控制的关键环节，其主要功能如表3-5-5所示。

表 3-5-5　作业的计算机自动进路控制程序功能

序号	程序功能
1	接收下达的作业计划，并将其转化成能够识别的执行作业指令序列
2	根据实际作业情况，将作业计划进行作业的径路优化排列，确定最优的作业触发时机，下达作业指令，办理作业进路
3	实时控制现场作业，检查监控现场作业设备状态，并反馈实际作业信息

(五) CIPS 技术特点与实施效果

CIPS 是指编组站综合集成自动化系统（Computer Integrated Process System）。CIPS 为编组站的运输生产管理与作业流程控制带来了革命性的改变，系统的主要技术特点是信息共享、管控一体化与高度集中，在统一数据平台（包含全部计划与执行信息）的基础之上，将之前分离的编组站综合管理系统与过程控制系统集成起来，实现生产计划直接转化为指令驱动过程控制系统，各种进路按计划自动执行的理想管控一体状态，应用各项集成技术，实现管理、决策、调度、控制的一体化。

从 CIPS 在各车站的实施效果来看，CIPS 对车站的变革主要体现在车站自动化控制以及运营模式变革两大方面。在车站自动化控制方面，CIPS 实现了全站的集中控制，即整个车站除驼峰楼留人之外，其余行车人员全部迁移至控制中心，在控制中心由调度员进行集中控制，在自控模式下，计划被确认后转变为相应的指令，进路自动办理，应用信息联锁技术，在保证作业安全的前提下极大地提高了整个编组站的自动化程度，建立了数字化指挥体系。在运营模式变革方面，实现综合自动化的前提条件之一是编组站运输生产流程的再造，自动车号识别代替了人工车号，到达场、驼峰、出发场的作业模式也发生了相应的改变，站内实行场间电子预告，在集中控制和集中决策的条件下，实现了一定程度的减员增效。

第六节　调车驼峰

一、驼峰的组成及分类

(一) 驼峰的组成

驼峰的组成包括推送部分、溜放部分、峰顶平台三部分（如图 3-6-1 所示），推送部分指经由驼峰解体的车列，其第一钩位于峰顶平台始端时，车列全长所在的线路范围。推送线指由到达场出口咽喉的最外警冲标到峰顶平台始端的线段。溜放部分指由峰顶（峰顶平台与溜放部分的变坡点）到计算点的线路范围——驼峰的计算长度。峰顶平台指驼峰推送部分与溜放部分连接处的一段平坦地段。

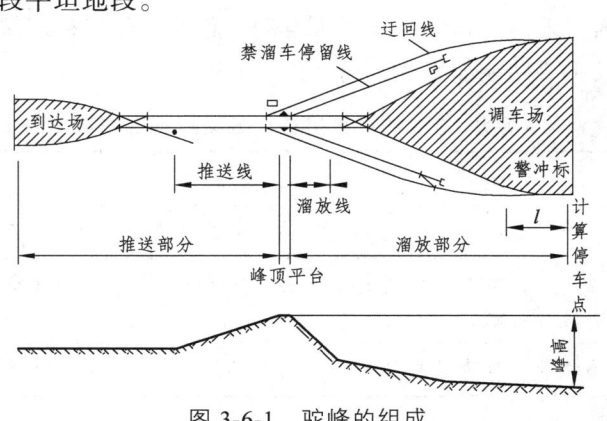

图 3-6-1　驼峰的组成

（二）驼峰的分类

（1）大能力驼峰：每昼夜解体能力 4 000 辆以上，调车线不少于 30 条，设 2 条溜放线，并设有机车推峰速度、钩车溜放速度和溜放进路自动控制系统。

（2）中能力驼峰：每昼夜解体能力 2 000～4 000 辆，调车线为 17～29 条，设 2 条溜放线，宜设有机车推峰速度自动控制系统和钩车溜放速度自动或半自动控制系统。

（3）小能力驼峰：每昼夜解体能力 2 000 以下，调车线 16 条及以下，设 1 条溜放线，宜设有溜放进路自动控制系统、推峰机车信号设备或机车遥控系统，也可采用人工或简易的现代化调车设备。

二、溜放钩车的速度控制

溜放钩车的速度控制是驼峰溜放作业自动控制的核心。其目的在于：保证钩车间必要的间隔；保证溜放车组以允许的速度与股道内停留的车辆安全连挂；计算机根据钩计划钩车的参数，在溜放过程中实时测重、测长、测阻、测风力、测速度，计算确定各个位置的减速器和其他调速工具的出口速度并进行自动控制。

三、过峰车辆的分类

（1）易行车：经驼峰溜放时，基本阻力与风阻力之和最小的车辆，规定采用满载的 60t 敞车（C62A），总质量 80 t。

（2）中行车：经驼峰溜放时，基本阻力与风阻力之和较小的车辆，规定采用满载的 50t 敞车（C50），总质量为 70 t。

（3）难行车：经驼峰溜放时，基本阻力与风阻力之和较大的车辆，规定采用不满载的 50t 棚车（P50），总质量 30 t。

四、驼峰作业自动化内容

驼峰作业自动化内容主要包括：驼峰机车推送速度控制自动化；车辆溜放进路控制自动化；车辆溜放速度控制自动化；解体提钩自动化和摘、接风管自动化。

五、驼峰设计

驼峰平、纵断面设计及计算任务主要包括：设计或选用定型的调车场头部平面图；计算峰高；计算需要的制动能力，确定其合理分布；设计驼峰纵断面；驼峰检算；确定驼峰改编能力。CAD 辅助驼峰设计总体框图如图 3-6-2 所示。

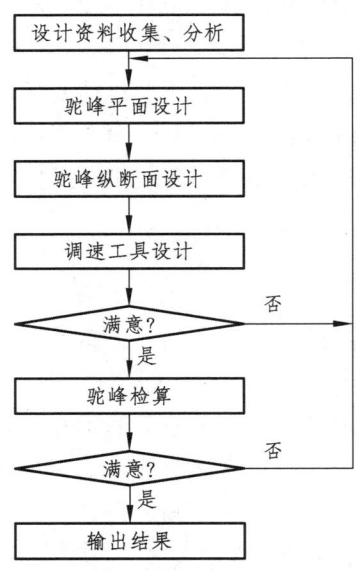

图 3-6-2　驼峰设计总体框图

六、驼峰车场头部道岔类型的选用

为便于车场内线路成线束布置，一般在调车场头部采用 6 号单式对称道岔或 7 号三开道岔。当调车场内股道较多时，最外侧线束的最外侧道岔可以采用交分道岔或 9 号道岔。

在采用集中道岔的情况下，为防止在道岔转换过程中驶入车辆以致造成事故，应在每一分路道岔的尖轨尖端前设一段保护区段 $l_{保}$，它是道岔绝缘区段 $l_{绝}$ 的一部分。

$$l_{保} = v_{最大} \cdot t_{转}$$

采用 ZK 型电空转辙机时，$t_{转}$ 按 1.0 s 计算。

线束的布置一般采用两侧对称的线束形布置，6 或 8 股一束。驼峰前设有到达场时，应设 2 条推送线；如采用双溜放作业时，可设 3~4 条推送线；峰前不设到达场时，根据解体作业量的大小，可设 1 条或 2 条推送线（即牵出线）。两推送线的线间距不应小于 6.5 m。溜放线的数量应根据调车线数、线束数量、解体作业量和作业方式决定，单溜放 4~6 个线束时，2 条溜放线。峰顶至第一分路道岔前基本轨缝的距离为 30~40 m。

第七节 铁路客运站

一、客运站作业和布置图

（一）普通客运站的作业

普通客运站的作业主要包括客运服务作业、客运业务和技术作业三项，其中，客运服务作业包括旅客上下车、候车、问询、寄存及文化、饮食、住宿、购物和卫生方面的服务；客运业务包括客票发售、行包承运、装卸、保管和交付、邮件装卸和搬运；技术作业包括旅客列车接发、机车摘挂、列车技术检查、车底取送、个别客车甩挂以及餐车整备等货物列车的到发和通过。

（二）客运专线引入既有客运站条件下作业系统分析

根据技术经济分析，在客运专线上需要办理客运业务或列车会让、越行作业的车站，其车站的建设主要有两种方式：高速客运专线引入既有客运站，即合设方案；客运专线引入新建的高速站，即分设方案。此处仅分析在合设方案中客运站相关作业，设定的分析条件如下：

（1）客运站布置采取分车场布置形式：高速列车车场与中、普速列车车场在同一平面并列布置，且车场两端咽喉区通过设置渡线互相连通，并保留在两个铁路系统间设置联络线的需要。

（2）采用的运输组织模式：本线旅客列车和跨线旅客列车共线运行的运输组织模式，即高等级旅客列车只在客运专线上运行，相邻既有线上的高等级中速列车上客运专线运行。

（3）客运专线上开行的本线动车组在运营初期采用两个速度等级：200 km/h 和 300 km/h；跨线旅客列车采用运行速度 200 km/h 及以上的动车组。

（4）主要技术标准：高速车场相邻区间正线数目为双线，牵引种类为电力列车，运行控制方式为自动控制，调度指挥方式为综合调度，区间闭塞方式为自动闭塞，车场到发线均按双方向进路设计。

1. 车场作业分工方案的确定

在确定车场分工方案时，需要综合考虑以下因素：

（1）高速车场与中、普速车场通过能力的利用情况。综合分析两个车场在近期和远期的列车开行需求条件下车场通过能力的利用情况，调配车场的作业内容，协调运输需求与既有设备配置间的关系，确定车场作业分工方案。

（2）工程投资（主要包括设施改造和设备配置两个方面的费用）。不同的作业类型需要有配套的场站设施配置，如到发线长度、站台高度/宽度、制动设施及相关信号设备的配置、技术作业检修设备的配置。

（3）车场作业分工方案的制定需要紧密结合车场布置的特点。对于通过在相邻区间内设置联络线来实现车场间衔接的方案，可以考虑合理化联络线的设置位置实现客运作业的分工，以满足一定的车场通过能力利用率的要求。

（4）各车场通过能力对所分配运量的适应情况。针对各种车场分工作业方案，分析车站各车场通过能力对所分配运量的适应情况，并且综合工程投资、行车组织复杂程度等影响因素，确定车场的客运作业分工。

2. 合设条件下客运站作业系统分析

（1）高速车场行调车作业内容及作业流程。

高速车场主要办理动车组的接发、动车组的出入段作业以及折返列车的转线调车作业，对于跨线列车的作业内容和作业径路，需要结合车场分工方案来确定。

① 行调车作业内容包括作两个部分：

● 接发车作业。高速车场接发的旅客列车主要有本线通过旅客列车、本线始发列车、本线终到列车、本线折返列车以及跨线运行的旅客列车；同时，将动车组的出入段作业在车场内视为接发车作业。

● 调车作业，主要指动车组的出入段调车作业。对于存在折返列车作业的车站，一般有站前折返和站后折返两种形式，根据采用的折返模式，确定调车作业进路。对于折返线的设置方式，设置专用折返线适合于终端式客运站或正线外包的贯通式客运站（如图3-7-1所示）或设置与折返进路相平行的接车进路（适用于正线外包的贯通式客运站）；也可以利用动车段走行线；或者利用车站站前咽喉端渡线进行站前折返，缺点是出发列车与到达列车存在进路交叉。

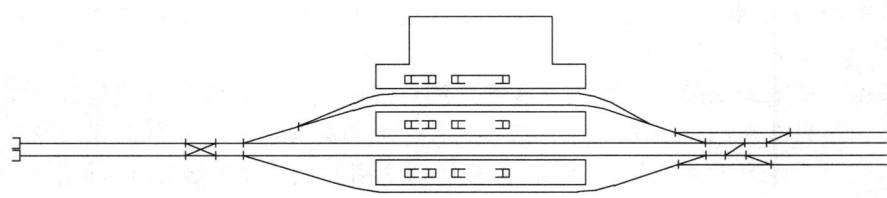

图 3-7-1　设置专用折返线的终端式客运站示意图

客运专线上列车速度较快且在高峰时段内车站能力利用率较大，为了保证行车作业安全和良好的运输秩序，一般不采用车站站前咽喉端渡线进行站前折返。在动车段走行线路能力较富裕的条件下，可以将其作为折返线利用。折返列车采用哪一种折返模式，与车站的站型和设备能力的利用情况直接相关，目的在于提高列车在站的折返作业效率，尽量避免与列车的接发或调车作业产生干扰。

② 列车在高速车场到发线上主要办理的技术作业。

不同类型的列车在客运站办理的作业内容也不尽相同，动车组列车在到发线上的技术作业主要指旅客上下车作业。旅客列车上水作业一般应在始发、终到站进行，个别情况立即折返列车上水也有可能在中间站作业。对于始发和终到列车的餐车餐具、餐料的装卸以及上下水、列车清洁、物品供应、废物处理等作业一般应在动车段内准备妥当。对于折返列车需要在到发线上进行上下水处理、餐具清理等作业，其中部分作业可以与旅客上下车平行作业。

③ 本线动车组行调车作业流程。

对于设置动车段或动车运用所的客运站，按动车组运用计划需要入段整备的列车，列车到达后需要排定入段作业进路。对于本线始发动车组列车，首先进行动车组出段作业，进入站内到发线后进行相应的技术作业及旅客上车作业，最后办理出发进路列车出发。对于本线终到动车组列车，首先办理列车到达进路将列车接入站内到发线，进行相关技术作业及旅客下车后，办理入段进路动车组入段。对于本线停站通过动车组列车，首先办理列车接车进路，将列车接入站内到发线，进行相关技术作业及旅客上下车完成后，办理发车进路，列车出发。本线不停站通过动车组列车，列车站内运行径路较固定，一般由车站正线办理。

④ 跨线中速列车在高速车场的行调车作业流程。

按照列车跨线方式分为上线动车组列车和下线动车组列车，根据车站车场分工方案中所确定的旅客乘降业务办理的场所，又可将其分为在高速车场办理客运业务的跨线列车和在中、普速车场办理客运业务的跨线列车。在高速车场办理客运业务的上线动车组列车，列车首先占用车站车场间咽喉区进路从中、普速车场接入高速车场，在高速车站进行有关技术作业后，办理发车进路，列车由高速车场出发。在中、普速车场办理客运业务的上线动车组列，通过车站车场间咽喉区进路从中、普速车场接入列车，继而列车由高速车场发出。在高速车场办理客运业务的下线动车组列车，首先列车由高速车场接入站内，办理相关技术作业后，占用车站车场间咽喉区进路列车发往中、普速车场。在中、普速车场办理客运业务的下线动车组列车，占用车站车场间咽喉区进路将列车由高速车场接入，继而发往中、普速车场。若两个车场间设置有联络线来实现跨线列车的上下线作业，可避免跨线列车的转线作业对高速车场或中、普速车场咽喉区的占用。

⑤ 折返列车在高速车场的行调车作业流程。

折返列车的到达和发出可视为动车组列车的终到和始发作业，具体到折返作业进路的排定，需要结合车站站型和设备配置特点确定采用的折返模式，再根据车站的作业环境进行选择。其站内技术作业过程为：列车到达—旅客下车—列车整备—旅客上车—列车出发。到站立即折返列车不入段办理整备作业，只在到发线上停留，办理少量的技术作业，列车停站时间较长。一般情况下，到站立即折返列车都在侧线上停车。

（2）中、普速车场列车在站技术作业流程。

中、普速车场主要办理在既有线上运行的旅客列车、跨线旅客列车以及货物列车的接发车作业。

① 无改编通过旅客列车的技术作业过程。通过旅客列车在到达客运站后，立即换挂机车进行试风，同时进行技术检查、列车上水、行包邮件装卸、旅客上下及运转车长接收列车等。对于特快旅客列车应在正线通过，其他通过列车原则上应在正线通过。

② 变更运行方向通过旅客列车的技术作业。变更运行方向的通过旅客列车，如只在一端挂有行李车、邮政车时，列车到达后，将到达机车及行李车、邮政同时摘下，换挂于列车尾部，然后换挂机车并试风，车列的技术检查、上水、旅客上下可平行进行，行包和邮件装卸须在调车以后进行。

③ 始发旅客列车的技术作业过程。直通和管内旅客列车车底由客车整备所调入客运站到发线后，即进行技术检查、旅客上下、装卸行包、邮件、运转车长接收列车、挂机车及试风。

④ 终到旅客列车的技术作业过程。终到旅客列车各项作业可以平行进行。行包、邮件装卸完毕和旅客全部下车后，车底可由本务机车及调车机车送至客车整备所。

⑤ 折返列车技术作业过程。同高速线上开行的折返动车组列车作业流程基本相同，对于需要更换机车的折返列车的作业流程存在摘挂机车的调车作业。

此外，某些客运站还要办理单机的到达和出发作业、到发线上的摘挂调车作业。

（三）客运站的布置图

按线路配置不同客运站布置图形分为通过式客运站、尽头式客运站、混合式客运站。

1. 通过式客运站

通过式客运站布置图的示意图如图 3-7-2 所示。

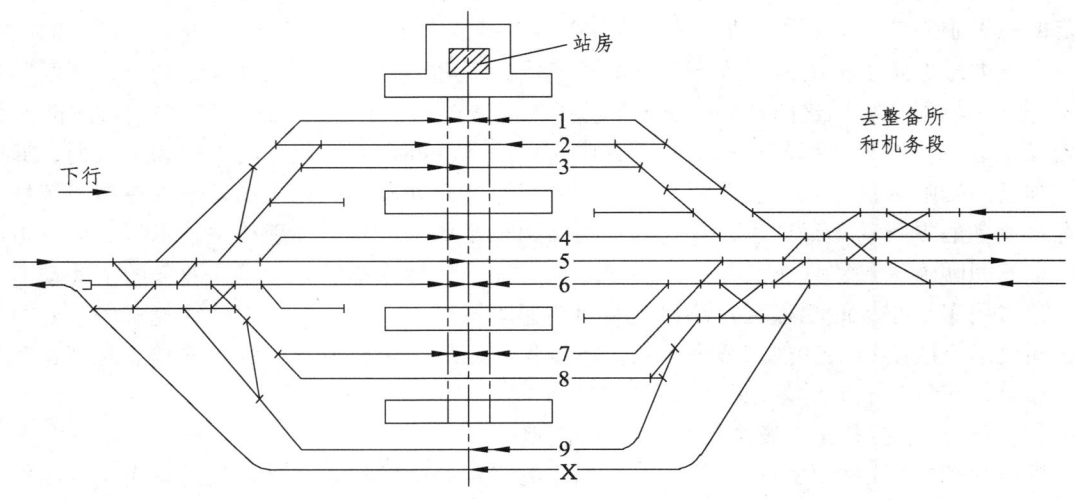

图 3-7-2　通过式客运站布置图

通过式客运站的优点在于车站有两个咽喉区，能分别办理接发车作业，减少旅客列车到发与车底取送和机车出入段之间的交叉干扰，通过能力较大，运营条件较好；通过旅客列车除折角列车外，不必变更列车运行方向，到发线使用机动灵活，互换性大。其缺点在于与城市干扰较大，由于有两个咽区，站坪较尽头式长，占用城市用地要多。

2. 尽头式客运站

尽头式客运站布置图的示意图如图 3-7-3 所示。

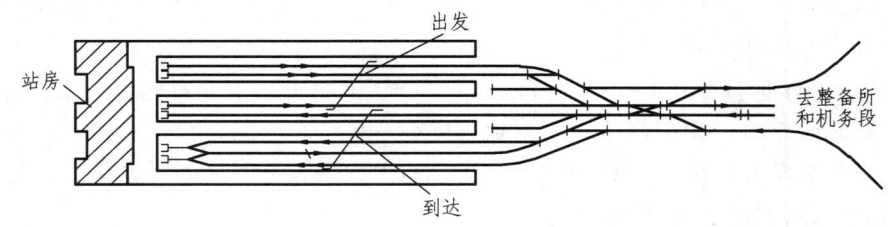

图 3-7-3　尽头式客运站布置图

尽头式客运站的优点在于车站容易深入市区中心，旅客出行乘车方便，可缩短出行时间；与城市道路交叉干扰较少；站坪较短，占地少；旅客出入站可不必跨越线路。其缺点在于车站作业集中在一端咽喉区进行，进路交叉干扰大，车站通过能力小；对通过列车的换挂机车和变更运行方向等作业均不便；列车进站速度低，占用咽喉时间长；旅客进、出站和行包搬运到经过靠近站房一端的分配站台，人流与行包流互相交叉；旅客进、出站走行距离长。

3. 混合式客运站

混合式客运站布置图的示意图如图 3-7-4 所示。

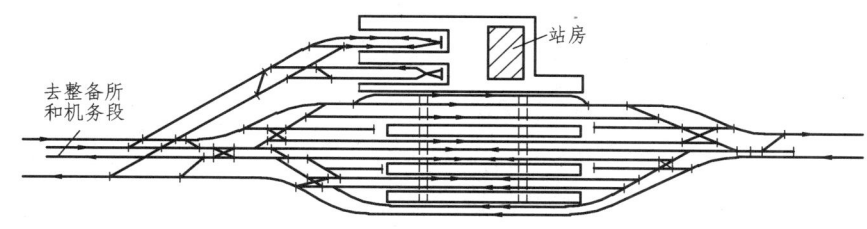

图 3-7-4　混合式客运站布置图

混合式客运站优点在于当车站衔接的某一方向市郊列车较多时，设置部分有效长较短的尽头式线路，可节省投资和用地；市郊旅客与长途旅客进、出站流线互不干扰。其缺点在于到发线互换性差，使用不灵活；当市郊旅客列车进、出站咽喉区时，市郊与长途旅客列车产生到、发交叉；当二者共用整备所时，又产生市郊车底取送与长途旅客列车的到达交叉。

二、客车整备所的位置

客车整备所的位置有与客运站纵列布置、与客运站横列布置两种方式。

（一）客车整备所与客运站纵列布置

客车整备所与客运站纵列布置的示意图如图 3-7-5 所示。客车整备所与客运站纵列布置的特点为咽喉区的进路交叉较少；车站通过能力较大；车底取送没有折返行程；与客运站间的距离可远可近；便于利用地形；不影响未来发展。

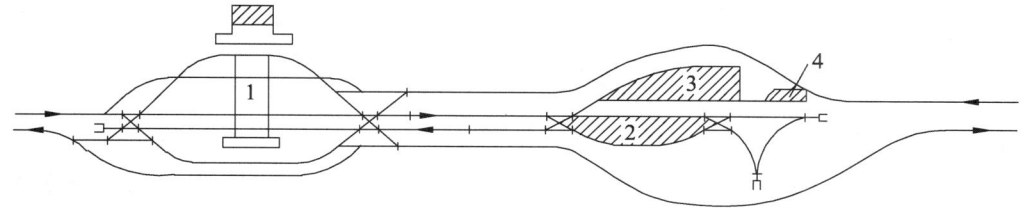

图 3-7-5　客车整备所与客运站纵列布置

图 3-7-7 中标号 1 代表客运站，标号 2 代表机务段，标号 3 代表客车整备所，标号 4 代表客车车辆段。

（二）客车整备所与客运站横列布置

客车整备所与客运站横列布置的示意图如图 3-7-6 所示。客车整备所与客运站横列布置的特点为车底取送切割正线；与列车到发进路交叉；车底取送有折返行程；设备集中；占地少；便于管理。

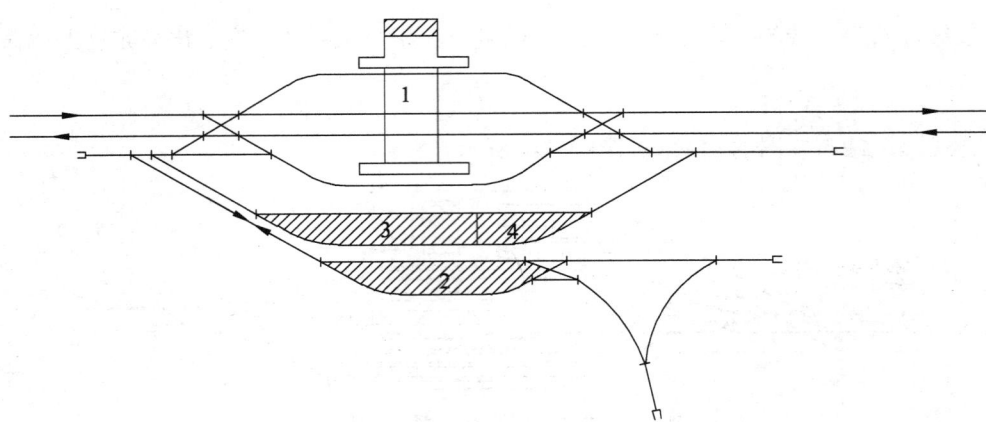

图 3-7-6　客车整备所与客运站横列布置

图 3-7-8 中标号 1 代表客运站，标号 2 代表机务段，标号 3 代表客车整备所，标号 4 代表客车车辆段。

（三）正线与整备所的相互位置

正线与整备所的相互位置有正线外包整备所、两正线在整备所一侧两种方式。

1. 正线外包整备所

正线外包整备所的布置图如图 3-7-7 所示。正线外包整备所的特点为旅客列车到发和货物列车通过与客车车底取送交叉干扰少；正线不顺直，列车运行条件差；职工出入整备所须跨越正线；整备所、机务段等的发展受到一定的限制。

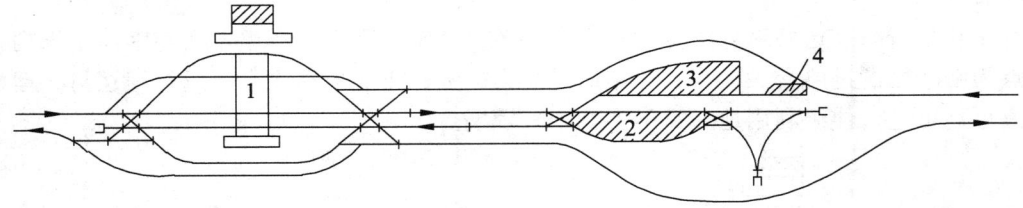

图 3-7-7　正线外包整备所

2. 两正线在整备所一侧

两正线在整备所一侧的布置图如图 3-7-8 所示。两正线在整备所一侧的特点为旅客列车到发和货物列车通过与客车车底取送交叉干扰多；正线顺直，列车运行条件好；职工出入整备所时不须跨越正线；整备所、机务段等的发展不受正线限制。

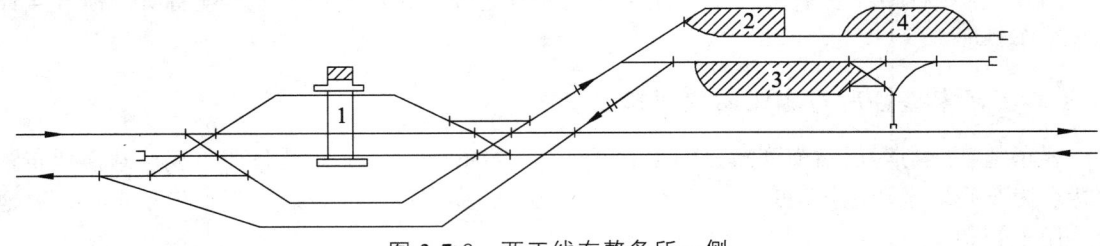

图 3-7-8　两正线在整备所一侧

三、客运机务段的位置

（一）客运机务段与整备所分设

当两者分设于客运站两端时，车底取送和机车出入段作业分散在两端咽喉，通过能力较大，有利于各自的发展，但用地较多，对城市干扰也大，往往会引起较大的拆迁工程。

（二）客运机务段与整备所合设

两者合设于车站一端时，用地较集中，对城市干扰少，便于利用本务机车取送客车车底，有些设备（如动力、机修、生活设施等）可以共用，可节省投资。

四、客车车辆段的位置

为了检修客车，在始发、终到旅客列车较多的客运站，一般应设置客车车辆段。客车车辆段的位置有两种，一种为与整备所相邻且横列，另一种为与整备所纵列布置。

五、客运站线路的设置

（一）正　线

对于通过式双线铁路客运站，当客车整备所与客运站纵列布置且位于靠站房一侧时，应将下行正线布置在第二、三站台之间，上行正线布置在站房对面的最外侧。对于通过式双线铁路客运站，当客车整备所与客运站纵列且位于两正线之间时，应将下行正线布置在第一、二站台之间，上行正线布置在站房对面的外侧。对于单线通过式客运站，为了使客车车底取送及机车出入段与货物列车通过正线不发生交叉，其正线位置宜设在站房对面的最外侧。位于大城市的主要客运站，结合枢纽总布置图，经过技术经济比较，有条件时可将通过货物列车的正线外绕客运站或设联络线分流经由该客运站的货物列车。尽头式客运站的正线一般没有货物列车通过，直接引入车站的那一条或两条站台线即为正线。

（二）旅客列车到发线

1. 旅客到发线的数量影响因素

旅客到发线的数量影响因素包括各种旅客列车占用到发线的时间标准；运行图规定的旅客列车到达、出发和到发间隔时间标准；旅客列车不均衡到发程度及高峰期列车到发密度；车站到发线与站台的相互位置以及其他列车占用旅客列车到发线的情况等。

2. 旅客列车到发线数量的确定

表 3-7-1 旅客列车到发线数量表

始发、终到旅客列车对数	到发线数量/条
12 及以下	3
13~24	3~5
25~36	5~7
37~50	7~9

注：① 每对通过列车可按折合 0.5 对始发、终到列车；

② 发、终到旅客列车在 50 对以上时，到发线数量按分析计算确定。

$$n = k_{到}(1440 - t_{空})/t_{占}^{始终} \tag{3-7-1}$$

式中 $k_{到}$——旅客列车到发线最大利用系数，其值可取 0.5~0.65，通过列车比重较大时取小值，比重较小时取大值。

$t_{空}$——客运站一昼夜内不办理旅客列车作业的空闲时间，其值可取 180~300 min。

$t_{占}^{始终}$——每对始发、终到列车平均占用到发线时间，其值可取 120 min。

（三）货物列车到发线

货物列车一般沿正线通过客运站。当客运站有干、支线接轨或因区间距离长，货物列车在客运站上要办理列车会让、越行或其他技术作业时，则必须设置货物列车到发线；其设置位置宜远离站房。货物列车到发线的数量一般可设一条，当引入方向有两个以上时可酌情增加。

（四）机车走行线

单线通过式客运站一般不设机车走行线。双线通过式客运站一般应设机车走行线。但运营初期客运量不大时可缓设。当客运机务段和整备所在两正线靠站房同侧一端时，应将机车走行线设在第一、二站台之间。当客运机务段和整备所设在两正线之间时，应将机走线设在第三、四站台之间。尽头式客运站应在站内一处或两处的站台间设三条线路，其中中间一条为机车走行线。当运量不大时，也可不设机车走行线。

（五）机待线

单线通过式客运站客、货列车对数不多，一般不设机待线。在客、货列车较多的站，可设机待线。双线通过式客运站一般应设机待线，但运营初期客运量不大时可缓设。机待线一般宜设在机务段相对一端咽喉区的两正线之间，尽头式有渡线与各条到发线连通。

（六）其他线路

为满足部分客车车辆摘挂的需要，应设置客车车辆停留线。车辆停留线一般设计为尽头式，位于基本站台或中间站台的一端或两端。在办理整车行包的客运站上，可设置行包装卸线和站台，一般设在基本站台靠行李房一端。

六、旅客站房

（一）布置要求

旅客站房布置应满足如下要求：旅客站房的位置应与城市规划和城市交通运输有机地配合；站房总布置图应与站前广场、跨线设备布置密切配合；站房的总布置应符合各种流线设计的要求；站房各房室、通道及售票窗口等必须满足客运量最繁忙时的需求；大型和特大型站房可设计为多功能综合大楼；客运站房在建筑风格上应力求与城市一致。

（二）站房的规模

铁路旅客站房的规模如表 3-7-2 所示。

表 3-7-2　铁路旅客站房的规模

站房规模	旅客最高聚集人数 H（人）
小型	$50 \leq H \leq 400$
中型	$400 \leq H < 2\,000$
大型	$2\,000 \leq H < 10\,000$
特大型	$H \geq 10\,000$

（三）站房分类

根据站房和站前广场毗连一层的地面标高与站台面的标高的相互位置关系，站房可分为线平式（站房和站前广场毗连一层的地面标高与站台面的标高相平或相差很小）、线上式（站房和站前广场毗连一层的地面标高高于站台面的标高）和线下式（与线上式相反）。

（四）客运流线

客运站流线设计要求：尽量避免各种流线互相交叉干扰；最大限度地缩短旅客在站内的步行距离，避免流线迂回；尽量避免出站人流拥挤。旅客流线疏解方式主要有：主要进、出站流线在同一平面上错开；主要进、出站流线在空间上错开；主要进、出站流线在平面和空间同时错开；主要进、出站流线在主、副站房的平面和空间同时错开。

（五）客运站房的合理布置

大、中型以上站房一般应具有三类房屋，即客运用房（分为候车部分、营业部分、交通联系部分）、技术办公房屋、职工生活用房。

站房入口设在站房中部或偏右部，出口设在站房左侧或偏左部。到发线按线路别使用时，尽头式客运站可结合城市交通组织和站前广场设计，在站房的正面或侧面分设两个出站口。特大型客运站可结合主、副广场的设计，在站房中部和左侧设置两个出站口和两个入站口。

售票处可设在综合候车室内，亦可设在营业厅内，或在站房外单独设置。

行包房可设一个或两个，设一个行包房时兼托运和提取业务，可设在旅客进、出站流线之间，或设置在站房的右侧或左侧；设两个行包房则分别办理托运和提取业务。

（六）候车室

候车室有集中候车方式和分线候车方式两种。集中候车方式的特点为站房面积使用灵活，利用率高；旅客办理各种手续和候车地点一目了然；当候车人数过多时，售票、托运行包与候车混杂，秩序容易混乱；只适用于中、小型站房。分线候车方式可根据旅客的性质和客流特点，分别设置普通候车室（南方、北方）、母子候车室、软席候车室、贵宾候车室、市郊候车室；适用于客流量大、旅客性质复杂的大型以上站房。

七、旅客站台

旅客站台与站线的相互位置关系有如下三种：
① 两站台之间设一条到发线；
② 两站台之间设两条到发线；
③ 两站台之间布置三条到发线。

旅客站台的宽度应根据客流密度、行包搬运工具和站台上设置的建筑物和设备的尺寸确定。基本站台宽度在客运站宜采用 20~25 m，其他站宜采用 8~20 m。困难时中间站可采用 6 m，站台等建筑以外可降至 4 m。中间站台有天桥、地道时在大客运站不小于 10.5 m（双面斜道）、10 m（单面斜道）。其他站不小于 8.5m（双面斜道）、9 m（单面斜道）。中间站台无天桥、地道时，如设雨棚不小于 6 m，不设雨棚单线中间站、会让站不小于 4 m，双线中间站、越行站不小于 5 m。

按站台面高出相邻线路轨顶面的高度，旅客站台可分为以下三种：
① 低站台：高度为 300 mm。
② 一般站台：高度为 500 mm。
③ 高站台：高度为 1 100 mm。

八、站前广场

站前广场组成部分包括站房平台、旅客车站专用场地、公交站点。

站前广场的布置应满足结合城镇发展规划、站房规模、地形等情况，合理确定广场的面积和布局，保证旅客安全迅速疏散；合理设计和组织广场内各种流线，尽量避免各种流线相互间的交叉干扰；尽量利用广场的立体空间；广场周围各种建筑物必须统一规划，在建筑形式上要求突出站房主体，周围建筑物要与站房协调一致；注意站前广场的绿化带设计，满足城市绿化的要求。

九、客车整备所

（一）客车整备所的作业

客车整备所的作业主要有技术整备和客车整备，其中技术整备办理的主要作业有客车车底取送（或到发）、改编、停留待发、公务车、备用车停留以及个别客车转向；客车车底技术检查、日常维修和摘车维修，防寒、防暑的整备，以及外段车辆故障处理；办理厂、段修客车的回送及车辆技术状态和备品的交接；冬季客车暖气管道预热、排汽、排水及充电等。客车整备办理的主要作业有客车车底内、外部清扫和洗刷；客车上燃料、上水、上餐料和换卧具。

（二）客车整备所的作业方式

1. 定位作业

客车车底送到后，除改编作业外，技术整备、客运整备及等待送往客运站等作业都在一条整备线上进行，并尽可能平行作业；其布置图如图 3-7-9 所示。

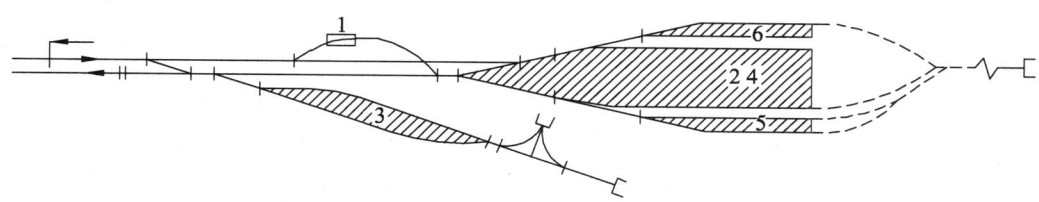

图 3-7-9 定位作业布置图

图 3-7-9 中 1 代表洗车机，2 代表客运整备场，3 代表出发场，4 代表车辆技术整备场，5 代表车辆段，6 代表备用车停留场，7 代表机务段。

2. 移位作业

客车车底送到后，按照作业顺序，分别在到发场进行客运整备，在整备场（库）进行技术整备；其布置图如图 3-7-10 所示，图中标号意义同图 3-7-9。

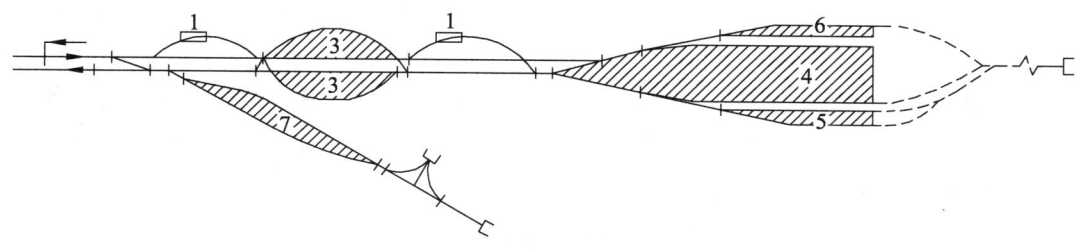

图 3-7-10 移位作业布置图

十、客运站设备使用方案

（一）客运站客流特性分析

大中型客运站内的客流来向不同，并且有着不同的出行目的及目的地，使客流表现出多向性（站内旅客走行的方向不同，如进站、出站、送行、购票）、混合性（客流量较大且较集中，多个方向客流交织在一起）、不确定性（客流在不同时段、不同时期有高峰、低谷的波动性，各个时间段内的客流分布不均衡）。

（二）客运站内旅客流线分析

1. 客运站进/出站旅客流线

客运站旅客流线是指旅客在站内走行过程中形成的路线。旅客流线组织的合理性直接影响了客运站的整体作业效率以及客运站旅客服务水平，并决定了客运站内客运设备能否得到合理、有效地利用。客运站内旅客流线主要可分为进站旅客流线、出站旅客流线和购票旅客流线。

（1）进站旅客流线。

客运站内进站旅客流线比较复杂，包括一般旅客流线、中转旅客流线、市郊旅客流线、团体旅客流线、特殊旅客流线以及贵宾流线。一般旅客流线也称普通旅客流线，旅客人数最多、旅客平均候车时间最长，是最主要的进站旅客流线。中转旅客流线相对于普通旅客流线较为简单，一般存在两种情况：当中转列车之间衔接时间较长时，中转旅客可选择先出站办理相关中转手续，然后在中转候车室候车；当中转列车之间衔接时间较短时，旅客可根据引导直接在站台完成换乘。市郊旅客主要由较固定的学生及上班族组成，旅客客流量相对固定，乘车时间具有一定规律性，一般为早晚，对客运站进站流线比较熟悉，基本都持有学生月票、通勤票，可直接进站检票乘车，对客运站客流组织工作影响较小。团体旅客包括旅游团体、开会团体等，其进站流线基本与普通旅客流线相同，但由于该部分旅客客流通常到达十分集中，因此在旅游高峰期、当地有大型会议召开等特殊时期，可开通绿色通道，以减轻客运设备压力。特殊旅客主要是指老、弱、病、残、孕旅客，一般在大中型客运站均为其设有特殊通道及检票口，方便其优先进站、上车。在一些贵宾出入较多的大中型客运站，都设有专门的贵宾通道，为确保安全便利，该通道通常直接与站台连接。各种类型的进站旅客流线大多数旅客的进站流程依次为站前广场→候车室→跨线设备→站台→上车。

（2）出站旅客流线。

出站旅客通常短时间内大量集中、在站内停留时间短，为保证其流线通畅，让旅客在最短的时间内出站，并且使其能快速地在站前广场疏散，应确保出站通道等跨线设备通畅、出站口与私家车、出租车停车场以及公共交通换乘点连接紧密；避免出站旅客在站前广场产生滞留，导致其与进站流线交织而降低客运站的整体服务质量。一般情况下，出站旅客基本汇聚在一起出站，出站旅客走行速度较快、密度大、人流集中以及占用设备时间短；一般出站旅客的基本出站流程依次为站台→出站地道→检票口及出口→站前广场。市郊旅客一般对车站熟悉，大多会选用最常走的流线直接出站。

2. 客运站内旅客流线的组织优化

（1）客运站内旅客流线的组织原则。

避免客运站内的各种旅客流线互相交叉干扰（分离各种类型的进/出站流线，分离旅客流线与行包/邮政流线；分离客运站工作人员通道与旅客通道）；优化旅客进出站走行流线，最大限度地缩短旅客在站内的走行距离及走行时间，避免客流在站内停滞、拥堵；客流组织方案具有一定的灵活可变性，以应对各个运输时期的特殊客流情况；考虑客运站周边交通环境对客运站流线组织的影响（如车流量、公交车站位置、私家车及出租车停车场位置），以便进出站客流可尽快在站前广场安全疏散。

（2）旅客流线交叉点的疏解方法。

旅客流线交叉点的疏解方法如表3-7-3所示。

表3-7-3 旅客流线交叉点的疏解方法

疏解方法	具体措施
源头控制法	通过控制客运站内可能出现的各种流线的数量以减少交叉，如推广网络购票，减少直接到售票大厅购票的客流；合理布局站前广场周边的公交车、出租车、私家车站点，控制广场周边的车流流线
功能布局法	在客运站前期规划或扩建、改建时，合理规划设计售票大厅，公交车站、出租车、私家车停车场的位置，以减少站前广场人流、车流的交叉点，快速疏散旅客
提高流速法	在站前广场及附近的车辆通道、行人通道设立各种标识牌、围栏，组织引导客运站各通道客流有序通行，确保每条流线及通道畅通，避免通道上客流滞留
交叉点外移法	将客运站内部出现的交叉点尽量外移，减少流线交叉的密度与交叉点的密度
物理切割法	通过设立高架或地下通道、标识牌、围栏等将进站客流、出站客流、购票流分离开，以减少客运站内部交叉点

（三）客运站设备及其使用方案

1. 客运站设备

客运站内为旅客提供各项服务的设备通称客运站设备，根据其功能特性可分为基础设备、客服设备。其中，基础设备主要包括客运站出入口、广厅、候车室、跨线设备、乘降设备、站台等；客服设备包括票务设备、导向设备、广播设备，如表3-7-4所示。合理调整客运站设备，可以及时、有效地疏导站内客流，减少旅客在客运站内的排队等候时间及走行时间，合理利用客运站设备资源，有效地提高客运站整体服务质量。

表 3-7-4　客运站设备列表

设备类型	设备名称	具体组成/设置方式/主要功能
基础设备	出入口	客运站与外界环境的连接口，外观设计应与周围建筑相融合，应尽量与地道、天桥、公交车站、私家车及出租车停车场相连接，减少旅客进、出站走行距离
	广厅	旅客进、出站大厅，是所有旅客必经场所，连接站内各通道以及站台，主要为旅客提供列车到发信息、候车信息，同时也为旅客提供休息、活动和购物空间，旅客流动性大，流线复杂，应做好引导、疏散工作
	候车室	客运站内旅客的主要集散场所，旅客聚集密度大、聚集时间长，容易造成过度拥挤，引发各种安全隐患
	跨线设备	跨线设备包括天桥、地道、平过道，是连接站房与站台、站台与站台的通道，为确保旅客使用的便利性，通常有多个连接点，连接通道与通道、通道与乘降设备、通道与站台
	乘降设备	乘降设备是连接站内立体空间的旅客服务设备，主要包括步行梯、电扶梯、直梯以及斜坡。步行梯是最基本的楼层间交通用构件，其设计需要考虑客运站客流量、旅客使用步行梯时的舒适度。电扶梯是带有循环运行梯级，用于输送旅客的固定电力驱动设备。直梯，即垂直电梯，主要为客运站内特殊旅客人群服务。斜坡一般设置在出入口、站台口等无法安装自动乘降设备的地方，以方便旅客托运行李以及为残障人士提供方便
	站台	站台是旅客上下列车过程中使用的平面空间，通常与跨线设备及乘降设备有多个连接口，以缩短旅客在站台上的走行距离，方便旅客就近进出站台
客服设备	票务设备	现阶段我国大部分客运站一般网络售票、自动售票/检票设备和人工售票/检票设备交替配合使用。自动售票设备由中央控制器、自动检票闸机、半自动售票机和自动售票机组成
	导向设备	通过对客流的导向作用，让旅客能够在最短时间内做出流动决策，引导客流进行正常、有效的流动。主要的导向设备有进站大厅内设置进站大屏；售票大厅内设置的售票大屏；候车区域外设置候车引导信息屏；候车厅内设置综合信息显示屏；站台进出口处设置到发信息屏和编组屏；出站大厅设置列车到站信息屏和综合信息大屏
	广播设备	一般用于向旅客提供候车信息、列车运行信息、乘车信息等。在出现紧急状况时，还可用于引导组织旅客疏散。通常将广播设备设在进站大厅、通道、出入口、候车室以及站台
	特殊旅客服务设备	为老、弱、病、残、孕旅客提供了特殊通道及检票口，方便其优先进出站及乘车
	其他	包括求助、监控、时钟、查询以及寄存设备等

2. 客运站设备使用方案

不同运输时期对客运站设备需求不同，应根据不同时期客运站需求的特殊性制定其设备使用方案，使旅客能更好地利用客运站设备资源，提高服务满意度，如表 3-7-5 所示。

表 3-7-5　客运站设备使用方案

使用方案	具体措施
控制检票口的数量	高峰时期增加检票口数量，提高检票速率，防止拥堵及旅客等候时间过长，保证站内客流量的相对稳定和有序。低谷时期减少检票口数量，防止站内人力资源及设备资源的浪费
限制旅客出入口及走行通道	客流高峰期，可关闭车站内的一部分出入口，并设置隔离带、警戒带以及临时标识牌，对旅客通行的重要通道进行人工引导，以延长旅客从进站到乘车的走行时间，减少客运站内以及站台上旅客流的压力。在客流低谷期，也可以关闭车站某部分出入口，以减少客运站资源浪费
调整电扶梯的运行速度	客流高峰期，调高速度，以缩短旅客在站内的走行时间，减轻站内各层衔接处的拥挤状况。低谷期直接关闭部分电扶梯，控制运行的电扶梯数量。出现紧急情况时，为了保证旅客安全，可关闭运行中的电扶梯，将其作为步行梯使用，以保证安全的情况下提高旅客疏散速度
改变客运站设备用途	改变客运站设备用途是指通过调整个别设备的初始用途，开发出它的潜在功能。如遇到客流高峰期时，可将贵宾候车室等客流量较少的空间，变成普通候车室，为高峰期的旅客提供更多的候车空间；遇到突发或紧急情况，大量旅客滞留在客运站时，可在站外广场设置临时候车大棚，为旅客出行提供方便

十一、客运站日计划管理信息系统

（一）客运站日计划相关理论

1. 客运站日计划概述

日计划图是客运站安全迅速完成列车和车辆作业，合理使用车站技术设备，正确配置工作人员和实现列车运行图的重要保证。客运站行车工作日常变动比较少，可依据运行图资料（一日中在车站到发列车的车次、到发时分、到发方向）、车底运用计划（本站始发列车与终到列车的车底套用关系，是否需要入库作业）、车站作业时间标准（调机作业时间标准、咽喉占用时间标准、各种技术作业时间标准）、车站技术设备（车场、股道、调机等设备的使用方案及这些设备的使用状态）等资料，编制客运站工作日计划图，作为组织完成日、班作业的依据。日计划图是将客运站行车技术作业过程中关于线路专门化，列车占用线路的顺序和时间，调车作业，客车整备所的作业等内容综合绘制在一张图上。日计划编制内容包括一日中所有列车到发线使用计划、客车整备所线路（客整线/客检线）的使用计划、列车车底出入库的时间、调机作业计划、车站进路使用计划等。从日计划图上，可以看出每一旅客列车及车底从到达时刻起，至出发时刻止的全部作业过程，从而可知客运站各部分的工作情况。编制客运站工作日计划图可以检查客运站各项技术作业过程之间、客运站作业与列车运行图之间是否协调，客运站技术设备运用及作业组织是否合理；查明客运站最繁忙阶段与最薄弱的环节，以便针对发现的问题提出解决办法。

2. 客运站日计划编制流程

客运站日计划是车站班计划、阶段计划和调车作业计划的编制基础，是车站日常工作顺利进行的保障。编制客运站日计划前，首先需要收集基础资料，主要有列车运行计划（列车到站时间/停站时间）、接发列车/调车作业的进路表（一个周期内的接发列车进路记录/调车进路时间/调车类型记录）、大型客运站设备的配置（车站设备数量/类型/使用状态）；各类技术作业时间标准（列车的接车与发车时间，旅客上下车时间，整备所整备时间，动车基地检修时间）、各种进路的排列记录（列车固定使用的股道号，列车占用进路的时间/类型/特点，当列车晚点或者因为施工或维修原因导致进路变化的安排及记录）以及车站作业人员的类型/数量（车站值班员，客运业务人员的工作分配，上下班时间，行调人员工作安排）。客运站日计划编制流程如图 3-7-11 所示。

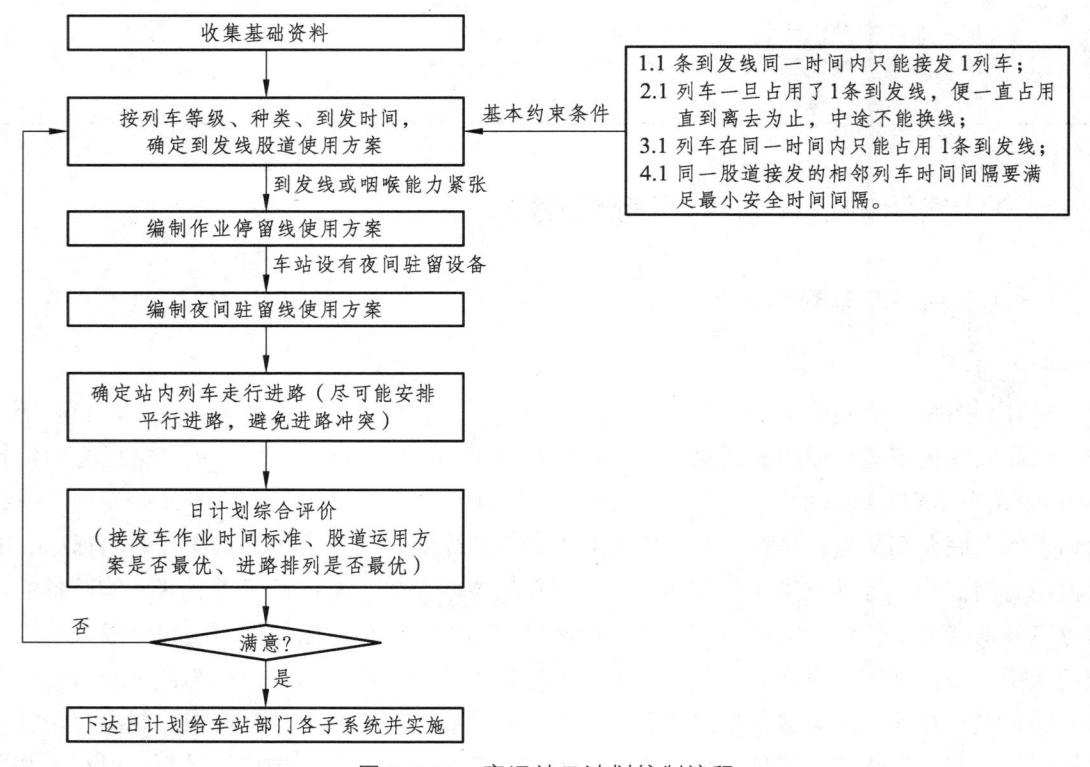

图 3-7-11 客运站日计划编制流程

（二）日计划管理信息系统需求分析

1. 日计划管理信息系统数据需求分析

车站日计划管理信息系统涉及的主要数据如表 3-7-6 所示。

表 3-7-6　车站日计划管理信息系统主要数据需求

数据类别	主要数据项
车站设备数据	车站的车场、站台、调机、到发线、客技线等车站设备信息，以及各种设备的使用要求和使用状态
车站作业时间标准数据	列车站线作业时间标准、列车整备作业时间标准、各种调机作业时间标准、咽喉占用时间标准、各种车站间隔时间标准
在车站作业列车数据	在车站通过、到达、出发的所有列车数据，主要包括车站列车运行图数据、列车车底周转计划数据、列车编组数据

2. 客运站日计划管理信息系统功能需求分析

根据对大型客运站日计划业务的分析，大型客运站日计划管理信息系统功能需求如表 3-7-7 所示。

表 3-7-7　客运站日计划管理信息系统动能需求

功能项	具体功能
车站基础数据字典维护	收集、管理和维护车站设备、车站作业时间标准、列车时刻表等基础数据资料
个性化设计/自动绘制日计划作业图表	根据用户要求，对日计划图的大小、字体、字号、颜色进行调整，并按照图纸的大小自动打印出图
自动编制日计划方案，生成初始日计划图	分析基础数据、车站日计划工作规则和车站设备的使用现状，自动优化求解车站的到发线、客技线和调机运用方案模型
通过人机交互的方式调整初始的日计划方案	对列车进行增加、删除、移动，调整列车到发线占用及调机作业，以得到技术设备运用均衡且生产时间最少的日计划方案
自动化采集列车数据	保证日计划管理信息系统与运行图系统的数据对接，提高信息共享率
统计客运站相关指标	分析车站的设备使用情况和技术作业的完成质量，并作为日计划调整的依据

（三）客运站日计划管理信息系统总体结构设计

客运站日计划管理信息系统的设计目标在于提供车站行车调度日计划的编制/修改/维护，为站调编制阶段计划提供依据，并可随时查询监督车站整体作业情况；它主要由基础数据管理子系统和日计划编制子系统两部分组成，其中基础数据管理子系统负责管理和维护车站作业计划中的静态信息基础数据（车场、股道、调机、咽喉等车站基础数据，以及车站作业时间标准等数据），日计划编制子系统由日计划文件管理模块、日计划编制模块和编制结果输出模块组成，主要用于完成日计划文件管理操作、日计划编制及计划图表绘制、指标统计和数据接口文件生成等工作。

十二、铁路客运站规划设计

（一）大型铁路客运站基本特征与发展趋势

铁路客站应是功能多元化、空间集约化、以人为本、客站与城市空间和谐化等元素的集成体。现代铁路客运站凸显了较以往老式客运站有重大不同的基本特征，主要表现在按线路别设置车场（一般情况下，大型客运站都尽量采用分场分线的设计原则）；具有综合交通客运枢纽的特征（大型客运站将铁路、地铁、轻轨、城市公交、出租车甚至机场综合起来，将铁路站房与城市广场统筹考虑，形成了比较固定的综合交通枢纽的设计模式）；向"立体化、多层化、多功能"方向发展（减少旅客出行换乘时间，消除不同方向线路间到发列车的交叉干扰，节省征地拆迁工程）；站房的建筑方案与客运站的空间/形式新颖（内部空间组织化繁为简，建筑空间开敞通贯，造型流畅，一定程度上反映地域历史与文化特色）。新时期铁路客站建设正朝着综合客站与城市建设的一体化设计方向发展，使客站与城市功能联系更加紧密，实现空间、形态的相互渗透与融合。

（二）铁路客运站规划设计要素特征

1. 客运站总体规划设计原则/目标及功能定位

规划设计阶段统筹考虑铁路枢纽规划线路的引入方案，确定枢纽客运站的规划分工与功能定位，并对接城市规划设计，使铁路枢纽总体规划与城市总体规划协调统一。为了满足客运需求，客运站的总体设计目标包括：确定合理的车场布局，使到发线分工明确，车场设备数量满足高峰小时运输和运营调整需要；采用合理的车场咽喉区布置，减少作业交叉干扰，平行进路满足技术作业需求，使列车到发占用咽喉进路的时间缩短，更好地保证追踪，提高服务质量；合理设置进出站线路疏解，减少进出站线路上进路交叉。总之，最终应使车场设计符合经济合理、安全可靠、高效便捷的要求，做到短小精干、功能齐全、标准适宜、经济实用。

2. 客运车场规模确定

根据客运站所在铁路枢纽的总体情况、车站作业量（其确定依据为枢纽总图规划、城市总体规划需求、设计年度旅客列车开行方案、枢纽内各客运站之间多点到发、互联互通的条件）论证客运车场规模，形成客运站总体格局的基本雏形；在此基础上，根据相关的设计规范规程的基本要求，结合引入干线的技术标准，进一步细化各车场的分场规模及场间到发线（联络线）数量，最终确定客运车场到发线（含通过正线或尽端式临靠站台正线）数量。

3. 铁路客运站站址方案比选

站址方案比选应在满足铁路运输功能的前提下，尊重城市规划部门的意见，从合理性、可行性、经济性等主要方面入手，客观分析各方案的优劣性，最终确定客运站选址方案。客运站一般衔接较多方向，其规划选址应与车站两端的主要干线引入方案相结合，统筹考虑，综合比选，必须做到点、线的有机结合，协调统一。规划选址阶段，应对客运站的主要控制边界规模有一个较为前瞻性的初步设想，同时满足当前设计标准（速度目标值、到发线数量、道岔类型）、未来运输需求和可持续发展要求。结合客运站的选址规划，应同时研究配套建设动车段所或普速机辆设施的选址规划，避免出现重大调整。

4. 铁路客运站站型方案与比选原则

铁路客运站站型设计的主要依据是客运站的客运量构成和各类线路的技术标准，应全方位、立体化设计思考，站型方案要既满足铁路运输需求，又符合城市规划，同时又比较经济合理。对于新建客运站，通常与既有客运站分离设置，使其与城市融为一体，整体景观和城市环境相协调，与其他城市交通方式紧密衔接，旅客换乘条件较为便捷；条件允许的情况古，新建客运站也可以与既有线连通并共用客运设施。对于改扩建客运站，往往与既有客运系统共用客运设施；当高速铁路采用高架或地下方式设于既有客站上方或下方，但不单独设置旅客进出站及售票候车等设施，与既有铁路共用时也属于这种方式。但无论采用哪种站型布置方式，都应使高速系统和普速系统有明确的界限、相互独立，即使共用候车、售票设施和进出站通道，也应有明确的相对独立区域，以方便使用、管理和市场运作。

5. 铁路客运站平面设计方案

大型客运站主要开行始发终到或立即折返旅客列车，站内正线（含尽头式正线）速度目标值的确定主要依据车站周边用地条件，在与城市规划不冲突的前提下，尽量采用较高标准，车站两端的正线曲线标准，必要时可以根据速度曲线进行验算确定。车场的到发线布置原则上应该优先考虑上下行方向的股道数量较为匀称，使正线居中设置，上下行能力均衡，股道使用较为固定，旅客乘车方便；当立即折返作业车较多时，亦可考虑采用正线外包形式。作为客运专线或城际铁路的车站，根据客运站的速度目标值，道岔型号一般优先采用 18 号道岔，区间渡线根据相应的速度进行配置，宜采用与区间正线速度匹配的道岔。到发线的线间距和站台宽度应作为客运站站场设计的两个基本参数，采用适宜的到发线线间距及站台宽度，一方面满足车站运营需要，节约工程投资，而且还对车站的平面布置优化起到重要作用。车站的两端咽喉区需要设置多少个平行进路以满足运营需求是设计大型客运站应重点考虑的基本问题，通常车站咽喉区应符合固定列车到发径路和到发线固定使用的基本要求，在有动车段（所）出入线引入时，咽喉区布置应同时满足列车到/发、动车出/入段平行作业数量的要求。车站设计方案形成后，应采用高峰时段排图法或列车技术作业仿真模拟，验证咽喉区布置与进路设置的合理性、高峰时段能力的适应性。

6. 交通组织方案

客运站交通组织方案以客流预测为前提，分为内部交通、外部交通组织两个方面。内部交通组织应本着高效、便捷、节约用地的原则，利用车站现有条件满足乘客需求，车站内部的各种交通流彼此独立，并融入客运站综合交通组织中。外部交通组织可采取新增道路、调整规划道路、新建及完善立交、新建或改建穿越铁路立交等措施，并进行外部交通影响评价；根据客运站引入干线的不同建设时间，分期进行周边外部交通的配套建设；考虑对环境的影响及可实施性，尽量减少建筑拆迁，合理利用现有道路条件；利用区域路网条件，使进出站车流与市区骨干路网衔接顺畅，对周边居民、单位的出行影响降到最低。

（三）铁路客运站规划设计核心理念

1. 功能性

客运站的规划设计必须以旅客为本，以方便旅客使用为前提，为旅客提供方便舒适的乘车环境、快捷便利的换乘条件和人性化的优质服务。在功能性方面首先具备综合交通枢纽功能，从城市整体功能出发，结合城市交通规划，形成集铁路、地铁、市郊铁路、公交、出租车等多种交通方式为一体的大型综合交通枢纽，实现铁路与各种其他城市交通方式的高效衔接。其次具备客流组织方案的合理性，现代化的大型客运站通常采用"上进下出"和"下进下出"相结合的客流组织方案，使旅客通过清晰便捷的流线快速到达目的地，满足旅客"舒适、便捷"的乘车需求。再次具备空间设计的人性化，重视高架候车厅、进站厅、站台及地下空间的设计，通过开敞自然的空间元素运用、室内温度环境、室内声环境及光环境的研究及控制，提升车站室内空间品质，体现以人为本的设计理念。

2. 系统性

首先是多种交通方式的系统性，即把国铁、市郊铁路、地铁等轨道交通，与公交、出租车等城市交通体系综合形成交通枢纽，铁路车场内部把普速铁路、高速铁路、城际铁路以及不同运输标准的各种车站设备有机整合集成设计。其次是车站功能的自然开放性，铁路车站与城市道路交通缜密结合，站内通道在多个方向上通过高架/地下道路和匝道连接城市道路，地下换乘空间与车站广场建立便捷的联系，从而使车站在各方向都向城市开放，使车站紧密融入城市路网，进而使车站自然地融入城市之中。

3. 先进性

客运站的建设不仅是铁路系统的重大项目，同时也是所在都市的标志性工程，还是体现规划设计水平、经济水平、文化发展水平等诸多方面多元化内涵的综合体。作为整项工程设计的基础，铁路客运车场的方案设计至关重要，应大胆采用新技术/新标准，使其具有高度的适应性与前瞻性；采用智能化列车/客流仿真模拟技术优化比选总体规划设计方案，创建新型站房结构体系，构建完善的标识系统与消防安全设施设计。

4. 文化性

所处地域文化和城市特点提供了大型客运站特有的文化内涵，现代化大型客运站的设计都是当地文化的浓缩和体现。如采用适宜的建筑形态，消除铁路站场布置方向与城市格局的矛盾，使站房各个方向均呈现良好的视觉效果；利用现代的技术手段，实现站房（尤其是站房外屋面）的特殊地域造型和形象，使车站成为同时具有文化性和时代感的公共建筑，极具美感；实现多种体量的组合，使站房的屋面、高架进站厅、雨篷、进出站匝道浑然一体。

5. 经济性

客运站的规划设计要系统地考虑建筑全寿命成本，合理把握客站规模及建设标准，注重近远期结合，使之成为资源节约型、环境友好型车站。优先考虑国铁、地铁、轻轨及其他交通方式的立体化的集约设计，尽可能采用重叠复合的立体式布局，将检票口、停车场、地铁站台、车站广场等尽量内置到国铁车站内。采用新标准优化设计方案，将工程投资（取决于站台宽度、线间距、站房设计体量等）与站房的总体结构方案有机综合考虑，选择适宜的标准。采用新型节能环保技术提高能源利用率，如热电冷三联供、太阳能光伏发电、大空间自然采光、真空卸污等先进的节能环保技术，实现对能源的高效梯级利用和可再生能源的利用，最大限度减少对周边环境的破坏和影响，实现绿色、环保、可持续发展。

第八节 铁路货运站

货运站是指专门办理货物装卸作业的车站，以及专门办理货物联运或换装的车站。依不同的划分标准，铁路货运站可分为不同的类别，按工作性质，货运站可分为装车站、卸车站和装卸站；按办理货物的种类，货运站可分为综合性货运站和专业性货运站；按服务对象，货运站可分为公共货运站、换装站、工业站和港湾站。

一、综合性货运站

综合性货运站是在铁路枢纽内为城市居民和企业服务并办理多种货物作业的车站。货运站的作业主要办理从编组站开来的小运转列车或从衔接区间开来的直达列车的接车作业；按装卸点选编车组、调送车组及按货位配置车辆；收集各装卸点装卸完毕的车组，并在调车线上进行集结；编组小运转列车或直达列车，向编组站或衔接区间发车。

货物作业方面主要办理货物的托运和交付；货物的装卸和保管；货运票据的编制；货物的过磅、分类、搬运、堆码及换装、加固、检查装载；办理铁路与其他运输部门的联运。兼办的作业主要有部分客、货列车的接发、通过和交会；不良车的修理；调车机车的整备；车辆的清扫、洗刷、消毒、保温车的加冰等。

二、货运站布置图

（一）传统货运站布置图

（1）按其与枢纽内铁路线路衔接的不同可分为通过式和尽端式。
（2）按车场与货场布置可分为横列式和纵列式。
（3）车场与货场布置要求：
① 通过式货运站：调车线和货场应尽量布置在同一侧。
② 尽端式货运站：结合当地条件决定。
③ 车场中的到发线和调车线按横列布置，列车到发与调车共用一个车场。
（4）尽端式货运站：尽端式货运站设在铁路线路的终端。
① 车场与货场横列的尽端式货运站如图3-8-1所示。其优点为站坪长度短，用地经济，搬运机具的走行跨越铁路线路较少；其缺点为转线、调车与取送作业都有折返行程，增加了车辆的走行距离。

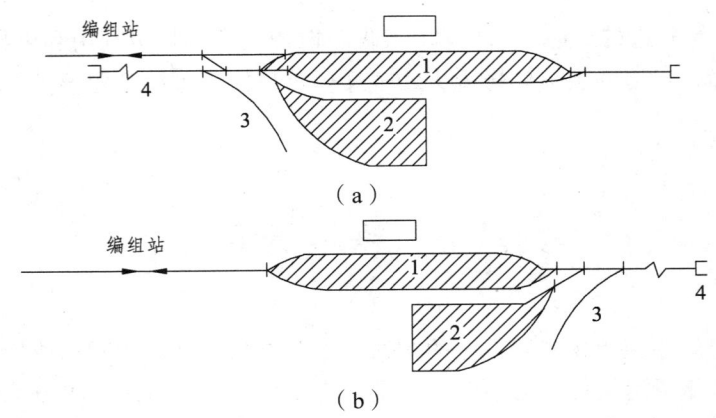

图 3-8-1 车场与货场横列的尽端式货运站

图 3-8-1 中 1 代表到发及调车场，2 代表货场，3 代表专用线，4 代表牵出线。

② 车场与货场纵列的尽端式货运站如图 3-8-2 所示。其优点为保证了向货场取送车的流水性，缩短了车辆的转线时间，货场与城市联系方便；其缺点为当有两台调车机车作业时，货场取送车与列车解编作业互相干扰，调车机车的走行距离较长，用地较长。

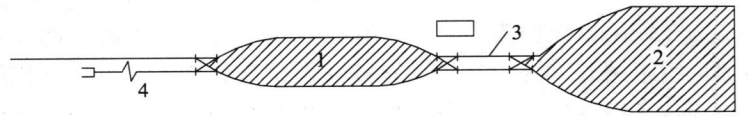

图 3-8-2 车场与货场纵列的尽端式货运站

图 3-8-2 中 1 代表到发及调车场，标号 2 代表货场。

（5）通过式货运站。（如图 3-8-3 所示）。

通过式货运站的优点为车站作业分别在两端咽喉进行，作业能力较大；缺点为与城市干道交叉干扰大，不易深入城市中心。在设置方式上，通过式货运站一般都和枢纽内的中间站、区段站一并设置，并有许多工业企业线与之接轨，因此在车站设计中要保证干线列车运行或小运转列车向工业企业线的取送车进路与调车进路隔开，作业量大的工业企业线要保证与到发场间有独立的通路。

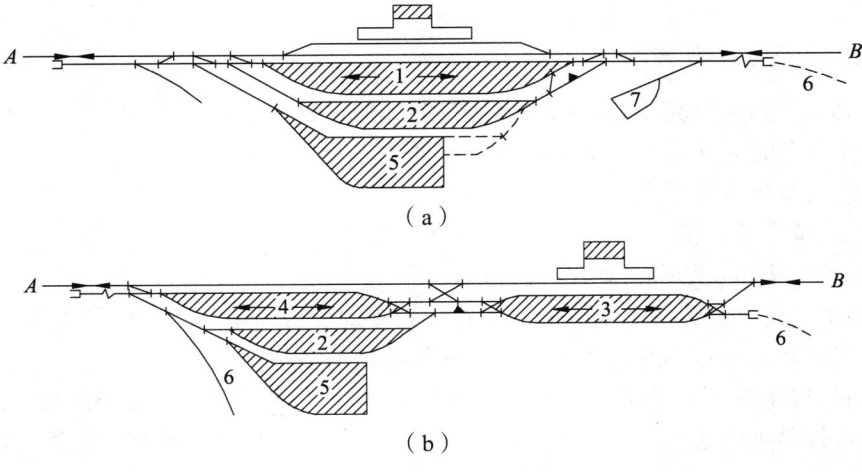

图 3-8-3 通过式货运站布置图

图 3-8-3 中 1 代表到发场, 2 代表调车场, 3 代表到达场, 4 代表编发场, 5 代表货场, 6 代表专用线, 7 代表车辆检修设备。

(二) 基于现代物流理念的货运站平面布局

1. 货运站各区域的划分

基于现代物流理念的货运站与传统货运站相比, 在物流服务的广度和深度上都有很大的拓展和加深, 为满足客户不同的物流需求, 货运站需要设置不同的功能区, 大致分为物流作业区和办公及生活区。物流作业区包括: 仓储区、理货区、散堆场区、集装箱区、危险品存放区、长大笨重货物堆放区等基本物流作业和存储区域; 包装区、称重区、流通加工区等流通加工作业区域; 货物配载区域和展览展示区; 停车场等物流辅助作业区域。办公及生活区包括办公事务区域、生活服务区域、后勤保障区域等。此外, 货运站还包括其他一些辅助作业区域和厂房周边区域, 如内部道路、停车场、职工生活区域等。

2. 货运站功能区的布置要求

货运站各个功能区的基本布置有以下要求: 散堆场、长大笨重货物堆场、集装箱堆场应该在铁路货场方向的一侧只设一处, 便于机械作业; 应将流通加工仓场区库、仓储仓库、配送仓库等单独设置, 运输用仓库按铁路运输到、发货分别设置; 为方便流畅作业, 应将理货区设在仓储区的中央; 为方便配送作业, 应将配送仓库远离铁路货场设置; 应在流通加工仓库附近设立流通加工区; 仓库区的规划建设应考虑到对外租赁情况和为未来自动化仓库留有空间。

3. 货运站平面布局方法

货运站功能区平面布局的可选方法有两种, 第一种是从功能的角度根据作业功能区块的核心与否来决定布置的优先权, 此方法的基本思路为: 确定货运站的核心业务→优先布置核心业务的功能区块在最佳位置→布置次核心的物流作业功能区块→直至所有需要功能区块布置完毕→交通运输组织的便利性、作业的顺畅性, 对某些功能区块做出适当的调整。第二种方法是从作业量的角度根据预测出的某类货物的物流量的大小来决定布置的优先权, 此方法的基本思路为: 布置物流量较大的作业功能区块 (将其放在靠近出入口或者便于管理、装卸运输的地方, 以提高该货物的铁路物流中心的周转效率)→布置物流量次大的货物品类需要的作业区域→布置生活、道路等辅助铁路物流中心作业的区块或者设施→直至布置完所有需要的功能块→根据交通运输组织的便利性、作业的顺畅性对某些功能区块做出适当调整。两种方法相比较而言, 分别从功能的角度和物流量角度各有优缺点, 第一种布置方法可以优先保证核心业务的布局进而实现货运站的基本功能, 但忽略了各类货物作业量的因素, 可能导致物流作业成本增加; 第二种布置方法可以保证货运站主要作业货物方便、快捷的保管、运输作业, 但由于物流量大的未必是该站的核心功能, 有可能导致货运站的基本功能得不到充分体现。在实际的货运站平面布局时, 一般结合这两种方法的优缺点, 综合考虑拟建铁路货运站的形状和地理起伏情况来布置各个功能区域。

三、货运站运转设备的设置

1. 到发线

到发线数量根据行车量、列车性质、技术作业过程确定。

（1）尽头式货运站：当每昼夜到发小运转列车对数小于 6 对时，到发线数为 1~2 条；对数在 7~12 对时，到发线数为 2~3 条；大于 12 对时，到发线数可视具体情况适当增加。

（2）通过式货运站：参照区段站到发线数量确定办法适当增加。

（3）有效长：根据小运转列车长度加 30 m 附加制动距离确定；通过式货运站到发线的有效长应满足相邻区段线路的规定。

2. 调车线

调车线用于解编小运转、摘挂列车以及为货场各货区挑选车辆。据装卸地点、作业车数、办理货物品类、调车作业方式确定调车线的设置；一般一个调车区或一个装卸地点的装卸车数一昼夜在 50 辆以上时，应设一条调车线；50 辆以下时，也可以两个或几个装卸地点合设一条。调车线的有效长应满足取送车列最大长度的需要，但最短调车线的有效长不宜小于 200 m。

3. 牵出线

牵出线的数量应根据行车量、调车作业量、调车作业繁忙程度、有无专用调车机车和有无工业企业线用于调车等条件设置。当行车量和调车作业量较小或可利用其他线路进行调车作业时，也可缓设或不设牵出线。牵出线的有效长应按列车或车组的最大长度确定。在困难条件下，货运站牵出线的有效长不宜小于列车长度的一半；货场牵出线的有效长不宜小于 200 m。

四、货　场

1. 货物场库的功能

（1）货物的集散功能。
（2）调节与缓冲功能。
（3）实施货运作业的功能。
（4）储存功能。

2. 货物场库的类型

（1）按保管货物类别分类：普通货物场库及煤场、矿石堆场、仓库、油库、冷藏库、危险品仓库等。

（2）按建筑特征分类：堆货场、货棚、仓库、货囤、储罐、筒仓等。

3. 堆货场

（1）用途：堆存适于露天保管、不怕湿的散堆装物、粗杂品、集装箱和长大笨重货物。

（2）形式：

● 按地面条件可分为：自然地面、一般加工地面、砌石地面以及混凝土地面等。

● 按其水平面的高度可分为平货位（指地面与装卸线相平）堆货场及低货位（地面低于线路路肩 1.5 m 以上，有斜坡式和直壁式两种类型）堆货场。

4. 货物站台

（1）用途：为了便于装卸车作业而修建的高于装卸线的平台建筑物，主要用来存放不怕风、雨、雪及阳光等自然条件影响的货物。

（2）货物站台形式：普通货物站台（侧式站台、端式站台、综合式站台）、高站台（平顶式高站台、滑坡式高站台、跨线漏斗式高站台），货物站台类型如图 3-8-4 所示。

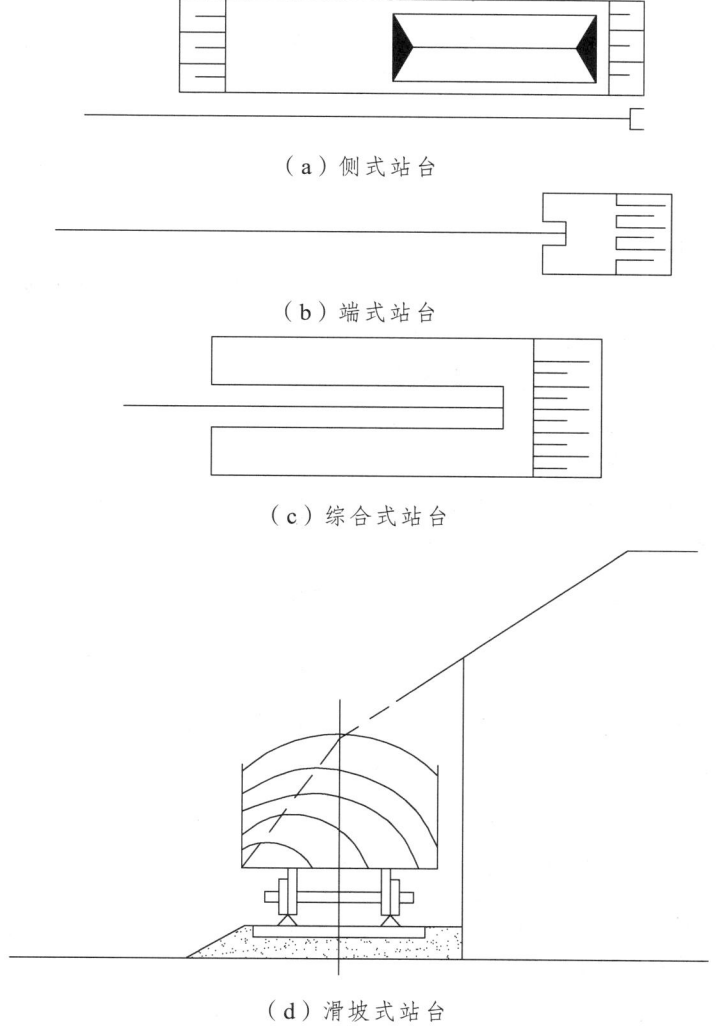

图 3-8-4　货物站台类型

5. 货棚

（1）用途：货棚也称雨棚，是为了避免货物受自然条件影响而在堆货场或货物站台上修建的有顶棚的建筑物，用来存放怕湿、怕晒的货物，可用于临时性或短期的堆存货物，并广泛用于零担货物的中转作业。

（2）分类：按与装卸线的布置形式，货棚分为一般货棚和跨线货棚两种。

6. 仓库

（1）用途：存放怕受自然条件影响的货物、危险货物和贵重货物而修建的封闭式建筑物。

（2）形式：按层数可分为单层仓库、双层仓库和多层仓库；按与铁路装卸线的配置可分为库外布置装卸线和跨线仓库两种形式。

（3）仓库的设置位置。

为提高装卸搬运作业效率，仓库应尽可能设置在货物站台上。仓库两侧应设置雨棚，雨棚的宽度应与站台边缘对齐，在多雨地区，且作业量较大时，雨棚宽度应伸出站台边缘一定距离。仓库外墙轴线至站台边缘的距离应根据运输方式以及采用的装卸工具类型确定。

（4）仓库的设计要求。

① 仓库位置应便于货物的入库、装卸和提取，库内区域划分明确、布局合理；

② 集装箱货物仓库与零担货物仓库尽可能分开设置，库内货物应按发送、到达、中转货物分区存放，并分线设置货位；

③ 有利于提高装卸机械的装卸效率，满足先进的装卸工艺和设备的作业要求；

④ 仓库内应配备必要的安全、消防设施，以保证安全生产；

⑤ 仓库货门的设置，既要考虑货车集中到达时的同时装卸作业要求，又要考虑由于增设货门而造成堆存面积的损失；

⑥ 要留有适当的理货空间；

⑦ 设置适当的货架，以充分利用仓库空间，提高面积与空间利用率；

⑧ 仓库的容量应与货运量相适应，并考虑到未来的发展；

⑨ 特殊性质货物（如危险货物，特别是其中的爆炸品、放射性物品）、易腐货物等，应设置专门的仓库。

（5）仓库长度和宽度的确定。

仓库的宽度应根据货运量、货物种类、作业性质及采用的装卸机械类型等因素确定。仓库的宽度既要满足存放货物的需要，又要为装卸机械化作业创造方便条件，以提高装卸作业效率。仓库的总长度可根据仓库的需要面积和采用的宽度加以确定。

7. 货物站台、仓库、货棚与装卸线的配置

货物站台、仓库、货棚与装卸线的配置应有利于取送车、装卸作业及搬运车辆的停留与走行，并尽量节省铺轨和用地，其配置形式有矩形配置、阶梯形配置、栉形配置，如图 3-8-5～3-8-7 所示。

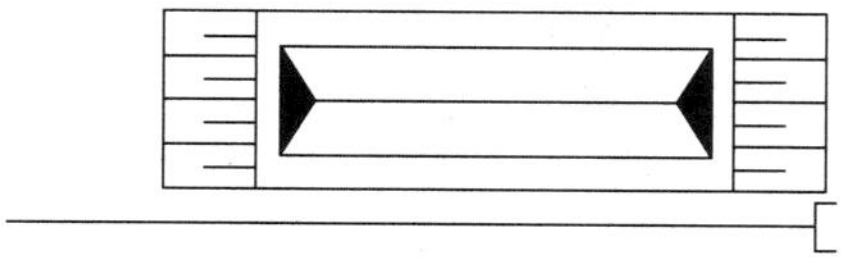

（a）一台一线

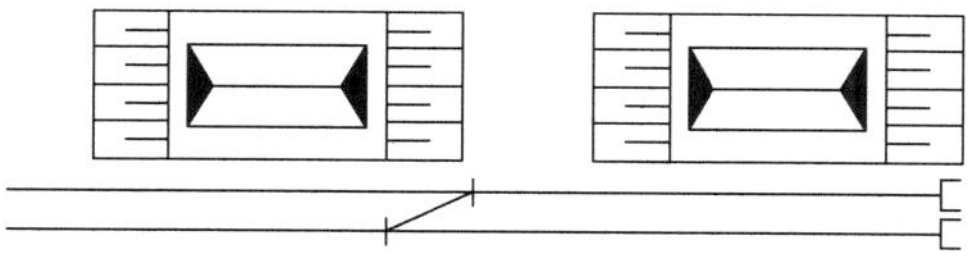

（b）两台同侧一线

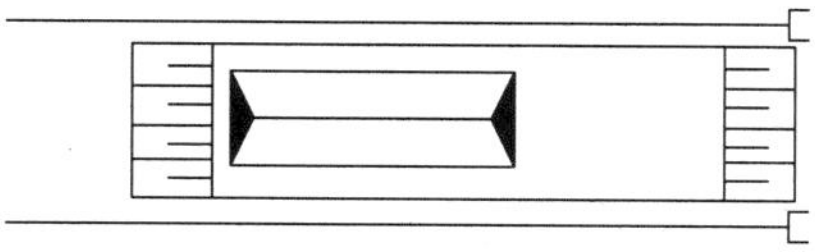

（c）两线夹一台

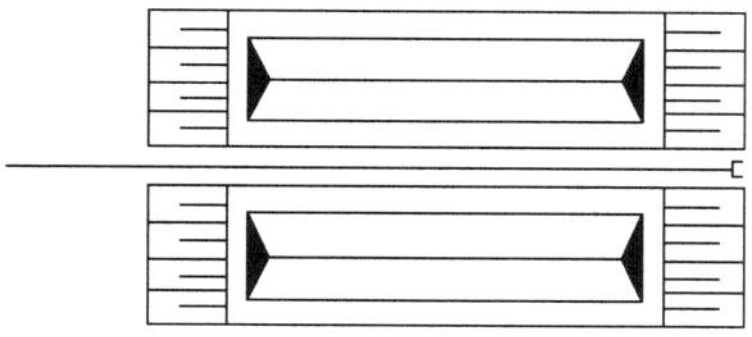

（d）两台夹一线

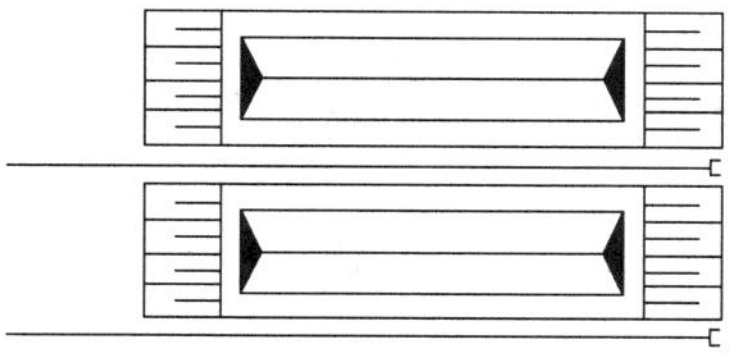

（e）两线夹两台

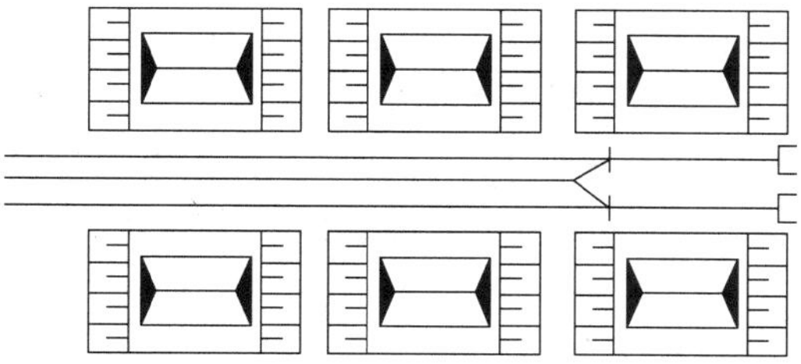

（f）多台夹三线

图 3-8-5　图矩形配置

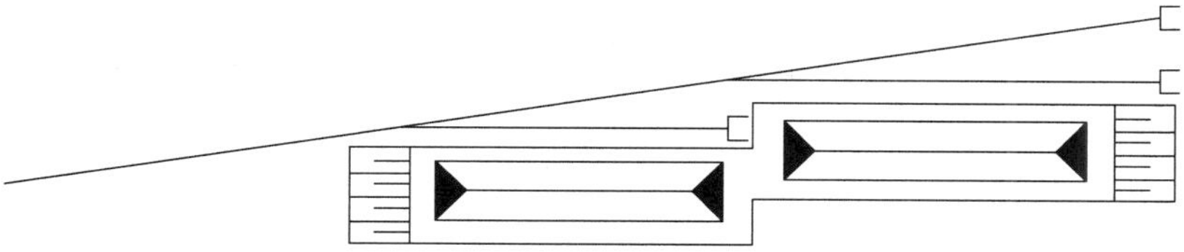

图 3-8-6　图阶梯形配置

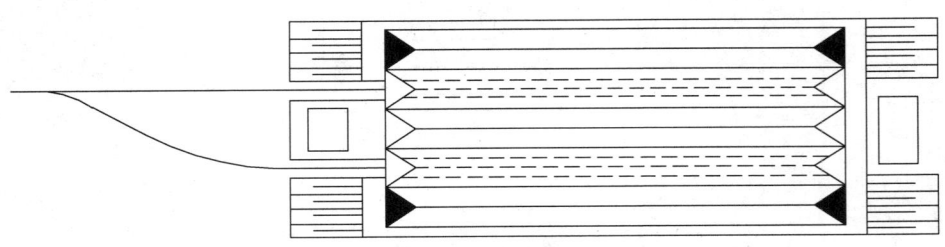

图 3-8-7 梳形配置

8. 集装箱场

（1）按作业量分类。

- 特大型集装箱场：年运量≥100万 t；
- 大型集装箱场：50万 t≤年运量<100万 t；
- 中型集装箱场：30万 t≤年运量<50万 t；
- 小型集装箱场：10万 t≤年运量<30万 t；
- 集装箱货区：年运量<10万 t。

（2）按装卸线的配置形式分类。

- 尽头式集装箱场；
- 通过式集装箱场。

（3）集装箱场布置的基本要求。

- 集装箱场的布局应充分利用场地面积，尽可能地缩短移动式机械的行程，并且能够迅速地挑选集装箱；
- 装卸线路和场内道路的布置应能保证场内各种作业的方便性和安全性，装卸和搬运时采光和瞭望条件要好；
- 道路的布置应使机动车辆都能单方向行驶；
- 集装箱各作业区的划分应使各项作业互不干扰；
- 箱位应按每辆货车装载的箱数分组成列、成行放置，以便于配车和装车作业，集装箱的放置方向应便于起重机的起吊作业；
- 门式起重机的走行轨道应按埋轨式设计，以便叉车或其他机动车辆跨轨作业；
- 集装箱办公室的设置地点应便于货运、装卸人员和货主办理货物承运和交付作业；
- 为了及时维修技术状态不良的集装箱，应设置集装箱维修工厂（或车间），并配备必要的维修设备。

五、换装站

换装站指设在不同轨距铁路的接轨地点为货物换装和旅客换乘服务的车站，分为国境换装站和国内换装站。

1. 换装站的作业

（1）国境换装站的作业。

- 旅客列车作业;
- 货物列车作业。

(2)国内换装站的作业。
- 技术作业:不同轨距列车到发、调车和取送。
- 货运作业:货物的换装以及当地货物的装卸。
- 旅客列车作业:一般只办理旅客换乘的作业。

2. 换装站的布置图

换装站的布置图包括横列式、纵列式及混合式换装站布置图,如图 3-8-8、图 3-8-9、图 3-8-10 所示。

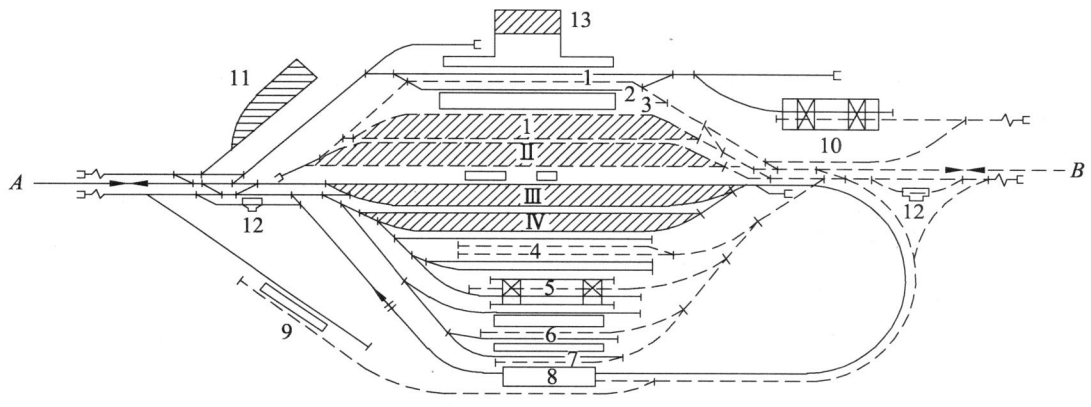

图 3-8-8 横列式换装站布置图

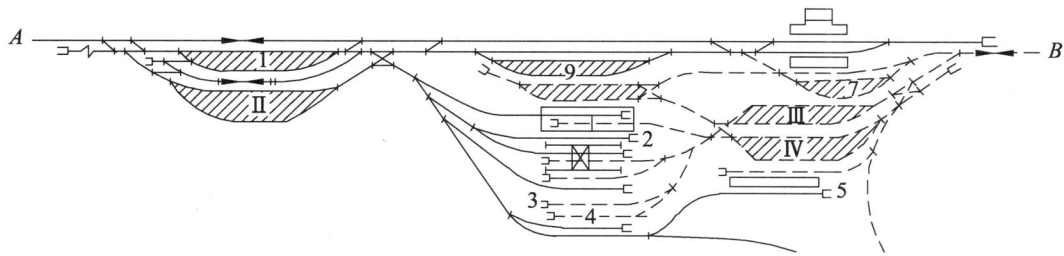

图 3-8-9 纵列式换装站布置图

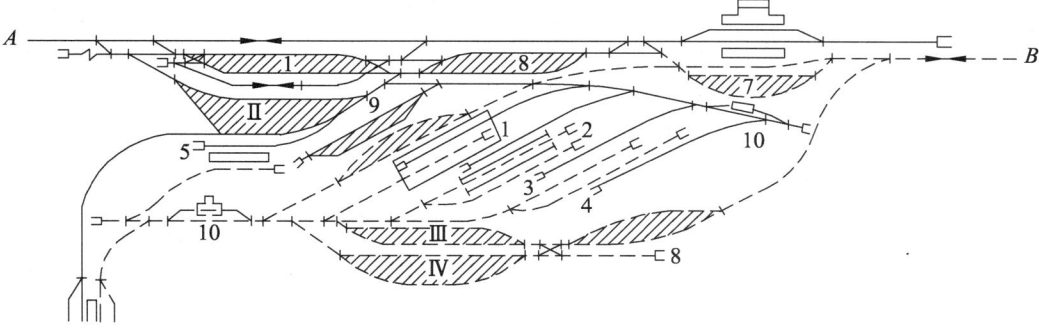

图 3-8-10 混合式换装站布置图

六、工业站

1. 工业站的分类

工业站是设在工业企业专用铁道的接轨点或枢纽内的工业区附近,主要为工业企业外部运输服务的车站,其产权属铁路。按服务对象可分为:
- 为采掘工业服务的工业站:以装车为主,装车大于卸车。
- 为加工工业服务的工业站:以卸车为主,卸车大于装车。
- 多企业共用的工业站:车流零散、货物品类多、到发方向多、车站取送调车工作量较大。

2. 工业站布置图

工业站布置图可分为工业站与企业站分设布置图、工业站与企业站联设的布置图,如图 3-8-11 ~ 3-8-14 所示。

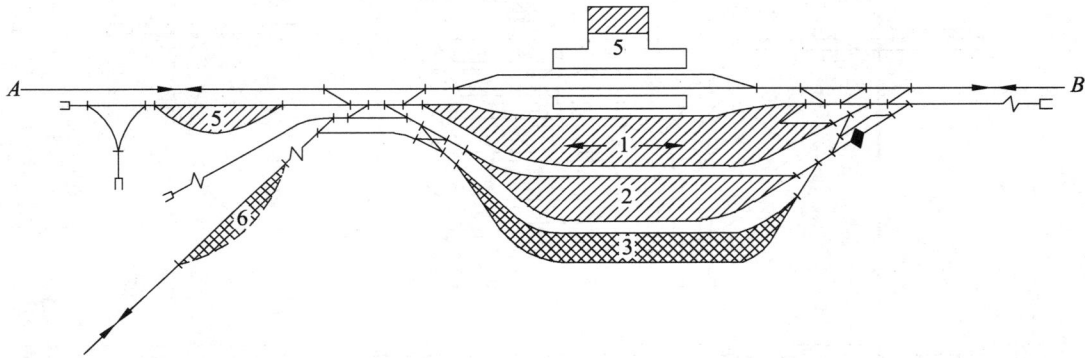

图 3-8-11 分设的横列式工业站布置图

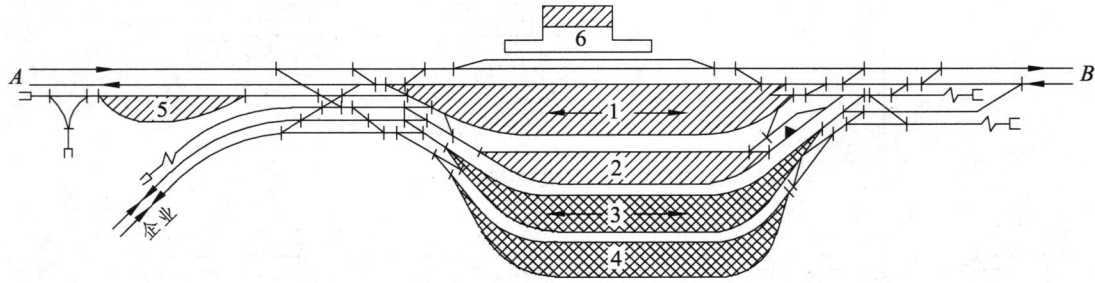

图 3-8-12 联设的横列式工业站布置图

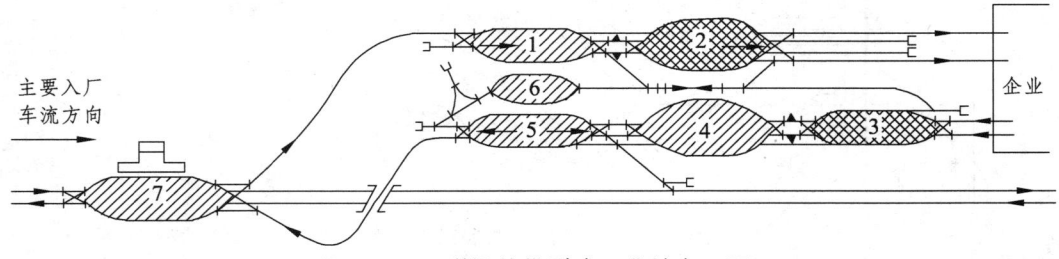

图 3-8-13 联设的纵列式工业站布置图

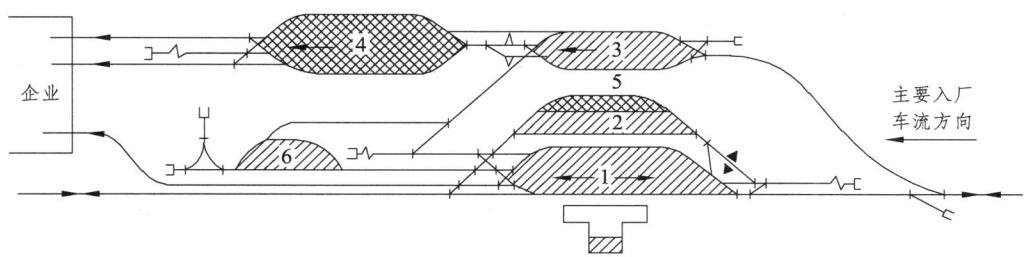

图 3-8-14 工业站与企业站混合联设布置图

现代大型钢铁联合企业对大宗原料（如铁矿石、炼焦煤和石灰石等）采用货物交接，而对其他零星货物采用车辆交接方式时，可采用设有翻车机的工业站布置图，如图 3-8-15 所示。

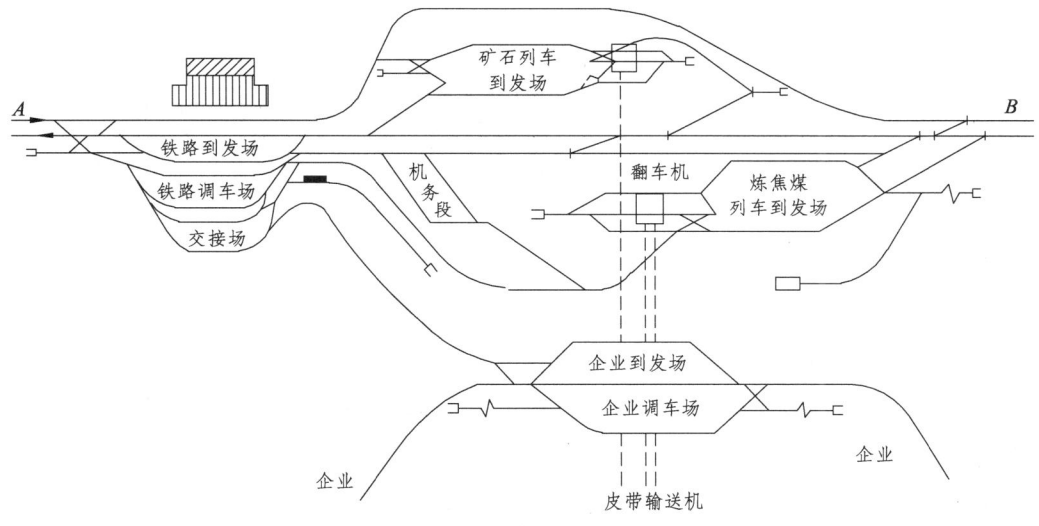

图 3-8-15 设有翻车机的工业站布置图

七、港湾站

港湾站是专为港口服务的车站，办理列车的到发、解编及向港区车场或装卸地点取送车辆等作业。港湾站布置图包括横列式、混合式以及路港车场联设的港湾站，如图 3-8-16～图 3-8-18 所示。

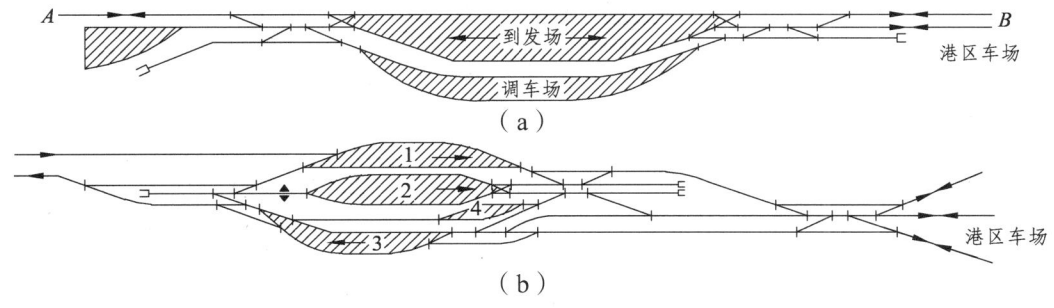

图 3-8-16 横列式港湾站布置图

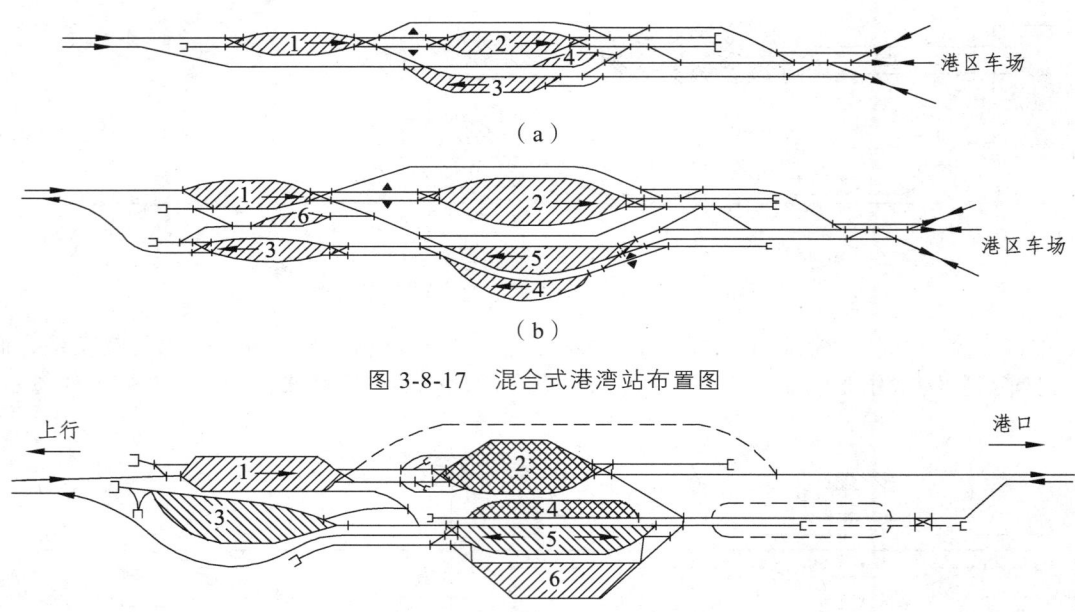

图 3-8-17 混合式港湾站布置图

图 3-8-18 路港车场联设港湾站布置图

八、重载装卸站

重载装卸站是办理重载列车装卸作业的车站。重载列车的装车地多为矿山，而卸车地多为港口、钢厂和电厂等。

1. 单元式重载列车环形装车系统（如图 3-8-19 所示）

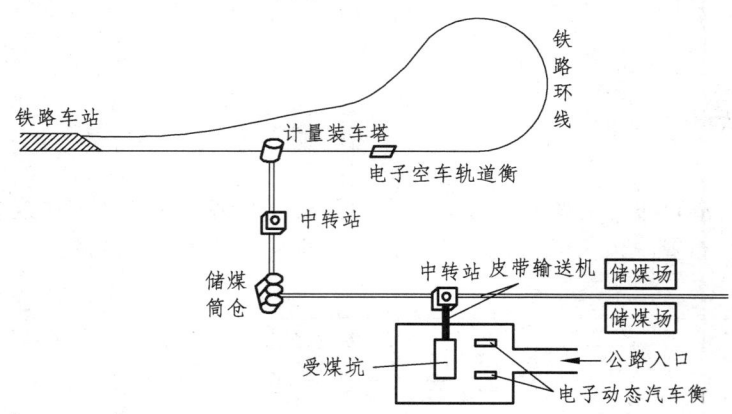

图 3-8-19 单元式重载列车环形装车系统

采用环形线装车方式，装车设备或为大容量的筒仓和定量漏斗，或为高架溜槽，也有的在堆料场下穿一座隧洞，由洞顶的漏斗装车。漏斗与电子磅相连，自动计量和打印记录。装车时，整列空车直接进入环形装车线，使用装设在线路轨道上的车位表示器与机车上的自动调速器联控，空车列车徐行通过大容量的漏斗煤仓或隧洞式堆料场。

2. 单元式重载列车终点卸车站（如图3-8-20所示）

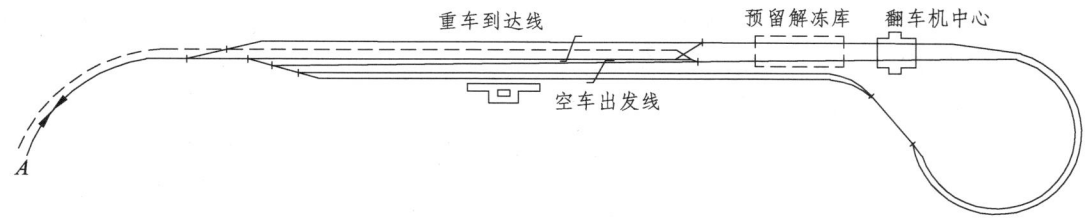

图3-8-20　单元式重载列车终点卸车站

卸车主要采用漏卸和翻卸的方式。漏卸对应的是用自动启闭底开门的漏斗车编成重载列车，缓行进入位于高架栈桥或卸车坑道上的卸车线后，自动启开底门直接卸车，散装货物即落入线路两旁的料坑内；翻卸对应的是用装有高强度旋转式车钩的专用敞车编成重载列车，列车进入卸车线后，一般使用自动或半自动的车辆就位器（俗称铁牛）来操纵车辆移动和定位，将专用敞车固定在翻车机内旋转倾覆卸车，直接将货物翻卸到线路下面的料坑内，可保证不摘钩连续作业。

3. 单元式重载列车卸煤装船系统（如图3-8-21所示）

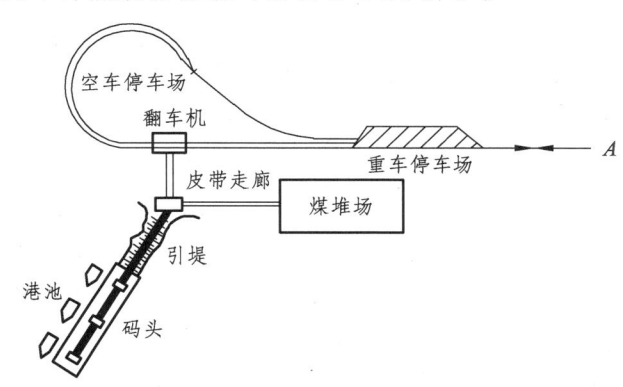

图3-8-21　单元式重载列车卸煤装船系统

单元式重载列车卸车地的卸煤装船系统主要包括储煤漏斗、堆场、皮带输送机、堆料机、取料机、装船机等设备和机械。煤炭装船作业方法如下：经终点卸车站翻车机卸后的煤炭落入储煤漏斗中，经皮带输送机系统输送到堆场，由堆料机将煤炭按煤种类堆到指定垛位，取料机由堆场按指定货位取料，通过皮带输送机系统装船。翻车机卸后的煤炭也可不进入堆场，直接通过皮带输送机系统送往装船机装船。

九、铁路运输型物流中心

（一）铁路运输型物流中心与铁路货运站比较分析

运输型物流中心依托于铁路货运站、公路货运站、机场或港口码头货场，以从事货物运输为主,同时经营货物的仓储、包装、流通加工、配送、信息服务及其他增值服务等活动。铁路运输型物流中心主要是指由铁路货运站发展成的运输型物流中心,运输型物流中心一般是转运型的物流中心,也是区域性物流中心。

铁路货运站发展成运输型物流中心以后,其物流功能大大增强、客户范围拓宽、物流费用降低、减少了中间不必要的环节,提高了物流效率,方便了客户,使其更具吸引力。铁路运输型物流中心主要从事铁路运输过程中发生的所有物流活动,包括货物的承运、交付、配送、储存和运输,物流中心的信息调度指挥等核心功能,以及为核心功能服务的相关的物流活动,如货物的装卸搬运、分拣、理货、流通加工、停车配载、多式联运以及生活服务等。运输型物流中心的配送包括覆盖区内的配送,主要有门对门联运配送和专用线铁道的配送;覆盖区外的异地配送,指两个运输型物流中心或者多个运输型物流中心之间,通过信息共享实现运输型物流中心的异地配送。铁路运输型物流中心仓储功能可由两部分组成:一是在运输过程中对所运货物进行的运输过程储存;二是完全为各企业提供社会化仓储功能的储存。因此,铁路物流中的仓储,除了铁路运输需要的仓库外,还要有配送用仓库、流通加工用仓库和开展专门的仓储服务用仓库等,集装箱场地除了铁路运输用外,还要考虑为顾客开展配送服务的场地;要配有流通加工、理货等相应场地。

仓库是完成运输型物流中心的重要物流设施,它包括单层库、多层库和立体库自动化立体仓库。这些物流仓库主要采用高层货架存放货物,以巷道堆垛机为主,并结合出入库周边设备来进行作业的一种仓库。自动化立体仓库采用自动分拣系统和自动检验系统,从进库检验、入库到分拣、出库、装车,全部采用各种标准化物流条码并经电脑终端扫描,由输送设备自动进出,可以很好地适应高频度、小批量分拣出库的需要,降低出错率。自动化立体仓库一般适合高附加值、包装规范的货物。根据铁路物流作业的特点,单层仓库比较适合作为运输型物流中心的仓储设备。当物流中心的面积受限时,可以考虑多层仓库节约用地。当铁路运输的高附加值货物增加,达到一定规模时可以考虑建立自动化立体仓库。

运输型物流中心的建立有两种模式,一种模式为对既有货运站的改建,对既有的铁路货场按照物流作业的要求进行局部的改建或者是把既有货场的作业组织方式物流化,这种运输型物流中心一般是铁路自己经营,部分功能或设施可能外包,如使用中心外的社会车队进行配送或者仓库出租等。另一种模式为新建运输型物流中心,这又可以分成两种情况:一种情况为货运站与运输型物流中心一体化建设,即货运站就是物流中心,物流中心就是货运站;第二种情况为货运站与运输型物流中心分离建设,即在货运站旁边建立运输型物流中心,模式分离但协调配合,铁路货运站主要完成运输任务,运输型物流中心完成物流服务功能。铁路货运站与运输型物流中心的区别如表 3-8-1 所示。

表 3-8-1 铁路货运站与运输型物流中心的区别

项目	铁路货运站	运输型物流中心
功能	以运输作业为主,辅之临时的存储、装卸等活动,有少量延伸服务,仅限铁路运输,功能单一	对货物的全程物流活动,包括配送、包装、流通加工、运输、信息服务、物流咨询等,服务铁路,面向社会开展物流,功能系统、全面

续表

项目	铁路货运站	运输型物流中心
场地设施	主要用来暂存货物，场地规模较小，仓库类型单一	除铁路运输需要的设施外，还考虑仓储、配送、流通加工等服务的设施，面积要求大，场地规模大，仓库的类型多，用途多
信息系统	主要为铁路运输生产服务，与顾客的共享差，功能较单一	服务货物的全部物流活动，与顾客的共享能力强，系统响应要求快速、准确，功能更强
客户服务	以运输生产为主，客户服务观念较弱	以顾客为中心，为顾客提出全面的物流解决方案。
服务范围	服务领域小，服务对象以大宗货物的运输为主，小货主易被忽视	服务的顾客类型多，除大宗货物外，日用品、家电、食品、服装等各种小批量多品种的货物也是服务的主要对象。服务领域广
机械设备	以装卸机械为主，品种较单一，数量少，自动化程度较低	机械设备种类多样，有装卸设备、加工设备、包装设备、拣选设备等，机械化、自动化程度高
服务标准	以完成运输任务为标准，没有和顾客的需求结合，标准低	以高效、准时、安全、快速为准则，与顾客的生产、销售等活动紧密相接，标准高
经营管理	以铁路内部的运输生产管理为主要目标，市场的适应能力较差	面向市场和顾客的全方位管理，市场的适应能力更强
客户关系	单纯的运输关系	长期协作，通过顾客全方位物流解决方案形成战略伙伴关系或战略联盟，协同发展

（二）铁路运输型物流中心的特征及基本类型

铁路运输型物流中心的特征主要表现在能够提供多种物流服务（在提供对货物的运输和仓储服务的同时，还可以提供包装、流通加工、配送、信息服务、物流咨询等增值服务）；服务设备机械化和自动化的程度较高、种类较多；不同运输方式在运输型物流中心紧密结合（运输型物流中心能够实现对客户的全过程物流服务，从客户手中接收货物，经过短途的配送、长途运输，以多式联运的方式实现货物从发货人到收货人的转移；在不同运输方式相互衔接时，通过详细的计划和安排，实现不同运输方式的紧密结合）；服务范围广（充分发挥铁路运输的优势，对于大宗的生产资料和生活资料的中长途运输有着强大的优势。此外，还能够提供多种物流服务，如存储、包装、流通加工、配送等，这对于多品种、小批量的货物也具有吸引力）；信息化程度较高（配有完善的物流信息系统，中心内的每项作业、每项设备设施、每件货物、所有员工及客户资料都可由信息系统处理，并通过信息网络传输数据，实现数据共享）；网络服务功能强（具有分布在全国各地的服务网络，客户可以在一个运输型物流中心提出异地的物流服务要求，物流中心则通过服务网络的异地的物流中心来满足客户的要求，使物流服务功能更强）。运输型物流中心按不同特点可以划分为不同的类型，如表3-8-2所示。在铁路货运站发展成运输型物流中心的过程中，应该结合货运站的实际情况，充分考虑货运站所处的地理位置、发展成物流中心后的目标客户类型、目标服务区域、提供的物流服务种类等各种因素，构建适宜的运输型物流中心。

表 3-8-2　铁路运输型物流中心的基本类型

划分依据	基本类型
构建方式	分为物流中心与铁路货运站是一体的（由铁路货运站在原来的基础上改建成的，所有的物流作业都可以在一体化的物流中心内完成）和物流中心与铁路货运站是分立的（依托于铁路货运站，在毗邻地点新建成的，铁路货运站完成包括存储、运输、拣货等部分物流作业，而物流中心则进行存储、盘点、订单处理、信息交换、配送作业和管理与服务工作）两种类型
货物品类	分为专业型和综合型。专业型的物流中心只办理少数几类货物，如专门办理煤炭、木材、建材等散堆装货物的物流中心，专门办理集装箱的物流中心等；综合型物流中心办理的货物品类较多，如不仅办理散堆装货物，还办理成件包装货物的物流中心
规模	分为大型（年作业量在 100 万吨以上，服务的对象较多，自动化程度高）、中型（年作业量在 30～100 万吨）和小型（年作业量在 30 万吨以下）
服务的地区范围	分为广域型（服务于全国，通过与国内的其他物流中心合作，实现跨区域客户的物流服务）、区域型（服务于所在的某一个地区客户）和城市型（为某个城市市区内的客户提供物流服务）

十、现代铁路物流中心功能设计与功能区布局

（一）现代铁路物流中心的特征分析

现代铁路物流中心作为依托铁路运输的新型物流中心，既与传统的铁路货运站有着明显的区别，又有着不同于一般的物流中心的典型特征。

从物流系统的角度看，现代铁路物流中心与传统铁路货运站均是现代物流网络的结点，在物流活动中起着桥梁和纽带的作用，但是由于各自所具备的条件不同，在物流活动中的物流运作能力也有着较大的差别，如表 3-8-3 所示。

表 3-8-3　传统铁路货运站与现代铁路物流中心的区别与联系

区别	传统铁路货运站	现代铁路物流中心
服务目的	以自身盈利为主要目标	力求降低客户成本，以充分满足客户的物流需求
服务内容	以单一的运输服务为主，提供存储、装卸等少类的物流作业，整个环节是割断的	为用户提供全方位、一体化的物流服务，各个环节联系紧密
服务标准	不以客户需求为导向，单纯以完成运输任务为标准	以客户需求为导向，为客户提供快速、准确、高效、安全的物流服务
货物品类	种类单一，主要为煤炭、矿石、钢材等大宗货物	种类繁多，服务对象扩充至多品种、小批量货物
设施设备	种类单一、数量少、自动化程度不高，配套性要求较低	种类多样化、自动化程度高、配套性要求较高

续表

区别	传统铁路货运站	现代铁路物流中心
信息系统	功能单一,主要为铁路运输服务,不能实现资源共享	为客户提供全方位的物流信息服务,能快速响应客户需求,实现信息资源的共享
经营管理	面向铁路内部运输生产管理,经营管理理念落后,市场适应性较差	运用现代物流管理及物流服务理念,以市场和客户需求为导向,具有较强的市场适应性
与用户的关系	较为单一,体现的是纯粹的供需关系	建立一种长期的、稳定的战略合作伙伴关系
与其他运输方式的关系	关系松散,相对竞争	相互合作,紧密联系

随着经济的发展,运输市场竞争环境以及货物结构都发生了很大的变化,分析整个物流市场环境的变化,现代铁路物流中心呈现出以下趋势:一体化(充分运用现代物流理念对物流中心进行运作管理,为用户提供全方位、一体化的、现代物流服务,除了向用户提供运输、存储等基本服务外,还根据用户需求提供货物加工、包装、配送等增值服务,同时建立信息中心对货物信息进行采集、分析,并及时地将信息反馈给用户);专业化(物流功能更加的完善,在专业化的物流服务领域内拥有完备的物流设施设备,专业化的技术及管理能力、以及很强的物流作业能力,在专业化物流领域的优势得到加强与提升,可为不同行业、领域的企业提供定制化的物流服务,如客户现状诊断、物流方案设计/实施、客户服务保障等);信息化(推广条形码技术、电子数据交互技术、应用射频技术、全球定位系统、地理信息系统等技术,建立铁路快速货运信息系统,对铁路快速货运进行全程追踪,实现运输企业货物位移信息与物流信息系统的数据链互动);自动化(将货物的有关信息建立参数体系,大量运用射频等自动识别系统、自动分拣系统、自动存取系统、自动导向车等自动化的物流机械设备);网络化(可以利用其在全国的物流网络优势为大型企业全国的营销网点提供配送业务,也可以凭借其信息网络为生产企业提供价格低、质量可靠的物资采购,逐步实现客户市场网络化、运营资源网络化、全程调度网络化以及信息交换网络化)。

现代铁路物流中心作为物流中心的一种,在物流中心的基本功能、设施设备配置、客户服务管理以及信息系统建设等方面与一般的物流中心基本相同,但是由于铁路在货物运输体系中的特殊地位,以及现代铁路物流中心依托铁路而建并利用铁路自身资源的这一特点,现代铁路物流中心又有着显著的自身特征:依托铁路运输(通过铁路完成货物的远距离运输,与其他运输方式联合,实现货物的"门到门"运输,全程为用户提供一体化、全方位的现代物流服务);运输作为核心业务(货物运输通常是现代铁路物流中心重点业务内容之一,同时辅以开展其他物流业务以求提供更好的用户服务);承担铁路计划运输任务(除了完成自身直接从市场上获得的业务外,还必须完成铁路的计划运输任务);大宗货物运输优势(在大宗货物运输市场中仍旧有较大的优势,随着其现代物流服务理念、服务水平的强化提升,其在大宗货物运输市场的地位将更加巩固);物流服务覆盖范围广,配送方式多样(物流服务可以涵盖国内各地区,既能够采用铁路专用线和专用铁路配送货物,还可以采用公铁路联运的方式实现"门到门"的货物运输服务,配送更加方式灵活);物流服务内容丰富,手段更加先进(借鉴国内外现代物流园区、物流中心先进的设计理念,以先进的现代物流技术、信息技术提高物流操作和处理的自动化程度);布局受铁路网影响较大(通常规划建设在铁路网重要交通枢纽、各种交通方式汇集点以及经济发展迅速的地区)。

(二)现代铁路物流中心的功能设计

功能设计是现代铁路物流中心内部布局规划的重要组成部分,也是进行功能区平面布局的基础,当现代铁路物流中心的功能区划分明确时,其内部结构已经基本确定,准确地对现代铁路物流中心的功能进行定位,不但有助于减少因盲目建设而造成的物力、财力以及人力等资源的浪费,同时也有利于物流中心迅速适应市场,提升市场竞争力,赢得市场份额,取得长远、稳定的发展。

1. 现代铁路物流中心功能设计的原则

现代铁路物流中心的功能设计是物流中心规划与设计十分重要的组成部分,直接关系到现代铁路物流中心整体平面布局的形式、信息系统建设以及设施设备的选择等一系列的规划设计问题。总体而言,在对铁路物流中心进行功能定位时要遵循以下原则:

(1)与铁路自身资源能力相符。

铁路现代物流中心在进行功能设计时应当准确定位自身资源的能力,包括既有设施设备的继续利用能力或者改建后可扩充的能力、铁路物流中心建设的资金筹措、以及运营管理人才的获得等。铁路现代物流中心建设涉及土地规划、装卸线建设、设施设备选取、信息系统设计、专业人才培养等,不同的功能定位将有不同的内部总体结构,对物流中心提出的要求也不尽相同。

(2)与铁路物流中心战略规划相符。

铁路现代物流中心战略规划需要明确物流中心不同时期的发展目标,以及不同目标下物流中心的服务功能,需要在功能设计时契合国家、城市的产业政策以及城市的发展规划,确保在不同时期满足既有和潜在客户物流需求。

(3)与当地经济发展程度相符。

现代物流是社会经济及市场发展到一定阶段的必然产物,通常经济发达地区的物流需求强烈,且对物流服务的质量要求较高,这类地区的铁路物流中心在进行功能设计时除具备基本的物流服务功能外,还应该根据客户需求提供流通加工、多式联运、一关三检等传统增值服务,以及物流金融、终端配送、物流解决方案设计等新兴物流增值服务,并将其作为提升物流服务层次的中心。

(4)与当地产业发展特点相符。

我国的铁路网已经基本覆盖全国的运输网络,各地区建设的现代铁路物流中心应当充分结合当地产业的发展情况,在详细分析当地货品特性的基础上考虑物流功能的设计,提供针对不同层次、不同种类货物的定制化的物流服务功能。我国经济布局地区特征较为显著,不同地区的产业发展重点即决定了该地区的主要货物种类,不同种类货物的货物特性也不尽相同,因此对物流提出的功能要求、所需的设施设备、物流服务水平都有较大的差别。

（5）与当地区位条件相符。

物流中心的区位条件是其功能和类型的重要影响因素，不同区位条件的综合交通条件以及经济发展状况都会有所不同。铁路现代物流中心在进行功能设计时，应当充分结合所处地区的区位条件，提出合理的物流服务功能，做到既充分利用铁路自身的优势又符合当地的区位条件。

2. 现代铁路物流中心功能设计的思路

物流中心功能定位是其战略定位和市场定位的外在体现，是按照战略定位和市场定位对物流中心的物流服务能力进行规划设计，主要是为了满足目标市场客的物流需求。现代铁路物流中心具有宏观经济社会功能、中观系统效用功能和微观业务服务功能，此处只从微观业务服务功能的角度探讨其功能设计。物流中心功能设计主要明确两方面的内容：一是物流中心规划阶段内应具有的物流服务功能；二是根据确定的物流功能进行空间分配，即划分若干物流功能区域。从微观业务服务功能的角度，以构建现代铁路物流中心功能分区为核心，现代铁路物流中心的服务功能设计思路如图3-8-22所示。

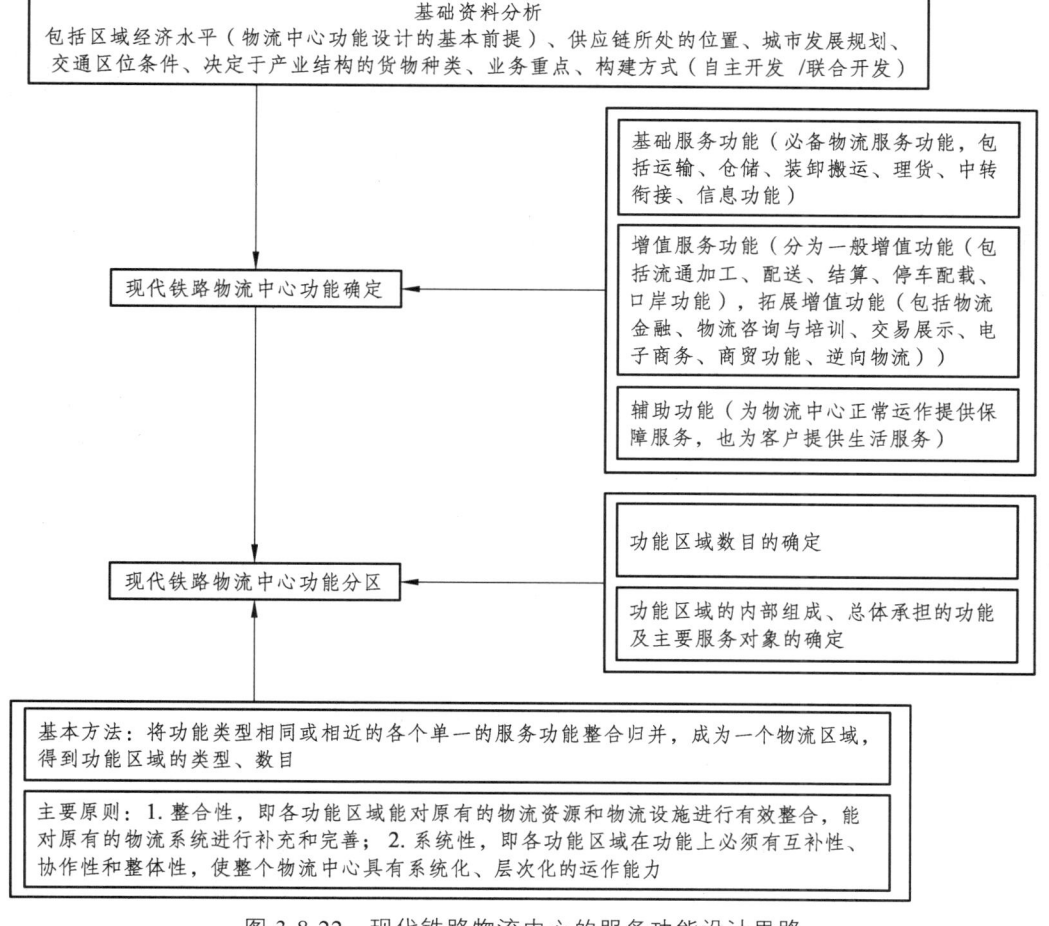

图 3-8-22 现代铁路物流中心的服务功能设计思路

（三）现代铁路物流中心的分类及其配套功能

现代铁路物流中心从不同的视角、按不同的分类标准划分，可以有许多不同分类结果。采用中华人民共和国国家标准《物流中心分类与基本要求》中的分类方法，按照货物属性差别，将业务相近的物流中心合并为同一类型，将现代铁路物流中心分为专业型现代铁路物流中心（包括集装箱现代物流中心、散装类现代铁路物流中心、低温类现代铁路物流中心、危险品现代物流中心、其他类现代铁路物流中心）、通用型现代铁路物流中心（包括转运型现代铁路物流中心、仓储配送型现代铁路物流中心、流通加工型现代铁路物流中心）、综合型现代铁路物流中心三大类。事实上，现代铁路物流中心的类型只能决定其核心功能的配备，其他拓展延伸的功能还需要根据外在环境以及自身情况决定，现代铁路物流中心应当在建设之初对其功能的发展方向做出合适的规划，并为其将来的功能提升预留足够的空间。现代铁路物流中心可以在其发展过程中随着市场占有率的上升或者货物品类的增加等外界物流需求的刺激而相应地调整物流中心的功能，始终坚持以客户的需求为导向，为客户提供一体化、全方位、综合型的物流服务，避免过分追求功能全面而进行的盲目建设。

1. 专业型现代铁路物流中心

专业型现代铁路物流中心通常为某些特殊货物提供物流服务，需要配置专用的设施设备以满足专业化物流作业的需求，如低温类现代铁路物流中心、散装类现代铁路物流中心、危险货物现代铁路物流中心、集装箱现代铁路物流中心等。

2. 通用型现代铁路物流中心

通用型铁路物流中心即为满足一般货物物流需求的铁路物流中心。根据其主要提供的服务功能划分，通用型现代铁路物流中心又可以划分为转运型铁路物流中心、仓储配送型铁路物流中心、流通加工型铁路物流中心三大类。

（1）转运型铁路物流中心。

转运型铁路物流中心通常位于重要的铁路网的重要枢纽或者多种运输方式的汇集点，具备良好的区位条件，是天然的中转集散地。此类物流中心主要实现货物的中转集散，包括发生在同种运输方式之间和不同种运输方式之间两类。物流中心的中转功能主要完成本地货物集零为整组织运发，以及在本地进行中转货物化整为零组织运转，从而实现货物的集散作业。此类物流中心对货物的装卸搬运能力要求较高，同时还需要有一定的存贮能力和信息处理能力。

（2）仓储配送型铁路物流中心。

仓储配送型铁路物流中心通常有一个主要的服务对象，或者是一个企业，或者是一个行业。对于这类物流中心需要考察其在供应链中所处的位置：① 若其服务对象主要是生产制造企业，那么铁路物流中心则为该类企业提供原材料、零部件、半成品的保存及配送服务，原材料与零部件的品种数会随着产品种类的增加而快速增加，物流中心的功能除了原材料的配套储存外，还应该强调、分拣、及时配送、加工和预处理等方面。② 若其服务对象是从事专业批发业务的分销商，其物流作业具有进出货量大\货物存贮周期短的特点，这一类的铁路物流中心除了对仓储配送能力有特别高的要求外，还需要有很强的信息处理能力，能够保证分销商与上游、下游便捷、及时地进行信息沟通。③ 若其服务对象是下游的零售商，作为供应链的末端机构,零售商尤其是采用连锁组织形式的零售商需要物流中心提供订单处理、采购、分拣、选拣、配送、包装、加工、退货等全方位的服务,其功能要求比较复杂。

上述铁路物流中心无论其处于供应链的哪个位置,单独的铁路运输是无法实现货物的"门到门"运输的,要满足这一物流需求,最终都需要通过与公路运输的衔接来实现,即公铁联运。因此仓储配送型铁路物流中心还应该特别重视发展联运功能,并根据需要辅以配套的服务,如停车配载、清洗加油、司机培训等。

（3）流通加工型铁路物流中心。

流通加工是现代物流服务中重要的增值服务,同时也是物流企业利润的新来源,流通加工型铁路物流中心主要是和制造商以及分销商建立长期的合作关系,为其完成所需的货物加工作业。这一类物流中心需要有很强的货物流通加工以及包装能力,需要具备材料分割、剪切、零部件组配的机械设备,且能够完成集装箱拼装及货物的拣选、标签粘贴、条码的制作与粘贴等作业。

3. 综合型现代铁路物流中心

综合型铁路物流中心同时具备多种物流服务功能,且规模较大,业务范围较广,通常承担吸引区以上的铁路运量,其服务对象不但有制造工厂、企业组织甚至包括城镇居民,物流中心设施设备的自动化程度较高,信息网络较为健全,具备较强的货物处理能力。这一类的物流中心除了运输包括多式联运、仓储、信息处理、中转衔接、装卸搬运等基本功能外,还通常根据业务需要发展流通加工、包装、配送、展示展览等增值业务,此外根据物流中心自身的内部资金情况及物流需求还可向物流系统设计、物流解决方案设计、物流金融等新兴的增值服务拓展,为客户提供一体化、全方位的物流服务。综合型铁路物流中心通常处于物流网络的较高层次,对于物流中心的设施设备、信息系统以及物流人才都有较高的要求。

（四）现代铁路物流中心功能区布局

1. 现代铁路物流中心功能区布局的目标

现代铁路物流中心在我国物流系统中具有重要的战略地位,合理地布局物流中心内部功能区对充分利用及发挥铁路物流中心的自身优势显得尤为重要。在现代物流活动中,提升物流中心仓储作业、搬运作业以及出入库作业的准确性和高效性,降低商品在物流过程中的损耗,提高设备利用率和物流中心的服务水平,有助于提升物流中心在物流市场的竞争力,改善物流中心在用户中的形象。因此,现代铁路物流中心的布局规划要迅速融入物流市场并且在激烈的竞争环境中脱颖而出,应该在建设初期树立这样的布局目标：降低物流中心的物流成本和库存水平,提高物流中心客户服务质量;缩短货物在物流中心内的作业周期,提升物流服务的竞争力;将分散的物流量集中处理以产生规模经济效应;为员工提供便捷、舒适、安全且卫生的工作环境。

2. 现代铁路物流中心功能区布局的原则

建设现代铁路物流中心是一项内容繁杂的系统工程,规模庞大且投资金额巨大,一旦建设成形就不易再做变化.因此,为了避免由于布局不合理而造成的重建或者空置,在物流中心布局规划设计时,应当严格遵循以下原则：充分利用现有资源（优先利用和整合现有资源,充分利用已有的货运枢纽、线路设施、仓储设施等,以最大限度地发挥物流系统的效能);柔性化以及适应性(保证物流中心有足够的能力应对由经济环境和货物运输市场变化所引起的物流中心物流量和货物种类的变化,还应该对政策的变化趋势有一定的掌握,具备一定的转型能力);)最小化原则(内部工作人员及货物在联系较为紧密的功能区之间流动的距离最小,物流量较大的功能区之间的距离最小);系统化原则(从系统角度地全局的进行规划和设计,使得物流中心的布局结果整体最优);易于管理(遵循铁路运输系统的管理办法和规章制度,严格把控作业环节,合理协调功能区分工,充分发挥既有优势,实现铁路运输与外界业务部门的紧密协作);实事求是(对当地的经济水平及投资能力做详细的调研,在满足作业需求的前提下选择经济、实用的物流设施)。

3. 现代铁路物流中心功能区布局方法

(1)物流中心布局问题主要解决方法。

功能区布局问题起源于工厂设施布置问题。早期,设施布置问题主要依赖于参与布局人员的设计经验,由于设施布局问题的影响因素十分复杂,且布局设计人员的经验有限,最终得到的布局结果往往与实际需求有较大的偏差。伴随着工业的飞速发展和科学技术的不断进步,融合了多门学科的现代科学布局方法、布局理论和方法愈加成熟完善。目前,物流中心布局问题主要解决方法有摆样法、图解法、数学模型法和系统布置设计法。

① 摆样法。

布局问题最初采用的是摆样法,该方法主要是利用二维平面比例模拟原理,将系统的组成、设施、机器或活动以一定比例制成样片,通过对其彼此间相互关系的分析,不断地调整样片在同一比例平面图中的相对位置,最终得到较为满意的布局方案。这种方法采用纯手工布置,适合用于较为简单的布局设计,系统较为复杂时布局过程耗费的时间较多且布局结果不能十分满意。

② 图解法。

二十世纪中期出现了图解法,如螺线规划法、运输行程图以及简化布置规划法等,该方法将早期的摆样法和数学模型相结合,结合二者的优点,但是由于摆样法在布局问题上定性方面的分析仅仅依赖于设计人员的经验,对布局问题缺少全局的把握和系统性的分析,因此二者的结合虽然是一种突破,但是仍存在较大的弊端,较少地应用于实践当中。

③ 数学模型法。

数学模型法主要运用系统工程和运筹学中的模型优化技术解决设施布局规划问题,数学模型法采用定量的方式描述布局问题,避免了设计人员主观因素对布局结果的影响,使得布局结果更加准确、高效。但是用数学模型解决布局问题时,当涉及的因素较为复杂时,简单的数学模型往往无法表述出来,因而得到的布局结果不能够完全达到布局目标,与实际要求有一定的出入。

④ 系统布置设计法。

系统布置设计(System Layout Plannign, SLP)是一种系统化的布局方法,该方法全面地考虑了各个工作区之间的物流关系和非物流关系,在此基础上得到各工作区的相互关系图,再根据关系图中各个工作区相互关系的密切程度绘制出工作区位置相关图,结合土地规划面积以及实际约束条件对工作区位置相关图不断地修正和调整,得到多个可行的备选方案,最后对这些方案进行评价,得到最优的布局结果。系统布置设计法条理清晰,层次分明,是目前主流的布局方法,在多个领域中得到广泛的应用。但是该方法虽然综合考虑了定性和定量因素,要得到最终布局方案需要经过烦琐的手工调整过程,当分区较多时问题会更加繁杂。

(2)系统布置设计方法及其改进。

二十世纪六十年代,美国学者 Richard Muther 在融合系统工程概念和系统分析方法的基础上,提出了极具代表性的系统布置设计方法。这一方法的出现,使得设置布置问题从定性分析阶段发展到了定量分析阶段,该方法给出了设施布局问题的通用方法,条理性很强的系统化布置设计程序极具实践性。自系统布置设计方法提出以来,其不但在各种制造厂的设备布局中成效显著,也越来越多地被应用到一些新的领域,例如医院工作区布局、企业办公室布局、物流中心布局等服务性行业的布局设计领域。我国是 20 世纪 80 年代引入的这一布局技术,至今仍是一种较为流行的布局设计方法。

① 系统布置设计方法的基本思想。

系统布置设计方法的基本思路为:对布局对象进行基础资料分析→分析物流中心各个功能区之间的物流相互关系和非物流相互关系的密切程度→按照布局的要求将两种关系按需要的比例综合→得到功能区综合相互关系表→根据各个功能区之间关系的密切程度绘制各个功能区之间的位置相关图→考虑各种实际情况的限制以及功能区所需的占地面积不断对位置相关图进行调整→考虑各种修正因素及限制条件后得到数个有价值的可行的功能区布局方案→对这些可行方案进行技术、费用及其他因素评价→得到最终的布局方案。传统的系统布置设计方法的设计步骤如图 3-8-23 所示。

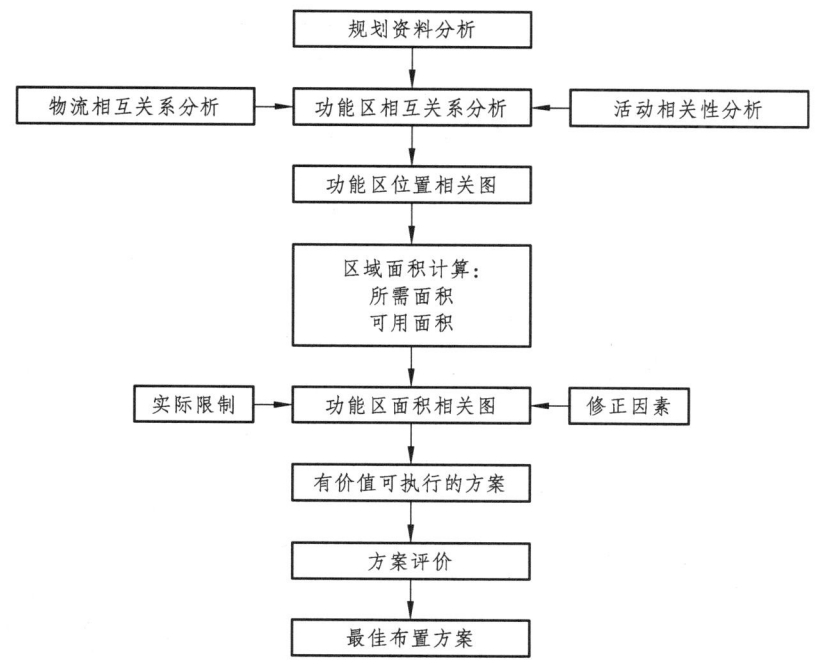

图 3-8-23 传统 SLP 法布局设计程序

② 改进的 SLP 方法。

系统布置设计(SLP)虽然经过实践的反复验证不失为一种优秀的布局方法,其系统性及极强的逻辑性十分值得借鉴和学习，但是作为一种手工布局方法，它在如今科技高度发达的信息时代不免有些美中不足：方法解决布局问题时容易受布局规划者主观因素的影响，使得得到的布局方案因人而异，并且还需要进行烦琐的手工调整才能符合实际要求，尤其是在分区较多的时候，调整的工作量极大。而数学模型方法虽然不能全面地考虑各种布局影响因素，但是它定量化的描述方法能将各种关系清晰、简洁地表达出来，同时借助强大的数学软件能够较为轻松地得到满意布局结果。

基于上述原因，有学者将传统方法与数学模型相结合，首先使用传统法对功能区之间的关系进行描述，然后运用数学模型辅以智能算法来获得最优布局方案，改进的 SLP 法的布局设计流程如图 3-8-24 所示。

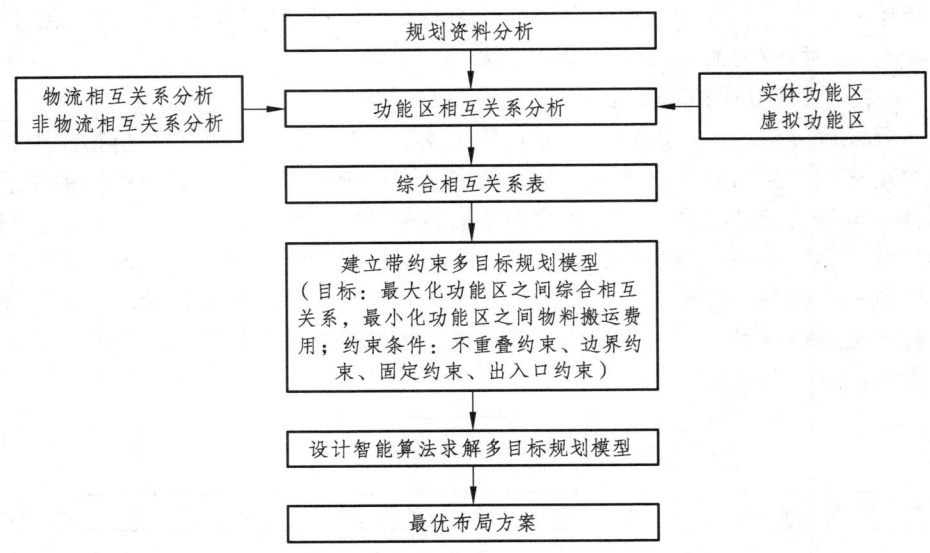

图 3-8-24　改进的 SLP 法的布局设计流程

第九节　铁路枢纽

一、概　述

（一）铁路枢纽的定义

铁路枢纽是在铁路干、支线的交汇点或终端地区，由各种铁路线路、专业车站以及其他为运输服务的有关设备组成的总体（铁路运输综合体）。铁路枢纽是路网上完成客、货流从一条线路转运到另一条线路的中转综合体，也是区域性、城市性、工业区客货流到发和联运的主要办理单位。

铁路总体规划上的调整和改革势必向着优化路网能力的方向发展，一方面要保证为旅客出行提供充足的运力，另一方面要不断提升一定运力基础上的服务质量。为了保证路网上客、货运力能高效快速完成铁路客、货运任务，以适应铁路适应市场化发展的新形势，相比于传统综合性铁路枢纽的规划建设已经逐步形成客货分离的模式。一定规模的铁路枢纽逐渐向专业化发展，具体形成为：

（1）铁路货运枢纽：以连接围绕城市周边的货运站和工业站点的线路为基础，以路网性大型编组站为中心设备，主要办理大量跨局车流中转通过或地方车流中转作业以及区域性小运转车流组织。

（2）铁路客运枢纽：以相关旅客运输线路联结的多个铁路客运站为主要设备，满足特大型和大型城市及区域性客流运输需要，大量办理旅客列车始发、终到和通过作业的铁路枢纽。

铁路客运枢纽可以归纳为在一定经济发达时期内，在原有城市范围内铁路设备基础上建立起的以大型铁路客运站和客运专线、城际线路为主要设备，以组织区域内客流集散和区域间、通道上旅客中转为主要功能的综合现代化铁路枢纽。相较于传统型铁路枢纽内旅客运输组织方式，铁路客运枢纽有以下特点：

（1）客运产品多样化。客运需求随快速运输网的建设而增长，同时客运服务质量要求在路网上形成"城际公交化运输圈""朝发夕归圈""夕发朝至圈"和"一日到达圈"等客运组织模式，其开行旅客列车的类型各有不同。

（2）区域内客运组织力求达到"公交化"。城际客流需求比重加大，实行高速、大密度、小编组的城际铁路运行组织方式以提高铁路在中短途市场的竞争力。

（3）大型客运站作业组织一体化、专业化。枢纽路网通过客运站完成与城市交通网的无缝衔接，以旅客作为服务中心，设计有序、高效、集约的客流集散线路。

（二）铁路枢纽的作用与作业特征

铁路枢纽是铁路网、交通运输枢纽的主要组成部分与基本单元，是联系铁路网与城市、各部门的重要环节纽带，是铁路运输生产主要基地，也是铁路网的重要据点，办理有关车站列车运转、技术作业和客货业务，组织车流交换，调整列车运行，供应运输动力。在作业特征方面，实现各铁路方向之间有调和无调列车的转线作业，枢纽地区各车站之间车流交换——小运转，以及旅客换乘作业。

（三）铁路枢纽的分类

1. 按其在铁路网上的地位和作用分类

（1）路网性铁路枢纽。

承担的客、货运量和车流组织任务涉及整个铁路网的枢纽，一般位于几条铁路干线交叉或衔接的大城市，办理大量的跨局通过车流和地方车流，设有较多的专业车站，其设备的规模和能力都很大，如沈阳、北京、郑州、武汉、上海等枢纽。

（2）区域性铁路枢纽。

承担的客、货运量和车流组织主要为一定的区域范围服务，一般位于干线和支线的交叉或衔接的大、中型城市，办理管内的通过车流和地方车流，设备规模不大，如长春、柳州等枢纽。

（3）地方性铁路枢纽承担的运量和车流组织主要为某一工业区或港湾等地方作业服务，一般位于大工业企业和水陆联运地区，办理大量的货物装卸和小运转作业，如大连、秦皇岛、大同等枢纽。

2. 按专业车站和铁路线路在总图结构上的特点分类

（1）一站铁路枢纽；
（2）三角形铁路枢纽；
（3）十字形铁路枢纽；
（4）顺列式铁路枢纽；
（5）并列式铁路枢纽；
（6）环形铁路枢纽；
（7）尽端式铁路枢纽；
（8）混合式铁路枢纽。

（四）铁路枢纽内编组站配置

1. 枢纽内编组站的数量（编组站的集中或分散设置）

（1）枢纽内编组站集中或分散设置的条件。

① 对于中、小型枢纽，如引入线路不多，车流改编作业量不大，或新形成的枢纽，以及以路网中转为主、地方作业量较小的枢纽，为节省投资和减少运营支出，一般集中设置一个编组站。

② 对于特大和大型铁路枢纽，以及一些中型铁路枢纽，在下列情况下，需设两个或以上的编组站：

● 引入线路多，枢纽范围大，工业企业布局分散，且枢纽中转车流和地方车流大时。

● 引入线路较多且汇合在两处以上，相距较远，汇合处又有一定数量的折角车流和地方车流时。

（2）枢纽内编组站集中设置的优点。

不存在枢纽内编组站间的重复解编、重复集结和分工上作业组织的复杂性，可加速车辆周转，降低运输成本，提高运输能力；可减少由于编组站分工不合理及机车交路安排不妥，产生过多的小运转列车和单机往返走行；可节省投资。编组站集中设置可避免对某些车流的重复作业，从而避免重复布置一定数量的相应设备（如机务段、车辆段等）；设备集中设置，便于集中管理，设备利用率和作业效率高；也便于采用先进设备，实现作业自动化，提高设备能力，减轻劳动强度，改善作业安全条件；节省车站定员，减少运营费用。

（3）枢纽内编组站集中设置的缺点。

对枢纽内地方车流的作业带来不便，枢纽范围较大、装卸点分散时可能增加小运转车流的行程；可能延长直通折角车流在枢纽内的走行距离；增加列车公里支出；整个枢纽作业的弹性系数小，不够机动灵活；解编作业能力较小，不易适应枢纽运量增长和远期发展的需要。

（4）设置方案需考虑的因素。

主要为中转车流服务的编组站，其位置应设在主要车流顺直通行的路径上以及各引入线的汇合处，根据枢纽结构图形的不同，确定编组站的合理位置；既为中转车流服务又为地方车流服务的编组站，这类编组站位置的选定，既要考虑主要线路车流的顺直折角车流的方便，又要尽量缩短枢纽地区小运转列车的走行距离；主要为地方车流服务的编组站，其位置应尽量设在靠近工业区、港埠区。

2. 枢纽内编组站的作业分工

（1）编组站的分工原则。

① 对于无调中转车流应结合进站线路和机车交路的配置，在一个编组站上进行一次作业，折角直通列车就近折返或不改变运行方向，以保证其在枢纽内列车走行公里最少、停时最短。

② 对于有调中转车流，应以充分利用现代化的调车设备，尽量减少编组站内上、下调车系统间以及枢纽内编组站间交换车流的重复解体作业为原则。

③ 对于地方车流，应以就近作业、便利取送、减少往返走行公里为原则。当到达一些工业区的地方车流较大时，应尽量由前方基地站或编组站编组直接到达该地区编组站或工业站的始发或技术直达列车。

④ 对于机车交路的配置，应以合理运用机车，便利机车整备、乘务人员换班，力求减少编组站间的单机往返走行公里为原则。

（2）编组站的分工方案。

从不同的角度，编组站的分工方案主要有：按改编车流的性质分工；按衔接线路别分工；按线路运行方向别（上行和下行）分工以及作业需要综合分工。

3. 枢纽内编组站的设置位置

枢纽内编组站的设置位置要求：城市规划市区边缘以外；在各引入线会合处，位于主要车流径路上；远近结合，留有发展余地。按其所处地理位置及其作用和性质，编组站又可分为主要为中转车流服务的编组站；既为中转车流服务又为地方车流服务的编组站；主要为地方车流服务的编组站。

（五）铁路枢纽内客运站配置

1. 枢纽内客运站的数量

一般情况下，在中、小城市的铁路枢纽，设置一个客运站即可满足要求。而对于大城市或特大城市，只设置一个客运站将产生以下问题：不便于城市旅客就近乘车，增加了部分旅客的出行时间；客运组织工作复杂，人流、车流、行包流交叉干扰严重，秩序不易维持；旅客集中在一个车站上、下车，会加重城市交通的负担，引起高峰期城市交通堵塞；枢纽引线较多时，进站线路枢纽复杂，会引起进路交叉干扰，车站通过能力紧张；节假日客流波动较大时，机动性差，无调节余地。

2. 设置两个及以上的客运站的条件

以在有较多铁路线引入的大城市中的枢纽,客流量较大且客流性质又复杂时;当城市分散或新开发区兴起,各地区的客流量均很大,且具有单独办理客运作业的条件时;建既有枢纽,原有客运站无发展余地,无法承担枢纽内全部客运量而需新建客运站时;

3. 枢纽内客运站的设置位置

中、小城市的枢纽设置一个客运站时,车站应尽可能地设在靠近城市居民区,并与城市交通运输有方便联系,且有利于客运站今后发展的地方。

4. 枢纽内客运站分工方案

(1) 按衔接线路分别办理始发、终到旅客列车。

按衔接线路分别办理始发、终到旅客列车,各客运站还办理枢纽内其他客运站始发、终到及通过本客运站的列车。这种方案无论对始发、终到旅客还是中转旅客都能就近上下车或原站换乘,并能减轻市内交通负担。但增加了两客运站间线路通过能力的负荷,延长了列车在枢纽内的运行和停留时间。

(2) 按办理始发、终到和通过旅客列车分工。

有的客运站仅办理始发、终到旅客列车作业,而枢纽内其他的客运站仅办理通过旅客列车作业。这种分工方案不便于中转旅客换乘,可能造成部分旅客列车多余走行或折角走行。

(3) 按快、慢车分工。

有的客运站办理始发、终到的快车,而枢纽内其他的客运站办理始发、终到的慢车。这种分工方案也不利于旅客换乘,并会增加市内交通的负担。

(4) 按长途、市郊旅客列车分工。

只有当市郊客流量较多且集中时,方可采用此种分工方案。有条件时应尽量采用第一种分工方案,除有足够的理由外,第三种方案一般不宜采用。

(六) 铁路枢纽内货运站配置

1. 铁路枢纽内货运站和货场的数量

位于中、小城市的枢纽,可设置一个货运站或货场,集中办理货物运输。这种城市的货运量约 1Mt;位于大型或特大型城市的枢纽,一般年运量从 3Mt 到数十兆吨,应根据货运量的大小及作业的需要,设置两个以上货运站或货场。

2. 铁路枢纽内货运站和货场引入线路的选择需考虑有因素

在编组站和客运站上,一般应避免设置大型的货场或衔接过多的工业企业专用线;在枢纽内引入线路的中间站上一般可设置货场,但货场线路必须接近所服务的地区,同时货运量不宜过大,以免干扰正常的列车接发作业;对大、中城市的枢纽,可从编组站、中间站上引出线路伸向服务地区,在尽端设置货运站或货场,有条件时可以在环线或迂回线上设置货运站或货场;港湾枢纽内,铁路货运站可设置在便于水、陆换装的地区。

3. 铁路枢纽内货运站和货场在城市中位置的选择应考虑的因素

新建的综合性货运站或货场设在市区边缘或市郊，以减轻对城市的干扰；以办理到发零担货物为主的货运站或货场，设置位置以选择在市区范围内交通方便的适当地点为宜；以办理大量中转零担货物的货运站或货场，位置以选择在取送中转零担车较方便的编组站附近或编组站内为宜；以办理大宗货物为主的专业性货运站或货场，选择在城市郊区或市区边缘；办理危险品货物的专业性货运站或货场，设在市郊远离居民区和风景点、下风方向或河流下游地区为宜。

（七）铁路枢纽内机务和车辆设备配置

1. 机务设备的配置

对于中、小型枢纽，其客、货运机车的检修设备应设于一处；大型枢纽内机车检修可分别设置客、货机车的检修设备；编组站和办理旅客列车对数较多的客运站均应设置机务整备设备。如客车对数不多且条件适合，可在编组站与客运站之间设置客、货共用的机务整备设备；当枢纽内有两个或两个以上编组站时，机务段应设在主要编组站上，在辅助编组站上只设折返段或整备所。若两个编组站相距较近，也可共用一个机务段。

2. 车辆设备的配置

枢纽内一般都应设车辆段；货车车辆段宜设在产生大量空车且扣修车辆的编组站、工业站和港湾站上；客车车辆段应在客车整备所设在一起；配属客车数量较少时，客车可在本枢纽内的货车车辆段进行修理，也可送往邻近客车车辆检修。

（八）铁路枢纽内客车整备所（动车段）的配置

1. 客车整备所（动车段）的设置位置

在办理始发、终到旅客列车的客运站上，应设置客车整备所（动车段）。始发、终到旅客列车很少或只办理短途旅客列车时，可考虑暂不设置，但在枢纽总图规划时，应预留客车整备所（动车段）的位置。从铁路运营要求考虑，客车整备所（动车段）的位置应尽量缩短客车车底的取送走行距离，靠近客运站且与客运站纵列布置，二者距离不宜太远。其最小距离应保证客运站最外道岔至洗车机间不小于旅客列车长度再加一段列车制动减速停车的距离，以免影响客运站咽喉的能力和机车的及时出、入段。从城市环境保护要求考虑，由于整备所（动车段）占地面积大，且排出的大量污水易污染城市，整备所又与城市生活无直接关系，因此不宜设在市区，而应设在靠近客运站的市郊或市区边缘。

2. 客整所或动车存车场线间距布置

客整所或动车段（所）及存车场存在一些特殊的作业需求，如线间布置出站信号机、卸污汽车出入存车线、司乘人员上下车设置登乘台等，均对线间距布置有一定要求。如果动车存车场线间不设出站信号机，则动车车底以调车方式出入，就会大幅度降低运输效率；如果卸污汽车不能进入某些存车线办理卸污作业，则会因将动车底送入固定线路办理卸污整备而增加调车转线次数，加大作业成本。因此，在站场线间距设计时应结合作业需求综合考虑。在动车存车场，线路及信号布置应具备动车底直接以列车方式出入条件，线间距布置应考虑股道内配设出站信号机；由于目前除动车组列车外，普速旅客列车也存在逐步配置车辆集便器的发展趋势，因而客整所和动车存车场存车线布置应考虑卸污汽车出入的通行条件，建议布置存车线线间距时，按每相隔 2 股道配设 1 条汽车通道设计；为便于动车组司乘人员安全上下车，应考虑在动车存车场动车底头部对应的存车线位置设置司机登乘台；满足站场照明和电化接触网立柱的设置要求。

（九）铁路枢纽内主要线路设置

1. 枢纽线路的引入方式

枢纽线路的引入方式有直接引入、分歧引入、会合引入和分散引入四种。

2. 联络线

联络线是把枢纽内的车站与车站、车站与线路及线路与线路衔接起来的线路。联络线的作用在于分流，增加枢纽通过能力；缩短运距；消除折角运行，不变更运行方向；减轻车站负荷、交叉干扰，增加枢纽机动灵活性。联络线可划分为消除折角运行的联络线，增强枢纽能力的联络线（迂回线），便于列车顺接的联络线。联络线的运营应满足如下要求（技术条件：平、纵断面设计标准应与连接干线的平、纵断面设计标准一致；设有经由联络线运行的直通列车的机车交路和列车检修所，专门为通过列车服务；连接正线间的联络线应保证具有列车停车后能启动的条件，其有效长应保证列车在联络线上停车不妨碍相邻线路列车的运行；妥善安排相邻枢纽编组站的车流组织，尽可能编组经由联络线分流的直通列车。

3. 枢纽环线

在大型或特大型铁路枢纽上，当枢纽的引入线路较多时，可修建环线或半环线。修建环线或半环线的主要优点是便于各衔接线路方向上直通客、货列车运行。对于引入线路较多的铁路枢纽，在条件允许时，可同时设置内环和外环线，内环线主要为客运和地区货运作业服务，外环线主要为分流各引入线路之间的直通中转车流服务。

4. 枢纽直径线

环形或半环形枢纽内——连接两个以上客运站并穿越城市中心，便于旅客快车高速通过。其优点在于：缩短通过枢纽的旅客列车的行程；便于旅客就近乘车、中转旅客原站换乘；利用直径线将尽头式改为通过式或半通过式，提高能力；增加枢纽内通道，提高枢纽能力和机动性；减轻城市负荷；有利于发展市郊运输。

5. 枢纽进出站线路疏解

（1）疏解的定义。

为了使各衔接方向的客、货列车都能便捷地接入有关专业车站，各车站又能顺畅地向有关方向发出列车，并且尽量减少这些列车运行进路的交叉干扰，确保行车和必要的通过能力，就必须对衔接枢纽的进出站线路进行合理布置，采取有效措施，消除或减少进路的交叉干扰，这就称为枢纽的进出站线路疏解。

（2）平面疏解方式。

平面疏解的方式主要有车站咽喉区平行进路疏解、线路所、闸站，其中线路所分为会合线路所（当线路需要在枢纽内某处，两个或两个以上的进站线路在站外会合后再引入有关专业站时，或者有几个专业站向同一线路方向的发车进路需要在某处会合时，可以设置会合线路所）、分歧线路所（当一个方向的进路线路需要分别引入几个专业车站，或者当某一专业车站的发车进路在站外需要按不同线路方向分开时，可以设置分歧线路所）、枢纽前方线路所。闸站是在铁路线路分歧、会合或交叉地点增设必要的配线，用来调整列车运转，属于平面疏解范围。

（3）枢纽线路的立体疏解方式。

枢纽线路的立体疏解方式主要有按线路别疏解布置、按方向别疏解布置、按列车种类别疏解布置，其中列车种类别疏解布置可分为如下两种形式：

① 客货并列式列车种类别疏解布置：客运站与编组站并列布置，在外包式方向别疏解布置基础上，修建跨线桥，使客、货列车的进出站线路完全分开，所有进路交点全部立体疏解。

② 客货顺列式列车种类别疏解布置：客运站与编组站顺列布置，旅客列车正线为外包式，货物列车经由枢纽需要通过客运站，在外包式方向别疏解布置的基础上，修建跨线桥，疏解客、货列车的进出站进路。

二、铁路枢纽布置图形

1. 枢纽站

一站铁路枢纽的特征为客、货集中在一个综合性车站，办理 3~4 条引入线路，如图 3-9-1 所示。其办理的作业有两种类型：无调中转为主，有调为辅——枢纽区段站；有调中转为主，无调为辅——小型编组站。一站枢纽适用于引入线路数少、城市规模较小、无改编中转列车占较大比重且没有必要设置几处车站的情况。

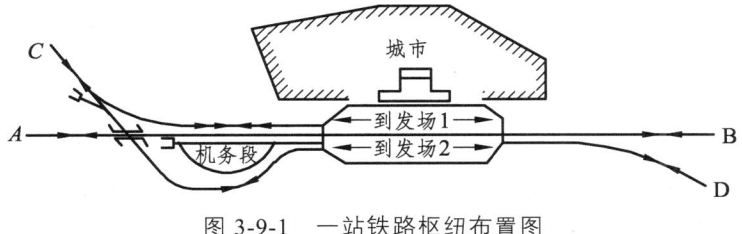

图 3-9-1 一站铁路枢纽布置图

2. 三角形铁路枢纽

三角形铁路枢纽如图 3-9-2 所示,其特征为引入枢纽线路汇集于三点,三点间修建相应的联络线;一般各衔接方向上都有较大的客、货运量交流。当引入铁路线汇合于三点,各方向上有较大的客、货运量交流时,可参照三角形枢纽图形进行总体规划。

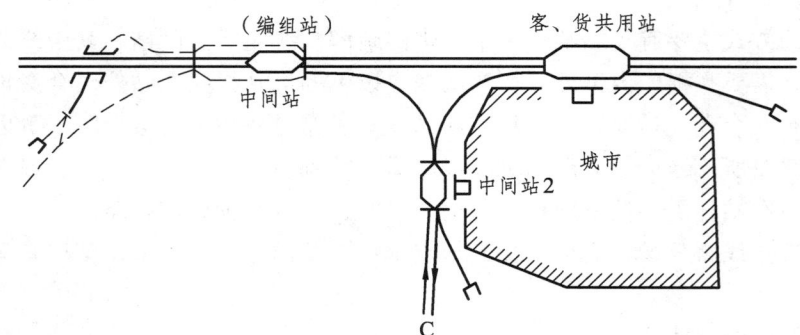

图 3-9-2 三角形铁路枢纽布置图

3. 十字形铁路枢纽

十字形铁路枢纽特征为两条铁路线近似正交,在枢纽中心设有呈"十字形"的交叉疏解布置,车站设在各引入线上,根据车流状况和车站布置修建必要的联络线。十字形铁路枢纽适用于相互交叉的衔接线路之间交换的客、货运量甚少,而直线方向具有大量的直通客、货流的铁路枢纽。

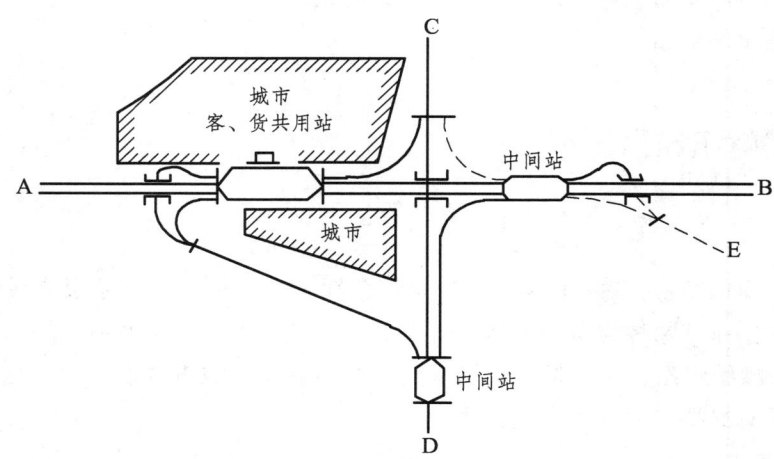

图 3-9-3 十字形铁路枢纽布置图

4. 顺列式铁路枢纽

顺利式铁路枢纽内的所有车站都顺序纵列布置在枢纽同一条伸长的通道上,如图 3-9-4 所示,多数是受地形的影响,使枢纽不得不布置在傍山沿河等狭长地带而形成。

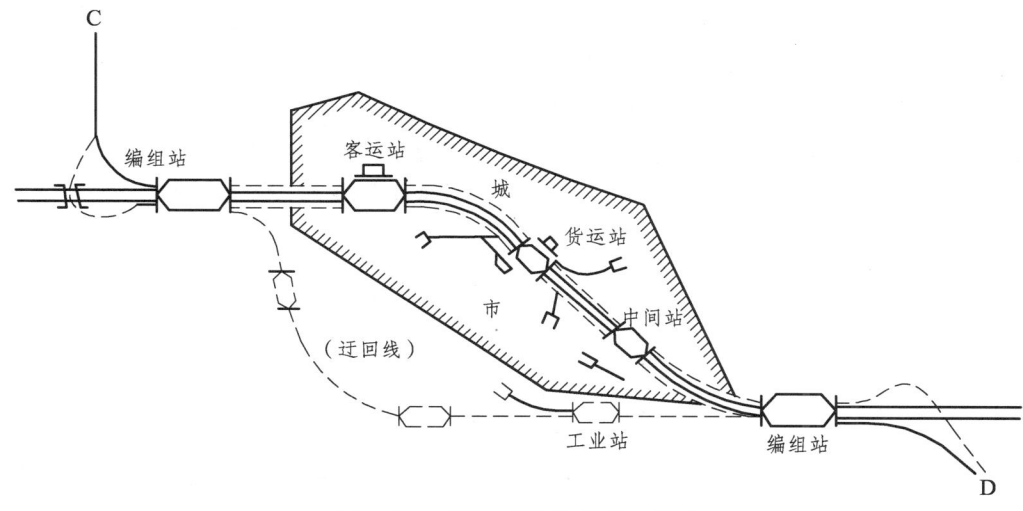

图 3-9-4　顺列式铁路枢纽布置图

5. 并列式铁路枢纽

并列式铁路枢纽编组站与客运站平行布置，衔接铁路线先按线路方向引入枢纽，再按列车种类分别引入平行布置的编组站和客运站，如图 3-9-5 所示。

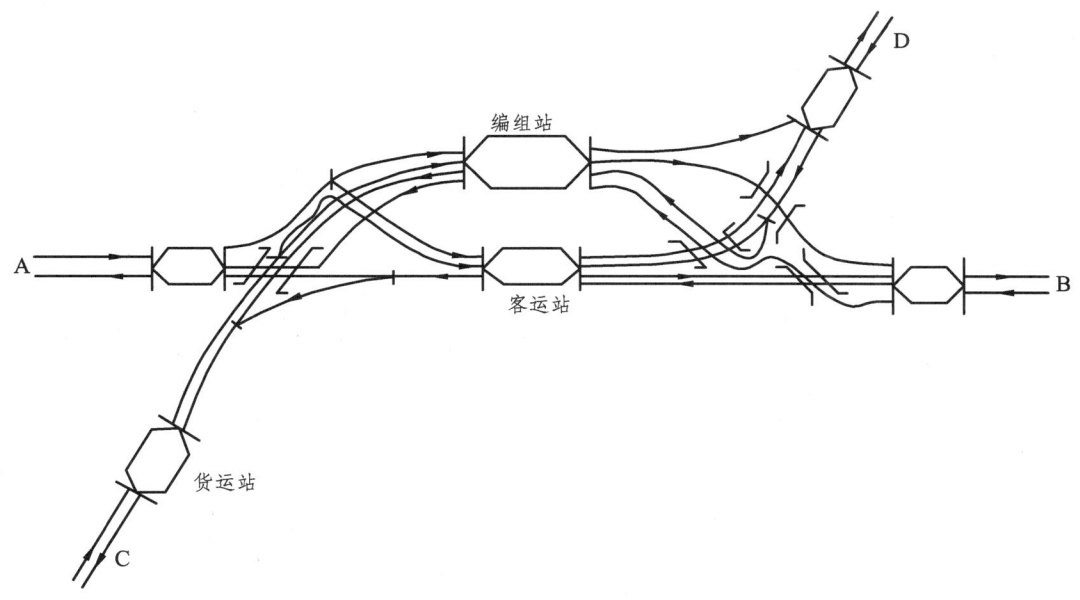

图 3-9-5　并列式铁路枢纽布置图

6. 环形铁路枢纽

环形铁路枢纽的特征为引入线路方向较多，用环形线路将所有引入线路方向连接起来形成一个整体，各种专业车站布置在环线、半环线上或自环线引出伸入城市中心附近，利用联络线将车站与环线连接起来，如图 3-9-6 所示。其优点在于：由于引入线路分散在环线上，避免了接轨点过分集中在编组站或枢纽两端而带来的客、货列车相互干扰的缺陷；专业站的设置有更多的选择余地,能更好地结合城市规划使其布置在适当地点;便于各方向上大量车流的交换,通道灵活,环线能发挥平衡与调节作用,枢纽通过能力大。其缺点在于:环线的修建工程费用大;有的方向的列车必须迂回接入编组站或客运站,增加了列车运行里程。环形铁路枢纽适用于有众多线路方向分散引入,且其间有大量的客、货运量交流,并要求枢纽内的列车运行径路有较大的灵活机动性,需设置环线或半环线的大城市铁路枢纽。

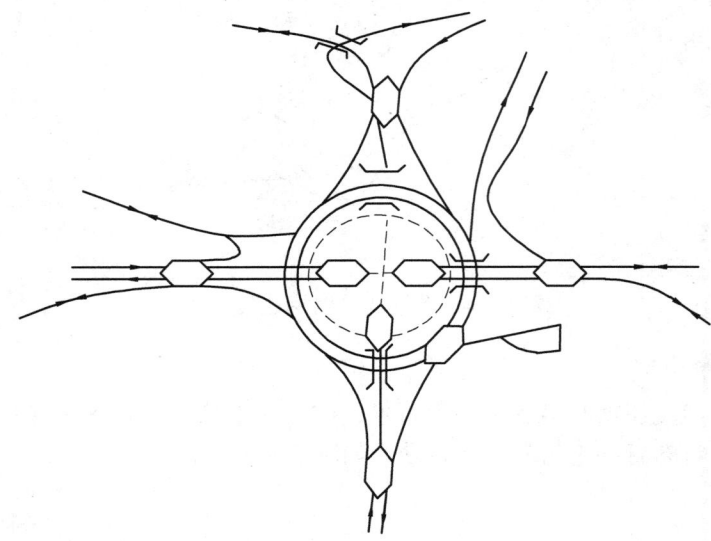

图 3-9-6　环形铁路枢纽布置图

7. 尽端式铁路枢纽

尽端式铁路枢纽位于铁路网的起点或终点,一般设在大港湾、大工业区或采矿区等有大宗货源产生及消失的地区,如图 3-9-7 所示。

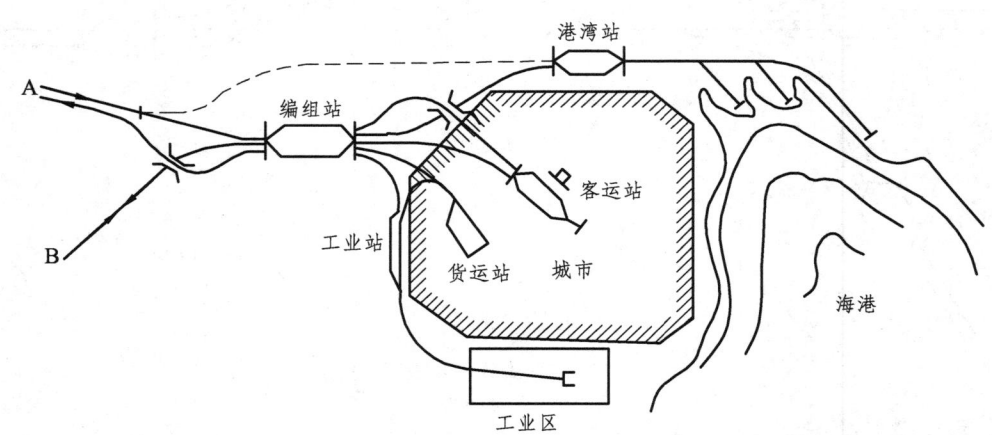

图 3-9-7　尽端式铁路枢纽布置图

8. 组合式铁路枢纽

组合式铁路枢纽是在路网发展、城市改建、车流条件和自然条件等多种因素影响下逐步发展形成的,如图 3-9-8 所示。

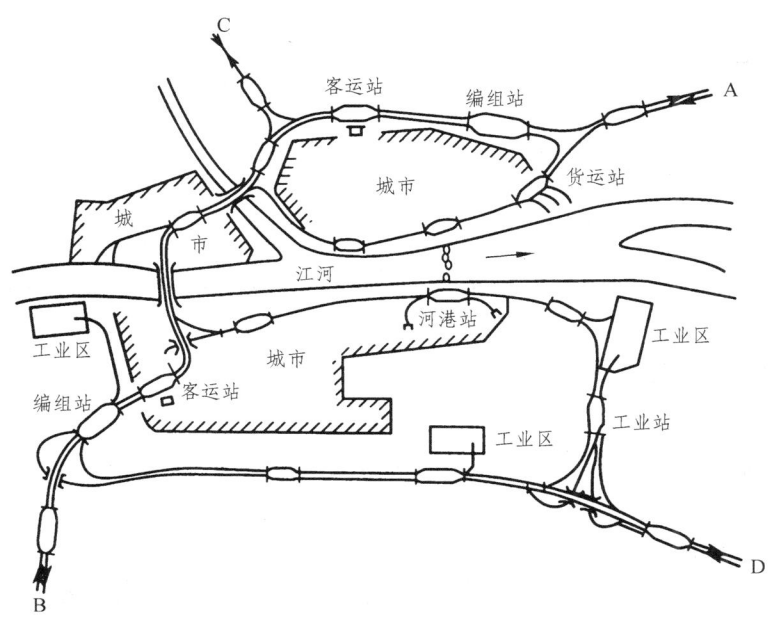

图 3-9-8 组合式铁路枢纽布置图

9. 我国主要铁路客运枢纽总图分类统计

我国中、小型铁路枢纽的引入铁路方向一般为 3～4 个,多采用一站枢纽或顺列式枢纽图形;大型枢纽的引入铁路方向一般为 5～8 个,多采用混合式图形。其他国家的特大型枢纽引入方向多达十多个,并有穿越或深入市区的直径线和尽头线,则多采用环形或半环形枢纽图形,如法国的巴黎、德国的柏林、俄罗斯的莫斯科、英国的伦敦、日本的东京、美国的芝加哥等枢纽。

我国主要铁路客运枢纽总图分类统计如表 3-9-1 所示。铁路枢纽布置不是一成不变的,随着枢纽内线路的增加和延伸,或随着联络线、支线和专业车站数量的增加,总图布置形式会产生变化。表 3-9-1 中大城市所在铁路枢纽总图分类结合了当前铁路枢纽货运设备和客运设备总配置的形式,但客货分线后,为了保证货物运输通道畅通,货物运输线路一般规划以迂回线和环线以绕城的方式进行设置以避免深入城市。引入客运专线和城际铁路后,大量区域和城际客流诱发产生,一方面为了满足新增客流的需求,另一方面为了照顾城市各区域的发展,通常新建客运站以便新引入线路不会对既有设备造成能力紧张。

表 3-9-1 我国主要铁路客运枢纽总图分类统计

总图类型	枢纽名称
放射形	长春
三角形	济南、南京、广州、贵阳
十字形	石家庄
伸长型(纵列式)	太原、南宁、兰州、乌鲁木齐

续表

总图类型	枢纽名称
并列形	郑州、合肥、长沙
环形	哈尔滨、沈阳、吉林、北京、西安、成都、重庆、昆明
混合型	天津、武汉、徐州、上海、杭州
尽头型	大连、厦门、福州、深圳、青岛

三、枢纽内铁路客运站布局

铁路客运站是城市对外联系的重要交通设施。由于我国城市处于不断快速的发展过程之中,许多过去建设在城市边缘的铁路客运站已经深入市区,给城市人口的生产和生活带来了较大的干扰。如何使铁路客运站减少对城市的干扰,又能方便人们的长途出行,充分发挥铁路客运站的运输效能,是城市以及铁路枢纽规划的重要课题,也是铁路客运站总体规划需要解决好的问题。

(一) 国内外大城市铁路客运站的设置概况

1. 国外大城市铁路客运站的设置概况

据不完全统计,世界范围内服务于 200 万以上人口的大城市铁路枢纽有 32 处,服务于 500 万人口的大城市铁路枢纽有 12 处,在其发展过程中,有如下共同特点。

(1) 铁路客运站多为尽头式伸入到城市中心区边缘且被城市包围。不少国家将铁路客运站设在市内繁华的居民区或商业区内,有的伸向市区广场,缓解了市内使用汽车所造成的能源紧张和交通拥挤的矛盾。如英国伦敦枢纽内,有 15 个铁路客运站伸入市区,居民只需步行 2~3 km 就能到达火车站,巴黎也是如此。表 3-9-2 列举部分国外大城市客运站设置的情况。

表 3-9-2 国外铁路枢纽内客运站的分布情况

城市	枢纽类型	衔接方向	客运站数量	说明
巴黎	放射式环形	16	10	尽头式,6 个市郊长途站,4 个市郊站,伸入市区约 3~5 km 范围内
柏林	环形	13 干线,2 支线	7	伸入市中心,部分车站有直径线相连,部分车站为尽头式
纽约	放射式半环形	26	10	大部分为尽头式车站,与河港相连,2 个大客运站在地下
伦敦	放射式环形	16	15	大部分为尽头式,有地下直径线相连
莫斯科	放射式环形	11 干线 2 支线	9	2 个直通式,7 个为尽头式,客运站间有直径线相连
布鲁塞尔	环形	12	3	3 个站用直径线相连
维也纳	环形	7 双 4 单	6	3 个通过式,3 个为尽头式,有直径线相连

（2）引入枢纽的铁路干线数量多，许多国家服务特大城市的铁路枢纽布置图形复杂，枢纽结构分为放射-环形或放射-半环形等形式。这样的布置保证了枢纽引入线间的联系，便于组织旅客列车运行和客货分流。

（3）铁路市郊客运站逐步向地下发展，并和地铁连成一体。市郊客运站采取分散布局，多为尽头式的专线，同时与汽车站、水运码头和航空港有着密切联系。

（4）枢纽客运设备在改造时，与城市总体规划及其他运输方式密切配合，客运设备布置的趋势是：特大城市铁路枢纽，修建穿过中心地区的地下直径线增多了，有的在直径线上还修建1~2处大型客运站；在城市其他区域布置若干辅助客运站，以满足较大的客运量要求；改建尽头式客运站为通过式客运站，以增加枢纽内客运站的通过能力和枢纽内部分工的灵活性；当深入城市中心区的尽头式客运站能力饱和而又无扩建的可能时，分出近郊客运作业以减轻车站咽喉负荷；把占地较多又与城市无直接关系的客运机务段、客运车辆段、客车整备所移出市区范围置于郊区。

2. 国内铁路客运站设置概况

我国大型铁路枢纽均位于大城市所在地，由于各枢纽的布置图形、铁路引入线数目、客运量大小、所在城市性质、规模均不相同，铁路客运站设置方案也各不相同，但也有共同之处：枢纽客运站数量少，运量集中，旅客拥挤，不能满足客运要求；进入枢纽客运站的进路数少，国外一些大型客运站有比较多的车站进路，每一个引入方向有1~2条股道，许多车站是4线进路，甚至多达8线进路，而我国一些大型客运站的进路只有2~3股，大大影响了车站的接发车能力；铁路枢纽的规划和扩建考虑市郊运输不够，与城市规划结合得不够紧密。

（二）城市发展与铁路车站布局的关系分析

城市铁路枢纽的客货运站、编组站设置早期位于市区或城市的边缘，由于城市的发展，城市用地规模不断扩大，早期建设的铁路站场大多嵌入城市内部，铁路站场的布局又与城市内部行业特别是工业布局密切相关，因此，城市铁路枢纽布局具有历史继承性。由于城市定位、城市发展和城市区域功能结构的变化以及城市产业结构的调整，城市对铁路提出的运输需求日益增加，为适应运输市场要求和提高运输能力，铁路自身也在不断发展，城市和铁路的发展建设会对铁路站场的规模、选址等提出新的要求，因此，城市铁路枢纽的布局是一个动态适应变化的过程。城市铁路枢纽布局与城市发展规划密切相关，铁路是中长距离客货运输的主要承担者，枢纽内客货运站是旅客和货物发到的集散点，因此，客货运站场的布局及相关干、支线路的引入应与城市区域规划、产业结构和布局、城市道路规划等相适应。城市铁路枢纽布局与铁路枢纽运输组织方式密切相关，铁路运输有其自身的技术特征和规律，城市铁路枢纽站场的布局既要考虑城市发展总体规划的要求，同时也必须满足枢纽内主要编组站、客货运站在全国铁路网中的作用、地位以及运输组织的需要。

（三）客运站布局影响因素分析

1. 客运站布局影响因素

客运站布局方案受多种因素影响，其中主要有车站规模、车站未来发展空间大小、与市内其他交通方式的衔接、城市总体规划、场站投资规模、环境影响。车站规模主要反映站场的规划能力对实际需求的适应程度；车站未来发展反映站场在未来发展中向周围扩展的可能性大小，以适应不可预见的发展需求；与其他交通方式的衔接反映站场与其他运输方式的交通枢纽相互协调的程度；城市总体规划反映站场与城市的土地利用、产业布局、市内交通的协调程度；场站投资反映经济方面的指标，包括征地费、拆迁费和建设费，即总投资额；环境影响反映站场对城市周边环境的影响。

2. 客运站布局影响因素的量化指标

（1）车站规模的适应性。

该指标用于描述站场规模对需求的适应程度，定义需求与能力之比为适应度，适应度太大或太小都不合理，一般认为处于 0.75~0.85 较合适。

（2）车站发展余地。

该指标用于描述车站向规划用地以外扩展的可能性，站场四周用地越容易扩大则发展余地越大。

（3）与其他交通方式的协调性。

该指标用于描述与其他交通方式换乘（如铁路-公路、铁路-港口、铁路-航空港）的方便程度，换乘越方便则协调性越好。

（4）与城市规划的总体协调性。

该指标主要从两个方面进行衡量：① 与总体规划中的用地规划的协调性；② 与城市道路网的协调性。

（5）车站投资。

该指标用于描述各方案的投资情况，按实际方案估算总投资。

（6）对环境的影响。

对环境的影响越小越好，与客流量有关。

（四）客运枢纽内线路布置原则

铁路枢纽内需要引入客运专线，为了区域性客流集散，城际铁路交错成网，客运枢纽内线路布置考虑到旅客运输特性应遵循以下原则：尽量不改变承担主要客流列车的运行方向通过枢纽，对于次要客流列车，调整引入线走向或设立支线，利用疏解设备进行引入各客站；缩短直通客车运行距离，尽可能使通过列车流以最短路径通过枢纽，减少通过客车在枢纽内途经客站，保留必要作业站即可以提高枢纽整体的通过能力，减轻车站作业负荷，提高设备作业的机动性与灵活性；引入线路不应对城市产生重新分割，充分利用既有客运、市政设施，新建引入线、联络线避免与城市交通产生过多交叉干扰，减少新建线路工程量及工程费用消耗；新线应避免和原有线路产生过多交叉，无可避免交叉疏解时应在同时保障安全情况下以主要客流方向考虑。

（五）枢纽内客运站配置原则

客运站布置应从原来的单一集中设置改为分散设置模式，这样虽然加大了枢纽内旅客列车运输组织的难度和复杂性，但对于城市和区域的客流均衡分布、缓解城市交通压力具有一定程度的调节作用。客运站方案比选需根据枢纽所在城市的地形、地物、地质条件和规模，各类线路引入方向和数量，建设施工难易度和投资效益，结合旅客换乘需求等因素。在确定枢纽内客运站数量及衔接线路类型后，详细对客运站运输任务进行分工，确定枢纽内旅客运输组织、列车开行方案。无论是枢纽内客运站选址、布局还是分工等设备配置问题，都应遵循以下原则：应着重考虑枢纽内各个方向的客流量，使拥有大客流方向线路在具有较大集散能力的客运站进行作业；始发终到旅客列车考虑客运站配置的检修设备，使得始发终到的旅客列车能尽快完成整备作业，从枢纽内出发前往目标地区；对于中转旅客列车流，应结合相应进站线路和机车交路进行配置，以保证最快时间完成机务整备和更换；应保证主要城际客流最大限度地引入各个客运站，使得需要中转无法实现同站换乘通过旅客可以短时间内使用城际列车进行中转换乘，用以缓解城市交通的压力；客运站配置时应充分考虑附属配置的机务、车辆检修设备和动车段（所）设置原则。

四、城市中心型铁路枢纽交通组织

铁路枢纽根据其与城市空间布局的相对关系，可以分为城市中心型、城市边缘型以及机场地区型三种。中心型铁路枢纽指位于城市中心的铁路车站，车站与城市中心空间距离在 3～6 km 左右，车站两侧均为城市高密度开发区域。城市中心型铁路枢纽由于区位的特殊性，周边交通流需求高，交通流构成复杂，中心型铁路枢纽交通组织往往是城市交通治理的难题之一。我国的部分重点城市铁路站建设相对较早，随着近年来城市化的快速发展，"中心型铁路枢纽"特征日益显现。

（一）城市中心型铁路枢纽的交通特性

中心型铁路枢纽站多位于城市重要客流联系走廊的中央位置，由于其区位条件优越，交通配套设施较为完善，兼具铁路枢纽吸引的大量客流，过境交通、地区交通和集散交通在中心型铁路枢纽周边高度重叠，高峰时段枢纽周边交通供需矛盾十分突出。中心型铁路枢纽站大多建成年代相对较早，车站集散交通组织多采用平面布局模式，车站周边道路大多建设等级不高。随着城市建设的快速发展，受城市中心区建筑条件制约，车站周边难以形成快捷的干道网系统，因此中心型枢纽车站集散多采用"街坊式"交通组织模式，难以实现与干道网络的快捷联系。铁路枢纽站设计多为平面交通组织，难以实现客流的便捷换乘。

（二）国内外中心型铁路枢纽的案例分析

典型的城市中心型交通枢纽有柏林中央车站、京都站、新大阪站、纽约中央车站、旧金山跨海交通中心、香港九龙站、北京南站等。伦敦是全球铁路网最密集的城市，分布于市区十多个火车站，各自掌控着不同的行驶路线，旅客可迅捷通达其中任何一座车站出入伦敦；从铁路站点分布来看，铁路枢纽与城市中心距离在 3.5 km 以内，历经多次城市化发展之后，车站依然保留在城市中心，并与城市发展形成了良性互动。巴黎市内有 6 座主要火车站，各自主控列车分头通往境内及欧洲其他城市，各个火车站间均有地铁相通，联络便利，各车站与城市中心距离在 2.5 km 的范围以内，铁路线沿塞纳河布设，与城市景观充分融合。

法国拉德芳斯（La Defense）换乘枢纽是集轨道交通（高速铁路、地铁线路）、高速公路、城市道路于一体的综合交通枢纽。在枢纽的东侧为公交车站层，公交线路包围了小汽车停车场，设有大量道路标志，引导车辆快速通过、有序停放；中央为售票和换乘大厅；西侧为郊区铁路和有轨电车 T2 线；乘客通过地面出入口和换乘大厅的换乘楼梯，可以很方便地到达商业中心，以及地下三、四层的地铁 M1 和 RER-A 线。

南京火车站位于南京市区北部，与城市中心新街口直线距离约 5 km。车站通过高架桥、地下隧道建设实现各方向车流的快速集散，车站内部南京火车站总体组织为"高进低出"，一层、二层进站，地下出站。整个枢纽站共计五层：高架层为出租车、社会车送客进站层；地面层为进站层、公交层及步行广场；地下一层设置为停车场、出租车候客区；地下二、三层为轨道车站站房与站厅层。

总结国内外中心型铁路枢纽的交通组织经验，交通分流是枢纽体内和枢纽地区交通组织的根本原则；枢纽综合功能的发挥关键在于枢纽与城市交通设施的充分整合，尤其是大运量的轨道交通；多种交通方式的换乘设施应采取一体化的布置和人性化的设计，尽可能为旅客提供"零距离"的换乘服务，舒适的换乘条件与空间容量、简洁的平面组织与一目了然的诱导标志为旅客提供优质、安全与必要的服务。

（三）中心型铁路枢纽交通组织改进措施与一般流程

单纯"街坊式集散"组织难以保障中心型铁路枢纽与城市各组团的便捷衔接，应采取积极建设枢纽专用集散道路、与城市快速干道设置专用联系通道等措施，以加强枢纽与快速干道的联系，保障枢纽客流快进快出；完善城市道路网络布局，强化与明确快速干道功能定位，剥离中心型枢纽站周边过境交通，将枢纽站周边交通资源更多地服务老城及中心型铁路枢纽的集散交通；加强平行通道的改造与建设，实现枢纽车站交通集散与地区集散交通体系空间分离；明确铁路枢纽周边公交优先的交通政策，降低小汽车交通需求。成功的枢纽场站设计应具备的特点有：充分整合枢纽与城市交通设施，这是枢纽综合功能发挥的关键，尤其是与大运量轨道交通的衔接；大型枢纽采用立体交通组织模式，有效加强客流与各类设施无缝换乘。中心型铁路枢纽交通组织的一般流程如图 3-9-9 所示。

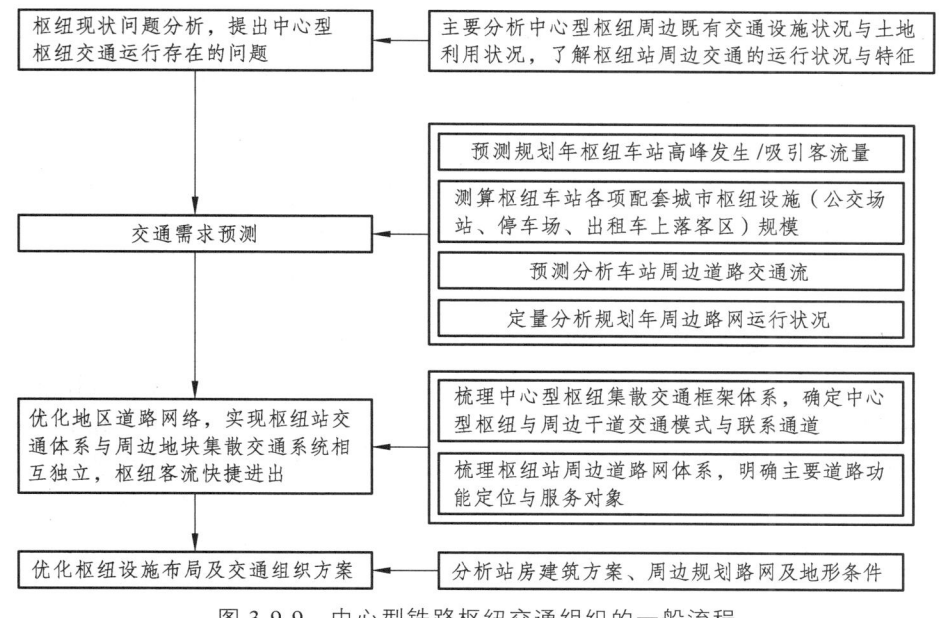

图 3-9-9 中心型铁路枢纽交通组织的一般流程

五、城市轨道交通与铁路客运枢纽站的衔接方式

（一）城市轨道交通与铁路客运枢纽站衔接的目标

安全、快速、方便地组织旅客换乘，是铁路客运枢纽站设计的最基本问题，也是城市轨道交通与铁路客运枢纽站衔接的目标，体现在两个方面：一是利用枢纽硬件设施设备组织旅客快捷、高效地进行换乘，二是使铁路客运枢纽站换乘体系与城市交通体系有机融合，构筑系统化的城市空间体系。快捷、高效地组织旅客换乘是由合理的换乘交通流线组织、合理的换乘空间组织与布局、可识别性与引导性强化等各种因素综合起作用。构筑系统化的城市空间体系，体现在立体化、网络化地组织空间。立体化是将车站地区范围内的建筑物通过地面、地上、地下多种联系方式的有机组织，使城市空间实现协调有序的多层面化，各种活动分布在多个层面上，彼此渗透，协调发展。网络化指车站通过城市轨道交通网络与整个城市交通系统连接成一个统一的整体，使其在各自的优势范围内发挥特长，并相互促进、共同发展，实现城市客运系统的高效运转，发挥城市效能。

（二）城市轨道交通与铁路客运枢纽站衔接的原则

1. 高效化原则

"交通的目的是实现人和物的移动"，现代化的城市客运交通体系是使人流快速、安全、舒适、有序地进行移动，其关键问题之一就是要方便人流在不同交通方式之间或在同种交通方式不同线路之间进行高效换乘。苏联的研究资料表明，在地铁换乘站，每缩短 10 m 的步行路线，可节省 1 min，如用该时间坐地铁，则能行 1 km 的路程。高效化原则主要体现在两个方面：一方面是缩短换乘距离，换乘距离的减少有赖于合理的换乘交通流线组织，合理的换乘方式自然能够缩短换乘距离；另一方面是减少换乘时间，换乘时间与多方面因素有关。换乘距离的缩短、换乘条件的提高、换乘导向标识系统的完善都有助于减少换乘步行时间；还应该减少旅客排队等候时间和候车时间，可设置多个检票出入口，避免单一出入口造成进出站流线的瓶颈效应，自动售、检票机的设置也能减少售检票排队等候时间；促进国铁和城市轨道交通两个系统密切协作，使其运输节律与容纳能力相匹配，从而减少旅客候车时间。

2. 人性化原则

在铁路旅客枢纽站的设计中，应把如何为旅客提供方便的出行条件和人性化的服务作为出发点具体体现在换乘条件的舒适性（将步行距离和步行时间控制在合理的范围内，创造安全、舒适的步行环境，垂直方向的楼层转换采用自动扶梯、电梯，距离比较长的水平方向上的位移尽量采用水平自动扶梯）；无障碍设计（无障碍设计理念应该贯穿在铁路客站设计的全过程之中，换乘空间的无障碍设计可参考其他功能区域）；安全保障设计（增加可视性、通过设计强化管理的有效性、防火设计）。

3. 信息化原则

由于枢纽站衔接的线路多、人流量大，旅客在换乘时很容易迷失方向。为避免这种情况，需要建立信息化的换乘引导系统，减少不必要的折返，节约换乘费时。信息化的设施分为动态和静态两种，动态的有电子显示设备如 LED 动态显示屏、自助式信息查询设备，它们能实时更新列车到发信息，方便换乘的旅客捕捉到有用的信息；静态的信息化设施主要是视觉导向标识系统，导向标识可以快速地让旅客自我定位，并指明前进方向。

4. 整体性原则

首先是城市交通的一体化，将铁路客运枢纽站的交通组织放到城市交通整个大系统中考虑，使车站融入城市交通网络，实现车站的车行、人行系统与城市一体化接驳，如上海南站圆形主站屋造型，将城市公路交通以高架的方式引入站房外围，实现了铁路轨道两侧的公路交通不依靠站外设施，直接在站内贯通，圆形的体量正是出于两侧公路交通站内贯通的需要。其次是设计的一体化，在铁路客运枢纽站设计阶段，不仅应充分考虑目前的换乘能力，还应放眼未来，充分考虑将来的换乘需求。最后是各种交通工具的联运，即在某个城市圈中，无论利用什么样的交通工具（国铁、地铁、私铁、公共汽车等），都可以使用通用车票自由选择线路，无论利用哪种交通工具，按普通票、定期票的不同种类，在一定时间内以同一票价可以乘坐任何交通工具，包含换乘在内。

5. 容错性原则

容错性（Fault Tolerance）是计算机专业的术语，也叫失败保护设计，用于描述基于计算机的系统在部分功能失败的情况下还能正常地操作，只是适当地降低系统吞吐量或者增加系统响应时间的性质。将其借鉴到城市轨道交通和铁路客运枢纽站的换乘方面，可以理解为二者的高效换乘是由合理的流线安排、明确的空间布局、完善的换乘引导这三方面共同起作用，如果其中一个方面没能发挥其作用，也不会影响整个换乘体系的高效运转。

（三）城市轨道交通与铁路客运枢纽站衔接模式分析

综观目前国内外铁路客运枢纽站的换乘交通组织，城市轨道交通与铁路客运枢纽站衔接主要有以下几种方式。

1. 间接换乘

所谓"间接换乘"，就是两个系统不直接相连，需要借助第三方（主要是空间上的）才能完成两者的换乘。目前，国内外主要有以下三种间接换乘的方式。

（1）通道换乘。

将城市轨道交通与铁路客站的出入口用通道联系，用来组织二者的换乘。一般该通道为二者换乘专用，有效地避免了其他人流、车流的干扰，并且不会干扰到其他流线。唯一的弊端就是使换乘距离拉长，换乘不方便，设计中应尽量避免。

（2）站前广场换乘。

将城市轨道交通出入口连接到客站的站前广场，通过站前广场来疏导人流，如上海站、北京站、广州东站等。这种方式使所有的进出站人流都必须通过站前广场来集散，不仅增加了站前广场的交通负荷，也拉长了旅客的换乘距离，还容易造成广场上进出站人流的混乱。当然，如果能够合理组织广场交通，也能取得较好的效果，如广州东站是一体化设计，将地铁站与站前广场有效地结合起来考虑交通流线；广州东站首层为出站层，出站旅客通过出站地道到达出站大厅检票出站，并通过位于大厅外 24 m 的自由通道处的自动扶梯到达地下一层的地铁站厅层离站；乘坐地铁到达客站的旅客，也是通过自由通道处的自动扶梯进入二层高架广场并进站。站前广场的立体交通，有效地分离了换乘的人流和其他进出站的人流，但这种方式本身的弊端——换乘距离长、效率低则无法改变，在设计中应尽量避免采用。

（3）换乘大厅换乘。

换乘人流通过换乘大厅直接完成城市轨道交通与铁路之间的转换，如杭州站、上海南站、北京南站、新广州站、武汉站等。换乘大厅和出站大厅可以合设，与客站出站地道相连，也可以单独设置，并与出站大厅、城市轨道交通的站厅建立方便的联系。从国铁换乘地铁/轻轨的旅客一出站就能通过换乘大厅进入地铁站厅层，从地铁/轻轨换乘国铁的旅客也能通过换乘大厅内的垂直交通设施进入国铁的进站层（或者采用上进下出、下进下出并用的方式，将通过城市轨道交通进站的旅客组织到换乘大厅同层候车、进站）。相对于站前广场换乘的方式，换乘大厅将国铁的进出站口尽量与地铁/轻轨站厅层靠近，使这部分旅客能够不出站就在站内完成两者的换乘，缩短了换乘人流的步行距离，节省了换乘时间，也能减少站前广场的人流量，避免了广场人流的交叉、干扰。另外，国铁与城市轨道交通两个系统也能独立操作，比较符合我国的国情，是目前使用较广的一种方式。

2. 直接换乘

直接换乘是指直接实现城市轨道交通站台到铁路站台之间的换乘。由于不需要借助第三方，直接换乘能做到换乘距离最短、换乘时间最短，最大限度地方便旅客。

3. 立体换乘

当在火车站进行各种交通方式换乘的人流特别巨大时，往往需要综合利用地上、地下空间，使各车站集中布设于同一站域之内，通过多层立体衔接，使人流便捷地进行换乘，并诱导人流迅速疏散。如日本国铁新宿站（日客流 100 万人次）、柏林新中央车站以及法国巴黎北站，均采用多层立体衔接的方式来完成铁路与地铁以及地铁与其他交通工具的换乘。

4. 地下步行系统换乘

主要通过城市地下步行系统完成地铁与国铁的换乘，如日本东京站半径 500 m 的范围内有 9 条轨道交通线通过，各线设站有 15 个之多，在地下街中形成贯通的换乘空间，有大量地下步行广场和高架步行道同火车站和地面公交车站良好衔接。这种方式可使各方向的人流直接从地下进入车站，但必须建立在轨道线网的成熟和城市地下空间的充分开发之上。

（四）城市轨道交通与铁路客运枢纽站换乘空间的整合设计

1. 换乘交通流线组织的高效化

（1）铁路客运枢纽站进出站交通流线的特点。

进站交通流线的特点是使分散各处的人流、车流陆续进入站场，然后逐步汇集在站房的入口进站，其过程是缓慢的、持久的、连续的。出站交通流线具有明显的脉冲性，当列车到站时，人流会大量集结，其过程是不连续的、逐步分流的。为了避免出站人流短时间的大容量冲击，考虑将出站人流层层分流。将需要换乘长途汽车、公交、出租车和社会车辆、地铁/轻轨的人流分层或者分区组织，直接通到各自目的地，并尽量减少相互之间的交叉。

（2）铁路客运枢纽站进出站方式。

① 上进下出型。在旅客规模较大，进出站客流较多的情况下，为了防止进出站人流交叉干扰，采取上进、下出分设交通空间的方式。目前，国内大部分大型客运站采取这种方式，如北京站采取线侧式站房高架进站通廊和出站地道的交通组合方式；沈阳北站将上进交通结合高架候车厅布置，中央进站通廊和两侧进站通廊集中于高架内。当铁路旅客站规模较大，铁路两侧都有旅客上下车，且最少的一侧上下车旅客占总人数 20% 以上时，宜采用双向上进下出的方式，即主、副站房双向均可进、出站，如上海站、天津站等即是这种形式。

② 下进下出型。当站房为线侧下式时，利用站房低于站台的高差，采用地道进站和出站的交通方式，组织旅客进出站流线，如广州站就是这一类型。另外，当铁路旅客车站引入地下城市轨道交通车站，且旅客换乘轨道交通的比重较大时，为缩短换乘距离，减少换乘时间，可采用地下进出站的方式。国外很多铁路旅客枢纽站都在地下设有进、出站大厅，与城市地下通道和轨道交通保持着便捷的联系。

③ 上进上出型。当旅客站房为线侧上式时，利用站房高于站台的高差，采用天桥进站和出站的交通方式，组织旅客进出站流线。另外，当铁路客运枢纽站的主要人流从高架城市轨道交通进行疏导时，也可组织旅客采用上进上出的进出站方式。

④ 混合型。

目前一些铁路客运枢纽站本着"以人为本"的原则，为缩短各种交通方式旅客的换乘距离，尽可能满足各种交通方式旅客出行需要，采用两种交通进出站方式并用的格局。如北京南站和上海、虹桥交通枢纽，就是采用"上进下出"和"下进下出"并用的方式。

(3) 铁路客运枢纽站换乘交通流线的高效化设计。

① 铁路站场布置在地面。

a. 地面城市轨道交通车站与铁路客运枢纽站的衔接。

铁路客运枢纽站与地面城市轨道交通车站衔接一般为并列布置。铁路车站与城市轨道交通车站设于同一平面上，二者有各自专用的股道。这种布置方式的优点为：如果票务制度和管理制度允许的话可以实现同站台换乘，也就是旅客只要走到站台的另一侧就可以换乘另一条线路的列车，旅客的换乘距离达到最小，是最好的换乘方案，尤其是在客流大的时候。这种布置方式的缺点有：这种换乘方式要求两条线具有足够长的重合端，近期需要把车站预留线及区间交叉处理好，由于线路交叉复杂，工程量大，施工难度大，需要在建设期相近或者同步建设的枢纽站统一考虑。另外，由于铁路轨轨道和城市轨道交通线全部设于地面，会对城市产生分割。俄罗斯圣彼得堡库布琴诺站和共青团站属于这种布置方式。

在国内，由于目前体制、票制等原因，还难以做到两种交通方式在站台的直接换乘，主要采用间接换乘的方式，例如上海火车站与地铁3、4号线的衔接就属于这种情况，地铁3、4号线在上海站等9处共线运行，地铁上海站为地面车站（离开上海站后变为高架线路）。出站旅客通过位于北广场的出入口进入地下一层的站厅层，并上行至位于地面层的站台层，选择乘坐3号或者4号线离开，乘坐地铁到达的进站旅客也需要通过北广场进站。鉴于站前广场换乘的诸多弊端，如果不能采用直接换乘的方式，建议采用换乘大厅进行换乘。可将城市轨道交通的站厅层设在地下一层，与客站的出站大厅通过换乘大厅相联系，同时，换乘大厅与客站的进站大厅也应有方便的垂直或者水平交通联系。此时，铁路客运枢纽站宜采用"上进下出"或者"上进下出"和"下进下出"并用的进出站方式。当然，铁路客运枢纽站也可采用线下式，此时，铁路站台和城市轨道交通站台通过站厅进行转换，也比较方便。

b. 高架城市轨道交通车站与铁路客运枢纽站的衔接。

相对于地面城市轨道交通线路，高架线路消除了对线路两侧地区的分割，当然也有许多弊端，如对铁路客站周围的景观有比较大的影响，有一定的噪声污染等。同时，在既有客站处设置时，也有可能带来比较大的拆迁量。城市轨道交通车站为高架时，铁路客运枢纽站一般采用线上式布局或者高架候车厅跨线布局，进出站流线组织一般采用"上进上出"型，或者"上进上出"与"上进下出"并用的方式，乘坐城市轨道交通的旅客可上进上出，与其他市内交通方式换乘的旅客可上进下出。城市轨道交通车站与客站相交或平行集中布置，可共用站房。铁路站台层与轨道交通站台层之间设站厅层作为二者换乘的中枢层。

c. 地下城市轨道交通车站与铁路客运枢纽站的衔接。

这种布置方式根据线路走向可以分为两种形式，一种是城市轨道交通车站与铁路客站平行布置，如北京站、上海南站与地铁1、3号线的衔接等；另一种是交叉布置，即城市轨道交通线路与铁路客站正交或者斜交，线路在地下穿越铁路站场，如北京西站、上海南站与轻轨L1线的衔接等。

对于第一种形式，如果铁路客运枢纽站采用线上式布局或者高架候车厅跨线布局，可以采用站前广场或者换乘大厅等间接换乘方式，进出站流线组织采用"上进下出"型，有条件的也可将通过城市轨道交通进出站的旅客流线组织成"下进下出"的方式。如果铁路客运枢纽站采用线下式布局，可考虑两站台之间的直接换乘方式。对于第二种形式，如果铁路具备站台上自动售、检票等先进设施，可优先采用直接换乘方式，组织旅客通过城市轨道交通的站厅层与铁路站台直接换乘，地铁旅客进出站流线组织采用"下进下出"的方式。

　　d. 复杂多线的城市轨道交通与铁路客运枢纽站的衔接。

　　上面讨论的是城市轨道交通为单一线路的情况，实际上，很多大城市的铁路客运枢纽站往往会引入多条城市轨道交通线路，这些线路有可能会有高架、地面、地下等多种情况。例如，上海站地铁1号线为地下站、3号线（4号线）为地面站；上海南站地铁1号线为地下站，3号线为地面站，轻轨L1线（预留）为地下站；北京南站地铁4号线和14号线虽然都为地下站，但4号线线路与铁路客站交叉，14号线线路与铁路客站平行。城市轨道交通之间的换乘本身就是很复杂的问题，其与铁路客站的换乘流线的设计也会比单一线路要复杂很多。设计时可参照实际情况，采用换乘大厅换乘或者立体换乘等方式。

　　② 铁路站场高架。

　　随着铁路技术的发展，高速铁路将会在全世界范围内普及。由于高速铁路要求的线路条件和运行条件都非常高，为尽量避免高速铁路进入城市与城市规划产生矛盾，减少高速铁路对城市的不利影响，高速铁路通常采用高架的方式通过城市。

　　由于铁路线高架，客站可采用线下式布局，将候车空间设置在站台层以下。当城市轨道交通车站为地面或者地下车站时，可减少旅客换乘时的行走距离。国外有很多线下式布局的客站案例。但是由于候车空间存在着采光不好、震动和噪声等问题，需多方面权衡利弊之后再选择合适的布置方式。

　　另外，"线侧下式"也是一个可行的办法，福州南站便是个不错的尝试。由于站场位于14.000米标高，考虑到线侧下式站房对旅客进站的垂直提升高度更小，进站流线更为短捷，同时能为旅客创造良好的候车环境，将站房主入口设于6.000米标高层，进站旅客在该层候车，并由站场下部的进站通道进入各个站台，出站大厅位于±0.000米标高层，形成"下进下出"的流线模式。

　　目前，国内通常采用的方式是铁路客运枢纽站线上式布局。铁路站场虽然高架，仍按照地面线路的方式进行处理，如新武汉站、新广州站、南京南站等。相对于站场布置在地面的情况，站场高架之后，位于其下的换乘大厅将上移至地面层，不仅采光通风条件改善，而且能在地面广场形成贯通的旅客步行系统，更有效地减少铁轨对城市的分割。因此，高架站场与高架、地面、地下城市轨道交通车站的衔接，可分别参照地面站场与地面、地下、地下的处理方式。

　　③ 铁路站场位于地下。

　　为减少铁路对城市的分割，铁路进入城市中心区时即从地下穿过，解放出地上的宝贵空间。可以将站房、广场建造在站场的上面，形成线上式布局，如瑞典魏林比站，或者解放出站场之上的地面空间，将绿化还给城市，如德国斯图加特21世纪火车站改造工程。由于铁路地下站的规模比城市地铁站大得多，施工比地铁更加困难，并且造价极高，应经过与地面、高架建站等方式进行充分比较之后，确定不能利用地面和地上空间，才有可能选择地下建站的方式。

2. 换乘空间的组织与布局

在根据场站关系确定换乘方式、组织换乘流线之后，需要进一步确定换乘空间的布局。由于采用换乘大厅组织国铁与城市轨道交通两个系统的换乘，方便二者独立运作，比较符合我国的国情，目前国内一些新建的大型和特大型客站都采取了这种方式。采用换乘大厅组织换乘，其进站流线为地铁站厅—换乘大厅—国铁进站大厅，出站流线为国铁出站大厅—换乘大厅—地铁站厅。如何将这几个空间组织起来，才能使整个换乘系统既有序又高效，是值得我们进行理论研究的。然而，目前国内建筑界仍处于起步和摸索阶段，各种设计尝试是需要在实践中进行检验的。

（1）换乘大厅布局实例。

上海南站换乘大厅的布局用图示表达是哑铃形。它采用出站地道（2条）联系南北两个换乘大厅（也是国铁出站大厅），这两个换乘大厅分别与地铁1号线和3号线的站厅相联系，同时通过楼扶梯等垂直交通设施联系南北进站大厅。而预留轻轨L1线的站厅则需要穿越1、3号线的站厅才能到达。

武汉站是上进下出的流线模式。位于地面层的换乘大厅两侧是国铁出站大厅，两个地铁站厅（地铁4、5号线共用）位于换乘大厅的中心位置，出站旅客可由出站大厅步行至地铁站厅离开，而进站旅客则需要通过坡道、自动扶梯等垂直交通设施才能到达位于高架层的进站大厅。

北京南站的换乘大厅一侧是国铁出站大厅，另一侧是国铁进站大厅，主要考虑的是乘坐地铁到达的旅客快速进站的需要，选择其他市内交通到达的旅客可由地面二层的高架候车厅进站，也即"上进下出"和"下进下出"并用。地铁站厅位于换乘大厅正中间，无论是乘坐地铁到达还是离开的旅客，都能在第一时间内准确找到他们的目的地。

上海虹桥站的将国铁的出站大厅布置在换乘层的两侧，中间分成两个部分，一部分是京沪高速的进站大厅，另一部分是地铁站厅。由于布置的内容多，换乘大厅实际上只剩下南北换乘通廊而已。对于乘坐京沪高速的旅客，是"上进下出"和"下进下出"并用的进出站方式，而乘坐普速、城际的旅客则是"上进下出"。

（2）换乘大厅与地铁站厅的设置分析。

上海南站在诸多方面有所创新的同时，也延续了第一、二代火车站采取出站地道的形式组织人流出站。采用出站地道联系两端的换乘大厅，存在两个弊端。首先，在客流高峰时期，容易引起出站人流在出站口的大量聚集，形成"瓶颈效应"，从而导致换乘时间的延长。其次，旅客从国铁站台下楼梯至出站地道，面临着对前进方向的选择——"向左走"还是"向右走"？据调查，上海南站地下通道（36.8%）、地面广场（28.6%）、火车南站内（17.3%）是人们发生迷路现象最多的地点。而对于地下通道，迷路的发生从统计学的角度来看，与空间的问题存在很大的关联性。由于地下空间路线长、转弯多，可识别性和引导性不明显，旅客只能通过导向标识来识别并选择前进方向。而此后的一些客站，大多摒弃了出站地道而采用出站大厅的形式，并将出站大厅与换乘大厅衔接起来。将所有站台的出站人流引导至一个大空间，而不是狭长的通道，一来可以设置多个检票出口，避免出现"瓶颈效应"；二来能使旅客一目了然，目的明确。当然，上海南站采用南北两个换乘大厅是不得已而为之。地铁

1、3号线在上海南站设计建造之前就已经投入使用，在设计中为更好地与地铁站相衔接，还将地铁1号线上海南站进行入地改造，整体搬迁至北广场南侧铁路主站屋下方。上海南站是限制下的创作，它在国内首创的"零换乘"的理念和为此进行的创新，其划时代的意义是毋庸置疑的。

为方便双向换乘，地铁站厅处于国铁进站大厅和出站大厅中间的位置是比较理想的。如北京南站，一方面，地铁站厅位于整个换乘大厅的中心位置，使从铁路站台至地铁站台的平均换乘距离最小化；另一方面，根据格式塔心理学，"图底对比明显则容易被感知"。位于换乘大厅正中间的椭圆形的地铁站厅，具有"图"的性质而容易被识别。从理论上讲，北京南站换乘大厅的布局是成功的。然而，地铁有着强大的吸引人流的特性，再加上铁路客站本来就人流量大，如果周边不属于铁路的人流也进入换乘大厅之内，势必会加重客站的负荷，甚至可能造成换乘大厅的拥堵，从而导致换乘时间的延长。因此，在分析铁路客流量和地铁对周边区域的客流吸引情况之后，如有必要，可将地铁站厅布置距换乘大厅几何中心点稍远的位置，如上海虹桥站将地铁站厅布置在换乘大厅的一角，既服务于铁路客站，又方便城市内部客流使用。而对于铁路客站，只是将换乘距离稍微增加，其效率并没有被牺牲。综上分析，采用换乘大厅组织换乘，国铁进站大厅、出站大厅和地铁站厅这三个要素宜与换乘大厅布置在同一层面上。

（3）铁路客运枢纽站与地铁站换乘的人流"上进下出"与"下进下出"的分析。

国内客站设计一直很重视出站人流的疏散，从国铁换乘地铁/轻轨的旅客流线被摆在了相对重要的位置，旅客往往一出站就能在短时间内换乘地铁/轻轨。而从地铁/轻轨换乘国铁的旅客，则需要借助楼/扶梯等垂直交通设施并步行相对较长的距离，才能进入国铁进站大厅，从而导致与地铁换乘的旅客流线存在着换乘距离不均衡的问题，如上海南站、武汉站等。当然，这也与国内客站的场站关系和"高架进站、地道出站"的流线组织有关。

北京西站设计方案首次提出将通过地铁到达的旅客从国铁站台下快速进站，从而形成"上进下出"和"下进下出"并用的流线模式，但遗憾的是由于种种原因而没能实现。如今，北京南站、上海虹桥站等发展了这个思路，在换乘大厅内设置小规模的进站厅，组织旅客"下进下出"，使他们能便捷地进入站台层，而不必辗转到高架层进站候车再下至站台，方便国铁与地铁的双向换乘。

3. 换乘空间识别性与导向性强化

尽管合理的流线安排和明确的空间布局本身就是良好的导向说明，但根据容错性原则，换乘空间的识别性与导向性设计也是相当重要的一个环节。识别和导向是两个不同的概念。识别即人能够认识自己所处的位置和总体环境的关系，对自己存在的空间有一个明确的了解和感知，它从本质上是对空间中定位点的认识。而导向则是对空间中的每一个定位点之间的关联做出有效的提示，使人清楚地掌握自己的空间方位感和走向。识别性强调建立特征，而导向性则重在强调脉络的关系，由点成线进而成网，交织成一张对空间的认知地图。铁路客运枢纽站换乘空间的识别性与导向性的实现方式主要有两种：一是从建筑设计和室内设计手段出发；二是建立一套行之有效的视觉导向标识系统。建筑、室内设计手段与导向标识系统是提高铁路客运枢纽站换乘空间识别性与导向性的两个不可分离的方面，它们互为因果，同时起着作用。

（1）视觉导向标识系统。

视觉导向标识设计通常采用视觉符号、图形、文字等来传达信息，用来指导和规范人们的行为，属于视觉传达设计的范畴。它作为一个媒介，主要功能是准确无误地传递信息，促进信息发送者和信息接收者相互沟通。视觉导向标识是最直接的一种符号语言，它附加在建筑空间之上，不论换乘空间的现状脉络关系如何，导向标牌是必不可少的室内符号语言。在铁路客运枢纽站的换乘空间中，导向标识系统主要为信息接收者——需要换乘的旅客提供两个方面的信息，一是让旅客正确辨别自己所处的位置，二是提供路线指南。以客站及周边区域平面示意图为依托，辅以文字、符号、色彩等要素，准确反映客站与周边环境的关系，附近其他交通方式的方位及旅客所处的位置，并告知人们所指示地的行进方向和沿途的主要设施，引导旅客准确、快捷地到达目的地。

要重视信息传达的有效性。由于大型枢纽站交通流线极为复杂，导向标识系统应考虑不同路径的功能、人流量、容易造成人流聚集的位置、主次通道是否有阶梯错落、人的视角、捷径效应等因素，然后进行布点设计。而且，应尽量用灯光、色彩等突出重要的信息，并避免被大量商业信息湮没。例如，在日本，各主要干线的火车、地铁、公交车及出租车等车身都用不同的颜色区分开来，并在导向标识牌中与之呼应体现，同时在交通路线图中标明，这样，只看到颜色或由颜色构成的编号就能找到自己换乘的车次，大大方便了旅客的出行。在铁路客站换乘空间中，导向标识多服务于流动的人群，为了使动态下的人们能瞬间做出准确判断，除色彩外，在选择字体时，必须注意可识别性和可读性。

（2）建筑设计手段。

① 结构作为引导要素，建筑结构是建筑师表达建筑语言的重要手段之一。在欧美国家的交通建筑设计中，建筑师非常重视结构表现，例如尼古拉斯·格雷姆肖设计的伦敦滑铁卢火车站，圣地亚哥·卡拉特拉瓦设计的斯塔德霍芬火车站，伦佐·皮亚诺设计的日本关西国际机场等都堪称结构表现的典范。近年来，结构表现亦逐渐受到国内建筑界的重视，如上海南站、北京南站、武汉站等就将结构纳入建筑造型考虑之中，给人带来耳目一新的感受。当然，结构不只是造型元素，还能成为交通流线的引导要素，如关西国际机场就是让建筑结构成为"在里面行走的人的指示图"。

② 空间的对比与渗透。空间虽然属于建筑围合的不可见部分，但却是产生建筑形体的第一要素。在铁路客运枢纽站换乘空间设计中运用空间的对比和渗透等手法，塑造换乘空间的可识别性，增加换乘空间的引导性。对比是空间处理最有效的方法之一，它包括大与小、高与低、曲与直、虚与实等方面。空间的大小对比，相邻的两个空间，如果体量相差悬殊，当由小空间进入大空间时，可借体量对比使人引起心理上的突变和情绪上的振奋。可将楼梯过道、换乘通道等小空间与换乘大厅、站厅等大空间形成对比，增加趣味性，如里昂机场铁路车站沿着狭长的通廊进入车站的集散大厅——一个二层通高的空间，顿时有"豁然开朗"的感觉。高低空间的错落，天花板的高度变化或者地面的起伏，不仅能丰富空间的趣味性，还能增加换乘导向性。如巴黎北站的大巴黎换乘中心，换乘大厅的屋面随室外地坪的升高而升高，将换乘大厅的内景展现在人们眼前，含蓄地向人们暗示着复杂的换乘流线。空间的虚实对比利用虚实空间对比取得一定的变化，不仅能使建筑造型变化丰富，耐人寻味，还能使身

处其间的人们明确自己的行进方向，柏林新中央车站由于利用了建筑体块的虚实搭配，使建筑物内的方向感非常明确。

　　空间的渗透可分为水平空间的相互渗透、垂直空间的相互渗透、内外空间的相互渗透。空间相互渗透能在各个功能分区之内建立起直观的视线联系，建立不同功能区域的信息传递，提高系统内部各空间之间的透明度，形成"人看人"的视觉效果，从而增强空间的导向性。水平空间的相互渗透使被分割的空间保持一定的视线连通关系，不仅能增加空间的层次感，还能形成有效的空间引导，如意大利都灵伯塔苏萨车站（Turin Porta Susa TGV Station），位于换乘大厅内的旅客能隔着玻璃幕墙看到旁边的站台及行驶的火车，这是不分国籍和语言的最生动的导向标识。垂直空间的相互渗透指铁路客运枢纽站的换乘空间不仅要考虑同层空间的渗透，还可以通过楼梯、夹层、中庭等空间的设置形成多层垂直空间之间的相互穿插渗透，这样不仅丰富了空间的视觉效果，还可使旅客感知到更多功能空间要素，增加其建筑体验，如比利时舒曼车站，位于地铁站台层的旅客能看到上一层的国铁站台，只要旅客通过对应的楼扶梯，便能方便地完成地铁和国铁的双向换乘，换乘层通过尺度超大的中庭和多部楼扶梯建立起视线和行为联系，任一层平面上的旅客都能看到高架站台和地下站台，从而明确自己的行进方向。内外空间的相互渗透指对于地下空间而言，如果能做到内部与外部空间的交流，无疑会减少地下空间的压抑感。通过一些设计手段将阳光、绿化等自然要素引入，不仅使空间变化多样，而且还能增加空间的引导性。在香港机场快线香港站的设计中，建筑师尽可能地把自然光引入地下层，阳光透过入口大厅北侧的大面积玻璃幕墙、首层和地下一层地面上的开口洒到位于地下二层的机场快线大厅，不仅为从地铁东涌线换乘机场快线的旅客指示了方向，并且暗示了出口的位置。柏林新中央车站在各层平面上的巨大开口，使适量的自然光得以进入地下深处的南北向站台层，从而使旅客得到外向的心理体验，消除在地下的封闭感，并保证人们能清楚地确定自己所在的位置。

　　（3）室内设计手段。

　　室内设计手段包括实体元素的诱导传达、雕塑/小品、色彩/材质。实体元素的诱导传达方面，实体元素如直跑楼梯、自动扶梯等通常都具有一种引人向上的诱惑力，暗示出上一层空间的存在，将人流从低处空间引导至高处。对于较长的通道，水平自动扶梯的设置不但方便旅客的通行，也会对行走起到导向作用。雕塑、小品等可以成为行进过程中重要的识别因素，以自身丰富的形体特征为人们定向指引，具有超越语言的直观性。荷兰斯洛特代克火车站（Sloterdijk Station）通过悬吊在楼梯上方的色彩鲜艳的雕塑来增加高架站台与大厅之间的导向性。丹麦霍耶措斯楚斯火车站在通往站台的自动扶梯上方，用吊索悬挂着一组名为"浮云"的雕塑，作为定位和导向指示的参照物。换乘空间的色彩和材质对于识别性和引导性的影响是相当大的。不同的色彩和材质往往传达了不同的信息，对人们的行动有着潜在的影响。在换乘空间衔接的各方向通道口、楼梯口等的构造、装饰等，采用不同的颜色或者材质加以区别，可方便旅客认知、记忆。色彩对人们的知觉有各种不同的作用，不同色彩引起人们的识别性的差异是由于不同色彩的诱目性和认知性的不同引起的。当人们无意识地观看色彩时，容易引起注视的特性称为诱目性。根据实验，五种色光诱目性的顺序依次是：红＞蓝＞黄＞绿＞白。色彩的诱目性和背景相关，一般来讲，与背景明度相差大的色彩或者有补色关系的组合，都有增加醒目的效果。此外，色彩的诱目性也很主观，它与人的情绪心理以及相关的文化背景都有密切的关系。认知性则是色彩容易被人们眼睛所识别的性质。色彩的认知性与背景色关系比较大，不同背景色对色彩的认知性起决定性的影响。材质的可识别性不如色彩那么明显，往往与色彩组合使用加强识别效果。如巴黎北站大巴黎换乘中心，各方向交通方式是这样设计的：瓷砖墙面表示通向巴黎地铁，红色涂料的横梁和柱子表示通向高速郊区地铁夹层，木质隔音板表示通向高速郊区地铁 E 线。

（五）换乘评价

效率是评判铁路客运枢纽站换乘体系质量的重要标准，对效率的重视其实是对人的关怀。枢纽中各种交通方式相互协调，应具备一定的技术设备物质基础和相应的组织保障。具体地说，应从客运设备的匹配性、换乘过程的连续性/顺畅性等方面评价换乘体系的效率。这几个方面的基本条件是相辅相成的，只有保证换乘过程的连续、顺畅性，不同交通之间相互匹配并辅以必要的组织和制度保证，才能真正实现一体化的交通模式。

在客运设备的匹配性方面，枢纽的各种客运设备的通过能力、运送能力应相互适应，它体现在通过的列车数/服务的乘客人数等一般的指标中，或者说体现在这种设备接运的运输量与所需的单元运输工具的能力及数量的相适应上。因此，各种客运交通方式之间应设置内部的衔接换乘设施或一定的候车场所（如换乘大厅或公共候车大厅），衔接换乘设施通过能力及候车场所的容纳能力也应与相邻接的客运交通方式的运输能力相适应。只有当铁路客运和城市轨道交通等换乘环节能够及时集散彼此的客流，各自的运输能力、容纳能力相当时，才能实现相互间的良好衔接。否则城市轨道交通运送能力太低、换乘枢纽规模过小、客站检票口通过能力不足等，会造成各种方式衔接换乘的效率低下甚至换乘失败，难以充分发挥各交通换乘的优势和作用。

关于换乘过程的连续性，这是组织交通衔接最基本的要求和条件，也是判断枢纽效率的重要指标，乘客在不同的客运交通方式之间的转换应是一个完整的连续过程。关于换乘过程的顺畅性，换乘客流应该是一个不受阻碍或拥堵的顺畅过程，即理想情况下旅客应不间断、无延误地完成换乘的全部环节，整个换乘过程所需时间主要包括步行时间、候车时间；只有当两种交通衔接过程通畅和紧凑有效，使客流均匀地分布在整个出行流程上，不至于在中间关键环节上聚集，才能保证换乘过程的通畅和有序。从客流组织上说，为确保换乘枢纽中各种客运交通方式间的相互协调，应设置相对应的各级管理组织，并制定配套可行的相应制度，为各种方向、各种交通方式之间的换乘提供必要的服务和指导。

六、铁路客运枢纽换乘衔接组织

（一）铁路客运枢纽换乘系统构成

铁路客运枢纽是城市与其他交通方式及各种交通方式间的主要换乘场所，其核心功能是换乘功能，同时还具有集散、停车、引导、信息功能。随着铁路客运枢纽的发展演变，枢纽由一般的客运站发展成为大型铁路客运换乘中心枢纽，各种交通方式在枢纽交汇，车流、人流交叉现象严重。对此，为了保障枢纽内各种交通运输方式能够高效运转，本着"渐零换乘、零换乘、以人为本、服务大众"的设计理念，须对枢纽的交通换乘组织进行深入规划研究。

在对铁路客运枢纽站换乘进行分析之前,有必要对铁路客运枢纽站换乘系统构成例进行分析,铁路客运枢纽站换乘系统由设备子系统、信息子系统、人员子系统、技术管理子系统及附加服务子系统等部分构成;设备子系统主要包括铁路客运枢纽站外部运送方式设备、中转换乘服务设备及其他设备;信息子系统主要为旅客的出行和换乘提供各种各样的信息服务,例如枢纽站内换乘或路径指示信息、出口方向指示信息、票务信息、换乘站场内拥挤状况与车辆等待状况信息等;铁路客运枢纽站人员子系统主要包括旅客和系统内部的职工;技术管理子系统主要包括各种作业技术、方法和管理制度,属于系统软件部分,保障枢纽内不同交通方式协调配合;附加服务子系统主要包括书报栏、休闲广场、便利店等商业设施和服务设施,满足人们通勤购物、休闲需要。铁路客运枢纽站换乘系统构成如表3-9-3所示。

表3-9-3 铁路客运枢纽站换乘系统构成体系

子系统	具体构成
设备子系统	外部运送方式设备(各交通方式线路设备、各交通方式站点设备)、中转换乘服务设备(衔接换乘设备、票务服务设备、信息服务设备)、其他设备(动力设备、信号通信设备)
信息子系统	内部旅客换乘诱导信息、外部运送方式行车信息、其他有关方面信息
人员子系统	系统内旅客(直达旅客、中转换乘旅客、集散乘客)、系统内工作人员(管理人员、服务人员)
技术管理子系统	作业技术、管理制度
附加服务子系统	商业服务设施、社会服务设施

(二)铁路客运枢纽换乘目标

从词语的本义上分析,"换乘"就是人员转换运输工具的行动,因此,换乘的本质是一种交通行为。从旅客的角度理解,"换乘"是旅客在出行过程中,在铁路客运枢纽内一种交通方式或交通工具变为另一种交通方式的交通行为。

旅客是换乘的主体与施动者,换乘的首要目标应满足旅客对换乘的需求。通常情况下,旅客对于换乘过程希望快捷、便宜、安全、舒适。换乘可能增加出行时间和出行费用,由于换乘而可能出现晚点、到达目的地的时间不确定等,因此,从旅客的出行心理来看,换乘存在许多负面的影响,旅客一般都不愿意选择换乘。旅客对于换乘的首要需求应是快速、直接的换乘,由此决定了换乘的目标中应具有通畅性和连通性的要求。所谓通畅性,指的是旅客在换乘过程中的时间消耗在旅客可以接受的范围之内;连通性指的是与铁路客运枢纽中衔接的公共交通方式,在不影响枢纽换乘功能的前提下,应尽量与全市的主要客流源地相连以方便旅客出行。

对于为旅客提供换乘服务的铁路客运枢纽而言,它应在发挥枢纽的既定功能的同时满足旅客的换乘需求,以最小的成本换取最大的效益。因此,从枢纽的角度理解,换乘的目标应体现在能力性与结构性两方面。能力性指的是枢纽的规模供给能力能满足旅客换乘的需求;结构性指的是通过合理配置枢纽中的各种交通方式,优化各交通方式的分担比例,从而使枢纽能以最大的效益满足旅客出行的各种需求。

（三）一体化换乘组织原则

一体化的设计理念是铁路客运枢纽换乘衔接组织的一个重要原则。一体化换乘枢纽能够保障城市客运交通系统的高效运转，为广大出行者提供便捷、安全、舒适的换乘条件。该理念是指综合考虑不同层面的交通联系、疏解与引导功能，通过整合优化各类交通资源及对各类交通方式流线的合理设计，实现铁路与城市轨道交通、常规公交、小汽车等交通方式间实现"渐零换乘""无缝换乘"。同时，在倡导公交出行方式以及增强公交运营单位竞争力、提高效益等方面发挥积极的支持作用。一体化换乘枢纽已经成为大城市客运交通系统中具有重要意义和突出作用的组成部分，一体化理念的优化以及一体化枢纽的规划建设，已经成为优化城市交通出行环境、缓解城市交通问题的关键环节。一般来讲，一体化换乘衔接组织设计主要包括以下几点：以人为本（尽量保证枢纽结构紧凑，以缩短换乘距离，合理布置客流集散点和进出站及换乘旅客的出行方式，优化换乘路径，缩短换乘时间）；最短距离（当枢纽选址位于十字路口附近时，应使其出入口分布在路口的四个方向，尽可能减少换乘客流横穿街道次数，使地面公交车站尽量靠近城市轨道交通枢纽出入口）；通过平面流线分离设置和立体设计实现交通分流（平面流线分离设置对地面空间的需求较大，会产生各种交通流之间的交叉；立体化设计理念的落实应以充分发挥各层面功能、保证设施的高效利用为基本原则，流线设计与换乘组织应本着安全、高效、便捷的思想，充分考虑人在枢纽中进行换乘时的需求及心理特征）；集中管理（交通综合体系的建设应考虑将交通换乘与商业等功能相结合，在设计中应当通过潜在引导使得枢纽与相关物业相互带动、相互促进，并最大限度地充分利用地下空间，在控制地面土地利用规模的同时，创造通达便捷的集散吸引空间，结合周边条件刺激相关物业的开发）；交通协调（通过各种交通方式换乘系统的合理布局，促进动、静态交通的均衡分布；枢纽的地理位置及其周边道路的疏解条件，设施配套情况应与枢纽的功能、规模、能力相适应，设施与导向系统的配套应充分体现人文关怀，保证人在枢纽内行动的舒适、安全；减少公共交通与其他交通方式的相互干扰，引导居民出行选择高效的公共交通方式，实现道路网络运送人流的最大化）。

（四）换乘衔接空间布局形式

铁路枢纽布局从总体发展来说，正由平面式的布局站前广场换乘向立体式的客运枢纽布局形式方向发展。一般来说，根据枢纽内基础设施布局形式，铁路客运枢纽可分为三种类型：平面式、立体式和混合式。近几年建设规划的铁路客运枢纽多采用立体布局、混合式布局，既可以提高枢纽内的换乘效率，减少了换乘时间和换乘距离，又很好地遵循土地利用的集约化原则，同时有利于城市经济发展的新增长。

1. 平面式布局

通常铁路客运站站前广场布局相对功能分散，占地面积大，换乘距离和换乘时间都相对较大，但有利于交通功能的布局和工程的实施，方便各个不同交通部门的各自管理。由于人流和车流在同一层面内进行，因此相互之间的干扰较大，适合客流量较小的枢纽采用。为了解决枢纽的人车混乱，需要把各种人流和车流的结合点和结合面分块设置。根据铁路客运站和周边道路的衔接关系，客运枢纽可以分为垂直型枢纽、平行型枢纽、斜交型枢纽和复杂性枢纽。

2. 立体式布局

立体式布局是通过空间的利用布置多个不同的交通功能层，实现垂直换乘的目标，换乘时间和换乘距离短，土地利用率高，往往结合商业和居住；但工程难度较大，一次性造价高，交通压力大，可能需要各种高架匝道和地下隧道。

3. 混合式布局

混合式布局是枢纽内平面式与立体式相结合的布局模式。该模式是建立在联系化、集约化的基础上，根据城市各功能空间的特性和要求，结合具体环境条件进行设计的开发形式。最早的铁路客运枢纽大多采用平面布局模式，占地面积大，步行距离长，换乘效率低。

（五）铁路换乘衔接系统特性分析

铁路客运枢纽本身是一个由多个相关要素构成的具有特定功能的系统，它不仅具有系统的一般特征，同时还具有区别于其他系统的特性，主要表现在以下方面：

（1）功能与目标的统一性。作为一个系统整体，铁路客运枢纽系统具有统一的功能与目标，即完成枢纽内旅客运输的中转和集散到发作业，确保旅客运输全过程的实现和运输过程的连续性，满足运输网及枢纽区域交通运输需求。

（2）铁路客运枢纽的开放性。铁路客运枢纽是综合交通运输大系统的子系统，同时又是枢纽所在区域大系统的一个子系统，铁路客运交通运输系统和区域系统成为其外部环境，铁路客运枢纽与周边社会经济系统的融合决定站点的开放性和环节性。

（3）内部空间的实体连接性。在铁路客运枢纽中，交通基础设施和不动产部分之间最显著的关系就是其实体相连性。将铁路客运枢纽内部的车站和商业设施、地上和地下空间的一体化，达到旅客流线完全与机动交通分离。

（4）构成与结构的复杂性。铁路客运枢纽连接着一种或多种客运交通方式和多条客运交通线路，每一种客运交通方式或客运交通线路又按一定的布置原则和技术要求统一配置而成。为实现各种客运交通方式或不同线路之间的相互协调，所有客运交通方式和线路的运输设备的布局与配置必须统筹安排，由此构成了铁路客运枢纽结构的复杂性。

（5）适应性和自组织性。当铁路客运交通运输网络和城市社会经济系统等外部环境发生变化，需要改变和调整铁路客运枢纽的功能及目标时，铁路客运枢纽的自身结构及特征可进行相应的改变。如城市客运交通运输网络个别区段客流负荷过大，从而导致客流本身进行调整，自动寻找负荷较小方向，保证向稳定状态的过度。

（6）各个子系统发展不平衡性和技术差异性。由于铁路客运枢纽内各种客运交通方式形成过程及发展不尽相同和平衡，各种客运交通方式具体运行过程和技术设备配置各有特点，决定了枢纽内子系统之间存在一定的技术差异性。

（7）各子系统间、要素间的相互协调性。铁路客运枢纽本身是一个复杂的系统，具有诸多系统特性。在进行铁路客运枢纽的规划与设计时，必须将其视作一个客观系统对象，结合其特性运用系统分析的理论与方法进行研究。

（六）铁路客运交通换乘组织系统分析

铁路客运枢纽交通换乘衔接组织是指为保证交通对象能够实现出行目的而协助其在不同交通方式或交通设施之间搭乘转换，以及在此过程中提供的载运接驳设施，如衔接通道及线路、换乘站厅等交通服务。铁路客运交通换乘组织系统具体包括以下四个基本方面。

1. 换乘枢纽的基础设施建设

在枢纽换乘站的设计中，交通方式间的转换空间、等候空间等基础设施要求同步规划与建设，这些空间应具有安全性、可识别性和方便性，设计中要求体现人性化设计思想，以方便不同交通方式的转换过程。

2. 换乘运营衔接规划

铁路客运站枢纽换乘衔接规划站内车辆的进出，客观上要求与铁路客运枢纽基础设施布局规划相配套、运能匹配、运营时间衔接、场站规模等相协调，以便于人流、车流在铁路客运枢纽内部实现高效运转。

3. 合理组织交通流线

现代铁路客运枢纽涉及大量复杂的交通流线，如按流动的实体可分为人流、车流及行包流等。合理组织交通流线是换乘组织的关键，准确的流线分析是流线设计、组织的依据。按照以人为本的规划理念，用发展的眼光对铁路客运枢纽中的流线进行全新诠释，对流线组织提出建议，为铁路客运枢纽的空间布局、客流疏导服务。

4. 换乘信息服务建设

一体化交通的发展要求具备先进的客运换乘信息服务系统，换乘信息服务系统应能满足不同层次的需要，能及时准确地采集、处理、分析、存储、传输客流转换过程中所产生的各种信息，使乘客在出行中了解何种交通工具可乘和如何选择最佳的交通工具组合方式，以便为旅客提供合理的行车时间与路线，方便乘客换乘。

（七）换乘衔接模式分析

铁路客运枢纽与城市交通的换乘衔接体系，以城市内外连通的铁路客运枢纽为主体，对城市以城市轨道交通（地铁、轻轨）、常规公交、出租车（含社会车辆）、自行车、步行等城市内部交通方式为其衔接接驳体系。根据现在国内对铁路客运枢纽的研究定义以及国内外的研究现状表明，大型铁路客运站即综合交通枢纽的一种主体表现形式。

在铁路客运枢纽换乘系统中，追求的目标是综合换乘距离最短，因此要求每一个换乘系统都为"零换乘"是不现实也不切合实际的，但每一种换乘系统都具有自己的特有功能，根据客运站换乘客流量的大小，系统可设计为"渐零换乘"。以下是铁路客运站枢纽换乘模式的几种不同形式。

1. 与城市轨道交通换乘衔接

城市轨道交通是城市内部交通的一种重要衔接的方式，是铁路客运枢纽重要的换乘衔接方式。城市轨道交通由于运营本身特点，车站规模相对比铁路客运站小很多，通常在城市内的轨道交通车站设计为高架、地下两种形式，依据与铁路站相对布局的位置关系，主要有站外换乘、通道换乘、站厅换乘、站台换乘、混合换乘等换乘衔接方式。铁路客运站与城市轨道交通之间换乘的衔接布局如表 3-9-4 所示。

表 3-9-4　铁路客运站与城市轨道交通之间换乘的衔接布局

换乘衔接方案			特点及适用条件	换乘方式
地面铁路车站与城市轨道交通车站	地面轨道交通		车站站前广场空间换乘；占地大，换乘距离长，交叉干扰严重	站外换乘
	地下轨道交通	分开	通道换乘，便于分期建设；施工难度大，施工期间需分散客流，换乘距离较长	通道换乘
		集中	有条件实现同站台换乘，换乘距离小；适用于两站同步建设	站厅换乘、站台换乘
	高架轨道交通	分开	自成体系，便于分期建设；换乘距离较长	通道换乘
		集中	有条件实现同站台换乘，换乘距离小；适用于两站同步建设	站台换乘
高架铁路车站与城市轨道交通车站	地面轨道交通	分开	换乘距离长，综合造价高；适用于分期建设	通道换乘
		集中	同台换乘方便；综合造价高	站台换乘
	高架轨道交通		候车厅设于地面，车场高架高度高，设计施工难度大，换乘交叉干扰程度最小	站台换乘
	地下轨道交通		换乘较方便消除对城市的分隔；投资大，结构复杂	站厅换乘、混合换乘
地下铁路车站			投资大，施工难度大。	

2. 与常规公交换乘衔接

常规公交是铁路客运站内外交通衔接的主要运输方式之一。城市公交系统是大多城市居民出行主要依靠的交通方式，其灵活的特点将城市区域内各点的客流运送到铁路客运站。地面公交线路包括首末站线路和过境站线路。为减少市内交通对对外交通的干扰，不能过多地将城市的公交线路引入铁路客运站并设置公交终点站。根据铁路客流的到发量，适当安排以铁路客运站为终点的公交线路，部分线路设置为过境线路。由于常规公交这种交通方式费用小、网络辐射面较广，因而这种换乘方式在铁路客流与铁路交通中转换乘中占有较大的比重。

铁路客运站与常规公交及长途车站的衔接方式有两种类型，一种是在站前广场或铁路站附近集中紧靠客运站设置公交到发停车场和长途汽车站，公交枢纽站一般设在铁路客运站客流出口一侧；另一种是在铁路客运站站前广场衔接的主干道为过境线路设置公交停靠站，尽量设置在铁路站一侧入口和铁路客运站衔接紧密，实现一体化换乘。铁路与城市其他交通方式之间换乘布局衔接如表 3-9-5 所示。

表 3-9-5　铁路与城市其他交通方式之间换乘布局衔接

衔接方案		优点	缺点
铁路客运站与公交车站	公交车站（分设）	公交站便于管理，进站出站客流互不干扰	不同路线公共汽车换乘不方便，易堵塞公交站出口
	公交车站（合设）	不同路线公共汽车换乘方便，换乘距离最短	反向客流产生交叉干扰，在干道上设置不便管理，安全性差
铁路客运站与城市其他交通方式车站	出租车站	布置形式采用停车场与接送站台相结合的方式，出租车站点应设在尽量靠近出站口的位置	
	社会车辆停车场	社会车辆停车场考虑用垂直式，用地最紧凑，并且较为整齐，边角地带若无法采用垂直式，可考虑采用平行式和斜放式	
	人行交通	在候车大楼或广场上为行人设立步行区域；采用地下通道作为站前广场行人行走空间；采用高架人行平台的方式布置站前广场，作为站前广场的行人行走空间；在适合的地点设置步梯与地面公共汽车站、出租车站等连接	

3. 与出租车换乘衔接

铁路客运站与出租车是内外交通换乘的另一种重要的换乘方式。与常规公共和轨道交通地铁、轻轨不同，出租车属于个体交通工具，具有快速直达的优势，集中性比以上两种方式要好，适合于经济收入较高人群、对快速性要求高的旅客换乘。铁路客运站应设置出租车下客区和候客区，下客区靠近进站口，候客区靠近出站口，由于铁路旅客一般是通过站台地道离站，因此，在设计铁路客运枢纽站时可将地下出入口处设置租车候车区，出租车进出站流线应以通过型比较适合，这种方式更便于旅客换乘。

4. 与社会车辆换乘衔接

铁路客运站应设置社会车辆停车场。进入铁路客运站的社会车辆一般需要在车站滞留，如接送旅客的社会车辆，因此应设置社会车辆停车场。为减少社会车辆停放占用站前广场一般应设置停车场。停车场可以为平面类型，也可以通过修建地下停车场或立体停车场减少对城市上地的占用，而后两者应是最佳的选择。为减少公交车与社会车辆、出租车的相互干扰，产生交通堵塞问题，由出租车与私家车产生的人流、车流的走行线路需要和城市公交系统产生的客流、车流统一规划布局，避免不同流线间发生交叉冲突，必要时甚至可通过修建专用通道使不同的流线在平面上或空间上得到分离或者分流，实现人车分流。

5. 与自行车及行人换乘衔接

人行交通在站前广场应有所设计规划和指示，铁路客运站内也应修建相应的自行车停放场所，包括立体化的停放设施，为采用环保交通方式的旅客提供服务。特别是一天往返的城市居民，早上乘坐高速城际列车出门办事下午返程，自行车停放场所的设置能够引导和促进更多的出行者选择环保的交通方式。

（八）铁路客运枢纽运营衔接规划

铁路客运枢纽是旅客实现城市内外交通转换的主要场所，旅客在枢纽站由铁路换乘城市交通。城市交通的布置应能保证旅客快速疏散，不用滞留车站，各种交通方式的分担比例也应该满足旅客的选择需要，这就要各种交通方式的集散能力和铁路客运的高峰客流量与之相匹配。首先对铁路客运枢纽与城市交通其他方式运能匹配协调进行分析，对铁路高峰期客流量相匹配指标进行分析，在运力协调的基础上对铁路与城市交通的运营时间衔接做出相应的分析，最后根据铁路高峰期客流量与城市各种交通方式的客运能力协调以及运营时间来确定换乘设施的规模适应性。

1. 运能匹配协调

铁路枢纽与城市其他交通方式的运能匹配度指标是指市内交通为枢纽集散客流的能力，用来衡量枢纽内铁路客运与市内交通换乘系统两方面运能的协调性，判别衔接换乘客运场站和设备的适应性，可用铁路列车高峰到达时铁路客流换乘公交的客流量与市内交通总运输能力的比值表示。运能匹配指标与铁路列车的输送能力、城市各种交通方式的输送能力、铁路列车到达旅客换乘市内交通的占总人数的比例、铁路列车客流换乘城市各种交通分别占总的客流的比例以及城市各种交通方式客流换乘铁路列车的比例等因素有关，运能匹配度指标计算式为：

$$y_i = \frac{Q_{zt} p_g p_i}{C_i \beta_i} \tag{3-9-1}$$

式中　y_i——第 i 种交通方式的运能匹配度；

　　　Q_{zt}——枢纽内终到列车下车客流量；

　　　p_g——铁路乘客换乘城市公共交通的比重；

　　　p_i——轨道交通、常规公交、长途车、出租车以及社会车辆所承担铁路客运量的分担率，%；

　　　C_i——第 i 种交通方式的换乘衔接的客运能力；

　　　β_i——铁路客运枢纽乘客换乘地铁、换乘常规公交、换乘长途车、换乘出租车、换乘社会车辆占地铁、常规公交、长途车、出租车、社会车辆的比例。

根据上述公式可以计算出来匹配度，其匹配度意义如下表。

表 3-9-6　匹配度意义

匹配度	好	较好	一般	较差	差
y 范围	0.86~0.9	0.91~0.95 或 0.7~0.85	0.96~1 或 0.54~0.69	1.01~1.1 或 0.38~0.53	大于 1.1 或 0~0.37

根据表 3-9-5，运能匹配度指标在 0.86~0.90 时最为经济合理，两者的能力匹配状况达到最优，既能提供良好的运输服务水平、有效地疏散客流，又不至于造成交通资源的浪费，获得铁路客运枢纽系统最佳的经济效益，其次为 0.91~0.95 或 0.7~0.85。当匹配度 y 不在上述范围内时，表明城市交通运输能力满足不了或者超过了铁路客流的换乘需要，越小越不经济，会造成城市交通能力的浪费，y 越大越不能提供良好的运营服务水平，城市交通不

能及时完全疏散铁路客运枢纽的客流，会造成客流的拥堵与滞留。如果各交通方式的客运能力不相匹配时，都会造成换乘不顺利，从而会在铁路换乘枢纽站滞留大量乘客。因此，在规划时，需要对不符合要求的换乘系统进行优化调整直至满足要求，使整个换乘系统达到最优。

2. 运营时间衔接

（1）城市轨道交通。

铁路客运枢纽站到达旅客换乘城市轨道交通的客流分布是不均匀的，有明显的脉冲性，换乘时间集中在旅客列车到达后的一段时间内，这段时间的长短取决于两交通方式设施衔接的紧密程度、车站进出站管理方案和旅客个体因素。若城市轨道交通与国铁的时间衔接不紧密，到站后需要换乘城市轨道交通的客流得不到及时疏散，就会造成旅客积压，影响下一次列车到达需要换乘城市轨道交通的旅客，给整个城市轨道交通的运营带来紧张气氛。

由于铁路客运综合交通枢纽的等级、规模、区位、客运任务分工及列车到发时刻安排的不同，铁路客流的大小及在全天不同时间段的分布也就不同。纵观不同类型的铁路客运枢纽可归纳出以下五种客流日分布曲线类型：

① 单向峰型（图 3-9-10（a））：客流分布相对集中，一个上车高峰和一个下车高峰早晚是错开的。

② 双向峰型（图 3-9-10（b））：客流有两个配对的早晚上下车高峰。

③ 全峰型（图 3-9-10（c））：客流分布无明显低谷，客流上下车双向客流全天都很大。

④ 突峰型（图 3-9-10（d））：上下车客流高峰突变，无明显规律性。

⑤ 无峰型（图 3-9-10（e））：双向上下车客流全天都较小，客流无明显的上下车高峰。

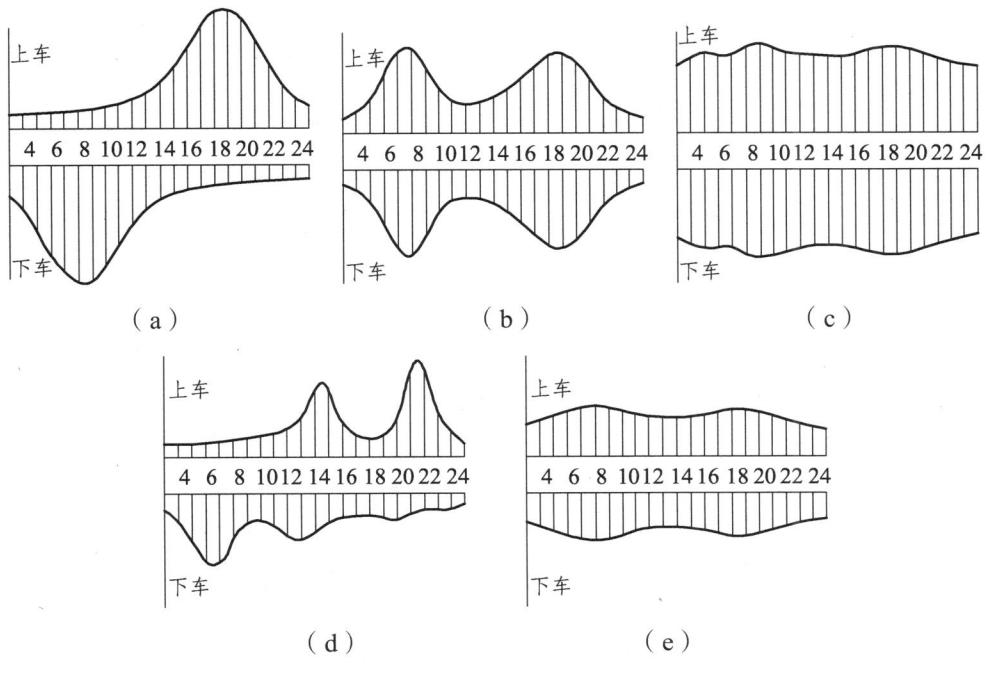

图 3-9-10　铁路车站客流日分布特征

铁路客流的时间分布特征是确定每日不同时段的铁路客运枢纽与城市轨道交通的运营时间的衔接的基础，明确"高峰期""平峰期"以及"低谷期"不同时段的铁路客运枢纽与城市轨道交通的运营时间的衔接，使铁路旅客输送能力反映相应的客流需求时间分布特征，以便与其他交通方式的运营能力协调。铁路客运枢纽客流量分布规律具有不均匀性，其主要原因是受节假日出现客流高峰等因素的变化影响，客流量呈现出周期性变化，如国庆节、春节等法定假日是影响我国城市铁路客运站客流变化较大的节假日。因此，应根据不同的情况确定铁路客运枢纽与城市轨道交通的运营时间的衔接规划。铁路客运站与城市轨道交通换乘时间衔接，一般以 5～10 min 为宜，对于站外换乘的旅客，从铁路客运站站台到达轨道交通的平均走行时间为：

$$T_{g1} = T_{gt} + T_{gj} + T_{mz} + T_{md} + T_{mq} \quad (3\text{-}9\text{-}2)$$

式中　T_{gt}，T_{gj}，T_{mz}，T_{md}，T_{mq}——旅客在通道、检票口、站外、地铁售票处、进站其他各阶段所需时间。

在国内一些早期大型铁路客运站，旅客换乘地铁站外走行距离较长，再加上高峰期集中旅客比较多，需要排队买票，使得旅客走行时间延长。而国外大型客运站多数都可以实现站厅换乘等方式，节省了旅客站外走行时间，目前国内新建大型客运站也基本都已实现了与城市轨道交通的站厅换乘等方式，大大减少了旅客的换乘走行时间。

（2）常规公交。

铁路到达旅客换乘城市地面公交的时间总是要滞后于列车到达时间，这一滞后时间称为换乘时间，可以分解为换乘步行时间、换乘候车时间和旅客出站通过检票口时间。铁路与常规公交的换乘时间衔接主要考虑地面公交的运营调度来配合铁路旅客列车的到发，公交主要是通过合理的调度来减少旅客的换乘候车时间，保证旅客换乘的连续性和通畅性。这就要求公交运行调度与旅客列车到发时刻保持高度的协调性，公交调度所要及时掌握旅客列车实时到发时刻、换乘旅客需求量、列车晚点等信息，适时改变原有调度计划，发布新的调度指令，保证换乘旅客的及时疏散。

假如铁路客运枢纽除铁路旅客外步行换乘公交的乘客服从均匀分布，并且其到达率为一常数；在一定时间范围内，公交的发车间隔时间为定值。根据假设，可得出步行到达公交车站换乘公交的乘客的总候车时间为：

$$T_{g2} = \frac{r \cdot I}{2} \quad (3\text{-}9\text{-}3)$$

式中　T_{g2}——步行到达乘客的总候车时间，min；
　　　r——乘客每分钟到达率；
　　　I——一定范围内城市公交的发车时间间隔，min。

设 R_j 为枢纽在某一时间区间内铁路客运枢纽第 j 个车次的到达时刻；t_0 从铁路站台转乘到公交车站候车的步行时间；S_0 为某一时间范围内第 i 班接驳公交的发车时刻；S_i 为某一时间范围内第 i 班接驳公交的发车时刻；Q_j 为铁路车站某一时间范围内第 j 次列车到达乘客中换乘公交的乘客；则在一定时间区域内由铁路站台换乘公交的总换乘等待时间为：

$$T_{g0} = \sum_{i=1}^{m}\sum_{j=1}^{n} Q_j[(R_j + t_0) - (S_0 + i \times I)] \qquad (3\text{-}9\text{-}4)$$

则在一定时间范围内铁路换乘公交的总候车时间为：

$$T = T_{g2} + T_{g0} \qquad (3\text{-}9\text{-}5)$$

换乘时间衔接的目标是某一时间范围内是乘客总的换乘时间最小，因此在不同时间范围内，结合铁路旅客列车的到发时刻，确定城市公交的不同发车时间与发车间隔时间，其中 $I_{\min}$、$I_{\max}$ 分别表示公交车站上下客流统计数据得到的能满足正常服务水平的发车最小间隔与最大间隔时间。线性规划可表示：

$$\min\ T = T_{g2} + T_{g0} = \frac{r \cdot I}{2} + \sum_{i=1}^{m}\sum_{j=1}^{n} Q_j[(R_j + t_0) - (S_0 + i \times I)] \qquad (3\text{-}9\text{-}6)$$

约束条件：

$$\begin{array}{l} t_1 \leqslant R_j \leqslant t_2 \quad j = 1, 2, \cdots, n \\ t_1 \leqslant S_i \leqslant t_2 \quad i = 1, 2, \cdots, n \\ I_{\min} \leqslant I \leqslant I_{\max} \end{array} \qquad (3\text{-}9\text{-}7)$$

根据以上模型，可以计算出铁路客运站在不同时间区域的衔接公交动态的发车时间与发车时间间隔。在不同时间段，根据不同的参数取值动态产生公交运行调度方案，从而达到城市公交快速、及时疏散铁路客流，旅客换乘时间最短。

（3）出租车

铁路客运枢纽出租车的运营组织属于排队论的问题，每个出租车的工作是相互独立的，其平均服务率相同 $U_1 = U_2 = \cdots = U$，即服从负指数分布。在旅客量较大时经常会出现排队现象，这种现象可以用 (M/M/C):(∞ /∞ /FC/FS) 模型来表示。

旅客换乘出租车所需时间可用下式表示：

$$T_c = T_{ct} + T_{cj} + T_{cz} + T_{cp} \qquad (3\text{-}9\text{-}8)$$

式中　T_{ct}，T_{cj}，T_{cz}，T_{cp}——在通道走行时间、检票时间、出站口到出租车场走行时间、排队等候时间。

3. 设施规模适应性

铁路客运枢纽换乘系统设施规模的组成情况，可以总结归纳为以下几种类型：① 场站类设施；② 车辆类设施；③ 集散类设施；④ 通道类设施。

（1）场站规模类设施分析。

铁路客运枢纽内场站类设施主要有轨道交通站台、常规公交场站、出租车停车场、社会车辆停车场和自行车车辆面积。站场类设施面积需求分析不仅要考虑各种客运方式运载工具的停放场站、掉头空间以及运行通道的面积，而且还要考虑乘客集散和候车所需场地的面积。

对于铁路客运枢纽内可能存在的停车空间和停车设施不足、公交站点设置用地分配不合理、缺乏自行车停车场等问题，应本着以人为本的理念，合理确定铁路客运枢纽内城市交通场站设施综合规划，以提高铁路客运枢纽内城市交通设施的容纳能力。

① 轨道交通站台面积。轨道交通站站台总面积的计算主要取决于列车车厢数、人流密度、超高峰系数、每辆车容纳人数以及上、下车乘客百分数。

② 常规公交场站面积。铁路客运枢纽衔接的公共汽车场站设施面积，主要由常规公交车的停放空间、高峰小时集散客流数量、候车空间决定。

③ 出租车停靠站面积。铁路客运枢纽内出租车停车场主要为出租车停车候客服务，其面积主要考虑所需出租车候车廊的面积及车流、人流流线组织所需的面积。

④ 社会车辆停车场面积。社会车辆主要是为接送乘客服务，社会车辆停车场的面积，主要计算乘客上下车所需面积和车辆停放所需面积两部分。

⑤ 自行车车场面积。自行车停车场设计规划的计算与机动车停车场规模类似，主要考虑到达枢纽的自行车车辆数、每辆车停用面积以及自行车停车场周转率。

综上所述，站内车辆的进出客观上要求与铁路客运枢纽基础设施布局规划相配套协调，以便于人流、车流在铁路客运枢纽内部实现高效运转，实现一体化换乘。

（2）车辆类设施分析。

在铁路客运枢纽客流高峰到发时段内，可集合与疏散客流各类交通方式的车辆数，其中城市轨道交通、常规公交和出租车是客流集散的主要方式。计算铁路列车密集到达时段内应到达铁路客站的城市轨道交通车辆数主要取决于铁路列车密集到达的平均间隔时间、每一列列车平均乘客人数、每一列城市轨道交通列车载客量、城市轨道交通所承担铁路客运量的分担率、为铁路乘客换乘城市公共交通的比重、城市轨道交通车辆始发时的满载率；计算铁路列车密集到达时段内应送达铁路客站的常规公交车辆数取决于每一辆常规公交车辆的平均载客能力、常规公交所承担铁路客运量的分担率、铁路客运常规公交的客流量占常规公交集散客流量的比重、常规公交车辆始发时的满载率；对于社会车辆的计算方法，可以参照出租车的计算方法；对于长途客车的计算方法，可以参照常规公交的计算方法。

（3）集散类设施分析。

集散类设施主要是指在铁路客运枢纽内为步行服务的设施，即集散客流在枢纽内步行所需的规模。对于铁路客运枢纽而一言，客流的集散主要是指客流通过枢纽实现其交通方式转换。通过步行的方式进入或离开枢纽，需要提供为集散客流在枢纽内步行所需的设施。集散类设施主要由换乘集散大厅和站前广场组成，此处主要对站前广场作相应的分析，站前广场是铁路客运站的主要换乘空间。广场规模在我国通常由铁路部门根据铁路客运枢纽的客运量来决定，而对站前广场要求最高的则是火车站，这是因为铁路客运站的集散人数是最大的，同时也是交通最为复杂的，客运站站前广场规模可参考表3-9-7所示。

表 3-9-7 规模不同的铁路客运站站前场规模

客运站规模	最高旅客集散人数/（人/天）	站前广场用地面积/公顷
特大型	10 000 以上	4～5
大型	4 000～10 000	2～4
中型	1 500～4 000	0.5～2
小型	200～1 500	0.5 以下

以上参考值只是针对铁路客运站的最高聚集人数提出的，其计算考虑的是客运发送量。从换乘空间规划设计的角度来看，应该按站前广场实际的旅客最高聚集人数计算，同时还应考虑在枢纽内进行集散的城市交通所需要的空间。这些除城市轨道交通外不占用站前广场，应根据常规公交、长途客车、出租车和社会车辆等所需要停车面积来确定。

（4）通道类设施分析。

通道类设施按照服务对象可以分为三种类型：进站通道、出站通道和换乘通道。三种通道设施都是本着"以人为本、服务大众"的理念为旅客进行服务，其中进站、出站设施主要有自动扶梯、进出站自动步行带，换乘设施有换乘通道等。

① 进站通道的宽度。

进站客流的到达可以认为是单个的、随机的，前后到达的乘客之间不具有关联性，对设施的服务时间没有很特别的要求，该类设施的宽度取决于换乘枢纽高峰小时的进站客流量、超高峰系数、各进站通道类设施所服务的客流量占整个进站客流量的百分比、各通道通过能力以及相应服务水平下的饱和度。

② 出站、换乘通道类设施宽度。

出站、换乘通道类设施宽度取决于枢纽高峰小时的出站客流或换乘客流量、铁路客运枢纽运输方式到达的平均间隔时间、各通道所服务的客流量占整个出站或换乘客流量的百分比、疏散每次列车出站客流或换乘客流所要求的服务时间。

（九）铁路客运枢纽交通流线组织

铁路客运枢纽站内人员、车辆、物品的流动过程和流动路线简称为"交通流线"。交通流线组织主要指人流、车流、货流的组织。流线组织作为枢纽内换乘组织的重要组成部分，直接影响综合客运枢纽疏散能力和客运设备的利用率，同时也是评价铁路综合客运枢纽服务质量和水平的重要指标。

铁路客运枢纽是车流与人流的集散地。多种交通方式在枢纽中汇聚，人流与车流形成铁路交通枢纽内的两大矛盾。一般大城市交通枢纽中至少集中了地铁、公交、出租车、社会车辆、自行车及行人等多种交通方式。因此，铁路客运枢纽可以看成是一座大规模的交通流换乘中心，同时是各种交通工具间交通流量交换的主要场所，提供各交通流量间的高效、快速、安全运转交换。

铁路客运枢纽换乘流线组织分为站前广场流线组织和枢纽内流线组织。前者人车分流的方法主要是在站前广场进行前后分流和左右分流，而后者主要是在枢纽内部实现换乘，枢纽内部上下换乘、立体分流，实现了换乘最优目标"零换乘"的理念，大大缩短了旅客的换乘距离和换乘时间，但是这种方法需要枢纽的换乘服务信息和诱导标志的引导和密切配合，才能实现一体化换乘。

（1）站前广场流线组织。

前后分流这种方法是将人流与车流分别组织在站前广场的前后部分，车辆从城市道路进入站前广场，在站前广场的前部行驶、停靠、上下乘客，旅客在广场的后部进出站房，相互不交叉干扰。这种分流方法的缺点是车流不能紧靠站房出入口，增加了旅客到达和集散客流的步行距离。这种方法需要合理选择旅客在战前广场后部活动区域的大小，一般步行距离以 50 m 内为宜。

左右分流该方法常将进站客流安排在站房的右侧，出站客流安排在站房左侧。即在同一平面上，站房及各种客运设备的布局是在同一平面上左右错开自成系统。通常采取右进左出的原则，左右错开。这种组织方法使人流的相互干扰比较小，也降低了进出口人流的集中度，相对比较安全。但是这种方法适合于横向布局的广场，便于车辆调头；其缺点是所有的机动车都通过站前广场，当公交车站设于广场外侧时，人车交叉严重容易造成堵塞。

（2）枢纽内流线组织。

大型的铁路客运枢纽集合多种的交通方式，以铁路为主导，配合有城市轨道交通、常规公交、长途客车、出租车、社会车辆和自行车等交通方式集于一体的综合客运交通枢纽，这是城市发展和社会经济进步以及科技发展的产物。枢纽内主要流线组织就是人流与车流的组织，本着"以人为本、科学合理、零换乘"的目标，在枢纽内利用立体分流实现一体化换乘。

立体分流是将不同的进出客流分别组织在不同的高层上，使进出站客流在空间上完全错开，达到了"零换乘"的目标。目前多采用上进下出的组织方式，如上海南站综合交通枢纽站和北京南站综合客运枢纽。这种分流方式彻底将进出站人流和车流分开，很好地解决了进出站客流交叉干扰的矛盾。

综上所述，研究铁路客运枢纽交通换乘流线组织分为两种形式：一种是行人交通流线组织，出站方向旅客到站从铁路站台至其他交通方式的场站、停靠点或站前广场，进站方向由其他交通方式的场站、停靠点或站前广场进入铁路站台；另一种是行车交通流线组织，城市轨道交通（地铁、轻轨等）、常规公交、出租车、社会车辆等各种车辆由场站或停靠站点出入城市道路路段的流线。

1. 行人交通流线组织

行人交通流线组织即人流线的最优化主要体现在人流的便捷方面。行人组织中，应有完善的诱导系统和服务信息，行人应规划有明确的通行空间。同时本着"以人为本，方便大众"的宗旨，尽量使人流的换乘距离和时间最小化、便捷化、畅通化。行人流线应尽量简单、明了，使旅客容易识别，人流尽量与车辆流动线分离，保证行人安全简化行人流线人行空间。

（1）城市轨道交通。

铁路客运站与城市轨道交通客运站的换乘客流量较大，必需合理地利用有关设施设备，对客流采取有效的分流和引导措施来组织换乘流线，否则就容易引起人流的交叉混乱，导致换乘不流畅，给旅客带来极大的不便。

在铁路客运枢纽建设中，客流的持续增加和规模的不断扩大，使得枢纽向立体化、综合化方向发展。因而，交通枢纽的衔接换乘方式就向多元化方向发展，同时有多条轨道交通线路经过客运站并与其交叉或会合，由于换乘方向具有多向性，铁路客运枢纽与城市轨道交通之间往往采用两种或多种换乘方式的组合，以达到完善换乘条件，方便旅客及时疏散。

同一点上的立体换乘可分为同一站台立体换乘和 T、十字形立体换乘。地铁、轻轨站等在客运站的正下方，通过垂直交通进行换乘，距离短、换乘方便。在上海南站的设计中，地铁 1 号线和轻轨 L_1 线在南站月台一端的地下相汇，形成了一个换乘大厅并与南站的入口大厅和出站通廊相连，乘坐地铁和轻轨进站的旅客可以先进入换乘大厅再通过垂直交通进入车站的大厅，出站的旅客在通过出站地道的检票口后，可以水平直接进入地铁和轻轨的换乘通廊去转乘其他的线路。

（2）常规公交。

旅客流线分为进站流和出站流，对于公交停车场布设在站前广场的情况，旅客步行距离较短，下客处尽量设置在进站口附近，上客处设置在出站口附近，且两者的流线避免交叉。公交客运站设在客运站站前广场附近的情况下，同时存在进站流和出站流，需协调组织公交客运站与铁路客运的进站流和出站流，公交客运站的出站流与铁路客运站进站流应处于同一流线上，而铁路客运站出站流与公交站的进站流也应处于同一流线上，两条流线尽量避免相互交叉干扰。

对枢纽内出现人流与车流交叉的现象，需要对穿过主干道换乘的人流进行人流分散，如成都北客运站利用地下通道换乘分散人流，避免了人流与车流交叉产生的不良影响，人流最终通过地下通道换乘方式进入铁路火车站站台，进站人流：公交站点—地下通道—站前广场—候车厅—上扶梯—站内天桥（地下通道）—上、下扶梯—站台。同样道理，出站人流：站台—地下通道—出站—站前广场—地下通道—公交站点。这样的换乘方式缓解、疏散了一部分人流，避免了与车流交叉产生的拥堵，对提高铁路客运枢纽旅客换乘有一定的作用。

（3）出租车。

出租车换乘旅客流线包括进站、出站流线。由于出租车停车场布设在站前广场，旅客步行距离较短，所以出租车停车场尽量设置下客区和候客区，下客区靠近进站口，候客区靠近出站口。但具体要根据枢纽实际的情况而定，以便于出租车和铁路客运枢纽顺利、畅通、便捷的换乘。以成都北客运站为例，进站流线：旅客—出租车停车场—站前广场—候车厅—上扶梯—站内天桥（地下通道）—上、下扶梯—站台；出站人流：旅客—站台—地下通道—出站—站前广场—出租车停车场。出租车人流达到换乘距离最短，实现一体化换乘。

2. 行车交通流线组织

铁路客运枢纽内需要进行车流交通组织的交通方式主要包括城市轨道交通、常规公交、长途车、社会车辆及自行车等，而铁路、城市轨道交通等一般均是枢纽的既定条件，可变空间极小，故在进行车流组织时可忽略不计。

根据我国对行车流线组织的经验，目前多采用平面流线分离设置和立体设计来进行车流组织，平面流线分离设置对地面空间的需求较大，并且在车流与人流之间存在一定的交叉，容易造成堵塞，立体化设计则可以充分发挥各层面功能，使各项交通设施得到高效利用。由于车流的主体是人，所以人流与车流之间必然有恰当的结合点或结合面，但立体化的组织方式可以将结合点减少至最低。

（1）常规公交。

车辆流线是指公交车辆在客运站内部及周围的行驶路线，研究交通换乘组织的主要目的是使公交车辆行驶流畅，降低对其他机动车辆产生的交叉干扰。大城市客运站的公交车辆具有车身长、体积大、转弯半径大，且公交车流线及发车频率都比较稳定，车辆进出停车场的频率较高且均匀等特点。公交车辆流线组织主要分为两种：一是场站内部流线组织；二是场站外部流线组织。公交车内部流线组织是在停车场内运行线路："到达—进站—旅客下车—检修—待发—旅客上车—出站"。它的组织目的是使公交车在场站内流线性移动，运行线路不迂回，且各条公交线路之间干扰最小。具体流线组织方式与场站的布局和场站与城市主干道衔接方式有关。公交车外部流线组织是在进站与出站时与主干道的衔接方式，一般是组织公交车辆右进右出城市主干道，这样对城市主干道干扰最小。当场站出入口直接衔接的是城市主干道路段，组织公交车辆右进右出或者左进左出；当场站出入口直接衔接的是城市主干道交叉口，需要根据各个方向的交通量和公交车辆左转、直行和右转的需要来设置交叉口控制信号灯，以减少对周边道路交通的干扰。当衔接的不是城市主干道且交通流量较小时，也可以考虑其他组织方式。

（2）出租车。

出租车流线组织的目的是让整个客运站车辆流线有序，更快地疏散旅客换乘，对城市主干道的交通影响最小，相互交叉干扰最小。设计要以旅客的心理和行为以及出租车在广场上可能的路线为出发点，以研究出站口、进站口以及广场周边道路的关系为基础，尽量做到人流、车流不交织。出租车进站出站流线组织分为站前广场外部流线和停车场内部流线两种。

出租车组织的原则是车辆右进右出，对于各种停车布置形式，不同的停车场布局有不同的流线组织方法。对客运站内部辅道而言，若是所有机动车共用，则选用物理隔离措施分开对向车流；若是出租车和小汽车专用辅道，只需施划车道标线分离对向车流即可。停车场共用出入口及宽度不是较大时，车辆进出停车场右进右出为好。对出入口分别设置的停车场，车辆进出方式就要取决于停车场内部车辆停放方式，原则上也是右进右出或左进左出。

出租车流线组织的原则是车辆进出有序，停车场流线组织比较简单，总的目的是让车辆在内部停靠、进出有序，停车容量达到最大，方便管理。对出租车停车场而言，流线的组织要结合出租车的运营方案，采用先到先走原则。进出口应尽量分开设置，出租车从进口到出口分成纵向几列并排组织，这样既使出租车在停车场内部行驶有序，又兼顾了先到先走的原则。出租车的流线与出租车通道及停车场关系密切，上落客地点及停靠方式确定以后，就应该组织出租车的流线了。一般情况下，以出租车通道兼为停车场地，车辆应遵循右进左出原则顺次排队，这样可节约用地，还可以与城市道路很好地结合。

七、铁路综合客运枢纽设计

（一）概 述

高速铁路的便捷性为城市带来新的发展契机，随着铁路的迅猛发展，各大城市催生出一批集各种交通方式于一体的综合性铁路交通枢纽，以此为核心打造城市中心或副中心已经成为城市发展的"引擎"。纵观我国目前在建的或已经建成的铁路综合客运枢纽，逐渐从平铺式向功能空间立体集约化的方向发展，同时枢纽内部大量的商业开发显露雏形。随着《中长期铁路网规划》的实施，一批铁路综合客运枢纽陆续建成投入运营；枢纽的交通组织设计也从早期的"广场集散型"演变到"车站 + 市政配套型"，不同的设计理念反映出枢纽不同的交通组织特征及综合开发特征。作为城市交通的一个重要节点，随着功能的完善以及周边商业、公共活动的增多，铁路客运枢纽作为一个系统也越来越复杂，从"单一交通中心"模式向"交通+城市功能复合中心"方向发展,"零换乘"+"商业价值"成为现代铁路综合客运枢纽的设计导向。

1. 广场集散型

广场集散型指以集散广场作为各种交通设施分流的集散地,各种人流、车流都在同一标高平面上行动、转换,其交通组织特性为以集散广场和站前道路为基础,出租车、社会车辆、公交、长途车等交通方式在地面上进行换乘,存在较为严重的人车混行。该类型枢纽几乎全部开发为交通用地及少量配套商业,缺少商业氛围,商业业态单一。

2. 单一综合体型

单一综合体型以铁路站房为核心,将各种交通设施的换乘集中在同一建筑中,垂直分流交通空间,形成多功能、综合、立体化的换乘模式,其交通组织特性为充分利用地下、地面、地上的垂直空间与周边道路进行换乘,实现人车分流,高效组织交通人流与商业人流,形成网络化空间交通流线。该种类型枢纽对交通、零售商业、餐饮、旅游、办公、文化、娱乐、展示、酒店等进行综合开发,但规模不大,大部分商业与交通强相关。

3. 车站+市政配套型(以车站为中心形成交通商务区)

该类型枢纽主要利用地下与地面的垂直空间与双侧站前道路进行换乘,有效减少人车冲突点,特别是桥式站,其周边道路跨越铁路相对容易,构成环形快速交通走廊,交通流量压力较为平衡,而且集交通、城市景观广场、零售商业、餐饮、旅游、酒店及地方文化为一体,具备城市和交通功能,重点体现地域文化、景观休闲、城市特色商业,将交通枢纽融入城市,最终以车站为中心将周边打造成交通商务区,如青岛北站、青岛西站的开发模式。车站+市政配套型将多种交通方式立体化展开,集中在一幢或多幢建筑内进行换乘;同时,将部分交通方式的换乘分散至站房广场地下空间甚至站房两侧空地及地下空间。

(二)铁路综合客运枢纽的设计原则

铁路综合客运枢纽的设计,应统筹规划周边土地的功能布局,使城市周边区域合理发展,成为以铁路枢纽为核心的城市新中心,设计涉及策划、规划、市政、交通、工程、景观、建筑、经济等方面,整合铁路系统、地方政府建设系统及社会投资等实施主体,系统性和不可预见性强,在设计规划方面应遵循以下原则。

(1)处理好枢纽复杂性与功能需求。

铁路车站是城市的门户,不仅承担客运服务、战时需求、紧急救援、大批量物流等交通功能,同时承担了带动一个片区甚至一个城市发展的功能,规划设计和建设过程备受关注。由于铁路综合客运枢纽具有复杂性和系统性特点,在处理交通组织与综合开发关系时,应从以下两个角度思考,一是分析客运枢纽是否具备联动综合开发的条件,是否可以通过综合开发带来的商业价值增加交通设施的规模和交通疏散能力,最终实现交通与开发的平衡;二是分析交通客流的需求、片区发展的需求,通过经济测算来确定是否支撑综合开发,或者实行分期综合开发,确定交通组织与综合开发的关系。

(2) 统筹铁路客运枢纽与城市交通规划。

铁路客运综合枢纽是由一条或多条铁路形成的整体，是实现旅客中转换乘和集散服务的系统，是城市对外与对内交通转换的节点，其交通规划分为内部流线和外部流线。城市交通规划综合地铁、公交、长途车、出租车、社会车辆等诸多交通工具换乘，保证各种交通方式的有机衔接及人流换乘高效便捷。因此，铁路客运枢纽与城市交通规划是既相对独立又相互融合的关系。欧洲铁路站房的换乘尽量布置在地下或城市主界面背侧，铁路站房空间、步行流线与城市的空间及步行流线体系直接联系，车站不仅是城市的地标，更成为城市生活的空间载体和平台。因此，为了使客运枢纽功能达到最优，在项目开始前就应统筹铁路客运枢纽与城市交通的规划，实现根据城市空间形态、旅客出行等特征合理布局不同层次、不同功能。按照"零距离换乘"的要求，将城市轨道交通、地面公共交通、市郊铁路、私人交通等设施与干线铁路、城际铁路、干线公路、机场等紧密衔接，建立主要单体枢纽之间的快速直接连接，使各种运输方式有机结合。

(3) 统一铁路车站与周边配套工程设计。

因铁路站房由铁路部门负责设计和建设，周边配套工程由各地地方政府负责，因而设计时应将铁路建设与城市规划、交通组织设计进行整合、统一规划。一是铁路用地与枢纽用地相结合，如调整铁路用房的位置或将铁路用地转换成枢纽用地，使其具备枢纽换乘的功能，甚至进行部分物业开发；二是铁路设计进程与周边配套进程相协调，枢纽站房和配套市政是一个整体，而铁路站房与市政配套分属铁路部门和地方政府负责建设及管理，需要两者同步建设，甚至同步投入使用。

(4) 统一相关技术标准。

铁路工程与市政配套工程的投资主体不同、设计单位不同，各自站位和思考问题角度不同，由于客流组织交通方式不同，造成采用的规范和技术标准不同，而缺乏统一的技术标准不利于形成统一协调的综合客运枢纽模式。因此，应按照构建综合交通运输体系的要求，在总结国内外实践经验的基础上，协调各行业的设计标准和规范，逐步研究制定符合国情和经济适用的综合客运枢纽设计、建设、运营服务等标准和规范。

(三) 铁路综合客运枢纽的设计方案

铁路综合客运枢纽设计需要全面系统性地开展交通组织工作，而非简单地进行预测和评估，同时，还应充分利用交通客流带来的商业价值。因此，铁路综合客运枢纽的解决方案不尽相同，分为单一（以实现交通功能为主）和综合（交通功能+综合开发并重）两种类型。

1. 以实现交通功能为主的单一设计方案

考虑到铁路客运枢纽人流聚集，如果加入物业开发，可能增加交通的压力，尤其是重大节假日，人流无法及时疏散更容易造成安全事故，因而在实际运营中选择规避综合开发。这种解决方案的组织主要考虑枢纽交通功能，对空间的品质和流线的设置也相对简单。但是，巨大人流带来的商机又促生了少量的过道型商业，可以基本满足旅客的需求。从实践看，由于商业未成规模，其品质、价格难以为消费者满意。

2. 交通功能＋综合开发并重的综合设计方案

随着高速铁路的发展，购票和候车已经不再是铁路综合客运枢纽的重要功能，站房闲置为其商业开发提供了可能。由于铁路综合客运枢纽巨大的人流蕴藏巨大的商机，建设大量的城市空间成为必然。"海绵体"的设计理念应运而生，大型铁路客运枢纽周边的城市空间如同巨大的海绵体，通过其吸收作用达到缓解交通压力的效果。同时，"海绵体"的经营收益也有助于枢纽建设的投资商确保资金回笼，实现资金的良性运转。国外出现了很多"海绵体"的铁路客运枢纽，如德国的柏林站，日本的大阪站、京都站等，通过将商业空间布局在2个交通功能之间，使商业及不同的交通方式立体分层设置，一方面将商业空间打造成"交通必经之地"，通过交通人流带动商业发展，另一方面商业带来的客流便捷地使用轨道交通，实现交通与商业的良性循环发展，整个枢纽是一个巨大的城市综合体，很好地解决了交通组织与综合开发的关系。

（四）铁路综合客运枢纽设计案例分析

国内一些铁路客运枢纽在区方面进行了有益的探索，如香港的九龙站，深圳的深圳北站、福田综合枢纽站，上海虹桥站等，均实现了无缝换乘，缓解了交通组织压力，酒店、商务办公区等空间的综合开发也很好地发挥了"海绵体"的作用，提高了商务出行人士的办公效率，提升了客运枢纽的复合功能。但是，由于存在土地使用权分离情况，使我国实现交通功能＋综合开发并重的"海绵体"模式还需要一个过程，铁路部门应深入调研分析，充分借鉴国内外相关经验。

香港地铁的上盖开发是一个典型的案例，将地铁建设与商业开发紧密联系，香港60%购物中心都属于地铁上盖物业，时代广场、IFC中心、金钟太古城广场、APM、德福广场、香港又一城、郎豪坊等地铁上盖购物中心都具有代表性，形成了拥有完全管理权、只租不售的地铁商业模式，表现出规划定位清晰、购物环境舒适度高等特点。这样的"海绵体"既吸引了人流，又提升了物业的价值，两者相互促进形成良性循环，加大了海绵积聚的效应，也使地铁公司在开发初期和后期运营阶段十分重视交通与商业空间的品质打造和维护。

第十节　高速铁路车站

一、高速铁路客运站技术设备与主要作业内容

（一）高速铁路客运站技术设备

高速铁路车站是高速铁路上的重要节点，其主要功能有接发列车、列车越行、动车组折返、停留和检修及旅客购票/取票、候车和乘车等。不同类型的高速铁路车站设备不尽相同，高速铁路客运站的设备一般可分为运转设备、客运设备和动车组运用设备。

运转设备是列车到发、折返、走行和停靠时使用的设备,高速铁路客运站一般会设置到发线和折返线,大型车站还会设置动车组出入段线、存车线、车场之间及与既有线之间的联络线,有的车站还会根据需要设置安全线和避难线等。

客运设备是旅客在车站集散、购票、候车和乘降时所使用的设备,一般包括站前广场、站房、售票窗口、自动售票机、安检设备、检票口(检票机)、跨线设备(天桥、地道)、站台和雨棚等。

动车组运用设备一般设置在大型的始发终到站,由于立折列车到站落客到重新载客出发只有几十分钟的时间,因此需要在部分到发线设置上水设备和吸污设备等。

(二)高速铁路客运站主要作业内容

高速铁路客运站作业一般分为运转作业、客运作业和其他技术作业。不同类型的列车在高速铁路客运站的作业内容包含了以上一种或几种的作业内容,按照列车作业的类型可以将不同的列车分为始发列车、终到列车、立折列车和通过列车。立折列车又可分为站前折返车和站后折返列车;通过列车可分为停站列车和不停站通过列车。其中,运转作业包括接发列车作业,高速铁路客运站接发列车作业与既有线客运站一样,列车都需要占用咽喉区与到发线构成的进路;动车组转线作业是根据动车组运用计划,在到站落客后需要动车组折返担当另一次列车的运输任务而转线到另一到发线,或者由于作业需要,动车组暂时转线至停留线的作业;动车组出入段作业是动车组往返于动车段(动车运用所)和车站之间的作业,进行检修入段或者检修完毕出段担当列车运输任务。

二、高速铁路车站布置图

(一)高速站与既有站分设的布置图

1. 高速越行站

高速越行站办理正线各种列车的通过;办理待避列车进出到发线,停站待避。我国越行站不办理客运业务,日本所有越行站均办理客运业务。由于不办理客运业务,原则上可不设站台。正线Ⅰ、Ⅱ办理高速列车通过,到发线3、4办理中速列车待避,如图3-10-1所示。

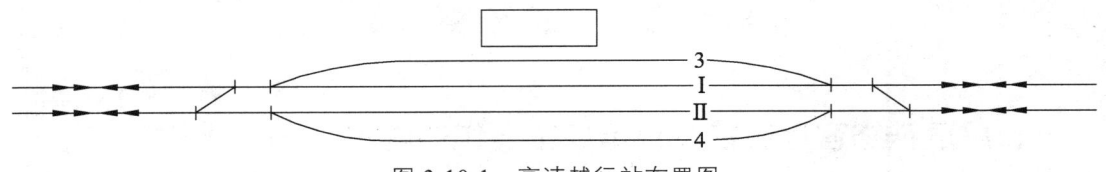

图3-10-1 高速越行站布置图

2. 高速中间站

(1)高速中间站主要办理的作业。

● 高速、跨线旅客列车停站或不停站通过。

- 跨线旅客列车待避本线旅客列车。
- 少量高速旅客列车夜间折返停留。
- 办理停站的各种旅客列车的客运业务。
- 办理停站列车和越行列车进出到发线和旅客上、下车。
- 有立即折返列车的中间站，办理列车终到、始发作业。
- 办理始发、终到列车的客运整备作业和旅客上、下车。
- 有综合维修管理区岔线接轨的中间站，在正常情况下，"天窗"时间内办理检测、维修等列车进出正线作业。特殊情况时，在某方向正线被封闭或按调度中心指令下办理维修列车进入该方向正线。
- 与既有铁路既有站有联络线连接的中间站，办理来（去）自既有铁路进入（发出）高速中间站列车（包括高、中速列车、城际动车组）的接发作业。
- 旅客列车上水作业一般应在始发、终到站进行，个别情况立即折返列车上水也有可能在中间站作业。
- 有其他高速铁路衔接的高速接轨站，除办理以上各项作业外尚有可能办理旅客。
- 换乘。

（2）高速中间站布置图。

中间站的布置图有对应式和岛式两种。中间站一般以采用对应式布置图为宜，但当有停站的旅客列车较多时，为充分利用站台也可采用岛式布置图。

① 对应式布置图。

对应式布置图两个站台夹 4 条线，考虑到办理四交会的可能，故设两条停车待避用的到发线，如图 3-10-2 所示。这种布置图的优点是站台不靠近正线，高速列车自正线通过时不影响站台上旅客的安全，站台安全退避距离不必加宽。如客运量较大而且某个方向需办理 2 列停站待避列车时，可增加 1 条到发线。

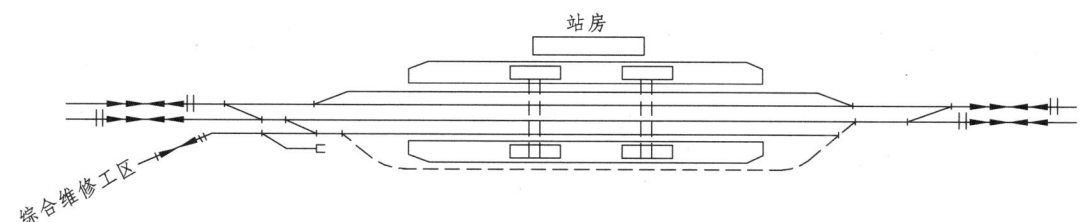

图 3-10-2　高速中间站对应式布置图

② 岛式布置图。

岛式中间站的中间站台靠近正线，如图 3-10-3 所示。其缺点是：当有列车在正线停靠站台时，会影响后续追踪列车通过，降低区间通过能力；另外，由于高速列车通过时受列车风的影响，站台安全退避距离需要加宽以保证旅客的安全。

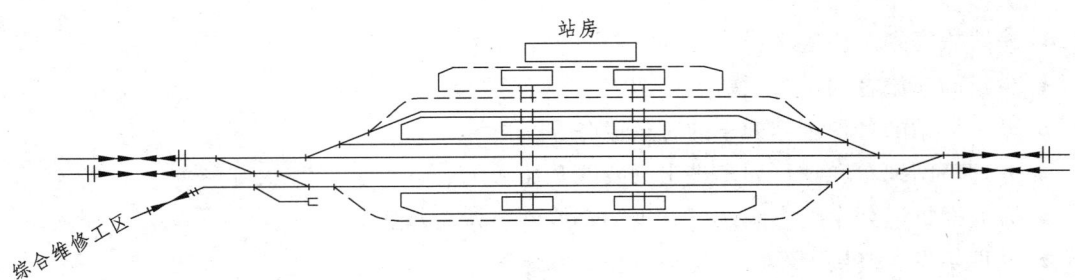

图 3-10-3　高速中间站岛式布置图

3. 始发、终到站

始发、终到站主要办理以下作业：

- 高速旅客列车的客运业务。
- 高速旅客列车的始发、终到，动车组的取送和折返作业。
- 动车组的整备、检修作业。

若基本上没有不停站通过列车，正线与到发线间可设中间站台，如图 3-10-4 所示。

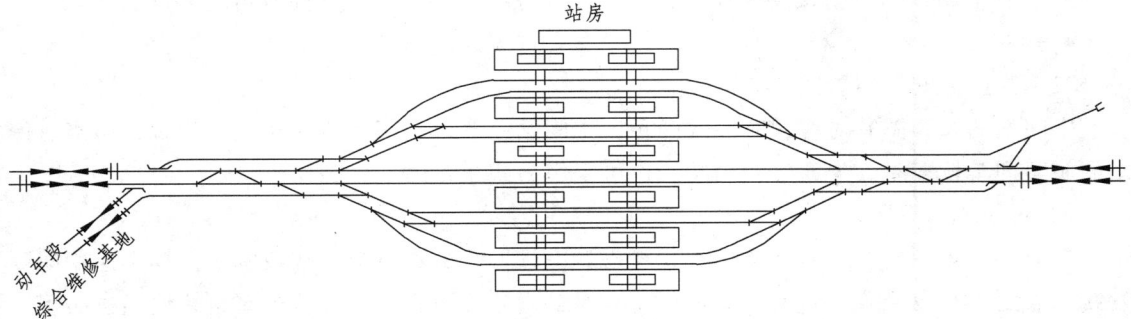

图 3-10-4　高速始发、终到站布置图

4. 通过兼始发、终到站（也称枢纽高速站）

新建的通过兼始发、终到站布置图与上述始发、终到站或中间站基本相同，可设有动车段（所）或综合维修基地。

这类车站设在高速铁路沿线大、中城市的铁路枢纽，一般都与普通铁路干支线接轨，以办理通过的高速、跨线旅客列车作业为主，兼办部分始发、终到的高速列车。新建的通过兼始发、终到站办理以下作业：

- 高速、跨线旅客列车的客运业务和旅客换乘。
- 停站、不停站的高速、跨线旅客列车通过作业。
- 部分始发、终到高速旅客列车的始发、终到作业。
- 高速列车动车组的整备、检修作业。

5. 中心站

中心站只是相对于一条高速线而言的，位于该线路的起讫点，但运行于跨越该线的列车在中心站仍为通过列车，仅仅是通过的方式可能不同。中心站是全线高速列车主要检修基地和运营指挥机构所在地，设有高速列车动车段所和管理机构等，具有全线最大的客运量，基本包括了中间站、枢纽站的全部作业，所不同的是其所办理的绝大多数为始发（或终到）列车，没有不停站通过列车，但可能有少量停站折角通过的列车。中心站一般设有与既有铁路车站之间的联络线，需要在本站转线的列车，根据联络线的设置方式相应地需要办理旅客上下车换乘作业。

（二）高速站与既有站合设的布置图

1. 高速列车与普速列车共用车场

由于既有客运车场为高速与普速列车共用股道，可大大节省高速线引入枢纽的建筑费用，但由于高速与普速系统旅客列车作业交叉干扰，行车指挥与车站作业组织较为复杂，如图 3-10-5 所示。

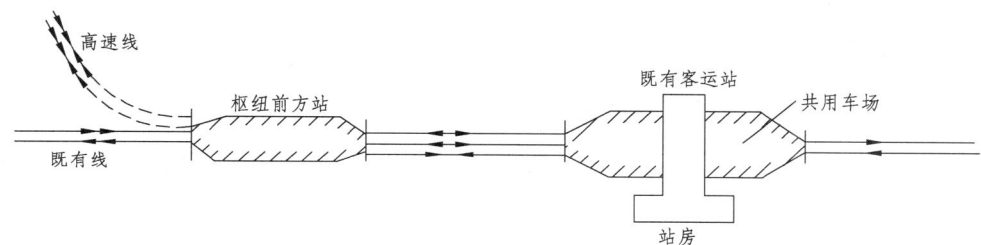

图 3-10-5　高速列车与普速列车共用车场布置图

2. 高速车场与普速车场咽喉互不连通

高速铁路引入枢纽既有客运站，分别设置高速、普速车场，两车场咽喉互不连通，高速线直接引入高速车场，高速列车与普速列车不能直接进入对方车场，高速列车与普速列车运行成为互不干扰、互相独立的两个系统，如图 3-10-6 所示。这种方案仅适应于跨线旅客列车不上、下高速线的车站。

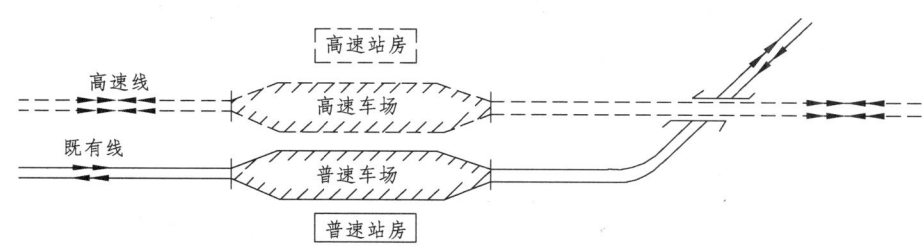

图 3-10-6　高速车场与普速车场合设但咽喉互不连通布置图

3. 高速车场与既有站在同一平面并列合设（见图 3-10-7）

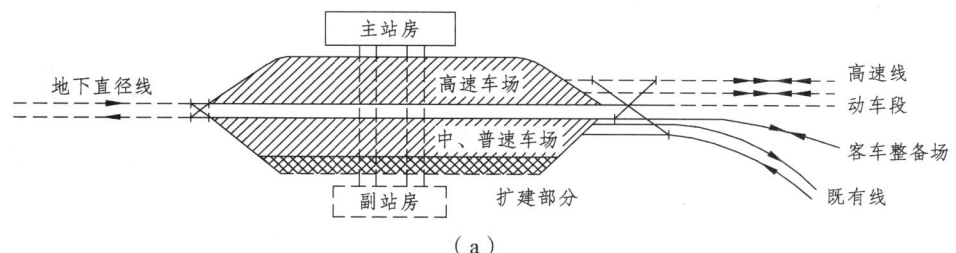

(a)

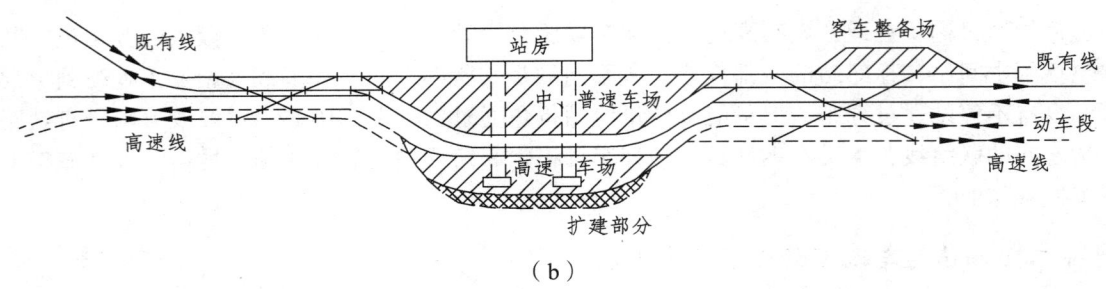

(b)

图 3-10-7　高速车场与既有站在同一平面并列合设布置图

4. 既有站上方设高架高速车场

若高速线高架引入既有站，可在其上方设高架高速车场，接发高速列车和普通线通过本站的中速列车，既有站接发其他旅客列车，如图 3-10-8 所示。

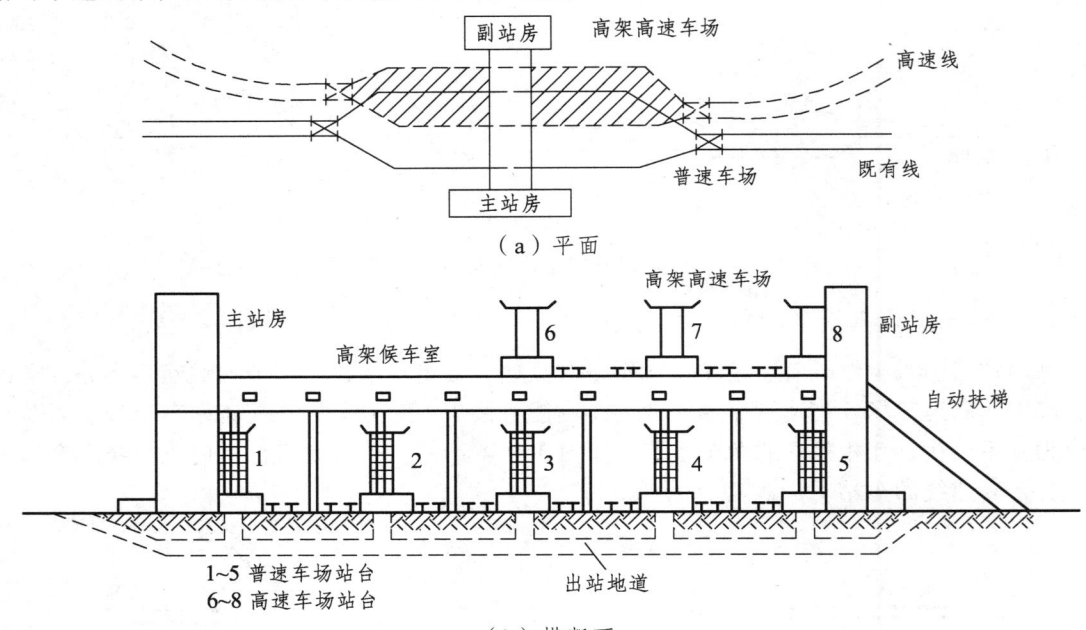

图 3-10-8　既有站上方设高架高速车场

日本九州岛的小仓站是九州岛的第二大枢纽。车站的 1 层是常速铁路车站连接 JR 两条干线铁路（鹿儿岛线与日丰线）和地方铁路（日田彦山线），3 层是连接博多方向和东京方向的新干线车站，2 层是站厅层，分别有电梯通往 1 层和 3 层的站台。车站的 4、5 层中部大约宽 40 m 高 11 m 的空间作为九州城市单轨轨道交通的终点车站。在车站的南车站广场一个地区有 8 个公共汽车停车位。

5. 既有站下方设地下高速车场

若高速线从地下引入，可在既有站地下新建高速车场，既有站与高速车场的固定用途与在既有站上方设高架高速车场相同，如图 3-10-9 所示。

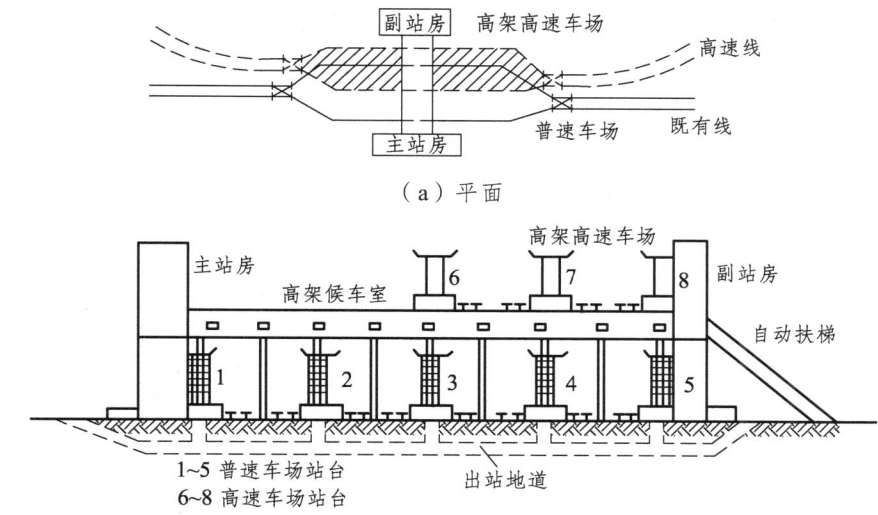

(a)平面

(b)横断面

图 3-10-9　既有站下方设地下高速车场

(三) 高速铁路车站的选址原则

高速车客运站布置方案的确定是一项复杂而慎重的工作，需要进行多专业和领域的综合比选，选取备选站址应遵循以下基本原则。

① 服从"人便于行"的旅客运输服务宗旨，尽可能靠近客源集散中心，以有利于最广泛地吸引客流。
② 综合考虑区间正线工程的合理性。
③ 选择工程条件和地质条件较好的站位。
④ 充分利用既有铁路设备、设施。
⑤ 站址与城市规划相协调，符合城市规划要求。
⑥ 与城市交通系统相协调，便于旅客集散。
⑦ 与城市景观、生态环境相协调。
⑧ 与铁路枢纽总体规划相适应。
⑨ 拆迁量少，但亦不能偏离城区。
⑩ 有足够大的站前广场，便于旅客集散，并给今后扩建留有余地。
⑪ 具有较好的电力、供水、通讯、道路、排污、消防条件。

三、高速铁路动车段与综合维修基地的配置

(一) 高速铁路动车段

动车段（所、场）的主要设备有到发兼停留线（场）、检修库（线）、台车检查设备及动车组清洗设备等。

1. 横列式

到发兼停车场与检修库横向排列,具有占地少,作业集中的优点;但检修车需折返运行,增加转线作业费用,且咽喉区有交叉干扰,如图3-10-10所示。当停车的动车组数较少(4~10列)时可以采用。

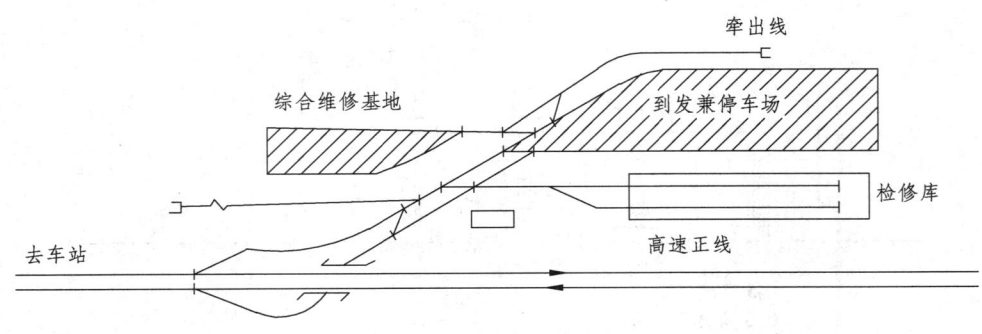

图 3-10-10 动车段所横列式布置图

2. 纵列式

到发兼停车场与检修库纵向排列,可节省动车组转线作业时间,转线作业与到发作业互不干扰;其缺点是占地较长,如图3-10-11所示。当动车组到发列数较多且地形允许时可采用纵列式。

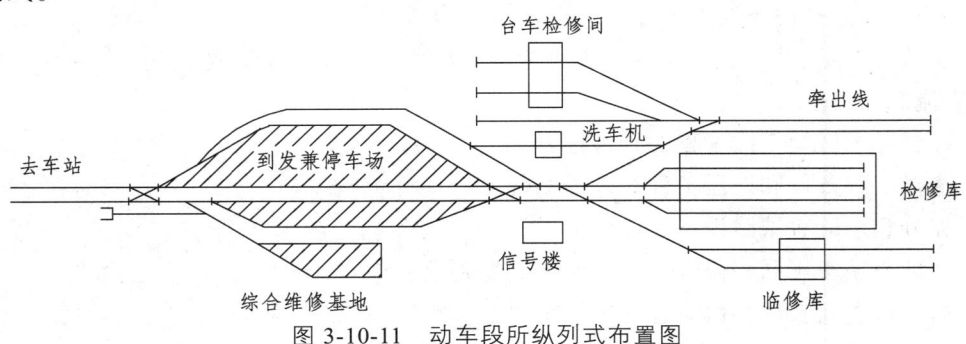

图 3-10-11 动车段所纵列式布置图

(二)高速铁路综合维修基地

高速铁路应设有综合各专业包括工务、电务、供电、房屋、给水排水等的维修基地。综合维修基地的分布应根据维修用车的实际作业时间、走行速度以及维修"天窗"时间等确定,一般以间隔50 km布点为宜。该基地设有下列主要线路:

① 维修用车停留线——供轨道检测车、大型综合机械维修车、材料搬运车等停放。
② 材料装卸线、长钢轨运送更换车停留线——供材料和长钢轨装卸用。
③ 道砟装卸线。
④ 电气作业车、架线车停留线。
⑤ 检修车停留线。
⑥ 走行线、通路线及牵出线等。

高速铁路综合维修基地的设备布置图如图3-10-12所示。

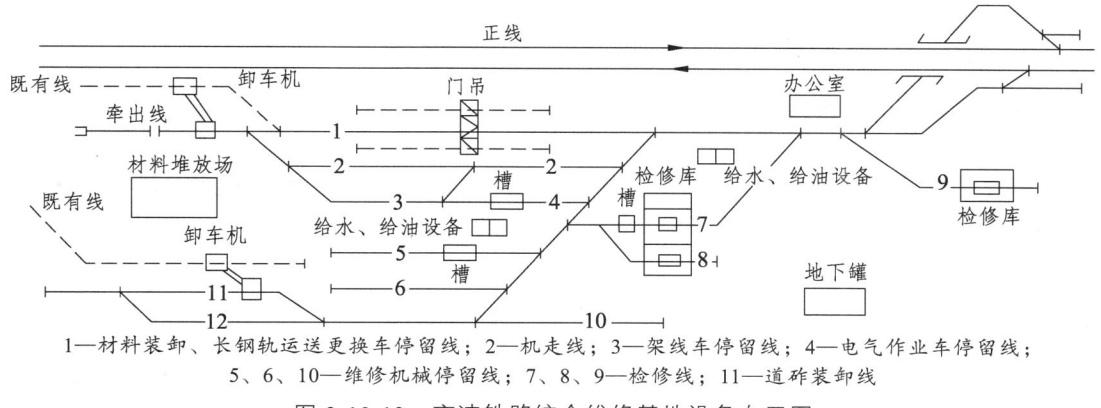

1—材料装卸、长钢轨运送更换车停留线；2—机走线；3—架线车停留线；4—电气作业车停留线；
5、6、10—维修机械停留线；7、8、9—检修线；11—道砟装卸线

图 3-10-12　高速铁路综合维修基地设备布置图

四、高速铁路场站枢纽能力

（一）高速铁路车站能力计算与评估策略比较分析

从微观角度应用牛顿动力学分析列车运行过程，可能得到相应的各项时间的精确时间值，从数学意义上分析，车站能力的计算要兼顾到这种微观的精确性。在时间维度，铁路运输系统是一个灰色系统，各项作业时间带有一定的模糊性；在空间维度，车站（特别是复杂的大型车站）各子系统作业之间要有一定的协调匹配性，车站能力的评估要兼顾到这种模糊性与协调匹配性。同时，列车在车站区域作业的复杂特性要求计算与评估能力时，首先应根据车站类型特点分析应采取的策略，在此基础上确定具体的能力计算与评估方法，再结合能力计算与评估理论，进行车站能力计算与评估。据此，车站能力计算与评估的基本流程如图 3-10-13 所示。

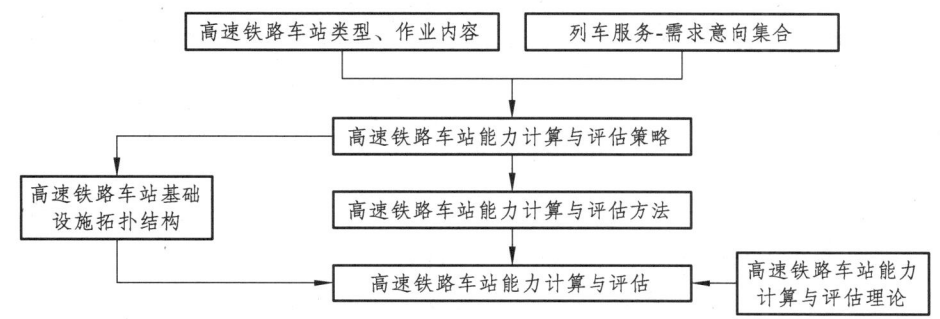

图 3-10-13　高速铁路车站能力计算与评估基本流程

1. 时间维度

不同于既有传统铁路车站，高速铁路车站服务的对象主要是具有一定出行规律的旅客，因此，为对指导实际列车运营更有意义，高速铁路车站不再是计算全天候的能力，而是需要计算与评估各不同特征时段的能力。从时间层面划分，将车站能力分为早高峰时段能力、平峰时段能力、晚高峰时段能力、天窗综合维修影响时段能力。

(1) 高峰时段。

通常在高峰时段为加速车底周转、提高使用效率，在车站区域只进行列车的接发、通过或立折等作业，而一般不进行动车组出入段作业。

(2) 早晚时段。

通常在早开始发车和夜接近停运时，需要进行动车组出入段作业，车站咽喉区存在列车到发与动车组出入段作业之间的干扰，而使咽喉区的作业复杂化。

2. 空间维度

(1) 整体策略。

在这种策略中，以将车站视为一个不可分割的系统整体为基本出发点，构建整体车站系统物理基础设施布设的抽象拓扑图，在此基础上展开车站能力计算的研究，可直接计算评估出车站系统的整体协调能力。此种策略适用于车站站场图型相对较为简单、咽喉区作业亦相对较为简单的情况。

(2) 车站站场分解策略。

① 纵向分解。

将车站分解为由咽喉、到发线、动车段所走行线等子系统，并将各子系统视为一个独立的系统，分别计算各子系统的能力，而后再依据一定的协调、配合度评估车站系统能力。此种策略对于站场图型复杂、作业繁忙的车站区域较为有利，但在评估车站整体能力时，对于协调度、配合度的取值具有一定的模糊性。

② 矩阵式分解。

先以列的形式分割站场，沿上（下）行方向从左到右将站场不等分成若干列，同时辅以站场原有水平方向轨道（行）、股道及渡线将整个车站区域分割成由特定行列定义的若干组成部分。在此基础上，分别计算各小区段的能力，再运用系统协调的理论与方法计算评估车站整体能力。此种策略对于大型的车站区域较为适合，但对于行列划分的规模尺度提出了较高的要求，若行列划分过细，易破坏车站作业的流水线性质，从而影响能力计算结果的客观准确性。

(3) 混合分层策略。

① 总体层-局部层的双层分解策略。

这种策略首先是将车站抽象为由各主要节点构成的拓扑图，在总体层假定各节点的能力无限大，且列车可在瞬间通过各节点，确定列车的顺序与到发时间，构建初始时刻表；在局部层详细考虑各节点的实际道岔与线路构成，检验总体层初始时刻表的可行性并予以优化。总体层与局部层间交互反馈，最终得到尽可能优化的车站时刻表，获得车站能力。

这种总体层-局部层分解策略适用于构成复杂、衔接方向多的大型车站区域，对于车站的瓶颈识别较为有利，计算出的结果也较为贴近客观实际。

② 基于进路的层次扩展分解策略。

首先根据车站具体特点，抽象出所有进路之间的逻辑关系，然后在不同层次上分别建立各个进路的层次扩展模型，描述相关区段道岔及站台等设备间的联锁关系；其次对相同层次的进路层次扩展模型进行整合形成该层面的总体模型;最后对所有层面的模型进行整合组成整个车站系统的层次扩展模型,从而计算车站系统能力。

这种基于进路的层次扩展策略适合于大型车站区域,但由于设备间的联锁限制,各种进路排列组合可能性较大,进路间的逻辑关系的确定将会是一个难点,且此种策略不具备识别车站瓶颈的条件。

3. 时-空二维层面

高速铁路车站能力的计算与评估是基于一定的服务质量的,同时也要以优化利用车站各项基础设施等资源为目标,实现用户最优(为旅客提供一定质量的列车运行服务)和系统最优(车站各项基础设施设备资源的优化运用)。

从时-空二维角度研究车站能力计算策略,根据高峰时段车站作业内容特征,主要进行列车的接发及通过作业,这种情况下需要的是车站各子系统的协调配合,故应将车站系统视为一个不可分割的整体或利用混合分层策略计算评估车站能力;根据早晚时段车站作业内容特征,车站不同的分区作业复杂程度不同,容易在咽喉区产生列车到发与车底出入段的交叉干扰,故计算评估早晚时段能力较适宜使用站站场分解策略或混合分层策略。

针对上述几种能力计算与评估策略分析,不同车站类型和计算时段条件下各种策略适用性分析如表 3-10-1 所示。

表 3-10-1 针对不同车站类型及不同时段车站能力计算与评估推荐策略

计算时段 车站类型	高峰时段	早晚时段
越行站	整体策略	整体策略
中间站	整体策略/混合分层策略	站场分解策略/混合分层策略
枢纽站	混合分层策略/站场分解策略(矩阵式分解)	站场分解策略(矩阵式分解)/混合分层策略
中心站	混合分层策略/整体策略	站场分解策略(纵向分解)/混合分层策略

(二)高速铁路枢纽能力利用模式

1. 高速铁路枢纽能力综合利用分析

大型高铁枢纽内集结多方向大量车流,为承担各特定方向列车流,往往形成多客站的高速铁路枢纽格局。在满足枢纽办理列车作业需求的同时,充分整合并有效运用高铁枢纽各场站设备能力资源,实现高铁枢纽能力综合利用,对平衡枢纽设备运用、突破能力瓶颈、提高作业效率、强化枢纽在路网中的地位进而畅通枢纽运输大通道具有重要意义。

截至 2018 年,我国高速铁路仍处于较快发展阶段,在"四纵四横"路网格局形成的基础上,新的"八纵八横"通道以及各区域间联络线路等相继开工建设。对于大型高铁枢纽而言,随着未来新建线路的不断开通,必将通过在枢纽内新建客站的方式引入新建线路并建设相应车场。但在实际中,枢纽新建车站往往可能由于车站分工定位不够清晰或后期发生变化,在设计建设时未能预留足够的场站空间或线路接入条件，导致车站建成后其设计规模和能力不足以分担相关方向远期较大的车流压力，进而产生更多枢纽内部车流，加重整个枢纽的运营组织负担。进行高铁枢纽能力综合利用有助于在场站规划建设阶段充分考虑远期车流需求，对新建车站作业分工及作业量明确定位，使其合理地分担相应线路方向足够的车流，提升高铁枢纽整体能力，优化场站设备增量资源的配置布局，以满足新增的大量列车作业需求，提高规划的有效性和可操作性。

由于我国铁路发展迅速，在近几十年铁路的建设和发展理念有了较为明显的变化，枢纽内不同时期内建成的车站设计理念及建造标准不一，同时枢纽内引入各线路设计运量及速度等级也往往存在差异，同时枢纽内车流构成复杂，以及受地形条件及用地现状等限制下的车站位置布局影响等因素，往往造成枢纽车站能力利用存在不均：枢纽内部分场站作业量较大，进而导致设备运用紧张、车流各项作业组织困难，难以满足作业需求；而另一部分场站作业量较小，其有大量潜在运能未能释放，造成场站设备资源闲置。

对于高铁枢纽内现存的场站设备资源利用不均，进行高铁能力综合利用优化能够在建成运营期间缓解枢纽局部出现的高负荷甚至满负荷运行的状况，使得场站设备资源达到更为均衡地利用，以提升枢纽整体运输能力，极大地盘活枢纽场站设备存量资源，有效调整枢纽车站作业分工以贴近实际作业需求。

2. 高速铁路枢纽车站基本分工模式

针对高铁枢纽能力进行统筹利用，需对枢纽内多个车站进行有效合理地分工，使其分别承担枢纽内部分特定的列车作业，服务于整个枢纽，保障枢纽运输组织顺畅，提升枢纽整体作业效率。

一般地，对于各类型铁路枢纽，存在如下几种基本的枢纽车站分工模式。

（1）按车站办理列车种类及等级进行分工。

我国铁路旅客列车可分为高速动车组列车及普速列车等，按运行速度等级可依次分为 350 km/h、250 km/h、160 km/h 以及 120 km/h 等多种等级列车。根据办理列车的种类及等级的不同，可对车站进行作业分工，如 250 km/h 以上的高速动车组列车在枢纽内主要客运站办理，其余普速列车在枢纽其他客运站办理。按车站办理列车种类及等级分工，同一车站办理速度等级相同或相近的列车作业，能够有效利用运输设备资源，便于车站运输组织。但同时不同方向的列车均引入同一车站，导致列流疏解比较困难。

（2）按车站引入干线方向进行分工。

对于衔接多条干线方向的枢纽，可按照线路方向对车站进行分工。将同一方向列车引入相应衔接方向的同一客运站，列车在枢纽内走行径路较为统一，便于车站安排作业，有助于大幅降低车站运输组织难度。但同时，这种分工方案不便于旅客中转换乘，增加旅客换乘时间及成本，且易加重枢纽城市交通负担，此外存在不同种类列车共线及同时作业造成相互干扰的情形。

（3）按车站办理列车作业性质进行分工。

分别按照不同的列车作业性质对车站进行分工，即部分车站主要办理始发、终到列车，另一部分车站则主要办理通过旅客列车。这种分工方式使得车站作业，性质较为统一，便于组织列车作业以及始发终到旅客集散，但同时易导致部分通过列车在枢纽内重复走行或折角运行，加大枢纽内部作业负担，且不便于中转旅客的换乘，会加大城市交通负担。

（4）按车站办理列车运输距离进行分工。

按列车运距进行车站分工，即部分车站主要负责中长距离旅客输送，部分车站主要负责省域、城际等短途旅客运输。这种分工方式有效避免了长途客流和短途客流的相互影响，便于旅客乘降，但同时也存在车站同时引入多条线路方向和不同等级的列车，易造成相互干扰和疏解困难等。

（5）综合分工。

结合上述四种枢纽内车站分工方案的特点，可进行综合运用以充分发挥各类型分工方案的优势。一般而言，对于较大规模和接入线路较多的枢纽，应主要采取根据列车速度等级以及车站衔接线路方向的原则进行车站分工。例如，高铁客运站可主要承担中长途高速动车组列车和主要衔接方向的快速列车，其他车站承担普速列车以及其他部分衔接方向的列车。这种综合分工方式能够较为均衡地优化车流和客流组织，既便于列车作业和车站线路设备等的有效利用，同时较大程度避免了不同方向列车交叉干扰，又便于旅客的乘降、中转。针对具体枢纽，应根据具体作业量及客运设备情况等，灵活、综合运用各种车站分工方案。

因此，针对高铁枢纽进行能力统筹利用，在规划建设阶段优化场站设备增量资源，在建成运营阶段盘活场站设备存量资源，根据枢纽实际运营情况综合运用各种分工方案，能够在规划年度充分应对枢纽车流总量增长的需求，均衡车站能力利用，优化枢纽车流径路及作业方案，保障枢纽运输组织的作业效率，最终提高枢纽场站的能力适应性。

五、高速铁路客运站旅客流线设计

（一）概　述

铁路客运站包括大量复杂的交通流线，交通流线的合理流程是保障客运高效快速流通的必要条件。流线分析正是进行流线设计、组织及交通枢纽功能分区、空间布局的基础，流线的时空特性、需求特性又是配置铁路客运综合交通枢纽服务设施的重要依据。流线设计是指通过建筑空间的布局组合和其他设计手法，对特定范围的人流、车流、物流加以分类、组织、引导，形成有秩序、有目的的流动路线的过程。流线设计是铁路客站设计的核心，流程设计是流线设计的基础，同时是密切客站规划设计与运营管理关系的重要纽带。流线又称动线，是指建筑使用者在建筑中的活动路线。对铁路客站而言，流线特指旅客、行包、车辆等的流动行驶路线。

交通流程（以下简称流程）是旅客、行包和车辆等交通主体在客站范围内因集散活动而产生的流动过程，在流线设计中具有基础性作用，是联结铁路客站运营管理与规划设计的重要纽带。交通流程的形成受客站运营部门等因素影响较大，铁路客站交通流程的形成取决于各种交通主体的运行特征、客站办理的业务内容及方式手段，并与一定历史条件下铁路客站功能定位、铁路运输企业技术装备水平及业务办理模式、国家的交通运输政策、全社会信息化发展程度等相关。

当前我国新建高速铁路客运站的功能定位转变成为融各种交通方式于一体的客运综合交通枢纽。根据全社会客运市场供需及竞争情况变化、综合交通运输理念的发展，高速铁路客站功能定位的转变、铁路技术装备及业务办理模式变化、铁路经营理念的变化等影响，导致高速铁路客运站旅客流程的内外部因素已经发生变化。基于流程再造的流线优化设计方法以客站运营为导向、从形成流线的基础——流程着手，以客户（旅客、客站运营企业、社会）需求和满意度为目标，对客站传统旅客流程进行再思考和再设计，通过流程设计将客站设计需求落实到客站设计实践工作中，在流程优化基础上实现旅客流线的优化设计。

（二）高速铁路客运站旅客流程再造

零基思考、标杆瞄准、流程价值链分析、ECRS 分析法是重要的流程再造方法，但各有优缺点及适用范围。在进行基于流程再造的高速铁路客运站旅客流线优化设计时，需要综合运用这几种方法，其中根本出发点在于满足客户需求。国外先进客运站交通流线设计流程与理念是可借鉴的标杆，主要考虑提升旅客感知价值、客站企业运营价值及社会价值三个方面的价值，约束条件主要考虑客运站业务办理及服务提供方式、技术装备水平、工程技术水平、投资成本约束，即以全面满足客户需求为出发点，以国外先进铁路客运站旅客流程为参照标杆，力求在流程各环节为客户创造价值，减少或消除流程中不具增值潜力的活动，从而实现流程价值的提升。

零基思考（完全以需求为导向）是流程再造理论早期所倡导的激进式再造思想，主张完全从客户角度出发，以全面满足客户需求为导向。客户需求是企业一切经营活动，包括流程形成的出发点和立足点。零基思考强调并突出了企业经营活动的根本所在，即通过为客户提供所需要的产品和服务从而获得收益。运用零基思考法从流程角度对高速铁路客站流线进行优化设计，实质是从需求上来反思高速铁路客运站流线存在的目的及其与新业务环境的适应性，摆脱原有流程带来的思想上的束缚，从根本上找到提高客站流线设计质量的关键点。深度理解与全面把握设计需求方对客运站旅客流程的设计需求，是运用流程再造思想对流线进行优化设计的关键。

旅客是客站的主要使用者及终极服务对象，运营企业借助客站建筑及内部设施为旅客提供经营型运输生产服务，并以业主的身份对设计部门提出客站设计需求，左右客站最终设计方案。客运站流线设计的目的是为了实现客站建筑的交通/运输服务功能，与之相关的建筑使用者和设计需求方主要是旅客与客运站运营企业。对于旅客而言，快速通过客运站交通空间，实现铁路与其他交通运输方式之间或铁路内部的顺畅换乘衔接，减少在客运站运输服务功能区的滞留时间，是最根本也是最核心的需求。因此，旅客希望流程环节简单，办理各项手续的延误时间最短，流程环节之间的衔接顺畅，能够获得舒适和方便的服务，并且流线短捷、顺畅、干扰少。对客运站运营企业而言，在满足旅客需求的同时还需要考虑将服务每个旅客的成本降到最低，办理延误降到最小，使投资收益最大化，从而对旅客需求满足程度产生制约。作为国家重要基础设施、综合交通运输网的重要节点，就全社会及政府角度而言，客运站建设投资效益大、交通转换效率高等设计需求也是流线设计时需要考虑的因素。

流程价值链分析（以价值提升为依据）是源于价值链理论的流程分析方法。价值链理论认为，企业的价值创造是通过一系列互不相同但又相互关联的生产经营活动构成的创造价值的动态过程，成本产生于产品或服务生产过程中的各个活动环节，并在人力、物力、财力等资源消耗过程中创造价值。将流程价值链分析方法应用于高速铁路客站旅客流程再造，可以从旅客、客站运营企业、社会等角度对流程各活动环节的成本价值进行分析。在衡量流程活动在创造价值过程中对各种资源的消耗量的基础上，尽量将有限的资源分配在最能产生价值的地方。对于不能创造任何价值的非增值活动视为无效活动，进行根本性再造或摒弃；对于增值活动需要提高效率、降低成本以增加利润。比如候车是出发（或中转）旅客在客站由于交通工具转换过程中无法及时有效衔接而设置的缓冲服务环节，是旅客的被动服务需求；候车环节的客流组织很重要但创造价值有限，而且耗费成本高，因此对于候车环节需要采取以价值提升为依据的流程价值链分析法进行流程再造。

标杆瞄准（以借鉴外部先进水平为经验）是通过对本企业现状与竞争对手或行业内外卓越企业的标杆进行比较分析，找出问题与差距，以改进和提高本企业经营绩效的系统方法。我国高速铁路客运站运用标杆瞄准法进行流线优化设计时，选取国外先进铁路客运站为标杆，并将其瞄准的内容补充修正为流程（流线设计的基础），包括流程环节内容、实现方式等。从流程着手进行标杆瞄准，可以在准确把握运营需求的前提下，从根本上明确我国高速铁路客运站流线设计的改进思路，从而改进客运站的设备设施配置及流线设计。

ECRS 分析法是流程再造优化工具，主要通过"取消（Eliminate）—合并（Combine）—重排（Rearrange）—简化（Simplify）" 4 项技术，对现有组织、工作流程、操作规程及工作方法等方面进行持续改进。ECRS 扩展分析法（以流程再造优化为理念）则是在 4 项技术基础上增加新增（Increase）、细化（Specify）、强化（Strengthen）、自动化/信息化（IT Improvement）、转移（Shift）等技术，从流程活动的数量、形式、内容、执行方式、执行效率等方面进行改进；新增并行（Parallel）、时空接续改善（Space-time Cohesion Improvement）等流程活动间逻辑关系再造技术，使流程活动关系在次序、侧重点、衔接关系等方面有新的突破。

将流程再造的理念引入铁路客站设计领域，可以给客站设计人员提供一种主动把握客户需求的思路，更好地贯彻"设计以运营为导向，设计为运营服务"的指导思想。以上这些方法从不同角度提供了高速铁路客运站旅客流程再造的思路，以再造后的旅客流程为依据改进客运站各项技术设备和服务设施的配置和流线的设计，可以使客运站设计方案更加切合运营的需求及发展的需要，实现客站建设和运营综合效益的最大化。

（三）我国高速铁路客运站旅客流线的优化设计

在我国新建高速铁路客运站流线设计实践创新的同时，旅客流程也在随之改进，根据旅客办理业务的不同，其包含的活动环节也不同，主要包括信息获取、购票、安全检查、候车、检票等。与既有铁路客运站旅客流程相比较，高速铁路旅客进站流程的变化最大。与通过式进站流线相对应，增加了通过式进站流程的设计，由于保留了安检、检票等环节，与国外铁路客运站的通过式流程又有一定区别。从流程活动环节看，具体的变化包括：① 信息提供方式、内容、地点均发生变化，信息自动或自助及远程获取程度更高；② 客票销售增加了电话订票、网络订票等方式，销售地点进一步向站外转移，原先集中的订票、支付票款、取票等活动开始分离；③ 行包业务办理环节取消；④ 安检环节更加严格，除了传统的对随身携带行李的检查外，还增加了对旅客票（客票）、证（身份证）、人（旅客本人）的信息核对及旅客的人身检（抽）查内容；⑤ 检票环节广泛应用自动检票机并辅以人工检票；⑥ 候车环节不再是旅客进站流程中的必需环节，但仍是重要环节；⑦ 商业服务环节的服务质量得到很大提高，但服务对象仍然局限于旅客。

出站流程、中转流程除了检票方式变化外，与传统铁路客站相比并没有太大区别。尤其是中转流程，在新建高速铁路客站设计时并没有对其进行再思考，仍是处理为中转旅客先检票出铁路运输服务区，再次安检后重新进入铁路运输服务区，然后候车、检票、上站台的流程模式。但是，在多条高速铁路衔接交汇及高速铁路与既有线衔接的高速铁路客站，会产生大量的中转旅客换乘服务需求。高速铁路客站列车服务频率的提高，使换乘列车衔接时间缩短；沿用传统的中转流程设计模式，中转旅客重复出入铁路运输服务区，加重了客站安检、检票及候车负担，形成对客站设备、工作人员、空间的无效需求，无形中也延长了旅客中转换乘距离和时间，降低了客站服务质量。因此，在铁路中转客流大的高速铁路客站，有必要再造中转流程。

在进站旅客流程中，候车环节是需要大力再造的重点，再造的方向是减少候车人数、压缩候车时间、转移候车客流，具体措施包括改善客站交通衔接、提高客运站各服务环节的服务效率、改革客票制度及拓展站内综合服务空间等。信息提供环节再造可以利用已有的多样化信息发布渠道增加信息内容，如列车运行动态信息、旅客行为诱导信息及客运营销信息等。购票环节再造则可以将站内售票业务进一步外移、加大站内自助售票比重。取票环节作为客站新增活动环节，可以进一步完善自动取票机的设置地点。安检、检票在我国高速铁路客站是作为必要环节设置的，虽然需要投入大量的设备、人员、空间成本，并给旅客带来一定的时间损失，但考虑到具体国情，取消的可能性不大，因而进一步再造的关键是提高其通行效率。在衔接不同类型、不同方向高速铁路的大型客运站，需要再造中转旅客流程，再造的方向是结合客站发车频率的提高，简化旅客在站作业环节，提高作业效率，实现旅客站内快速中转。

根据流程再造方案，应加强优化设计旅客进站流线，特别是通过式进/出站流线设计，把通过式流线布设在最顺畅的路径上，通行能力应统筹考虑近/远期的需求；对于大中型高铁客站分别独立设置将购票、取票、候车场所，并使其与通过式流线既能形成很好地衔接、又能尽量避免干扰。对于存在大量高速铁路中转客流的大型客站，不宜将中转旅客流线简单地处理为出站流线与进站流线的叠加。由于高速铁路客运站站场内旅客流线与铁路运载工具流线必须通过立交跨线设施（天桥、地道、高架候车厅、地下换乘大厅等）进行疏解，这种先天有利的条件为客运站建成后实施基于流程再造的中转旅客流线优化设计提供了方便。对于采用上进下出流线设计的高速铁路客站，优化后的中转旅客流线有两种方案：一是中转旅客从站台层进入高架候车层，检票进出候车区，办理相关旅行手续再检票，通过楼梯或电梯下行至站台层上车；二是中转旅客从站台层通过自动扶梯或楼梯到达出站厅，不出站，在明确换乘列车信息后，通过楼梯上行至站台层登乘。配合不同的流线设计方案，在站台上需要设置醒目的引导标识或信息提示设施，以及在流线路径上合适地点增设自动售（取）票机等服务设备，客运站运营阶段的流线组织方案也应予以配合。

六、高速铁路客运站售检票设备设施布局

（一）高速铁路客运站售检票设备布局影响因素分析

高速铁路客运站售检票设备布局包含售检票设备数量、类型及位置的安排，它受到车站客流需求、车站规模、车站运输能力、客流组织水平等因素的影响。高速铁路客运站售检票设备布局主要指人工售票窗口、自动售票机和自动检票机在车站内部数量配置的分配及三者之间布置方式和位置的规划和安排。铁路客运站售检票设备布置方式主要有集中和分散布置两种方式，集中布置主要应用于传统铁路客运站和中小型高速铁路客运站，如济南西和天津南高速铁路车站；分散式布置应用于大型和特大型高速铁路客运站内，如北京南和上海虹桥高速铁路车站。

不同的布置方式有其各自的优缺点和适用条件，集中布置方式是将售检票设备集中布置于特定区域，通常售票设备集中布置在售票厅内，检票设备集中布置在出站口和进站口。集中布置的优点是将购票旅客和检票旅客分隔开，减少二者在候乘厅内交叉干扰，从而减轻车站客流组织方面压力，缺点是占用空间较大，旅客走行距离较远，流动性不强，在客流量较大、密度较高时售检票区域内容易产生拥挤和拥堵现象。分散布置是将售检票设备分开布置在不同位置或其他设备之间，有利于分流不同目的的旅客，减少拥挤现象，提高旅客购票和检票率，适合旅客流动性较强的客运站；但当客流量较大、密度较高时容易产生客流交织，另外不利于旅客快速搜寻特定售检票处。高速铁路客运站售检票设备布局的影响因素主要有车站规模及总体布置、车站客运设备、客流量及客流特征、车站客流组织及其他运营因素。

1. 车站规模与总体布置及设计理念

（1）车站与站场规模。

高速铁路客运站按照高峰小时旅客发送与到达量可分为特大型、大型、中型、小型四类，具体如表 3-10-2 所示。按照车站站房总体面积划分如表 3-10-3 所示。车站规模不同表示所能

容纳客流量的大小，不同客流量对购票与检票的需求也不尽相同，这样必然会影响售检票设备布局规划与数量配置。

表 3-10-2 高速铁路客运站建筑规模

车站规模	高峰小时发送量 PH/人
特大型	$PH \geqslant 10\ 000$
大型	$5\ 000 \leqslant PH < 10\ 000$
中型	$1\ 000 \leqslant PH < 5\ 000$
小型	$PH < 1\ 000$

表 3-10-3 高速铁路客运站站房面积

车站规模	站房总体面积 S/m²	进站检票口数量/个
特大型	$S \geqslant 225\ 000$	28
大型	$45\ 000 \leqslant S < 225\ 000$	15~24
中型	$13\ 500 \leqslant S < 45\ 000$	9~12
小型	$11\ 250 \leqslant S < 13\ 500$	6

高速铁路车站站场规模一定程度上反映了车站的接发车能力，同时也反映了车站站台数量。车站接发车能力是在一定时间段内同时到达与发送列车数，间接体现车站运输旅客能力。同时，车站站台数量多少也间接体现车站运输旅客能力，进出站检票闸机数量和布局都需要由车站站台数量和位置来决定，而售检票设备服务能力需要满足车站旅客量需求。不同站场规模所对应售检票设备数量和布局都有所差异，如表 3-10-4 所示。因此，车站接发车能力与站台数量决定候乘厅与出站厅的检票设备数量与布局。

表 3-10-4 不同站场规模所对应售检票设备数量

项目	北京南站	济南西站	天津南站
站台数/个	13	8	2
到发线/条	24	17	16
进站检票机/台	95	48	18
出站检票机/台	64	40	24
自动售票机/台	76	46	6
人工售票/个	97	48	4

（2）总体布置方式。

高速铁路车站总体布置可分为立体布置和平面布置方式，不同布置方式会影响车站内售检票设备布局规划和设计。平面布置方式属于传统布局方式，高速铁路车站按照平面布置方式可分为"等候式""等候"兼"通过"和"通过式"三类。"等候式"车站是大量旅客聚集在车站内,售检票设备一般集中布置。"等候"兼"通过"式车站是高速铁路车站普遍采用的,设置一个综合大厅,旅客可候车、购票、检票、购物和用餐等活动。在综合大厅内,售检票设备需要根据旅客流线进行布置,从而为旅客提供高效、便捷的出行条件。"通过式"车站只有一个进站大厅,候乘厅较小,旅客进行短暂休息后乘车离开,因此,售检票设备只能布置在进站大厅内。

高速铁路客运站立体布置方式又可分单层、跃层和多层布置,目前高铁车站较多为多层布置方式,其他两种布置方式较为少见。由于不同布置方式会造成旅客流线的不同,而售检票设备布局需按照旅客流线进行布置,所以高速铁路车站立体布置方式会对售检票设备布局产生影响。

（3）建筑空间布局。

建筑空间布局是指高速铁路车站内因功能不同而区分为不同区域,可分为进出站厅、售票厅和候乘厅。传统车站售票设备一般设置在售票厅内,高速铁路车站售票设备设置在售票厅和候乘厅内,为方便旅客购票,少数自动售票机也设置在进站厅内,而检票设备设置在候乘厅和出站厅内。根据《铁道旅客车站建筑设计规范》规定,不同规模车站应设置不同数量售检票设备,如表 3-10-5 所示,自动售票机最小使用面积可按台确定。根据对不同高速铁路车站进行调研,售检票设备数量及面积如表 3-10-6 所示。因此,不同车站的进站厅、售票厅数量和面积会影响到售票设备数量规划和布局设计。

表 3-10-5　不同车站设置人工售票设备数量

	特大型	大型	中型	小型
人工窗口 q/个	$q \geq 100$	$50 \leq q < 100$	$15 \leq q < 50$	$2 \leq q \leq 4$
面积 s/（m²/个）	$s \geq 24$	$s \geq 20$	$s \geq 16$	$s \geq 16$

表 3-10-6　不同车站售检票设备数量及面积

		面积/m²	自动售票/台	人工售票/个	检票闸机/台
北京南站	售票厅	1 656	56	26	98
	出站厅	1 342	20	8	61
济南西站	售票厅	1 250	47	47	—
	出站厅	1 140	—	—	40
天津南站	售票厅	386	6	4	18
	出站厅	890	—	—	12

候车厅是旅客等候列车的场所或区域,候车厅面积大小表示车站高峰小时可容纳候乘旅客人数,如表 3-10-6 所示。传统车站候车厅内没有售票设备,但新型高速铁路车站候车厅内会设置售检票设备,所以候车厅面积大小会影响售检票设备布局。另外,高铁站采用先候后检模式,大量旅客聚集在候车厅内并接受售检票设备服务,因此候车厅空间大小、布局会对

售检票设备数量和位置产生较大影响。不同类型车站候车厅内售检票设备数量对比如表 3-10-7 所示。

表 3-10-7　不同车站规模候乘厅所容纳旅客人数和窗口数量对比

	面积/m²	高峰小时旅客人数/人	售票设备		检票设备/台	
			自动售票/台	人工/个	自动	人工
北京南	50 400	10 500	76	54	98	26
济南西	12 000	2 500	47	47	48	16
天津南	4 800	1 000	6	4	18	6

（4）高速铁路客运站设计理念。

高速铁路客运站是"一体化""人性化"和"综合性"的服务理念，集多种交通方式为一体，旅客可舒适、高效地换乘不同交通工具，购票、取票、检票、购物和用餐等活动都可在车站内完成。因此，为满足旅客在不同方面的需求，对客运站内设备设施规划和设计要求都较高。如在售检票设备布置和数量配置上，如何布置和配置才能使旅客高效、快速地购票和检票，才能为旅客提供舒适、便捷的服务；在售检票数量上，应满足《铁路旅客运输规范》标准；在售检票设备位置上，应满足《铁路旅客车站建筑设计规范》，还应保证旅客流线顺畅，避免流线交织拥堵。

2. 车站客运设备

影响高速铁路车站售检票设备布局的车站客运设备有安检机、自助取票机、售检票设备的自身属性，其中售检票设备自身属性包括售检票速度和人工、自动售票分担率。

在高速铁路车站，安检机是旅客进站的关键节点，在旅客进站流线中安检机是第一件客服设备。安检机的数量、位置和能力都会对售检票设备布局产生影响。根据对高速铁路车站实地调研所得数据，可知安检机能力为根据不同类型车站高峰小时聚集旅客量，安检机对售检票设备数量影响程度如表 3-10-8 所示。

表 3-10-8　不同车站安检机数量对售检票设备的影响程度

	高峰小时旅客人数/人数	安检机数量/台	自动售票/台	人工窗口/个	检票设备/台	
					自动	人工
北京南	10 500	24	76	97	159	43
济南西	2 500	5	47	47	88	21
天津南	1 000	3	6	4	30	10

当安检机数量较多时，安检设备整体能力较强，旅客进站效率高，必然导致旅客对售检票设备数量和能力要求提高；反之，安检机数量较少时，安检设备会限制旅客进站效率和速度，从而减缓旅客对售检票设备的冲击，对售检票设备数量和能力要求较低；在传统铁路车

站，安检机在旅客流线中位于购票设备和检票设备之间，安检机对售票设备的限制和要求消失，反而存在对检票设备的限制和要求。

自助取票机是随网络购票方式产生的，在高速铁路车站内自助取票机与自动售票机布置在同一区域，而传统铁路车站布置在售票厅内并设有取票专区。自助取票机的应用会为人工售票和自动售票分担一部分客流，如学生流和具有挑战新事物的青年旅客流，这在一定程度上缓解了售票设备压力。自助取票机与售检票设备位置要恰当合理，否则容易造成购票客流、取票客流和检票客流三条流线交织拥堵现象，降低旅客出行效率。

售票速度通常指自动售票机、窗口售票在单位时间内销售的车票数。同样，检票速度指单位时间内检票闸机读取、识别的车票数。窗口售票即人工售票，主要取决于旅客描述需求明确度、售票员业务熟练度、电脑出票速度等因素。根据中华人民共和国铁道行业标准，电脑制票速度为 20 张/min，但售票速度会随旅客和售票员不同而不同。据对高速铁路车站调研数据所得，售检票速度如表 3-10-9 所示。自动售票机售票速度与旅客对售票机熟练度、售票机操作简洁度和旅客支付方式等因素相关。而自动检票速度主要与旅客使用熟悉度、闸机类型、闸机对车票识别度等因素有关。

表 3-10-9 高速铁路车站售检票速度

	人工（张/min）	自动（张/min）
售票设备	0.8 ~ 2	0.6 ~ 2
检票设备	15 ~ 19	10 ~ 14

当售票速度在有限时间内难以满足客流需求时，将导致购票旅客排长队和长时间等待，进而降低车站客运服务水平。因此，需要增加售票设备，并考虑在售票厅内布置自动售票机，减少旅客排队和等待时间过长；当售票速度超过客流需求时，将导致资源浪费，考虑适当减少售票设备数量或实行动态售票计划。同样，检票机速度大小也会影响其数量和位置变化。

售票分担率是指站内自动售票机和人工售票窗口在一定时间段内各自售票张数总和与站内所有售票设备总和的比值。根据对北京南、济南西、天津南的实地调研，调研小时内售票数据，得到售票分担率如表 3-10-10 所示，可看出不同规模车站售票分担率不尽相同，不同售票分担率对人工和自动售票配置数量的要求也不尽相同。因此，人工售票与自动售票数量上需要分担合理，布局上均匀有序，将会优化设备数量和服务状态，缩短旅客购票排队时间，提高旅客出行效率。

表 3-10-10 不同车站售票分担率对比

项目	人工售票/张	自动售票/张	人工分担率	自动分担优率
北京南站	20 406	12 773	62%	38%
济南西站	6 470	4287	60%	40%
天津南站	3 637	3640	50%	50%

3. 客流量及客流特征

由于售检票设备服务对象是旅客,所以旅客量大小、旅客构成及其行为会影响售检票设备数量与布局。高峰小时旅客量包括高峰小时旅客发送与到达量。高峰小时旅客发送与到达量是由旅客列车到发不均衡造成的,高速铁路车站在一天中会出现一个或几个旅客密集到发的高峰时段,高峰时段小时出发和到达的旅客人数被称为高峰小时旅客发送与到达量。不同类型车站的高峰小时旅客发送与到达量有所不同。

虽然车站售票高峰时段与高峰小时旅客发送量时段不一致,但可以考虑将高峰小时旅客发送量作为基数附加调整系数(调整系数通常取 0.25~0.75)来统计高峰时段购票人数。根据铁路旅客运输规范,要求购票旅客等待时间不超过 5 min,队列长度不超过 20 人。因此,为符合规范要求需要调整售票设备数量和布局,使之满足高峰客流购票需求;同时,检票设备数量和布局应该满足高峰小时旅客到达出站检票的需求,在规定时间内,旅客全部检票出站。根据铁路旅客车站建筑设计规范,检票设备每个检票口通过能力是 1 500 人/h,检票时间是 15 min,可以推算不同车站高峰小时服务旅客的检票闸机数量,如表 3-10-11 所示。

表 3-10-11　不同车站高峰小时检票设备数量

	高峰小时旅客量/人	检票设备数量/台
北京南	10 500	28
济南西	2500	8
天津南	1000	4

旅客构成是根据旅客不同职业、教育程度和出行距离对旅客流进行分类,通常将旅客分为直通客流、管内客流和市郊客流三类,但随着"春运"兴起,又将旅客分为学生流、民工流、探亲流和旅游流四类。其中,学生流主要指寒暑假期内学生回家或返校的客流;民工流主要指以外出务工为主的客流,主要集中在民工客流发源地或目的地,探亲流主要指节假外出探亲的旅客,如异乡工作的旅客回家省亲;旅游流是指分散型外出游玩的群体和集中型组团外出游玩的团体,集中型一般由旅客公司承包旅游专列外出游玩。

由于旅客构成不同,选择购票和检票方式也不尽相同。一般文化程度较低的农民工、年龄大的旅客和少年倾向于选择人工售票方式;而文化程度高的旅客、接受新事物的青年和在校学生则青睐自动售票机、网上购票或电话订票。因此,不同种类旅客选择购票方式不同,会形成不同的走行流线。当自动售票与人工售票距离较近时,造成不同种类旅客流线交织,不仅降低旅客购票效率,还可能造成拥堵现象。另外,售票设备在数量上要满足不同种类旅客购票需求,以便增加旅客满意程度和提高车站客运服务水平;不同种类旅客在检票时的选择检票方式也略有不同。民工流比较倾向人工检票,因为对检票闸机不熟悉且携带行李较多,使用检票闸机不方便。而其他旅客根据手中车票类别选择检票方式,持有磁卡票的旅客会选择自动检票机,持有纸制车票的旅客会选择人工检票。因此,容易造成检票区域客流交织,产生混乱拥挤现象,降低旅客检票效率。此外,由于不同种类旅客通过检票设备时间不同,导致闸机通过能力降低,如表 3-10-12 所示。因此,检票设备在数量和布局上需要满足不同种类旅客的检票需求。

表 3-10-12　不同种类旅客占用售检票设备时间对比

客流构成	占用售票设备时间/s		占用检票设备时间/s
	人工售票	自动售票	
学生	48.7	50.8	4.3
民工	100.6	120.6	10.3
探亲	56.3	71.5	5.4
旅游	60.5	65.4	4.9

旅客行为是不同属性旅客在使用售检票设备时所表现出来的行为特性，旅客属性是指旅客年龄、性别、携带行李的大小、出行方向和旅客对设备熟悉度。在高速铁路车站内，由于进出站旅客属性构成不同，旅客在行走时所表现的个体交通特性也不尽相同。如：检票老年人相比壮年和青年人在走行速度和检票时间上较为缓慢，从而影响整个检票队伍的通过效率，降低检票设备能力；旅客在通过检票设备时，行李的大小和数量会增加旅客负重，进而影响旅客通过检票设备速度和效率；当旅客不熟悉检票设备使用情况和规则时，易出现刷卡延误和错误现象，减缓旅客通过速度和效率。因此，旅客属性构成不同通过检票设备时间不尽相同，导致单台检票设备通过能力降低，从而影响检票设备数量和布局，如表 3-10-13 所示。

表 3-10-13　不同属性旅客通过售检票设备时间对比时间　　　　　　单位：s

项目	性别		年龄			出行目的		熟悉度		行李大小	
	男	女	青年	壮年	老年、少年	常旅客	非常旅客	熟悉	不熟悉	无包	有包
售票设备	65	80	56	67	100	46	87	53	86	65	65
检票设备	4.8	5	5	5.7	6	2.7	4.5	4.1	15.9	5.2	10

4. 车站客流组织

高速铁路客运站客流组织管理是通过合理布置站内设备设施及采取有效组织或引导措施将旅客快速运输走的过程，涉及车票预售期、售票与候检票模式及售检票计划、旅客流线、旅客列车开行方案、紧急疏散管理。

车票预售期指旅客购买车票的提前日期。在客流高峰时车票预售是为满足旅客购票需求而制定的一种售票组织方案，合理的售票组织方案能够迅速地疏散高峰客流，方便旅客出行。售票模式是指车站采用的售票方式，一般包括网上售票、电话订票、售票点代理售票、人工售票和自动售票五类。当售票模式多元化时，可增加旅客购票方式，减少车站人工售票和自动售票设备数量和压力。当到站购票旅客量较大时，必然会影响人工售票和自动售票设备数量配置。因此，售票模式会对售票设备数量配置产生影响。

候检票模式是指高速铁路车站候车与检票模式，简称为候检票模式，包括先候后检和先检后候两种模式。其中，先候后检模式是旅客先进入候乘厅集中检票，检票口易产生拥堵而影响个体检票效率和走行速度，从而影响检票设备能力，对检票设备数量和布局要求较高；先检后候模式旅客分散到达，随到随检，旅客在检票口处空间较大，可以按照个体意愿走行并检票，不易产生滞留现象，可提高检票效率，对检票设备数量和布局的要求较弱。因此，不同候检票模式对售检票设备数量和布局要求是不一样的。

售票计划是指人工售票窗口服务时间安排，售票计划根据高速铁路车站购票旅客量大小动态制定。车站旅客购票存在高峰、平峰和低峰时刻，根据实地调研数据可知不同车站存在不同售票高峰。为满足旅客购票需求，车站人工售票窗口会随着旅客购票高、低峰时刻而动态增加或减少数量。检票计划是指检票设备根据列车时刻表确定检票时间段。不同的检票计划会影响旅客聚集程度，因此不同检票计划对检票设备数量和能力的要求不同。

流线是在运输过程中人流、物流和交通流在一定时间过程中的流动空间轨迹。在高速铁路车站，旅客流线可分为进站旅客流线和出站旅客流线。其中，进站旅客流线又可分为购票旅客流线、检票旅客流线和取票旅客流线。车站旅客中包括有票、无票和待有票三种旅客，有票旅客进入车站直接到候乘厅等候检票，无票旅客会选择售票窗口或自动售票机购票，待有票旅客选择自助取票机取票，因此，进站旅客形成三种流线，不同流线会有不同路径。在高速铁路车站内，售检票设备数量和布局要尽量使旅客走行距离舒适，流线之间冲突干扰最少。出站旅客流线较进站旅客流线简单，出站旅客流线是随着列车到达而产生，具有人流聚集快、密度大的特点，并会对检票设备形成脉冲式冲击。在大流量、高密度旅客的出站需求下，检票设备的数量、布局和能力是否合理，直接影响旅客出站效率。同时，售票设备与检票设备数量需要搭配合理，布局简洁明了，流线简单清晰，科学合理的售检票设备数量和布局规划将有利于提高旅客疏散效率和车站客运服务水平，从而降低售检票设备压力。

旅客列车开行方案是指确定旅客列车运行区段、列车种类及开行数量的计划。针对影响售检票设备布局的因素，对旅客列车开行计划只考虑列车种类、开行时刻表和开行对数。目前高速铁路车站列车的种类主要有城际列车、高速列车、"和谐号"动车和普速列车等类型，不同类型列车编组不相同，从而在旅客输送能力上会有区别；列车开行数量指方向上或区段内为满足运量需要而开行的旅客列车数量（当上下行成对时可用"对数"表示，当计算单个方向列车时按"列数"计算，不同方向、区段开行旅客列车数是不同的）。旅客列车开行方案会对高速铁路车站运输能力产生影响，也会影响站内旅客聚集量。当站内旅客量发生变化时，相关客服设施设备数量和布局会发生相应变化，如售检票设备数量和布局都会根据站内客流量大小、流线走向进行规划设计。旅客列车开行时刻也会影响站内客流量，旅客会根据列车时刻表到站聚集候乘。当站内旅客流量较大时，对售检票设备能力和站内设备布局要求较高。售检票设备能力不满足客流需求时，需要考虑增加售检票设备数量，同时，售检票设备在布局上也要满足旅客流线通畅、方便、高效的要求。

当高速铁路车站发生紧急事故或危险状况时，检票设备的布局和类型会对旅客安全疏散产生影响，主要影响旅客疏散时间且易产生疏散瓶颈，相关研究表明有检票设备比无检票设备疏散时间长；检票设备类型也会影响旅客疏散时间。因此，检票设备布局和数量配置需满足高速铁路车站紧急情况下的旅客安全疏散要求。

（二）高速铁路客运站售检票设备布局仿真建模分析

高速铁路客运站售检票设备布局问题比较复杂，由于无法全面考虑各种因素的影响，因此很难通过分析方法准确评估不同售检票布局方案。一种较可行的方法是利用计算机仿真技术，通过构建高速铁路车站售检票布局仿真模型，尽可能再现旅客在不同布局条件下的运动、设备使用等场景，进而为高速铁路车站售检票设备布局评价提供基础数据，仿真建模思路如图 3-10-14 所示。

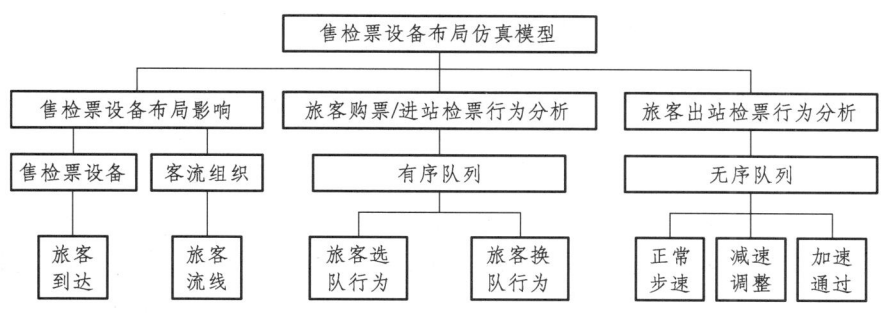

图 3-10-14　高速铁路车站售检票设备布局仿真建模思路

1. 旅客购票与检票行为分析

（1）旅客购票行为分析。

高速铁路车站内购票旅客行为受到环境、空间和自身因素影响，环境因素有车站内部站厅设计、售票设备位置和数量、售票区域排队情况；空间因素有售票站厅空间大小；自身因素包括性别、年龄、心理、体力、出行方向和对环境熟悉度等。购票旅客行为主要包括售票位置选择、排队行为、接受服务和离开队列等。

① 售票位置选择。

无票旅客到达车站后需要在站内购买车票，旅客选择的售票位置主要与自身所在位置、售票处所的位置、标志醒目程度、售票处所出售车票的类型等有关，在所售车票类型相同的条件下，旅客更倾向于选择最近售票处购票、排队。

② 排队行为。

a. 购票队列选择。旅客在购票时，根据人工或自动售票机当前状态（空闲、繁忙、暂停服务）、各个队列长度和售票效率来选择队列。旅客一般倾向于选择空闲、队列短和售票效率高的队列排队，可节省旅客出行时间成本。b. 跟随。跟随行为是旅客在购票队列中的移动和等待行为。当旅客进入购票队列中，旅客会跟随前方旅客直至队首接受服务。c. 换队。换队行为是旅客在购票排队时决定换到其他购票队列的行为，通常发生在购票队列不止一队的排队系统中。旅客一般会根据售票速度、自身对排队等待时间容忍度和周围队列长度，决定是否换队以节省时间、提高出行效率。

③ 接受服务。

接受服务行为是旅客在购票队列队首接受服务时所询问、等待、支付、取票等行为，其本质是旅客在队首时间的占用，旅客购票时间与旅客对购票的熟悉程度、所需购买车票的数量和类型、售票人员或自动售票机的速度等有关。

④ 离开队列。

离开队列行为是指旅客购票结束离开购票队列时所发生的行为。通常情况下，旅客购票结束后会暂时脱离购票队列，在队列旁短暂驻足核对票款信息，然后根据意愿离开。

（2）旅客检票行为分析。

旅客检票可分为进站检票和出站检票，进站检票客流相对分散到达，在集中候车条件下旅客的检票行为可分为队列形成、排队、接受服务、离去四个阶段。

① 队列形成。对于进站检票，队列的形成时间和长度取决于客流到达车站的规律、候车室布局以及检票开始时间。对于出站检票，队列的形成主要与列车到达时间分布、站台到达出站检票机的距离及旅客走行规律等有关。

② 排队。旅客检票行为按照检票过程中队列形式可以分为有序队列和无序队列两种，有序指旅客检票时形成规则排队队列，如通常情况下，旅客进站检票由于有专人引导一般呈有序队列；无序指旅客检票时呈无规则队列，如无引导条件下的旅客出站检票。

a. 有序队列。有序队列旅客检票行为分为队列选择行为、跟随行为和换队行为三种。

● 队列选择行为。由于高速铁路车站候乘方式采用先候后检，旅客检票时间根据列车发车时间确定，通常会提前半个小时检票。因此，开始检票时旅客大部分已经在等待检票，旅客会根据检票闸机状态（空闲、繁忙、暂停服务）和队列长度及其所指示的最近服务车厢编号来选择队列。旅客一般倾向于选择空闲检票闸机和短队列排队。

● 跟随行为。跟随行为一般在检票旅客密度较大时，旅客主要以跟随行为为主，这时处于队列中的旅客无法选择队列，只有跟随前面旅客走行，直至检票通过。另外，由于存在部分旅客对检票闸机使用方法不熟悉，所以不熟悉的旅客会选择跟随其前方旅客检票通过。从心理学上分析，旅客这种行为可以称为从众行为，不熟悉的旅客选择跟随行为可增加其安全感。

● 换队行为。当检票开始，旅客会陆续进入检票队列检票，当队列中某位旅客检票出现错误或滞留时，队列末尾旅客可能采取换队行为，换到其他队列以便快速检票进站上车。

b. 无序队列。旅客出站检票一般易形成无序队列。由于出站旅客到达时刻较为集中，对检票设备形成脉冲式客流冲击，因此，旅客易呈现无序队列现象。无序队列旅客行为根据旅客通过不同区域可分为正常步速区、减速区和调整加速区三个阶段。

正常步速是旅客自由走行域，旅客可按照自身意愿选择走行速度，一般走行速度均值为 1.2 m/s。减速区域是旅客面临前方旅客或闸机的阻碍，选择减小速度避免碰撞，通常距离为 1~2 m，旅客速度均值为 0.85 m/s。通过闸机区时，旅客车票有效则闸机放行，旅客可通过，一般速度均值为 0.73 m/s。调整加速区是旅客通过检票闸机后加速出站的区域，通常为 1~2 m，速度均值为 1.08 m/s。

③ 接受服务。检票旅客接受服务主要受旅客自身熟悉程度、步行速度、携带行李数量及大小、检票闸机类型的影响。

④ 离去行为。检票旅客顺利通过检票设备后，会依据自身离开车站的交通方式选择出口走行离开。

（3）售检票设备布局对旅客行为的影响。

售检票设备布局对旅客行为具有很大影响，合理的售检票布局能够正确引导旅客快速、便捷、高效地完成其购票和检票过程。

① 售检票设备布局对旅客排队行为影响。

当售检票设备为距出入口距离适宜且数量较多时，旅客排队现象明显，伴随有选队、换队和跟随行为；售检票设备位置及数量会对旅客排队行为产生影响，当售检票设备距出入口位置较近且数量少时，旅客易排长队，主要以选队和跟随行为为主，较少旅客会选择换队；

当售检票设备距离出入口较远时,旅客到达较为分散且数量较少,排队现象不是很明显,旅客基本是随到随服务,少有换队行为发生。

② 售检票设备布局对旅客到达售检票区域的分布规律的影响。

高速铁路车站售检票设备布置是根据车站出入口位置来规划布置并保持一定距离,保证旅客进出畅通。通常情况下,旅客趋向选择距离较近且在视野范围内的售检票设备。走行距离较远时,旅客对售检票设备选择比较随机和分散。因此,当售检票设备布置距离出入口较近时,旅客到达数量较大、间隔时间较短,并且售检票设备利用较为均衡。售检票设备布置距离出入口比较远时,旅客到达数量较小、间隔时间较长,售检票设备利用不均衡。

③ 售检票设备布局对旅客流线的影响。

旅客流线通常包括进出站旅客流线、购票旅客流线和检票旅客流线。不同旅客进入车站后,会根据自身目的产生不同旅客流线,如购票旅客流线、检票旅客流线。通常情况下,高速铁路车站内布置多处售检票设备,高速铁路车站售检票设备布局直接影响旅客流线走向和客流走行效率,而售检票设备位置的布置应避免不同旅客流线交织和对流,流线交织和对流易造成客流拥堵并减缓旅客走行速度,而旅客流线交织越严重客流走行效率越低,同时也增加车站管理负担。布局位置合理、间距合适的售检票设备可疏导客流避免拥堵,保证旅客流线有序、高效地流动。

2. 旅客购票及检票模型构成

旅客购票模型包括人工售票和自动售票两种模型,高速铁路车站购票旅客到达、购票行为和自动售票设备服务都具有随机性,因此售票系统服务可看作一个随机服务排队系统。检票模型包括进站检票和出站检票两种模型,进站检票时,由于旅客随着列车发车时刻到达车站具有一定规律,并且旅客接受检票设备服务,容易形成排队、换队等行为,所以旅客进站检票模型属于有序排队模型。出站检票旅客是随列车到达而发生,一般列车到达后旅客会对出站检票设备形成脉冲式冲击,由于旅客急于出站心理,并不遵守排队行为而趋向于无序队列,所以旅客出站检票模型属于无序队列排队模型。综上所述,旅客购票模型包括客流到达模型、有序队列排队模型和购票服务模型,旅客检票模型包括客流到达模型、有序队列排队模型、无序队列排队模型、检票服务模型。

(三)高速铁路车站售检票设备布局评价及优化策略

高速铁路车站售检票设备布局合理与否,直接影响旅客的出行效率和车站服务水平。为此,在购票环节应为旅客提供人工售票、自动售票、自动检票等服务是否满足旅客需求和方便旅客出行进行评价;以售检票设备布局仿真建模为基础,根据售检票旅客行为、旅客流线、出行效率等构建高速铁路售检票设备布局评价指标体系,提出评价方法流程及布局优化策略。

高速铁路车站售检票设备布局评价主要对人工售票窗口、自动售票机和自动检票机数量和相互间位置进行评价,考虑售检票设备数量和能力是否满足高峰旅客出行需求,售检票设备相互间位置是否满足旅客流线顺畅性、方便性和高效性。此外,售检票布局评价可为既有车站扩建和改造、新建站设备设施布局规划和设计等现实问题提供理论支撑。售检票设备布局评价内容主要包括人工售票窗口与自动售票机数量和位置、检票闸机数量和位置、售票设备与检票闸机在数量和位置的匹配关系。

高速铁路车站售检票设备布局评价应遵循如下评价原则：① 科学化原则。高速铁路售检票设备布局评价既要有宏观评价，也要有微观评价，既要有定性评价，也要有定量评价，力争宏观与微观评价相结合，定性与定量评价相统一，增强评价说服力和可信度。② 舒适性原则。由于旅客在接受检票设备服务时会产生排队等待消耗，因此，对售检票设备布局评价要力求旅客平均等待时间适宜及合理的走行距离，提高高速铁路车站客运服务水平。③ 通畅性原则。售检票设备数量和布局要符合旅客出行习惯和要求，努力使进出站旅客流线简单清楚，尽量避免因流线交叉而产生拥堵、停顿现象发生。④ 经济型原则。在保证满足旅客购票与检票需求的基础上，合理的售检票设备数量会节约成本、减少资源浪费，努力建设高效、环保、绿色的高速铁路车站。

考虑到售票设备、检票设备与旅客三者之间的关系及评价目标，确定高速铁路车站售检票设备布局评价指标，主要包括售检票能力匹配性、旅客流线顺畅性（最大绕行距离、平均绕行距离、绕行系数、流线交织点数、交织点位置分布）、设备利用均衡性（设备利用饱和度、设备利用不均衡度）、设备舒适性（平均等待时间、平均排队长度、区域人均密度）、疏散便捷性（旅客疏散时间、旅客疏散能力）和售检票设备经济性（自动售票机成本、自动检票机成本、人工售票窗口成本）。高速铁路车售检票设备布局评价是一项复杂工作，需要考虑的因素较多且复杂，因此，有必要将评价流程具体规范化。首先，需要确定评价目标和内容；其次，建立评价指标体系，将评价目标和内容具体化，并对评价指标定量分析；再次，根据评价指标体系确定评价方法及工具；然后，对高速铁路车站售检票设备布局进行评价，同时分析评价结果；最后，根据评价结果提出售检票设备布局优化策略，具体评价流程如图3-10-15所示。

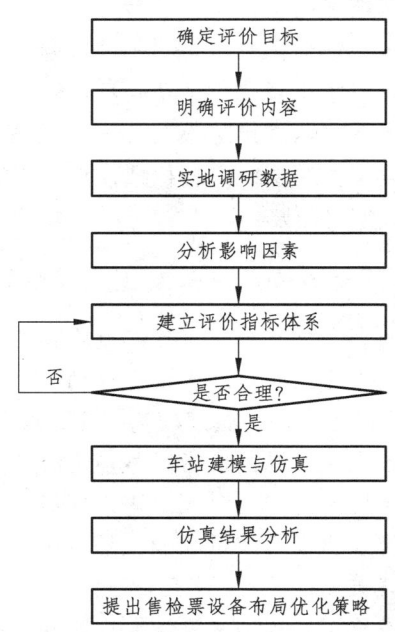

图 3-10-15　高速铁路车站售检票设备布局方案仿真评价流程

当前既有研究对高速铁路车站售检票设备布局评价较少，较多研究是对交通枢纽总体规划、枢纽结构和枢纽内部换乘与运营组织等方面的评价，评价方法一般采用层次分析法、主成分分析法、多目标灰关联系数法、数据包络分析法、模糊评价法和综合评价法等。对高速铁路车站售检票设备布局评价可采用动态模拟评价法，动态模拟评价法是通过计算机对车站售检票设备布局仿真模拟实现的，其具有以下特点：① 可重复性，构建一个仿真评价模型，可随时重复仿真实验来评价。② 易操作性，仿真模拟方法比其他方法更容易操作，并且不需要太多数学和计算机知识。③ 可控制性，仿真是通过程序控制，容易对仿真评价模型参数进行设置和调整，如人为设定一些变量为常数，只改变某一或某些变量来分析它们对评价指标的影响；还可对售检票设备服务能力、服务计划、数量和位置等因素进行人为优化，对不同售检票设备布局方案进行仿真模拟，从而进行综合比选和评价。④ 快速真实性，动态模拟评价法与其他评价方法相比可快速获得结果，缩短评价周期。⑤ 可预知性，由于动态模拟是对一种设想进行验证评价，它可使某些参数如旅客量、售票分担率、进出站流线等超出实际值，达到未来年预测值，从而可对高速铁路车站售检票设备未来布局进行模拟评价。

对售检票设备布局方案的优化策略主要从售检票设备数量、位置和旅客流线顺畅性、经济性等方面考虑。优化后使售检票设备数量、布局和投入资本更合理，旅客走行更顺畅，售检票设备能力与旅客量更匹配。通过仿真系统对高速铁路车站内售检票设备进行建模和仿真，得到高速铁路车站内售检票设备运行情况，观察站内客流聚集和旅客走行情况，并输出相关参数的图与表进行分析，其中参数包括售检票设备排队长度、售检票设备区域旅客密度、旅客流线交织点位置分布图等；根据售检票设备布局评价指标体系，基于对仿真结果的分析对售检票设备布局方案进行优化。优化策略主要从售检票设备数量、位置和售检票设备旅客排队系统三个方面入手，通过改变高速铁路车站内售检票设备数量和位置、客流组织方法，多次对高速铁路车站内售检票设备进行仿真模拟，对比优化前后相关参数结果，得出优化策略。

售检票设备数量优化策略可从客流需求、空间大小和经济成本投入几个方面考虑。根据售检票设备评价结果，可采取动态售检票计划。动态售检票计划包括动态售票和动态检票计划。动态售票计划是根据旅客购票高峰、平峰、低峰时刻售票设备利用不均衡度、能力匹配度和售票排队系统指标等确定售票设备数量和工作时间，如北京南站根据旅客流线和高低峰对售票设备数量和位置进行调整，进站流线处售票设备开放数量多且时间长，而出站流线处售票设备则是关闭状态；动态检票计划是根据高峰小时旅客到发量、检票设备利用不均衡度、能力匹配度和检票排队系统指标等确定检票设备数量和工作时间。动态售检票计划不仅可满足旅客购票需求，还可节省售检票设备运营成本。

售检票设备位置优化策略是根据设备利用均衡性、舒适性和流线顺畅性确定售检票设备位置。其中，设备利用均衡性和舒适性应是主要考虑的方面，流线顺畅性可参考流线优化策略中设备布局优化策略。设备利用不均衡是由于旅客趋向选择临近售检票设备，若要使设备利用均衡可考虑对售检票设备位置进行局部调整。

旅客流线优化策略目的是使高速铁路车站内各种流线交叉干扰点减少，尽量将不同流线分开，走行距离合理，避免流线迂回，从而提高旅客走行效率和客运站服务水平。为此，可从三个方面制定流线优化策略，即流线分割策略、设备布局优化策略和交织点转移策略。流线分割策略是将进站、出站、购票等流线分隔开，减少交织点。不同类型车站采取不同流线分割策略，平面式车站可通过客运组织方式分割不同客流。立体式车站可通过立体分层布局方式分割客流，不同客流在不同建筑层走行，尽量减少流线交织。设备布局优化策略指调整设备位置以期引导不同客流分流，从而减少流线交织冲突现象。在高速铁路车站存在高速、城际、动车等多种候车区和多个售票区，易产生不同客流流线交织现象，对此可通过设备布局优化来引导客流分流。交织点转移策略指将客流交织冲突点从站内或站前广场转移到站外或站外其他区域，以减少流线交织度，提高旅客出行效率和客运站客运服务水平。

第十一节　城市轨道交通车站

一、概　述

轨道交通因运量大、速度快、准点率高等优点，成为大众出行的首选。截至 2018 年年底，我国市区轨道交通运营里程超过 5 500 km。2018 年，市区轨道交通承运超过 220 亿人次，北、上、广市区轨道交通客运量占公共交通客运总量的比例超过 50%。京津冀、长三角、珠三角三大城市群（圈）打造综合轨道交通上的都市圈初见成效，其他都市圈也积极推进，但这其中也存在不少问题和短板，比如不同轨道交通方式相互衔接、互联互通困难，旅客换乘效率低；除了国家铁路、城际铁路（省域铁路）、市域铁路、市区轨道这四种方式的网络建设规划分别制定，没有实现四规合一之外，还存在交通建设和运营维护的主体不同，标准、技术制式、信息化系统以及服务不统一等方面的原因，这些问题降低了运输服务质量。四种制式中最明显的发展洼地是市域铁路，许多地方要么把地铁当市域铁路使用，要么依赖国家铁路，造成中间快两头慢，时间都消耗在末端和换乘上了；规模不同的城市类别应该因地制宜，结合自身特色和需要采用不同的模式，打造符合实际需求的市域铁路网络，连接主城区和郊区，将通勤时间控制在半小时内。对此应该强化大部制领导，提升交通运输部在综合轨道交通上的宏观治理能力，优化调整综合轨道交通分散在各部委的功能。加强对四种方式路网规划的协调统一，特别是运行线路区间的共享、共治，打造综合轨道交通枢纽站，实现安检互通。在科技创新上也应促进标准、制式兼容发展，推进不同交通方式之间的互联互通。

二、城市轨道交通车站的组成与特点

（一）城市轨道交通车站的组成

城市轨道交通车站一般由车站主体（站台、站厅、设备用房、管理用房等）、出入口及通道、通风道及通风亭等附属建筑物组成。城市轨道交通车站主体通常位于城市主干道的上方或下方，出入口、风亭设在规划道路红线以外，占用城市地下、地上空间。车站主体是实施客运服务和列车运行组织的主场所，根据功能的不同，车站主体可分为乘客使用空间和车站用房两大部分。出入口及通道是供乘客进、出车站的建筑设施；通风道及地面通风亭等环境控制设施保证了车站舒适的站内环境；车站的总体建筑布局应符合城市规划、地下管线、地下构筑物之间的关系。

（二）城市轨道交通车站的特点

（1）需要处理的行李很少或没有。
（2）旅客密度高，流量大，进出口的设计需要更快速有效，站台一般与车厢地板同高。
（3）列车间隔较短，因此不需要太多的等待候车空间和设施。
（4）需要设计或预留自动售、检票设施。
（5）当设计为地下或高架型时，要注意纵向流通径路，与街道要保持良好接续。

三、城市轨道交通车站的分布与站台布置形式

（一）城市轨道交通车站的分布原则

（1）应尽可能靠近大型客流集散点，为旅客提供方便的乘车条件。
（2）应与城市道路网及公共交通网密切结合，为乘客创造良好的换乘条件。
（3）应与城市建设密切结合。
（4）尽量避开地质不良地段，尽可能减少对周围环境的干扰。
（5）尽量兼顾各车站间均匀性。

（二）城市轨道交通车站的站台布置形式

城市轨道交通车站的站台布置形式有侧式站台、岛式站台、混合式站台几种形式。

侧式站台（如图 3-11-1 所示）：给客流换乘带来不便，但双方向客流流线分开考虑，不易造成客流的混乱，站台在建筑空间上可以适当分散处理，轨道布置集中有利于区间采用大的隧道或双圆隧道双线穿行，具有一定的经济性。实际工作中，高架车站采用侧式站台较多。

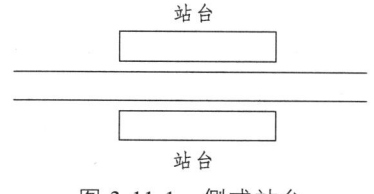

图 3-11-1　侧式站台

岛式站台（如图 3-11-2 所示）：便于双方向客流在同站台乘降和换乘，站台利用率较高。

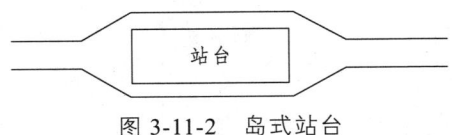

图 3-11-2　岛式站台

混合式站台（如图 3-11-3 所示）：兼具侧式站台与岛台的优缺点。

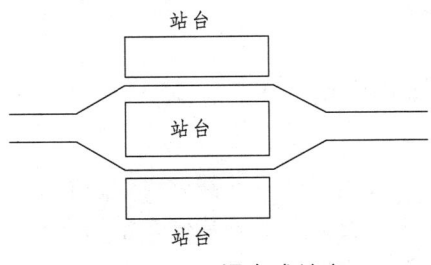

图 3-11-3　混合式站台

四、城市轨道交通车站线路的设置

（一）折返线的布置方案

1. 站前折返（如图 3-11-4 所示）

特点：进站列车与出站列车进路存在交叉，影响行车安全；列车进站或出站速度受限，影响车站通过能力，旅客舒适度较差；上车站台不固定，乘客容易误乘；折返作业时间受小交路的行车间隔控制，时间较紧；考虑到偶然发生的故障车列中间停留的需要，在地形条件可能的情况下可与折返线相结合设置少量停留线。

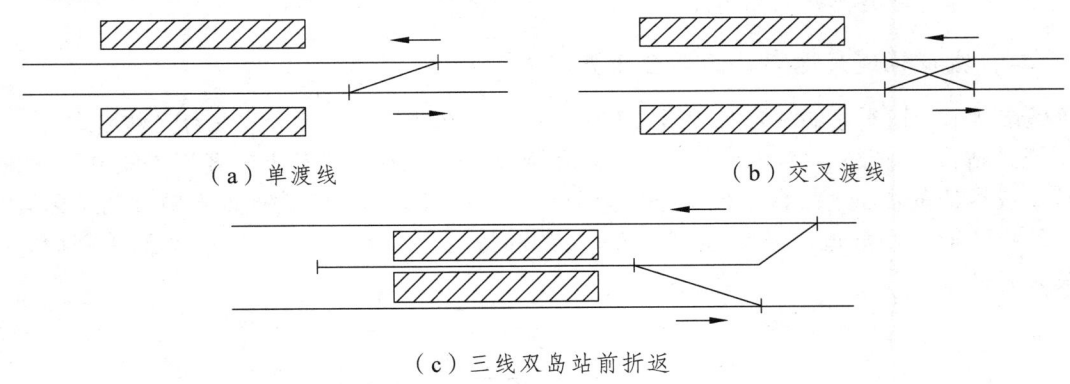

（a）单渡线　　　　　　　（b）交叉渡线

（c）三线双岛站前折返

图 3-11-4　站前折返布置方案

2. 站后折返（如图 3-11-5 所示）

有如下三种站后折返方式：
（1）列车经由站后渡线折返；
（2）列车经由站台尽端折返线折返；
（3）列车经由车站尽端环线折返。

特点：列车到达、折返、出发等按顺序进行，无交叉干扰，有利于列车安全；载客列车进出站速度高，车站通过能力大；折返作业时间受大交路的行车间隔控制，时间充裕；可设折返（存车）线，使行车调度灵活。

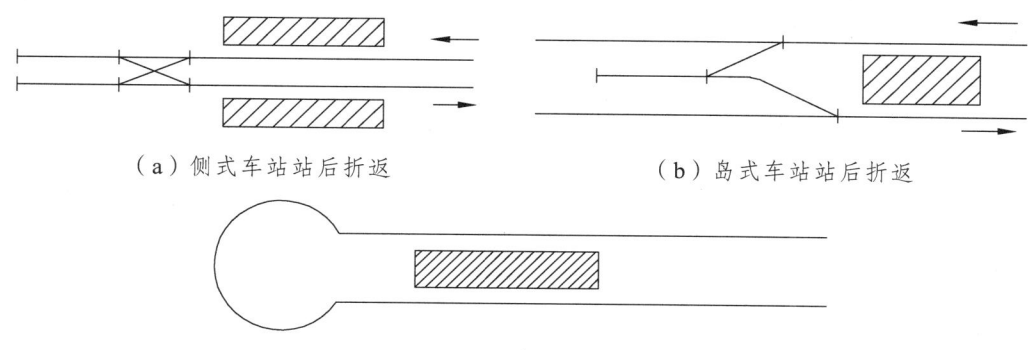

（a）侧式车站站后折返　　　　　　（b）岛式车站站后折返

（c）尽站环线站后折返

图 3-11-5　站后折返布置方案

（二）存车线设置（如图 3-11-6 所示）

存车线和折返线的布置形式基本相同，功能也可互换。存车线可以与折返线结合设置，也可以单独布置。

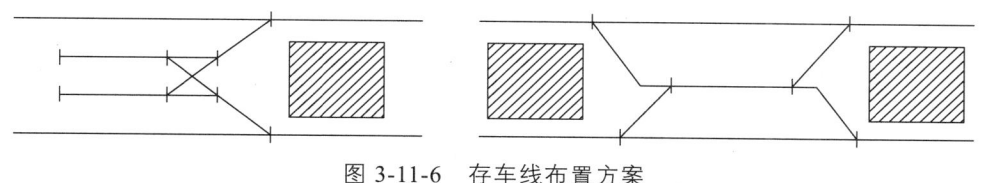

图 3-11-6　存车线布置方案

五、城市轨道交通换乘车站设计

（一）设计原则

（1）尽量缩短换乘距离，换乘路线要明确、简捷，方便乘客。
（2）尽量减少换乘高差，降低换乘难度。
（3）换乘客流与进、出站客流分开，避免交叉干扰。
（4）换乘设施的设置应满足乘客换乘客流量的需要，且需留有扩、改建余地。
（5）应周密考虑换乘方式和换乘形式，合理确定换乘通道及预留口位置。
（6）换乘通道长度不宜超过 100 m；超过 100 m 的换乘通道宜设置自动步行道。
（7）应尽可能降低造价。

（二）换乘方式

1. 站台直接换乘

（1）两条不同线路的站线分设在同一个站台的两侧，乘客可在同一站台由甲线换乘到乙线,即同站台换乘。

(2)乘客由一个车站的站台通过楼梯或自动扶梯直接换乘到另一个车站的站台。

(3)一般适用于两条线路平行交织而且采用岛式站台的车站。

(4)站台直接换乘的换乘线路最短,没有换乘高度的损失,乘客换乘非常方便,如工程条件许可应积极采用。

2. 站厅换乘

(1)乘客由一个车站的站台通过楼梯或自动扶梯到达另一个车站的站厅或两站共用的站厅,再由这一站厅通到另一个车站的站台的换乘方式。

(2)站厅换乘一般用于相交车站的换乘,换乘距离比站台直接换乘要长,在很多情况下,乘客在垂直方向上要往返行走,带来一定的高度损失。

(3)站厅换乘方式有利于各条线路分期修建、分期建成。

(4)一般适用于侧式站台间换乘,或与其他换乘方式组合应用,可以达到较佳效果。

3. 通道换乘

(1)两线交叉处的车站结构完全脱开,车站站台相距较远或受地形条件限制不能直接设计站厅换乘时,可在两站间设置单独的换乘通道为乘客提供换乘途径。

(2)通道换乘设计要注意上下楼的客流组织,应避免双方向换乘客流与进出站客流的交叉紊乱。

(3)通道换乘方式布置较为灵活,对两线交角及车站位置有较大适应性。

(4)有利于两条线工程分期实施,预留工程最少,后期线路位置调节的灵活性大。换乘通道一般应尽可能设置在车站的中部,并避免和出入站乘客交叉。

4. 站外换乘方式

乘客在车站付费区以外进行换乘,没有专用换乘设施。

(1)高架线与地下线之间的换乘。

(2)两线交叉处无车站或两车站相距较远。

(3)规划不周,已建线未做换乘预留,增建换乘设施困难。

5. 组合式换乘

(1)采用两种或几种换乘方式组合,以达到完善换乘条件,方便乘客使用,降低工程造价的目的。

(2)同站台换乘方式辅以站厅或通道换乘方式,使所有的换乘方向都能换乘。

(3)站厅换乘方式辅以通道换乘方式,可以减少预留工程量。

(三)换乘站形式

1."一"字形换乘

两个车站上下重叠设置,一般采取站台直接换乘或站厅换乘,如图3-11-7所示。

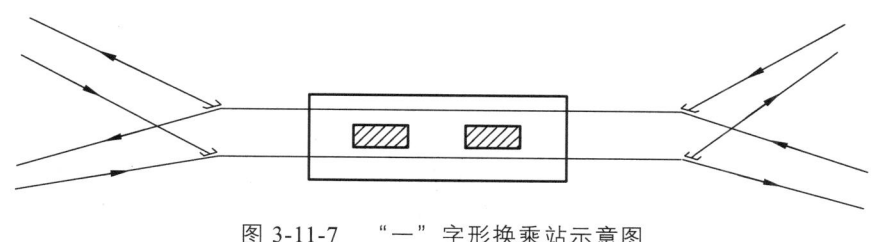

图 3-11-7 "一"字形换乘站示意图

2. "L"形换乘

两个车站平面位置在端部相连构成"L"形,高差要满足线路立交的需要,如图 3-11-8 所示。一般在相交处设站厅进行换乘,也可根据客流情况设通道进行换乘。

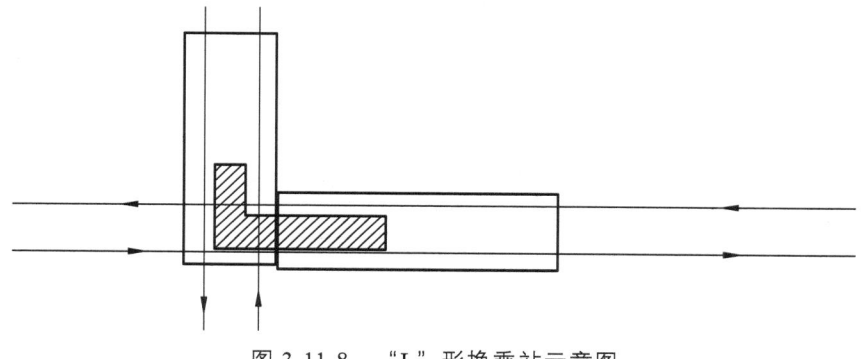

图 3-11-8 "L"形换乘站示意图

3. "T"形换乘

两个车站上下相交,其中一个车站的端部与另一个车站的中部相连,在平面上构成"T"形,一般可采用站台或站厅换乘,如图 3-11-9 所示。

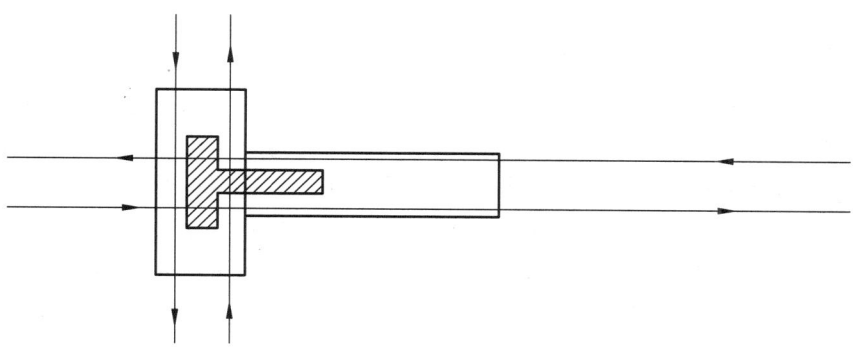

图 3-11-9 "T"形换乘站示意图

4. "十"字形换乘

两个车站在中部相立交,在平面上构成"十"字形,一般可采用站台直接换乘或站厅加通道换乘,如图 3-11-10 所示。

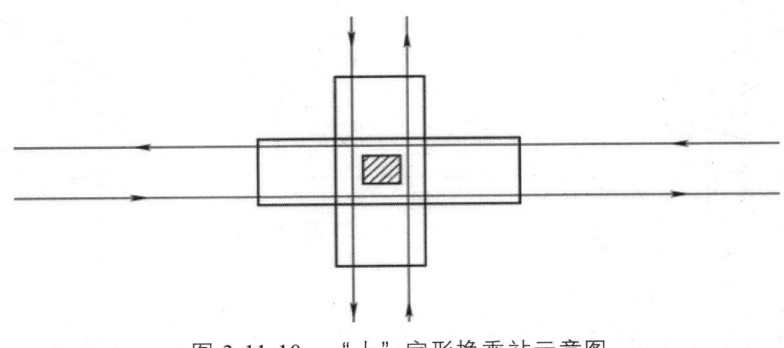

图 3-11-10 "十"字形换乘站示意图

5. "工"字形换乘

两个车站在同一水平面设置,以换乘通道和车站构成"工"字形,一般采用站厅换乘或站台到站台的通道换乘,如图 3-11-11 所示。

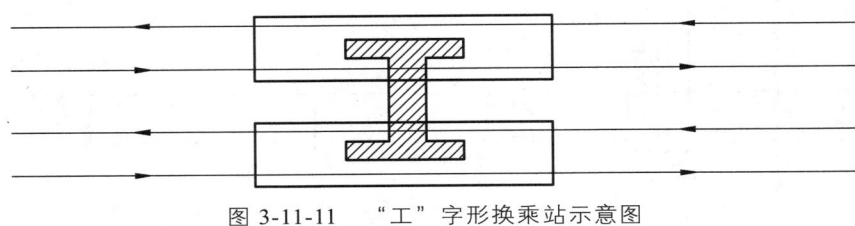

图 3-11-11 "工"字形换乘站示意图

六、城市轨道交通车站折返能力

(一)折返能力分析理论基础

1. 折返能力的定义

城市轨道交通车站折返能力的定义为在单位时间里折返站能够折返的最大列车数。一般可将其分为设计能力和可用能力,设计能力是指根据线路特点新建线路在设计阶段理论计算下可以达到的通过能力;可用能力为当线路已然施工完成,在现有设备及行车方案下线路能够达到的通过能力。值得注意的是,列车折返间隔时间与列车折返时间是不同的。列车折返间隔时间指的是前行列车与后行列车先后完成折返作业之间的出发间隔时间;而列车折返时间是指一辆列车在折返站内的运行时间,不涉及两辆列车的追踪间隔时间。前者影响折返能力,后者影响运行效率。

2. 折返能力计算公式

在进行折返能力的计算时,一般选用列车的最小出发间隔时间作为列车的折返间隔时间,一般用如下公式表示:

$$n_{折返}=\frac{3600}{h_{折返}} \qquad (3\text{-}11\text{-}1)$$

式中　$n_{折返}$——单位时间里能够折返的最大列车数；
　　　$h_{折返}$——折返间隔时间。

由公式（3-11-1）可知，$h_{折返}$ 的取值直接关系到折返能力的大小，它是前行列车与后行列车先后完成折返作业之间的出发间隔时间。

（二）折返间隔组成时间

折返间隔时间是指前行列车与后行列车先后完成折返作业之间的出发间隔时间，它由多种作业时间构成，主要包括：列车进站时间、列车进折返线时间、列车停站时间、列车出折返线时间、列车出站时间，此外还包括列车办理进路时间、列车进行换向操作时间等。

1. 进站时间

进站时间需要考虑车站的站台限速，站后折返形式与站前直向进站的运动状态一致，都需从进站速度 V_{max} 减速至站台限速值 $V_{限}$，再从 $V_{限}$ 制动减速至零停靠于站台；而站前侧向进站的运动状态是从进站速度 V_{max} 减速至道岔限速值 $V_{岔}$，再从 $V_{岔}$ 制动减速至零停靠于站台。

2. 站停时间

站停时间是指列车进站停车办理停车作业到列车启动出发离开站台的这段时间。停站时间的确定需要考虑到高峰时期乘客上下车时间，以最不利的因素针对具体车站以及相应的客流量来建立模型进行计算分析，最后确定列车的停站时间。国内城市轨道交通一般将其定为 30 s。

3. 列车进出折返线时间

进出折返线时间一般都是针对具有单独折返线的车站，比如站后双渡线折返。列车在正线站台进行停站作业后，对列车在折返线的运行时间单独进行考虑。此时可分为两种情况，一种为列车从正线站台加速进入折返线，受到道岔限速影响，以道岔允许速度匀速运行一段距离后，再制动减速停于折返线内；另一种为列车从正线站台加速进入折返线，由于折返线长度受限，列车加速至 V_0（$V_0 < V_{岔}$）需制动减速才能在目标点出停靠。

4. 列车出站时间

对于列车出站，站后折返与站前直向出站的运动状态一致，都是从速度零进行加速至土建限速 V_{max}，；而站前侧向出站的运动状态是从速度零加速至道岔限速值 $V_{岔}$，然后出清道岔后开始加速至土建限速 V_{max}。

5. 其他时间

列车在折返过程中，由于受到运营管理水平的影响，道岔的动作时间、列车的换端操作时间以及信号的反应时间各有不同，参考时间如下。

办理进路及信号开放时间包括：按压或自动触发进路按钮时间 3 s；选排及锁闭进路 9 s；信号开放时间 1 s，总共时间为 13 s。道岔解锁时间为 2 s。驾驶室换端时间为 12 s，在乘客乘降时驾驶室控制权转移。

（三）折返能力影响因素

折返能力的影响因素有很多，很难用一个精确的数学计算模型来详细描述。从不同的角度去分析折返能力，所反映的问题也是不一样的。在运营组织方面，包括列车的站停时间、列车折返方式还有客流量的控制等；在基础设施方面主要是折返线的配置以及道岔类型，这些因素都直接或间接影响了折返能力的大小。

1. 停站停时间影响

站停时间是指列车进站停车办理停车作业到列车起启动出发离开站台的这段时间，主要受到车站客流量以及车辆编组等因素的影响。在折返间隔时间中，列车的停站时间占用了 40%左右，优化停站时间对于折返间隔也有很大的作用。而停站时间的确定，需要考虑到高峰时期乘客上下车时间，以最不利的因素针对具体车站以及相应的客流量来建立模型进行计算。而随着城市轨道交通行业的发展，这些不利因素也会随之解决，所以停站时间有缩短的余地。

2. 站前限速影响

列车在进站时需要提前减速，而城市轨道交通设置站前限速点以及站前限速值会影响到列车的进站时间以及追踪间隔时间，从而影响到列车的折返间隔时间。列车站前限速点以及限速值需综合考虑，这涉及两次制动减速的时间，所以进站速度对折返间隔时间的影响有多种情况。

3. 折返站型影响

在进行折返站的设计中，确定了折返站型便确定了车站的折返能力，即使后期对其进行优化设计，考虑到后期的经济性以及施工的难易程度，一般很难达到理论上所需要的效果。所以在新线设计之初，便应综合考虑各项因素根据线路的特点来确定折返线。而城市轨道交通折返线布置形式具有多样性，根据不同的规则划分具有以下几种类型：

（1）根据折返形式分有站前折返、站后折返以及混合折返。站前折返以及站后折返主要是根据折返线的布置位于站前或站后而进行区分，混合折返则是在折返站即可进行站前折返也可进行站后折返。

（2）根据折返线与站台位置可分为纵列式和横列式。纵列式折返的折返线与站台纵列布置，一般采用站后折返；横列式折返的折返线与站台平行并列布置，一般采用站前折返。

（3）根据折返线衔接方式可分为贯通式以及尽头式。贯通式折返线一般在站台一端或两端设置渡线，并且渡线的一端会与正线连接，通过渡线可完成折返作业以及客运停车服务；尽头式折返线将运营停车点与折返停车点分离，一般在站后设置折返线。

4. 折返方式影响

当折返站型确定后，根据折返配线的设计，选择何种折返方式对折返能力同样有很大的影响。折返方式根据停靠站点不同可分为单一折返和交替折返。单一折返方式就是指列车 1 和列车 2 停靠于站台的同一侧，交替折返方式指列车 1 与列车 2 停靠于站台不同侧。

5. 道岔类型影响

在城市轨道交通系统中,道岔设备是很重要的硬件设备,列车需要由道岔来完成整个折返过程,所以道岔类型对折返能力也有很大的影响。道岔型号越大,那么道岔侧线的限速值越高,列车走行速度便越高,那么便能缩短列车在折返线内的运行时间,但是选用道岔型号越大,工程造价也会越高,因此需要综合考虑选用合适的道岔。

针对站前折返以及站后折返,道岔限速的影响也不尽相同。当站型为站前折返形式时,列车侧向进站,若需要满足在进入道岔之前减速至道岔限速,列车需要提前减速,道岔型号越大,道岔限速越高,那么会缩短岔前进站距离,从而减少列车运行时间,缩短折返时间间隔;若选用直进弯出的方式,虽然道岔限速对于列车进站无影响,但列车侧向出站的最高限速为道岔限速,这样会影响列车折返线上运行时间,所以道岔限速对于站前折返影响很大。当站型为站后折返形式时,列车在折返线内运行主要受到道岔限速的影响,道岔的限制速度为列车所能达到的最大速度,所以道岔允许速度越高,列车在折返线内的运行时间越短。

6. 列车编组方案影响

列车编组方案影响了列车的长度,对于列车在折返站的作业过程,主要是对列车出清车站有所影响。列车越长,则列车完全驶离折返站的时间就会越长,从而会增大折返时间间隔。与此同时,列车必须完全停靠于站内,所以站台长度与列车长度应该大致相同,从而会影响到站台的设计,也会影响到线路规划的经济效益。列车的编组方案也会影响到线路的运输能力,不同的编组方案载客量不同,我们在考虑列车折返能力的基础上,也应该同时考虑线路的运输能力。

(四)折返过程分析方法

对折返技术过程进行分析,最为主要的是对折返过程中关键点的划分。根据关键点将整个折返过程划分为不同的阶段,针对每个阶段进行具体的折返能力计算。关键点的选取可根据如下方法:

(1)折返过程分析起点:当前方有列车停车时,对后行列车形成的干扰点。
(2)正线运营车站的停车点:根据站台的长度以及列车的长度可设定列车的停车位置。
(3)道岔的安全防护点:道岔的定位以及反位防护点。
(4)列车在折返区域停车点:停车点的位置选取需要使得它距离后方道岔防护点一个车长。
(5)列车完成折返过程的关键点:对于站后折返,一般为出站一侧的安全防护点;对于站前折返,一般为道岔的防护点。

根据上述关键点的划分,将列车的折返过程划分为不同的阶段,并找出列车进折返线、出折返线、进站以及出站的控制点,由于折返过程的特殊性,控制点一般都为上述关键点。本书针对站型的多样性进行分析,由于不同的折返站型其折返方式也各有不同,主要从站前折返以及站后折返站型出发计算折返间隔。

七、城市轨道交通车站客流控制

（一）客流控制的定义

客流控制是指为了保证乘客在车站内的安全和车站的服务水平，当城市轨道交通车站内设施设备承受的负荷超过其客流阈值，或车站服务水平超过乘客所能接受的范围时，制定合理的客流控制方案，对乘客走行进行适当的引导、利用合理的站内设施布设和站内优化等方式，使得进站、出站和换乘客流能够在车站内安全和及时地接受服务，避免大客流对车站、线路或路网造成过大压力。

（二）客流控制基本规则

城市轨道交通客流控制的主要目的是控制客流的分布，降低运营压力，提高安全性，避免对车站、线路甚至路网造成过大的压力。通过对北京、上海、广州等地早高峰轨道交通运营组织调查的经验可知，宏观层面的客流控制应按照严重程度和处置措施分为三个级别：车站级客流控制、单线级客流控制和线网级客流控制。建议运营中整体上遵循"先控制进站客流、再控制换乘客流"和"先在站内控制、再控制站外客流"的原则。

一方面，车站对客流进行服务的效率是通过乘客在车站内的直观感受和一定时间内在车站内被服务的乘客数量表现出来的。在运营的高峰期，在车站接受服务的乘客数量接近使车站能力饱和。另一方面，客流的变化取决于乘客集散规律与列车的到发规律。综上所述，车站处理客流能力的阈值属于静态因素，而客流变化情况属于动态因素，需将这两类因素结合考虑。

1. 客流控制等级划分

为了更好地实践高峰期客流控制的目的和结合客运组织现状，可将城市轨道交系统车站级的客流控制进一步细分。根据拥堵程度和处置措施不同可将客流控制分为三个等级，依次为一级客流控制、二级客流控制和三级客流控制。

（1）一级客流控制。

车站级客流控制的最低警戒等级为一级客流控制，通过对短时间内进站客流量及车站处理客流效率的观察，计算各设施设备的服务水平，关注车站内客流变化及服务情况，表现为固定设备如站台处开始出现较为严重的排队或长时间的等待。

（2）二级客流控制。

二级客流控制是一级客流控制等级触发后一段时间情况加重的触发等级，通过计算各个通道、楼梯及站台等空间的客流密度，尤其是有对冲（双向）行人流线的通道和楼梯处，表现为固定设备处出现严重排队，通过类设施空间内出现拥挤现象。

（3）三级客流控制。

三级客流控制为城市轨道交通客流控制的最高等级，一方面需在车站出入口限制进站客流量，减缓客流增长的速度；另一方面需迅速引导乘客出站。必要时应将列车的发车间隔和停站时间根据乘客的集散规律进行调整。

客流控制的理论是依托于车站自身的能力、乘客在站内的行为特性及乘客在车站内的客流分布情况，当车站内设施处理的客流量超过一定的安全水平时，才需要对通过的客流进行控制。

2. 客流控制相关指标

客流控制相关的指标主要涉及站台的客流变化规律，通过设备的客流密度，以及乘客在车站内接受服务的总时间费用。

一般城市轨道交通车站内的客流通常包含进站和出站两种客流，在换乘站还有换乘客流。进站客流和换乘客流的最终目的都是进入站台，到达站台后乘坐到达的列车去往目的地，完成在该车站的服务过程，因此可将轨道车站的站台视为客流的交汇点。站台作为乘客集散的主要场所之一，包含了列车到站时处于候车状态客流的特征、列车停站阶段期间乘客的乘降状态、列车离站后站台上滞留的客流状态、上一次列车出发后到下一列列车到达前乘客的集散过程，这些过程组成了站台服务作业的一个周期。由于站台有限的面积和布置方式等因素，任何时刻站台聚集的客流量都要受到其本身最大能力的限制。现实情况下，乘客无论是否遵守"先下后上"这一规定，高峰期站台上的客流冲突都是最大的。假定工作人员对乘客进行有效的疏导，遵循先下后上的规律，则冲突最为激烈的时刻是列车上的乘客刚刚下车时，此时站台上聚集人数最多。因此，理论上列车到达前站台聚集的人数不能超过站台最大能力减去下车客流量的人数。当站台上的聚集人数超过这一数值时，工作人员就需要对车站的进站客流进行控制，减缓乘客进入站台的速度。

由于高峰时段列车的满载率高，列车的载客能力可能无法满足站台上的所有乘客，因此一部分乘客要留在站台等待后续列车的到达，甚至有时需等待多次列车才能接受服务。站台滞留人数过多会导致车站的服务水平降低，也会影响车站服务客流的效率，因此在高峰时段控制站台的滞留人数也很有必要，当站台滞留人数超过某一水平，车站工作人员就需进行客流控制。

车站内走行目的不同的乘客都需要通过站内各类通过设备来进行移动，不同的设施设备基本属性参数不同，通过能力也不同。若对行人走行的路线规划不好，容易产生行人流冲突，在楼梯口、扶梯口等瓶颈点也容易发生拥堵情况。因此，在优先满足站台能力的情况下，运营方还需保证出行者在通过设备的效率，避免客流密度过大导致服务太慢、排队情况严重等。

车站站台的客流处理能力毕竟有限，在拥堵情况严重时，应通过一些措施改善站台输出客流的速度，也同时设置相应控制点减缓客流流入速度，如延长乘客走行距离，或限制出入口数量、宽度等。在这时，行人走行的路径上各个路段也需保证客流密度低于设施可承受的最大流量密度。

（三）车站客流控制方案的影响因素分析

一段时间内，大量客流集中到达车站，并对运营安全和服务水平造成巨大压力，通常表现为客流量超过车站客流阈值。其中两个主要影响因素就是车站的客流阈值以及在高峰期大客流在车站内的客流特征。车站客流阈值依托于车站内各种走行设施的设计能力、结构布局及空间连接方式。高峰期客流特征不同于平峰时期，其客流特性、影响因素及在车站内的变化状态也不尽相同。

1. 车站客流阈值

计算轨道交通车站客流阈值，可采用车站最大通行能力作为标准（忽略客流时空特性），即假定轨道交通车站内各种走行设施设备（楼梯、闸机、走行通道等）均为最大设计通行能力，选取所有设施设备中通行能力值最小的位置，并以满足其最大设计通行能力值为基准，将在此处车站所能承载的最大进出站客流量或换乘客流量作为车站客流阈值，其中设计能力可参考我国《地铁设计规范》。

（1）车站客流值影响因素。

车站主体是列车的停靠点，供乘客上下车、集散、候车，办理运营业务和提供运营设备。车站设施设备根据其功能，可以分为固定设备和通过设备大部分。固定设备主要包括站厅和站台，涉及乘客的进入和离开，乘客在这类设备内的停留时间较长；考虑到对乘客的容纳功能，列车车辆也可作为固定设备考虑。通过设备主要包括售票口、安检口、闸机、楼梯、自动扶梯、换乘通道等，主要涉及乘客的走行行为。通常乘客在这类设备内的停留时间较短，在无拥挤情况下只需考虑走行时间。

乘客从站外的车站广场进入车站后，有选择性地通过安检口和售票口，闸机是所有乘客必须通过的，而楼梯和自动扶梯属于目的功能相近的设备，乘客根据需要进行选择，走行结束后到达目的站台，进入候车状态并最终登上列车。列车运行到达目的站后，乘客随着列车到站下车到达站台，通常有出站或换乘两种选择。若乘客直接出站，则从站台直接选择楼梯或自动扶梯到达站厅，通过闸机出站，到达站外广场，并结束此次地铁出行行为；若乘客选择下车后继续换乘，则需经过楼梯、换乘通道等一系列通过设备，到达位于该换乘站内另一处的目的站台，再进入候车状态，并最终登上列车。通过上述分析，可以看出影响客流阈值的因素可分为静态因素与动态因素两大类，其中静态因素主要包括通过设备能力（扶梯/楼梯、通道/换乘通道、闸机）、固定设备能力（站台、列车、站厅），动态因素主要与客流情况有关，包括客流密度、乘客走行速率等。

① 乘客因素。主要指客流量和乘客流线。客流量可根据实地调研数据和相关规范进行客流量的设定；乘客流线除了受乘客起点和目的地的影响，还受到各节点设施的影响。

② 车站因素。车站因素可主要考虑固定设备和通过设备。固定设备通常作为乘客因素的起始位置和目标位置；通过设备包括通道、楼梯、扶梯等，连接乘客因素起点和目标点供乘客走行的区域。此外闸机、安检口等设备也看作通过设备的一种。

③ 约束因素，指乘客密度、乘客走行速度和闸机通过速率等动态因素。

④ 管理因素，除去设施设备的其他影响乘客行为的因素，如列车运行计划、信息类设施对乘客的引导作用等。

（2）基于地铁设计规范的设计能力分析。

城市轨道交通车站各个设施设备由于其功能和类型的不同，能力特性和能力利用情况也各不相同，讨论基于地铁设计规范的理论最大能力阈值，主要对固定设备和通过设备分别进行分析讨论，《地铁设计规范》也给出了车站各类设施设备的最大通过能力，见表3-11-1。

表 3-11-1　车站各设备的最大通过能力

部位名称			每小时通过人数/人
1 m 宽楼梯		下行	4 200
		上行	3 700
		双向混行	3 200
1 m 宽通道		单向	5 000
		双向混行	4 000
1 m 宽自动扶梯		输送速度 0.5 m/s	8 100
		输送速度 0.65 m/s	不大于 9 600
人工售票口			1 200
自动检票机			300
人工检票口			2 600
自动检票机	三杆式	磁卡	1 500
		非接触 IC 卡	1 800
	门扉式	磁卡	1 800
		非接触 IC 卡	2 100

2. 高峰期车站内客流特征分析

由于城市轨道交通车站有处于封闭的地下空间的特性，站内各类设施设备相互串联，环境复杂，而乘客的行为是理性预测与无意识惯性行为的综合作用结果，客流控制方案需要针对研究对象的特征及变化原理进行分析讨论，因此高峰期车站内客流特征的分析是重要的一环。乘客出行为达到自己的出行需求，在城市轨道交通系统内部搭乘列车，不仅与列车及各个走行设施、服务设备发生互动关系，在出行过程中耗费的时间、精力、金钱和不舒适感等众多因素，都在影响着乘客的出行体验。乘客的出行体验包括客观存在的走行距离与时间和主观上的感受。走行距离与车站的结构布局设计、轨道线路设计和行人走行路线设计等因素直接相关；走行时间则受到走行距离、乘客个人因素、客流拥挤和行人流线冲突对行人的影响等因素综合影响；站台上的候车时间与列车到发、站台处理旅客乘降能力及客流拥挤程度等因素相关；闸机、安检与售票时间取决于设备的设计参数。影响乘客主观感受的因素中，信息类设施能够帮助出行者对路线有清晰认识，便于乘客选择流畅的、较少迂回或冲突的走行路线，避免乘客产生恐慌混乱等负面情绪。信息类设施包括导向标识、广播信息、终端及站外大屏等。

在车时间是影响乘客出行选择的最主要因素之一。在车时间包括列车的区间运行时间和乘客在车站的平均候车时间，当前各条轨道交通线路列车的运行时间和停站时间都是按照列车调度计划执行的。在高峰期，站台候车人数通常大于列车的载客能力，乘客一次乘车失败而滞留站台的现象屡有发生。走行时间占乘客在车站中行动的绝大部分时间，走行时间通常取决于走行距离和乘客的走行速度。走行距离以乘客的路线为基础，路线的物理距离在车站建成后处于相对稳定的状态；走行速度则由乘客的个人因素决定，包括年龄、性别、负重情况等。此外信息类设备的导向指示若清晰明确，行人流向组织合理，都将有助于乘客的步行速度。在拥堵情况下，乘客受到周围人的阻挡裹挟，速度会适当降低。

换乘次数通常是乘客出行选择路径的重要影响因素，根据调查，绝大多数乘客选择的路径基于对路网的熟悉度、途经站点数量以及换乘次数。在实际情况中，当乘客面对换乘次数较少但在车时间长，与换乘次数多但在车时间短这两种情况的时候，做出选择的倾向根据乘客的个人因素有所不同。列车拥挤度是指所乘线路列车内的拥挤程度，与舒适度密切相关。乘客作为交通的主体，列车车厢的拥挤度直接影响了乘客出行的舒适度，是乘客出行直接能感知到的舒适程度，其与该运行路段的客流量和列车的载客负荷比值成正相关关系，因此有必要对拥挤度进行量化研究。如果城市轨道交通系统实行一票制，不同的路径出行票价一样，那么路径选择时票价的影响可不作为考虑因素。而如果是采用计程式票价，根据乘客选择的不同而票价不一样，那么对于出行者来说票价将是一个重要的考虑因素。

（四）客流控制措施的内容

城市轨道交通车站可采取的客流控制措施可以按作用及目的不同分为限制乘客进站、控制行人流线、对乘客进行有效的引导、调整运营计划。限制乘客进站主要通过影响乘客进站速度和进站流量，进而减小车站内各设施设备的负荷，具体措施有出入口外设置围栏、限制出入口走行方向、封闭出入口、关闭人工售票窗口、减少自动售票机开放数量和控制闸机工作数量等。控制行人流线主要措施是指在平峰时刻，楼梯和通道通常是支持双向走行的，而在高峰期，人工控制通道、楼梯单向通过，停用自动扶梯，在楼梯前、站厅、站台等处设置栅栏，限制乘客的走行路线。对乘客进行有效的引导包括如将需要购买单程票和持公交一卡通的乘客进行分流；设置标识引导去往目的不同的乘客在入站后尽早分流；在站厅和通道设置栅栏，对乘客进行分流；在站台对乘客进行管理指挥，有序排队上下车等。运营计划调整措施指有时为了应对突发大客流，需采取跳站（经过客流聚集较大的站时不停车）、清客（在经过某些客流聚集较大的站之前将列车清空）等措施缓解地铁枢纽站的客流。

八、城市轨道交通线网换乘模式

（一）取决于路网结构的换乘模式分析

换乘模式是指由路网规划的整体结构确定的两条或两条以上线路之间的换乘站与其所属路网的布局形态。它表征各个换乘站与其所属路网之间的结构关联关系，轨道交通路网结构是由城市的总体规划与地理形态决定的，随着轨道交通路网的搭建与规划理论的成熟，轨道线路间的交叉方式逐渐确定，换乘模式也就确定了。因此，路网结构及线路间的关系对换乘模式有决定性作用。

路网按线路布置方式可划分为联合路网和分离路网两种基本类型（如图3-11-12所示）。联合式路网各条线路在同一平面内交叉，在交叉处用道岔连接，因而各条线路之间可以互通列车，在整个路网上可以像城间铁路那样实行联运，乘客可以直接到达位于线路上的目的地车站。分离式路网指各条线路在不同标高的平面上相交，不同线路上的列车不能互通，乘客必须通过交叉点处的换乘站中转站才能到达位于其他线路上的目的地车站。

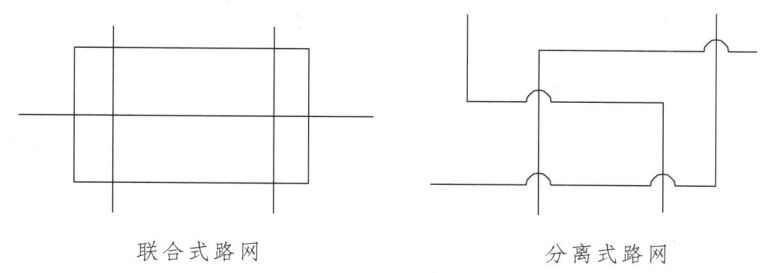

联合式路网　　　　　　　分离式路网

图3-11-12　联合、分离式路网结构简图

分离式路网比联合式路网具有明显的优点，因为分离式路网能保证在完全安全的条件下最好地组织大频率和高速度的交通，其缺点是必须换乘，线路系统不可能发展。世界上多数大城市的轨道交通线路是按分离式路网修建的，也有少数城市是按联合式路网修建的，如纽约和伦敦。还有部分城市如马德里，将两者组合起来，即在主要线路方向上是相互分离的，而其他线路之间是相互联合的。

1. 线路基本形态与换乘模式

我国已建和正在规划建设地铁的城市，都是按照分离式路网规划和建设的。因此，此处主要针对分离式路网进行轨道交通线路之间的形态关系以及换乘模式的分析。

轨道交通任意两条线路之间的基本形态，按照交叉点的多少，可将换乘模式分为无交叉换乘模式、一次交叉换乘模式和多次交叉换乘模式三种。

（1）无交叉换乘模式。

在轨道交通路网中，两条线路之间不交叉的情形可分为三种：

① 两条线路平行或近似平行布置，如蒙特利尔的地铁。

② 两条线路虽不平行但相距较远，如在一些特大城市中，由于城市建成区面积较大，两条主要的交通走廊走向大致相同但相距较远。

③ 由于河流等地理因素，两条线路间无法或尚未连通，如布里斯班轨道交通。

无交叉换乘模式中，两条线路之间无法实现直接换乘，而是通过与这两条线路都交叉的线路进行两次或两次以上的换乘来实现，或是通过其他出行方式来实现，因而这两线之间的客流转线很不方便。

（2）一次交叉换乘模式。

轨道交通线路之间交叉一次，即两线之间存在一个换乘站，线路交叉的形态呈十字形、

X形、T形及Y形四种。十字形交叉常见于方格式路网中,如北京地铁路网;X形交叉出现于含有三角形的放射式路网中;T形或Y形交叉多出现于一些树状网络中,如布里斯班、阿根廷的布宜诺斯艾利斯市等城市轨道交通路网中。线路交叉一次,使得两条线路之间可以实现直接换乘,但是当换乘客流很大时,容易引起换乘客流的相互干扰和混乱。

(3)多次交叉换乘模式。

两条线路之间相互交叉两次便构成两个换乘站,两者间的距离可以较远,也可以较近,甚至是紧邻的两个站,因此该种线型构成了多次交叉换乘模式,根据线路相交的方式可分为连续换乘模式和对称换乘模式。在交叉点相距较近的情况下,交点间的线路多为平行或近似平行式的布置,只是在两交点外侧才开始分开。在一些大城市的客流量很大的交通走廊上会采用这种情况,如伦敦地铁的皮卡迪利(Picadilly)线与行政区(District)线在Hammersmith至South Kensington之间的线路便是平行布置的,在此区间设置了五个连续的换乘站,这就构成了连续换乘模式。此外,当两条线路在某些地段的换乘客流量特别大,导致单个换乘站无法满足要求时,也会采用这种方式,如香港的荃湾线与观塘线在太子、旺角和油麻地有三个连续的换乘站,荃湾线与港岛线在中环和金锣有两个连续的换乘站。

两条线路交叉点相距较远时也有两种常见的结构形态。一种是两条线路在市中心区的两端相交,交点之间的线路形成一个包围的中央商务区形同鱼状的环,即所谓的鱼形结构,如图 3-11-13 所示。这种线形的设计使得换乘客流得以在两个换乘站上换乘,减轻了换乘站的压力,方便了乘客的换乘。这种结构现已为许多城市轨道交通系统的基本构成,如米兰、里约热内卢、多伦多、罗马等城市。另一种结构是一条穿越市中心区的辐射线与一条环绕市中心区的换线相交,如图 3-11-13 所示,这种结构的换乘站主要由环线的位置决定,能够通过环线使得辐射线上的客流便捷地转换到其他辐射线上。这种结构是构成环形—放射式路网的基本部分。由此构成了对称换乘模式,乘客在换乘时可以有多种选择,避免客流过度集中在同一个站换乘。当两条线路之间交叉两次以上或多条线路交叉,除星形外,一般都会构成两个以上的交叉点,其形态特征是上述三种基本关系的组合,如图 3-11-14 所示。

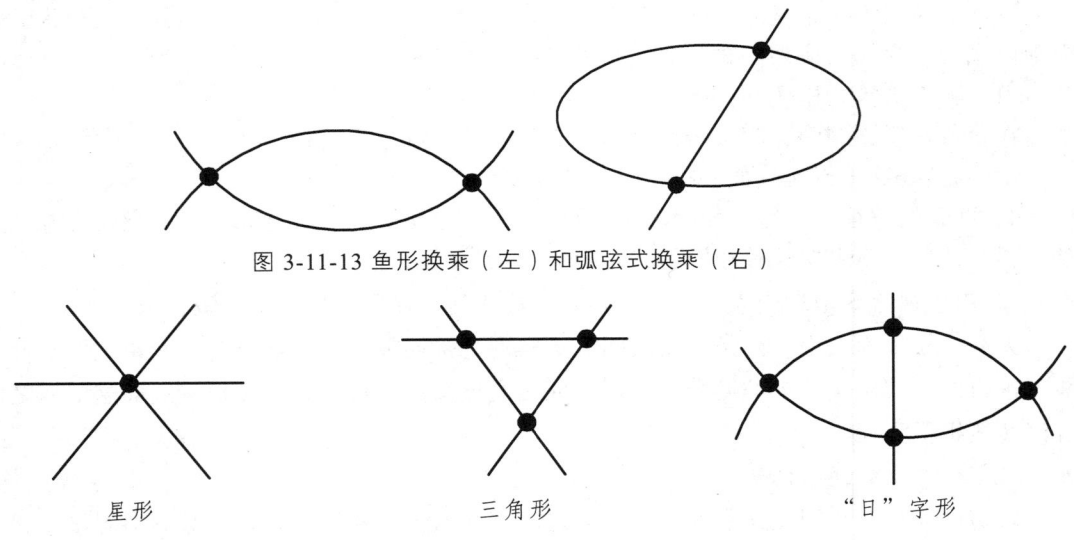

图 3-11-13 鱼形换乘(左)和弧弦式换乘(右)

星形　　　　　三角形　　　　　"日"字形

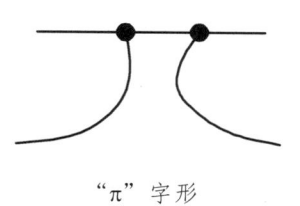 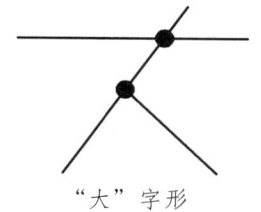 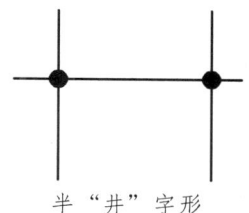

|　"π"字形　|　"大"字形　|　半"井"字形　|

图 3-11-14　多线交叉构成的多点换乘

2. 路网形态结构基本类型与换乘模式

城市轨道交通路网结构一般是由三条以上的线路相互组合构成，受城市地理环境等条件的制约和影响，构成千姿百态的路网形态。线路越长、数量越多，则路网形态越复杂，换乘模式与换乘方式也随之增加，变得复杂。最常见的路网形态结构是网格状、无环放射状及有环放射状，按此同样可将换乘模式分为棋盘换乘模式、多线一点换乘模式和混合换乘模式。

（1）棋盘换乘模式（如日本大阪市轨道交通网络）。

网格状路网的各条线路纵横交叉，形成方格网，呈栅格状或棋盘状。网格状路网中的线路走向比较单一，其基本线路关系多为平行与十字形交叉两种。这种结构的路网线路分布均匀，客流吸引范围比例较高，换乘站较多，纵横线路间的换乘方便，路网连通性好。但其缺点是平行线路间的换乘比较麻烦，一般要换乘两次或两次以上，当路网密度较小，平行线之间间距较大时，平行线间的换乘很费时。

（2）多线一点式（无环放射式）换乘模式。

无环放射式路网是由若干穿过市中心的直径线或从市中心发出的放射线构成。该类型的路网中各条线路之间都相互交叉，任意两条线路之间均可实现直接换乘，因此路网连通性很好，路网任意两车站之间最多只需换乘一次。这种设计构成了多线一点的换乘模式。当三条及以上线路在同一点交汇时，其换乘站的设计、施工及运用都很困难，旅客换乘不便，同时庞大的客流量也难以疏解，因此一般将市中心的一点交叉改为在市中心区范围内多点交叉，形成若干 X 字形、三角形线路关系，这样既有利于换乘站的设计与施工，又利于乘客的集散。无环放射式路网主要分为星形放射网、树形放射网、扇形放射路网、两翼放射路网、多翼放射路网。

① 星形放射路网是指路网中所有线路只有一个交点换乘站的路网结构。唯一的换乘站通常位于市中心，因此市中心成为客流集散地，如布达佩斯地铁网。这种结构中所有线路间都可以实现直接换乘，是换乘次数最少的一种形式。但同一换乘站上客流过于集中，换乘客流间相互干扰大，容易引起拥挤与混乱。此外，这种换乘站的设计与施工难度也较大，一般多采用分层换乘，使得车站的埋深加大，建设费用增加，乘客换乘时间延长。

② 树状放射路网是指 n 条线路共有 $n-1$ 个交叉点（换乘站）且在网络中没有网格的结构。这种结构连通性差，线路之间换乘不便，多数线路间的连通至少要换乘两次，线路上客流分布不均。阿姆斯特丹、奥斯陆等城市都使用此种网络结构。

③ 扇形放射路网（如芬兰城市赫尔辛基的轨道路网）：路网集中在以市中心为圆心，一定角度的扇形区域内，呈扇形发展。

④ 两翼放射路网：这种形式主要是受自然条件的影响，使路网集中在相为对称的区域。

受水域影响，斯德哥尔摩市分为南北两部分，城市轨道交通也就向南北方向发展，呈现出"两翼"形式。

⑤ 多翼放射路网：多方向的放射形式，例如俄罗斯的圣彼得堡。

放射状路网的突出优点是方向可达性高，整个区域到中心点的绕弯程度最小，城市各点到中心点的距离最短。由于各条线路交叉，只需一次就可以实现任意两条线路间的换乘，缩短了出行时间。但是所有的线路在市中心相交，大量的客流在市中心换乘，使得客流过于集中，换乘压力较大，同时所有的线路都与市中心相连，城市外围区之间的联系不便。

（3）混合换乘模式。

有环放射式路网由穿越市中心区的径向线及环绕市区的环行线共同构成。这种结构是在无环放射式的基础上加上环形线形成的，是对无环放射式的改进，因而克服了其周边方向交通联系不便的缺点。环形线大大方便了放射线之间的乘客出行。这种方式构成了综合的换乘模式，对城市居民的使用最为便利。

放射式环状结构具有放射网状结构的优点，能保证中心与市区的边界联系，有效地吸引市中心客流，有利于维持强大的市中心环线的存在，使城市边缘各地区之间联系便捷，增强了整个网络的连通性，减少了市中心的客流换乘和过境客流对市中心造成的干扰与交通压力，方便了不同方向线路之间的换乘，使任意一条线路上的乘客只需换乘两次就能到达其他轨道交通线，缩短了市郊间乘客利用轨道交通出行的里程和时间。

（二）换乘方式选择因素分析

任何换乘站的换乘方式都是以满足换乘客流功能需要为第一位，同时还要考虑其他相关因素，如表 3-11-2 所示。

表 3-11-2　换乘方式选择因素分析

影响因素	具体影响分析
换乘客流的特点	换乘方式应满足换乘客流功能需要，因此换乘客流的特点对于换乘方式的选择十分重要。轨道交通的不同换乘客流需要合适的换乘方式与之相适应，这样便于客流的疏散，缓解交通压力，提高换乘站的换乘效率与换乘功能
换乘站的换乘客流量和组织形式	换乘客流量以及客流的组织形式是换乘方式选择的重要影响因素。采用不适当的换乘方式会导致换乘站的压力过大，客流无法及时疏散，造成乘客拥挤堵塞。客流混乱，影响乘客的出行。对于这一类的换乘站，宜采用站台换乘与站厅换乘的形式，典型代表有香港的太子站、旺角站和上海人民广场站
轨道交通线网与车站的规划	随着轨道交通线路间交叉点不断地增加，一些复杂的枢纽也逐步形成。纵观国外的轨道交通车站枢纽设计，一个非常重要的原则是车站和线路应作为一个整体来考虑，在一定程度上，与车站设计相关联的线路走向应该服从车站布置要求。车站换乘方式选择和线网规划之间的紧密联系
换乘站上两条线路的修建顺序	轨道交通是随着经济、人口的增长带来交通需求的增长而逐步规划建设的。轨道交通的建设过程是整个线网的丰富完善过程。随着线路的增加，线路间交叉点也不断增加，由于不同的线路修建的顺序不同，为将来换乘方式选择、车站设计预留的条件不同，从而导致进行具体的换乘方式选择时受到一定的影响。因此，线路的建设顺序以及线网的稳定性是影响换乘方式选择的相关因素之一

续表

影响因素	具体影响分析
换乘站上线路的交织形式和车站位置	线路的交织形式和车站位置的选择就是换乘站换乘方式的选择。要保证线路换乘主导客流在车站内的平均步行距离最短
与周围商业区、公交站的联系	随着社会的进步与经济的发展，人们对交通出行的要求越来越高，希望能方便、快捷、舒适地到达目的地。因此在进行地铁站换乘形式的选择设置时，应重点考虑与周围商业区、公交站点的联系。应以当地的客流量与客流组织形式为依据选择合适的换乘方式，与周边商业通过联络通道和出入建立良好的联系，为乘客出行提供方便
换乘站的周围地形条件、城市规划和地下空间开发的要求	随着城市化进程的加快与现代化建设的开展，城市的建设是立体的、全面的。换乘站的建设需要与城市规划、地下空间开发以及周围的地形条件相协调
与环境保护相协调	交通的发展需要与环境的可持续发展相协调。轨道交通系统的建设是大系统、大范围的工程，影响的范围与程度较大，在进行线网规划与换乘站设置、换乘方式选择的时候，要考虑与环境的协调性，要把工程对环境的影响降到最小

第十二节　轨道交通智能客运车站

一、概　　述

智能交通自1973年得到大力发展以来，早期因受限于通信手段，发展速度比较缓慢。1995—2000年，随着数据传输速度突飞猛进的增长和位置服务技术、通信技术的突破，智能交通发展速度明显加快，通信技术已经不再成为限制因素，此时智能交通系统发展主要受限于计算能力。2000—2010年，智能交通技术全面推进，高清视频、智能分析研判等在城市交通领域得到全面应用。2010年至今，随着大数据、机器学习等技术的不断发展，基于人工智能的车路协同、自动驾驶、智能出行等将会成为智能交通系统下一阶段技术发展的关键方向。智能交通技术的应用能有效提高现有基础设施的使用效率和服务水平，在破解城市交通问题中扮演着不可或缺的重要角色。

客运车站作为轨道交通与旅客的交互窗口，具有非常重要的地位。随着新技术的发展和业务优化的需求，构建智能客运车站是未来的必然发展趋势。法国铁路公司在大型客运站设有信息服务中心，实现了各信息子系统之间的信息共享，并与客运段共享列车运营组织的相关信息，提高了生产效率和服务质量。德国铁路公司建设的乘客信息系统基本上涵盖了车站旅客所需要的全部信息，实现了车站旅客服务与管理系统的一体化。日本铁路公司开发了面向旅客服务的车站综合服务信息系统 Cyber Station，与新干线运行管理系统和客票发售系统联通，并通过互联网向旅客提供各类信息服务。东日本铁路公司专门修建了与实际车站空间相同的智能车站实验室，按照"安全可靠的车站""高度便利化的舒适车站""环保车站"3个主题对相关新技术和创新理念进行验证与评判。瑞士联邦铁路公司将扩展车站数字服务视为一项重点任务，与谷歌、苏黎世联邦理工学院等合作伙伴共同开展车站服务技术的研发工作。我国车站基本实现了自助化旅客服务，2017年中国铁路总公司在中国铁路国际装备展专门设立了智能车站论坛来探讨国内外智能车站的应用和发展。综上所述，铁路客运车站智能化发展的趋势是信息系统高度集成、数据信息充分共享、设备设施协同联动、技术业务深度融合、多式交通快捷联运，为旅客提供全程化、一体化、自助化、个性化的出行服务。

　　智能车站主要致力于实现两个目标：一是为旅客提供轻松便捷的出行服务，二是为车站内部提供高效安全的生产能力。智能车站将突破现有铁路客运车站旅客服务和生产组织模式，将车站作为整体，以业务、问题和技术驱动的方式建立一套通用的框架和标准。从服务旅客的角度来看，智能车站应具有以下功能：在旅客确定出行目的地后，能为旅客提供多套"门到门"的全行程出行方案；在旅客选择方案后，能为旅客提供路径导航、时刻提醒等延伸服务；当旅客进站乘车时，能为旅客提供快速安检、舒适候车、连续引导、个性餐饮、丰富资讯、精准检票等服务；当旅客到站下车后，能为旅客提供便捷的站内换乘、清晰的出站引导、快捷地其他交通工具接驳等服务。从内部运营的角度来看，智能车站应是一个协同指挥平台：针对车站的客运业务，能设置科学的考核标准、自动编制作业—人员—设备的运用计划、提供合理的决策建议、全面展示生产要素、协同控制设备设施；针对车站的各类客运设备，能开展设备工作状态实时监测、故障提前预警、全生命周期运维、设备闭环控制等工作；针对车站的工作人员，能实现调度命令及时下发、位置状态实时感知、作业情况分析评价、人员设备联动指挥等功能；针对车站的安全，能全面监控站内的安全要素，通过数据分析和场景分类制定科学的安全策略，当出现各类安全应急事件时，能结合现场情况制定安全应急策略，并对站内的人员、设备进行统一指挥，实现快速处置和人员疏散。

二、轨道交通智能车站的特征含义

　　轨道交通智能客运车站的显著标志是自助化、集成化、智能化、国际化，具备一套高效、自助、安全、绿色统一的现代化生产服务系统，以现代铁路管理与服务理念和大数据、云计算、人工智能、物联网、机器人等信息技术为支撑，以旅客无障碍畅通出行、无缝自助服务、安全实时监控、高效客流组织、节能绿色环保为目标，通过实时信息感知、及时服务和自动生产组织，实现客运车站列车、作业、设备、人员、环境的协同联动和闭环控制。以数据为基础统一协同的轨道交通智能客运车站具有全面感知、自助服务、资源共享、协同联动、主动适应的典型特征，具体特征说明如表 3-12-1 所示。

表 3-12-1 轨道交通智能车站的特征含义

特征项	具体特征含义说明
自助服务	运用音视频识别、虚拟现实、机器人等新技术和设备，为旅客提供一系列人性化、个性化的自助服务，如"刷脸"进出站、多语言自助问答、残障人士无障碍进站乘车等
资源共享	统一存储和管理所感知的海量数据进行，打通站内信息数据之间的壁垒，实现数据的共享复用，使数据的价值最大化；对站内的硬件资源进行统筹管理、按需分配，减少资源的闲置和浪费
全面感知	全面感知车站的固定设施、移动设备、运营环境、人员状况及其他相关生产要素的信息，广泛、充分、持续、实时掌握车站内各生产要素的实际状态
主动适应	利用数据深度融合技术建立业务决策模型，在客流、列车等内外部运行环境变化时，自动生成建议方案辅助决策，并自动调整站内的作业流程、人员部署、设备状态，避免旅客排长队、安全处置不及时等状况出现
协同联动	通过系统整合和互相操控、设备的闭环控制、人员的闭环管理形成一套完善的协同指挥体系，实现满足业务需求的作业——人员——设备—设施快速协调联动

三、轨道交通智能车站的层次结构与智能化业务功能

智能客运车站的总体框架结构包括数据感知层、网络传输层、数据资源层和业务应用层四个层次，以及信息安全保障体系和标准化评价体系两个体系。

数据感知层是构建智能车站的基础，信息的实时采集和种类的多样是其重要特征。在数据感知层，通过音视频监控、红外监测、高速摄像、定位系统、手持终端、空气质量监测等多种手段，自动获取客运车站内旅客、列车、设备、环境、安全等信息，全方位掌握整个客运车站的运行情况。网络传输层是构建智能车站的关键，数据传输通道的全覆盖和网络种类的多样化是其重要特征。在网络传输层，通过多种网络构建和通信技术，搭建联通站内各信息节点的数据传输网络，汇集感知层采集的各类数据传输至数据资源层，为系统间的互联互通提供高效稳定的物理支撑条件。数据资源层是构建智能车站的核心，数据的共享和深度价值挖掘是其重要特征。在数据资源层，通过数据库、大数据分析、人工智能、数学建模、平行计算等技术，对站内客运数据进行汇集、存储、管理、建模、分析和展示，支撑车站的具体业务应用，实现客运数据的高效利用和价值挖掘。业务应用层是构建智能车站的手段，便捷服务、高效生产和全面安防是其重要特征。在业务应用层，在数据资源的支撑下，开发满足车站实际业务需求的具体应用，实现旅客出行个性化温馨服务、生产—人员—设备的协调联动、全天候的安全风险预防和安全保障。

信息安全保障体系可避免现信息丢失、错误、损毁等，保障智能客运车站的正常运行，信息是客运车站智能化的基础，智能车站有必要通过系统设备使用规范、规则制度、新技术风险评估、数据备份存储、角色和权限管理等构建完备的信息安全保障体。标准化评价指标体系有助于智能车站达到"以评促建"的目的，应结合新技术的发展方向和智能车站内涵的变化趋势，构建客运车站智能化水平的评价模型和方法，进而形成体系。

按照生产对内、服务对外、安全贯穿的原则，智能车站的业务可以划分为智能生产组织、智能出行服务和智能安全保障三大类，相应的智能化功能应包括智能生产组织功能、智能出行服务功能、智能安全保障功能。

智能生产组织功能是将智能技术应用到客运车站生产组织中，在保障车站正常运营、旅客正常出行的基础上，进一步提升生产效率、降低运营成本，具体包括：①依据客运组织的需求，自动编制车站客运人员的工作计划并下发给客运人员，工作人员依据指令到达指定位置完成接发列车、上水吸污、验检票、旅客引导等工作，并及时反馈工作中出现的各类问题；②依据列车位置数据，精确计算出列车的到离站时间，并结合乘车人数、检票口和车厢分布情况，自动控制广播、导向等旅客引导设备的运行状态和播报展示内容；③利用增强现实等技术，实时展示站内全生产要素的状况、决策建议和危险预警信息；④利用物联网技术实现对站内售检票、照明、电扶梯、通风、空调等设备整机及关键部件运行状态的实际感知，依据客运生产组织需求，自动编组设备的运用计划，实现各类设备的全生命周期管理和"按需运行"。

智能出行服务功能是将智能技术与旅客的实际需求相结合，为旅客提供全面的、个性化的、人性化的出行服务，改善旅客的出行体验，具体包含：①利用人工智能、大数据、机器人等新技术，为旅客提供个性化、一体化的查询、导向标识、咨询帮助等信息服务；②依据客流变化自动调整优化安检口、检票口、出站口的开通数量，使旅客排队长度最短；③分析车站业务数据、用户评价、调查反馈信息等，优化客运服务流程，提高旅客对服务的满意度；④为旅客提供无接触式验票、检票服务；⑤通过整体风格设计、色彩搭配、动静搭配，为旅客提供高效清晰的引导指示；⑥实时监测和自动调控空气质量、温度、湿度、噪声、照度等环境要素，为旅客提供人性化的站内候车环境。

智能安全保障功能通过将智能技术手段和设备应用到安全保障中，实现事前自动预警、事中及时处置和事后科学评价，最大限度地保障旅客和车站的安全，具体包括：①利用大数据分析、计算实验等技术，建立仿真人员疏散模型，制定人员疏散及应急处置预案；②利用多数据融合处理等技术对视频、声音、气味、温度等安全要素进行分析，做到安全隐患事前预警；③与当地医院、消防、公安、政府等部门建立联合处理机制，协同处理应急事件；④突发事件发生时，依据站内客流、明火、烟雾等关键安全要素的实际情况，自动给出处置建议和流程，并协同控制站内人员、设备，实现突发事件快速处置。

复习思考题

1. 简述轨道交通枢纽场站的分类。
2. 简述轨道交通枢纽场站线路的种类。
3. 简述轨道交通枢纽场站设计的仿真技术。
4. 简述轨道交通枢纽场站列车运行的仿真技术。
5. 会让站、越行站、中间站的布置图特征有哪些?
6. 中间站非正常情况下行车组织工作关键控制有哪些?
7. 中间站调车模式与提高作业效率的对策有哪些?
8. 简述如何进行中间站的改建。
9. 简述中间站调车作业钩计划优化编制系统的特点与功能。
10. 简述区段站布置图分析、选择的基本要素。
11. 分析区段站布置图的步骤有哪些?
12. 如何选择区段站布置图?
13. 简述区段站通用管理信息系统与现车管理信息系统的设计。
14. 简述编组站的作业及分类。
15. 简述编组站的布置图特征。
16. 如何设计编组站各车场咽喉区?
17. 编组站到发线运用计划与列车运行图、配流计划和调机运用计划的关系如何?
18. 如何设计编组站综合自动化系统?
19. 简述驼峰的组成及分类。
20. 简述驼峰作业自动化的内容。
21. 如何选用驼峰车场头部道岔类型。
22. 简述铁路货运站布置图的形式及其优缺点。
23. 简述货物站台、仓库、货棚与装卸线的配置。
24. 简述现代铁路物流中心的功能设计与功能区布局。
25. 铁路枢纽的布置图形有几种?
26. 简述城市中心型铁路枢纽的交通组织。
27. 简述城市轨道交通与铁路客运枢纽站的衔接方式。
28. 简述铁路客运枢纽设计与换乘衔接组织。
29. 简述铁路客运站的作业和布置图特征。
30. 简述铁路客运设备的配置。
31. 简述铁路站前广场的组成与布局原则。
32. 简述铁路客运站规划设计理念及布局原则。
33. 简述大型客运站日计划管理信息系统的设计。
34. 简述高速铁路客运站技术设备与主要作业内容。
35. 简述高速铁路车站布置图的主要特征。
36. 简述高速铁路车站能力计算与评估策略。
37. 简述高速铁路车站旅客流线设计。

38. 简述高速铁路售检票设备布局方案仿真评价及优化。
39. 简述城市轨道交通车站的组成与特点。
40. 简述城轨车站站台的布置形式。
41. 简述城市轨道交通线网换乘模式。
42. 简述智能车站的基本理念。
43. 简述智能车站的业务划分及其智能化功能。

第四章 道路场站设计与运营

第一节 汽车客运站

汽车客运站是公益性交通基础设施,是道路旅客运输网络的节点,是道路运输经营者与旅客进行运输交易活动的场所,是为旅客和运输经营者提供站务服务的场所,是培育和发展道路运输市场的载体。

一、汽车客运站的功能

汽车客运站是旅客集散的地方,在客运生产服务活动中,客运站起着组织、协调、指挥、监督运输工作的重要作用。根据公路旅客运输市场的客观要求,汽车客运站,应该具备运输服务、运输组织、中转换乘、通信信息、多式联运和辅助服务等功能;其他功能如下:

(1)为旅客提供集散场所;
(2)办理预售车票、联运票业务,做好检票、验票、退票和补票工作;
(3)组织旅客有秩序地候车,安全、迅速地上、下车;
(4)为旅客提供舒适的候车环境,包括饮食、娱乐服务;
(5)为参营车辆安排运营班次、制定发车时刻、提供维修服务与管理,为司乘人员提供食宿服务等;
(6)参与管理客运市场,收集客流信息和客流变化规律资料。

二、汽车客运站类别

(一)按车站规模划分

(1)等级站:具有一定规模,可按规定分级的车站。

（2）简易车站：以停车场为依托具有集散旅客、售票和停发客运班车功能的车站。

（3）招呼站：道路沿线（客运班线）设立的旅客上落点。

（二）按车站位置和特点划分

（1）枢纽站：可为两种及两种以上交通方式提供旅客运输服务，且旅客在站内能实现自由换乘的车站。

（2）口岸站：位于边境口岸城镇的车站。

（3）停靠站：为方便城市旅客乘车，在市（城）区设立的具有候车设施和停车位，用于长途客运班车停靠、上下旅客的车站。

（4）港湾站：道路旁具有候车标志、辅道和停车位的旅客上落点。

（三）按车站服务方式划分

（1）公用型车站：具有独立法人地位，自主经营，独立核算，全方位为客运经营者和旅客提供站务服务的车站。

（2）自用型车站：隶属于运输企业，主要为自有客车和与本企业有运输协议的经营者提供站务服务的车站。

（四）汽车客运站级别划分

1. 统计概念

一般按国家历史经济变化规律及结构特征分析和对未来经济发展趋势及结构特征预估，结合公路客运旅客发送量的统计，确定各不同站级年平均日旅客发送量，划定汽车客运站的站级。

2. 行政概念

按站址所在地的行政级别确定其站级，这是一种按行政概念划分级别的设想。在某种环境背景影响下，其站级有可能偏高或偏低，对投资、管理将造成一些不利和不便。

- 一级站：省、自治区、直辖市等行政公署所在地。
- 二级站：县以上或相当于县政府所在地。
- 三级站：乡、镇政府所在地。
- 简易车站：达不到五级车站要求或以停车场为依托，具有集散旅客、停发客运班车功能的车站。
- 招呼站：达不到五级车站要求，具有明显的等候标志和候车设施的车站。

表 4-1-1 汽车客运站级别划分

级别	条件1 日发量/人次	条件2	条件3
一级	≥10 000	省、自治区、直辖市及其所辖市、自治州（盟）人民政府和地区行政公署所在地，如无10000人以上车，可选取日发量在5000人次以上具有代表性的一个车站	位于国家级旅游区或一类边境口岸，日发量3000人次以上

续表

级别	条件 1 日发量/人次	条件 2	条件 3
二级	[5 000, 10 000]	县以上或相当于县人民政府所在地，如无 5 000 人以上车站，可选取日发量在 3 000 人次以上具有代表性的一个车站	位于省级旅游区或二类边境口岸，日发量 2 000 人次以上
三级	[2 000, 5 000]		
四级	[300, 2 000]		
五级	<300		

三、客运设施规划设计的主要任务

汽车客运站规划设计是指在交通枢纽总体布局规划的基础上，对场站的具体功能、运作流程、相关的硬件设备和配套设施、组织管理等进行详细设计的过程；具体任务包括：

（1）客运站辐射范围社会经济和交通运输发展状况调查。

（2）适站量预测，公路客运场站适站量是指进入公路客运场站进行站务作业的客运发送量，是公路客运场站组织量的重要组成部分，是确定场站建设规模的重要依据。

（3）规模确定及场址选择。

（4）总平面布置。

（5）各种站房的功能及尺度确定。

（6）站台、发车位及停车场设计。

（7）其他辅助设施及设备配备。

（8）组织管理系统设计。

四、汽车客运站的工艺流程

流线是由旅客、行包和各种车辆集散活动所形成的流动过程和路线。汽车客运站的工艺流程是指在客运站的整个空间内，合理组织客流、行包流和车流，使之成为协调的统一体；工艺流线组织要求如下：

（1）正确处理客流、车流、行包流三者的关系，避免相互交叉和相互干扰，保证分区明确。

（2）流线的组织要力求简洁、明确、通畅、不迂回，尽量缩短流线距离，尤其是售票处、候车厅、行包托运处和提取处、主要服务设施等部分的布局要合理，并能使各种流线既能自成体系又能与其他流线有机地联系在一起。

（3）站前广场内各种流线应采用适当的分流方式，可采用前后分流或左右分流，以达到人车分流，互不干扰的目的。

（4）发送行包流线与到达行包流线应分开设置，并尽量避免行包流线与旅客流线的交叉。

（5）旅客流线的组织既要考虑正常情况下的客流组织，又要考虑节假日客流组织，应具备一定的灵活性。

（6）车辆进出站口应沿站外主干线的顺行方向，入口位于出口之前，以减少车辆流线的交叉干扰。

五、汽车客运站选址

汽车客运站的选址，从城市规划的角度考虑，是选择一个城市旅客的陆路交通出入口，要经过各方面的研究。

（一）选址要求

（1）符合城市规划的合理布局。

（2）与城市交通系统密切配合，车流合理，出入方便。

（3）地点适中，方便旅客集散和换乘。

（4）远近期结合，近期有足够场地，远期发展有余地。

（5）必要的水源、电源、消防、疏散及排污等条件。

（6）站址不应选择在低洼积水地段等地质不良地段。

（二）站址选择

1. 中长距离快速客运站场

（1）服务对象：主要服务于城间商务、旅游、探亲出行，旅客在途时间一般在 2 小时以上。

（2）选址原则：充分考虑公路快速客运便利、快速、舒适的需要，保证充足的客流作业量、理想的客座率。

（3）选址要点：

① 在中心城区以外；

② 靠近城市外环绕城高速公路及城市对外高速公路出入口,并利用便利的公共交通联系中心城区；

③ 充分考虑城市客流的流量流向特点,公路快速客运站场尽量靠近客流量较大方向的高速公路出入口。

2. 短距离城间客运站场布局

（1）服务对象：主要服务于郊区、郊县同中心城区间及乡村同县城间的交通出行，在途时间一般在 2 小时以内。

（2）选址原则：便捷性是旅客对短距离城间公路客运服务品质的主要要求。

（3）选址要点：
① 尽量选择能够满足用地需求、适当靠近中心城区的地方；
② 尽量选择在城市内环绕城公路外及主要城市干道附近。

六、汽车客运站的总平面布置

（一）总平面布置的基本原则和要求

交通港站与枢纽总平面设计关系到今后建成营运是否合理、管理是否方便的关键，一般可从外部环境和内部功能两项内容着手分析。外部环境复杂多变，内部功能相对而言就较为简单。汽车客运站总平面布置的基本原则和要求如下：
（1）符合城市规划的要求；
（2）布置紧凑、合理利用地形，满足站务功能要求；
（3）分区明确，使用方便，流线简洁，避免旅客、车辆及行包流线的交叉；
（4）站前广场必须明确划分车流、客流路线、停车区域、活动区域及服务区域。

（二）站房总体布置形式

（1）"一"字形：候车厅、售票厅沿城市主干道呈一字形排列，大门朝向一致。
（2）"T"形：售票厅与候车厅呈 T 形排列，售票厅为临街高层建筑的地面层，候车厅单层呈矩形或半圆环形布置在后面。
（3）"L"形：售票厅与候车厅大门分别面临两条大街，呈 L 形。

第二节　汽车货运站

一、汽车货运站类型

（一）零担货运站

1. 零担货物

凡一批货物托运的重量、体积或性质在 3 吨以下或不满一整车装运时，该批货物称为零担货物。单件质量不超过 200 kg，单件体积不超过 1.5 m^3，货物长度不超过 3.5 m，宽度不超过 1.5 m，高度不超过 1.3 m。

2. 零担货运站的主要特点

（1）站务作业计划性差；
（2）站务工作量大而复杂；

（3）建站条件要求较高；
（4）设备条件要求高。

（二）整车货运站

整车货运站的主要特点是：
（1）它是汽车运输企业调查、组织货源、办理货运等商务作业的代表机构；
（2）承担汽车货运车辆的停放和保管；
（3）一般不提供仓储设施，只提供运力，从发货单位的仓库装车，负责运输过程的货物保管，直接运送到收货单位的仓库卸车；
（4）因运量大、地点较固定，所以适于采用大吨位载货车和较高生产效率的装卸机械。

（三）集装箱货运站

又称集装箱公路中转站，主要承担集装箱中转运输任务，其主要业务功能是：
（1）港口、车站与货主间的集装箱"门到门"运输与中转运输；
（2）集装箱货物的拆（掏）箱、装（拼）箱、仓储和接取、送达；
（3）空、重集装箱的装卸、堆存和集装箱的检查、清洗、消毒、维修；
（4）运输车辆、装卸机械与设备的检查、清洗、维修和保管；
（5）为货主代办报关、报检等货运代理业务。

二、汽车货运站站级划分

汽车货运站站级划分的依据是年换算货物吞吐量。货物吞吐量是指报告期内，货运站年发出与到达的货物数量，包括中转、收、发量的总和。

表 4-2-1　汽车货运站站级划分

年换算货物吞吐量/t	站级
600×10^3 以上	一级站
$300 \times 10^3 \sim 600 \times 10^3$	二级站
$150 \times 10^3 \sim 300 \times 10^3$	三级站
不足 150×10^3	四级站

三、汽车货运站站内布局原则

（1）根据货运站的功能和生产规模统一布局，并结合货运业务的实际情况突出重点，分期实施。在布局中要优先考虑生产区域，重点是确保库、场位置。分期实施的建设项目，应考虑分期建设过程中相互的衔接要求。

（2）与现有设施的改造利用相结合，减少用地和节约投资。

（3）按货运业务不同，分区设置相应设施，并具有合理生产关系，生产设施、设备要符合生产工艺的要求。危险货物的储存与作业应在相对独立的专门区域内进行。

（4）站内道路统一规划，合理使用，使站内车流、货流、机械流、人流便捷通畅、互不干扰。

（5）符合国家和当地政府现行的安全、消防、环保等有关规定。

四、汽车货运站选址原则和步骤

汽车货运站选址原则首先应符合公路主枢纽总体布局规划和所在地区货运站（场）发展规划，若尚无上述规划，选址时则须遵循以下原则和步骤：

（一）选址的原则

（1）符合城镇总体布局规划。
（2）与综合运输网合理衔接，便于组织多式联运。
（3）靠近较大货源点，并适应服务区域内货运需求。
（4）尽量利用现有设施，并留有发展余地。
（5）具备良好的给排水、电力、道路、通信等条件。
（6）具备良好的地质条件。

（二）选址步骤

（1）收集城镇、路网、国土等有关规划和运输统计、站区内水文地质等有关资料。
（2）确定汽车货运站的服务范围和功能。
（3）测算设计年度货运站的生产规模和占地面积。
（4）根据选址原则，提出若干货运站站址备选方案。
（5）对备选站址进行现场勘查。
（6）经方案比选，确定货运站站址。

第三节　公交站场

公交站场是城市公共交通的重要组成部分，是实现客流集散、场站管理、车辆停放、调度、清洗、维保和后勤保障等工作的重要场所。国务院印发的《交通强国建设纲要》要求构建畅通便捷的城市交通网，公交场站标准化建设既是建设人民满意公共交通的需要，也是建立现代企业管理制度的需要。公交站场规划建设的原则是：① 服从总体规划、准确定位，以城市总体规划和公共交通专项规划为依据，确定公交场站的选址和功能；② 统筹布局、高效用地，以节约土地、有效利用场站空间为目标，确定场站功能和规模，优化设置场站内各种配套设施功能单元；③ 内外分离、有效组织，做好交通组织设计，保证公交线路高效运营，同时最大程度减小公交车与外部交通的影响；④ 公共交通站场的设置应符合畅通、安全、环保、有序、便捷原则。

城市公交站场的类别主要包括枢纽站场、中心站场和首末站场。枢纽站场是指链接两项及两项以上公共交通方式，提供城市范围内交通换乘便利服务并具备多种配套服务保障功能的城市公交站场。中心站场是指在城市的各个区域中心，以公共交通最佳辐射半径中心点建设并配套一定服务保障功能的城市公交站场。首末站站场是指在公共交通运营线路两端，为公交运营线路服务和管理活动设立的城市公交站场。各类别的公交站场根据提供的服务保障能力可划分为一、二、三级站场。一级枢纽站场需要链接两项及两项以上城市公共交通客运方式，提供城市范围内交通换乘便利服务并具备多种配套服务保障功能的公共交通站场，发车位 20 个及以上。二级枢纽站场至少链接一种城市公共交通客运方式，提供城市范围内交通换乘便利服务并具备一定配套服务保障功能的公共交通站场，发车位 10~20 个。三级枢纽站场与其他城市公共交通出行方式衔接的公共交通场站，发车位小于 10 个。一级中心站场为夜间停车数大于等于 100 标台，或者始发/到达线路条数大于等于 10 条。二级中心站场为夜间停车数大于等于 60 标台且小于 100 标台，或者始发/到达线路条数大于等于 6 条且小于 10 条。三级中心站场为夜间停车数小于 60 标台且始发/到达线路条数小于 6 条。一级首末站场夜间停车数大于等于 60 标台，或者始发/到达线路条数大于等于 6 条。二级首末站场夜间停车数大于等于 30 标台且小于 60 标台，或者始发/到达线路条数大于等于 3 条且小于 6 条。三级首末站场夜间停车数小于 30 标台且始发/到达线路条数小于 3 条。

公交站点（最常见的为公共汽车停靠站）是公交运营中不可缺少的重要基础，是特定的配备了候车亭的公共服务设施，设置在公交线路沿途经过的路段上，供公交车辆中途停靠和旅客上下使用。公交站点虽然在道路运营中占据很小的一部分，但却是公交系统和道路通行能力的重要影响因素。根据《城市道路交通规划设计规范》，城市公交站点服务半径分为 300 m、500 m 和 800 m 三个范围，其中 300 m 和 500 m 半径服务区对于常规地面公交系统的研究是更有意义的，800 m 的辐射半径更适合于像地铁这样大运营量骨干公共交通的分析，因此把 500 m 服务半径设为公交站点的服务范围。此外，在我国交通运输部门所推行的"公交都市"示范城市考评指标中，也把公交站点 500 m 覆盖率（即公交站点的服务范围与占城市用地面积之比）作为主要的考评指标。

路边式公共汽车停靠站一般与其他来往行人共用人行道空间，其可利用的面积需为等候公交车的乘客和来往行人提供足够的空间。服务于多条公交线路的大型公交车站通常设置在站外，即路外式公共汽车停靠站，可以作为常规公共汽车交通枢纽的一部分或者是作为常规公交——轨道交通换乘站，为轨道交通乘客提供换乘服务。对于小型公交车站，停靠区域（泊位）数较少，并且出入口和布局结构较为简单。对于较大的枢纽站，泊位数较多并且设计也更复杂。公交站点的设置与其周边分布的交通种类、经济发展水平、人口数量和人口移动有关，公交站点的设置位置一般有三种：① 在交叉口上游设置公交站点，即公交站点设置在城市道路交叉口的上游区域，此时交叉口信号灯和站点进口道机动车的排队情况会影响公交车辆进出站点；② 在交叉口下游设置公交站点，即公交站点设置在城市道路交叉口的下游区域；③ 在路段设置公交站点，即公交站点设置在两个城市道路交叉口路段的中间位置，也就是在两个信号灯中间位置,在这个路段公交车不会受交叉口信号影响。

单独就公交站点本身讲,公交站点的设置应该有足够的面积,有足够的面积让乘客候车和尽量不影响道路上其他车辆的正常行驶,具体公交站点的优化需考虑如下因素:① 停靠站的位置;② 站台的形式和规模,主要是根据周边实际公共交通需求大小和交通线路的交叉换乘情况来决定站台的规模和形式,还受道路条件影响,比如空间条件不足等;③ 线路数量,经过公交站点的线路数量也会影响公交站点的位置和规模;④ 站台附属设施;⑤ 首末站点,首末站点在站点空间上有特别的要求,这是因为需要一定的停车、存车和维修养护的空间,这些面积设置在道路以外的空地上,有附加功能的,还需另算面积;首末站点的位置应设置在主要客流集散点周围较为开阔的地方,这些集散点一般都是多条线路的交叉点;⑥ 中途站,主要考虑合理的站间距和站点位置,公交站点应设置在主要出行产生点和吸引点,比如住宅区、商业区、办公区、铁路节点和交通枢纽,站间距一般考虑道路等级、公交线路功能定位和线路周边交通需求。

复习思考题

1. 简述汽车客运站的功能与类别。
2. 简述汽车客运站规划设计的主要任务。
3. 简述汽车客运站的总平面布置。
4. 简述汽车货运站的类型与站级划分。
5. 简述汽车货运站选址原则和步骤。
6. 简述公交站点的设置位置。

第五章 水运港口设计与运营

一、港口的定义和分类

（一）定义

港口是位于江、河、湖、海或水库沿岸，具有明确界限的水域和陆域及相应的设备和条件，提供船舶出入和停泊，旅客上下船，货物装卸、储存和驳运，以及船舶补给、修理等技术和生活服务的场所；就其作用而言，是交通枢纽、水陆联运的咽喉；是水陆运输工具的衔接点和货物、旅客的集散地；就其工程内容而言，是各种工程建筑物（水工、房建、铁路、道路、给排水等）设备的综合体，而港口水工建筑物是这个综合体的主要部分。

世界主要港口有：荷兰的鹿特丹港，美国的纽约港、新奥尔良港和休斯敦港，日本的神户港和横滨港，比利时的安特卫普港，新加坡的新加坡港，法国的马赛港，英国的伦敦港等。

我国主要港口有：上海港、香港、大连港、秦皇岛港、天津港、青岛港、黄埔港、湛江港、连云港、烟台港、南通港、宁波港、温州港、北海港、海口港等。

（二）港口的分类

（1）按用途分：商港（以一般商船和客货运输为服务对象的港口。具有停靠船舶、上下客货、供应燃（物）料和修理船舶等所需要的各种设施和条件，是水陆运输的枢纽，商港的规模大小以吞吐量表示）、工业港（为临近江河湖海的大型工矿企业直接运输原材料及输出制成品而设置的港口，如宝山钢铁总厂码头等）、军港、渔港、旅游港、避风港（船舶在航行途中，或海上作业过程中躲避风浪的港口）。

（2）按地理位置分：海港（自然地理条件和水文气象条件方面具有海洋性质的港口）、河口港（位于入海河流河口段，国外的鹿特丹港、纽约港、伦敦港和汉堡港均属于河口港）、河港（位于河流沿岸，具有河流水文特征的港口，如我国的南京港、武汉港和重庆港均属于此类）、水库港（建于大型水库沿岸的港口，水库港水位受工农业用水和河道流量调节等的影响，变化较大）。

（3）按自然条件分：天然港、人工港。

（4）按港口的层次地位分：航运中心港、主枢纽港、地区性枢纽港、地区性重要港口、其他中小港口。

（5）按集装箱运输份额分：国际集装箱枢纽港、区域性枢纽港、支线港（喂给港）。

（6）按装卸货物的不同分：综合性港口、专业性港口。

二、港口的基本组成

1. 水　域

进港航道、港地、锚地，对天然掩护条件差的还建有防波堤；主要供船舶航行、运转、抛锚；要求有适当深度、面积，水流平缓，水面稳静。

2. 陆　域

码头、仓库、堆场、港区铁路、道路，并配有装配、运输机械，以及其他各种生活和辅助设施；主要供旅客集散、货物装卸、堆存和转载；要求有适当的高程、岸线长度和纵深。

三、船舶航行作业系统的组成

（1）乘降、装卸作业系统。

（2）存储、分运作业系统。

（3）集疏运作业系统。

（4）信息与商务系统。

（5）环境保护系统。

四、港口规模

衡量港口规模的重要指标：吞吐量。吞吐量指一年间经由水运输出、输入港区并经过装卸作业的货物总量称为港口吞吐量，单位为 t。

决定港口吞吐量的重要因素有陆向腹地（有货物（或旅客）要经某港运输的地区叫该港的腹地）、海向腹地。

港口要吸引货流、扩大腹地，必须具备下列条件：① 地理位置优越，距经济发达地区的距离近，集疏运条件好。② 自然条件好：如港口水深大、水域平稳等。③ 运输成本低，交通条件好，运输时间短。④ 装卸成本低，车船周转快；⑤ 服务水平高：对货物的安全以及服务态度等。

五、现代港口发展趋势

（1）国际港口向第四代港口推进的趋势。

（2）港口规模大型化。

（3）泊位、航道深水化和码头外移的趋势。
（4）码头专业化和装卸设备大型化的趋势。
（5）港口信息化、网络化的发展趋势。
（6）港口功能多元化并向物流分拨中心发展的趋势。
（7）港口产业国际化。
（8）格局：港城一体化。

六、港址选择

一个优良港址应满足下列基本要求：
（1）有广阔的经济腹地。
（2）与腹地有方便的交通运输联系。
（3）与城市发展相协调。
（4）有发展余地。
（5）满足船舶航行与停泊要求。
（6）有足够的岸线长度和陆域面积，用以布置前方作业地带、库场、铁路、道路及生产辅助设施。
（7）应注意能满足船舰调动的迅速性，航道进出口与陆上设施的安全隐蔽性以及疏港设施及防波堤的易于修复性等。
（8）对附近水域生态环境和水、陆域自然景观尽可能不产生不利影响。
（9）尽量利用荒地劣地，少占或不占良田，避免大量拆迁。

七、港口铁路

（一）功能与组成

1. 港口车站

承担来自路网或码头方向列车的到发、编解、选分车组和向分区车场或装卸线取送车辆等作业。港口车站距码头、库场作业区不宜太远，以便于取送车作业。

2. 分区车场

承担分管港区范围内的车辆分组、集结及向前方库场、二线场、分运中心或码头装卸线取送车等作业。根据车流的性质，有条件时也可接发直达列车。分区车场宜布置在临近泊位或库场装卸线。

3. 装卸线

布置在库场或码头上供停车进行装卸作业的线路。一个分区车场一般分管若干个泊位的库场装卸线。

（二）港口铁路平面布置型式

1. 纵列式

港口车站，分区车场，装卸线三者顺序排列。
优点：列车无折返行程，各场调车互不干扰。
缺点：占地长，布置分散。

2. 横列式

站、场、线平行排列。
优缺点与纵列式对应。

3. 混合式

部分横、部分纵，优缺点介于上两者之间，是常采用的布置形式。

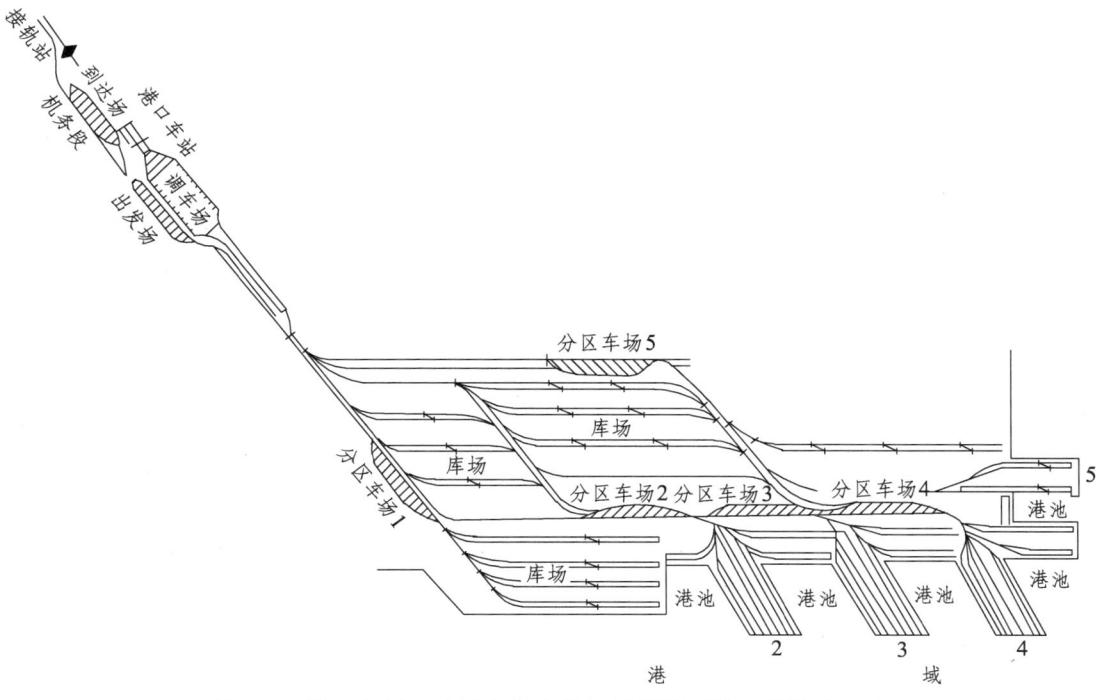

图 5-1　港口车站、分区车场和装卸线纵列式港口铁路布置图

八、港口道路

1. 进港道路

港口道路包括进港道路及港内道路两部分，进港道路按港口公路货运量大小分为 A、B 两类：

A 类：公路年货运量（双向）等于或大于 200 万 t 的道路。

B 类：公路年货运量（双向）小于 200 万 t 的道路。

2. 港内道路

港内道路按其重要性分为以下三种：
（1）主干道：全港（或港区）的主要道路，一般为连接港区主要出入口的道路；
（2）次干道：港内码头、库场、生产辅助设施之间交通运输较繁忙的道路；
（3）辅助道路：库场引道、消防道路以及车辆和行人均较少道路。

3. 停车场、汽车装卸台位

港内道路系统应包括停车场、汽车装卸台位等设施，港口道路的建设要充分考虑汽车运输大型化趋势及一些专用车辆的运输要求。

九、港口供应链运营

传统的港口是陆运和海运的交汇点，港口提供中转货物、船舶停靠等简单功能。此时的港口收入单一，没有规模效应。随着经济的发展，20 世纪 90 年代，联合国贸易和发展委员会（UNCTAD）提出"第三代港口"的概念，港口提供了新的业务，即仓储和包装等增值物流服务。接着又提出"第四代港口"的概念，即提供一体化的物流服务。此时的港口成为供应链的重要角色，他与陆地运输系统一体化，通过集装箱化、多式联运和信息通信技术促进物流节点之间的功能重组，通过与其他港口建立联盟关系，使港口由"后勤服务"向"前方调度"发展，此时港口的功能已不是被动地提供服务，而是一个规划者、优化者。

我国港口发展迅速，港口业务呈现多样性、丰富性，我国港口大多以能源运输为主，各港口地理位置相近，货源地相似，港口提供的功能也类似，因此各个港口越来越注重自身的软件管理，注重对港口供应链的管理。特别是大型的港口企业越来越重视港口供应链的管理，不断加强与上下游企业以及周边港口企业的联系，尝试构建稳定的港口供应链网络联盟。港口供应链不同于一般的供应链，它有自己突出的一面，是一个由货源企业、运输企业、货主企业、港口企业以及其他物流服务企业统一成的有机整体。港口供应链面临的主要问题是如何将港口供应链的整体收益变大，并同时将收益在成员企业中进行合理分配，最后使供应链上的每一个成员企业的收益都增加。港口供应链和一般的供应链一样具有层次性，当某一方处于上层领导地位时，如何协调自身与供应链成员之间的利益分配也是急需解决的问题。所以，要结合港口行业的特点，在仔细分析港口供应链企业之间的联盟关系的基础上，构建"科学合理、稳定运营"的港口供应链。

1970—1980 年，经济全球化和信息技术迅速发展，并呈现可持续发展趋势，使得人们越来越关注港口发展的研究。而此时港口正在从物流配送中心（第三代港口）向整合港口供应链服务的提供者（第四代港口）转变。进入 21 世纪，港口的各项功能进行了拓展并融入经济全球化，港口作为供应链的成员加入世界经济发展中，港口发展与全球经济一体化有着密不可分的关系。港口作为港口供应链中的重要节点企业（或核心企业），参与了港口供应链的协调与优化。港口供应链是指以港口企业为主导，引进现代供应链管理理念与信息技术管理手段，将货源物资企业、运输企业、港口企业以及其他物流服务企业同终端货主连接在一起的一个服务型的网链系统。港口供应链管理就是港口企业通过调节上下游企业之间的合作关系，合理整合供应商、港口企业、船公司、货主企业之间的物流、信息流和资金流，来实现增强供应链整体竞争力这一目的。

港口供应链管理模式可以分为分布式港口供应链管理和协同式港口供应链管理。港口供应链分布管理模式的特点有：① 节点企业内部过分强调自给自足供应链模式；② 港口供应链成员企业关系松散，对市场需求反应不灵敏；③ 协调合作仅限于港口供应链局部。尽管港口供应链分布管理模式并不能提高港口供应链整体收益，但由于节点企业间利益分配机制、管理方法、信息系统不同，而且港口供应链中存在垄断企业，因此港口供应链管理模式仍然可以采取分布式。但分布式港口供应链的运营，使得港口供应链只得到局部的最优，这样不仅损害了其他供应链成员的利益，更加不利于港口供应链的稳定运作。供应链的协同管理模式是介于分布式管理和集成化管理之间的一种供应链管理模式。它是由港口供应链上的核心企业控制，但兼顾供应链成员企业的收益，是一种理想的港口供应链管理模式，同时也是对分布式港口供应链运营的改进。

复习思考题

1. 简述港口的定义、分类与基本组成。
2. 简述现代港口的发展趋势。
3. 简述港口铁路的功能、组成及其平面布置形式。

第六章 航空机场设计与运营

一、机场的功能

机场又称航空站（简称航站），大型民航运输机场又称为"航空港（Airport）"。机场是供飞机起飞、着陆、停驻、维护、补充给养及组织飞行保障活动所用的场所。民用机场的基本功能为：

（1）为飞机的运行服务。
（2）为旅客、货物及邮件的运输服务。
（3）提供方便快捷的地面交通连接市区。

机场、航路和机队构成了民航运输网络。机场是民航运输网络中的节点，是航空运输的起点、终点和经停点，机场是空中运输和地面运输的转接点（对空：供飞机起降；对地：客、货和邮件进出），机场可实现运输方式的转换。全国的各类机场构成了国家机场系统。

机场主要由飞行区（是飞机起飞、着陆和滑行的飞机运行区域，通常还包括用于飞机起降的空域）、地面运输区（是车辆和旅客活动的区域，其功能是把机场和附近城市连接起来（公路、铁路、地铁等））和候机楼（是旅客登机的场所，是飞行区和地面运输区的接合部位）三个部分构成。

二、机场的分类

（1）按服务对象分：军用机场、民用机场（商业运输机场（航空港）、通用航空机场、其他机场（用于科研、生产、教学和运动））、军民合用机场。
（2）按航线性质分：国际航线机场、国内航线机场。
（3）按机场在民航运输网络中所起作用分为：
① 枢纽机场：连接国际、国内，航线密集的大型机场。
② 干线机场：以国内航线为主，空运量较集中。

③ 支线机场：空运量较少。
（4）按机场所在城市的性质、地位分为：
① Ⅰ类机场：枢纽机场。
② Ⅱ类机场：干线机场。
③ Ⅲ类机场：次干线机场。
④ Ⅳ类机场：支线机场。
（5）按旅客乘机目的分为：始发、终程机场，经停（过境）机场，中转（转机）机场。

三、机场总平面图

（一）机场平面布置

机场平面布置是指安排跑道、滑行道、停机坪的构形，划出留待航站楼的范围，确定导航设施和跑道进近区的位置。

（二）航站区布置

航站区布置是指旅客航站楼、货物航站楼、飞机库、旅馆、商业和服务区、机场入口和服务道路等位置和范围安排。

（三）机场总平面图要求

（1）航站区位置适中，并具备分期实施建设的方案。
（2）站坪机位与航站楼相协调，航空器地面运行顺畅；陆侧交通便捷、有序。
（3）直接为航空器运行、客货服务的设施靠近飞行区或站坪。
（4）机场内供旅客、货运、航空器维修、供油等不同使用要求的道路设置合理，避免相互干扰。
（5）根据机场噪声影响预测，做好机场内及邻近地区的土地使用规划，保持机场与周边地区协调发展。

四、机场跑道

跑道是机场工程的主体，机场的构形主要取决于跑道的数目、方位以及跑道与航站区的相对位置。跑道是供飞机起降的一块长方形区域。它提供飞机起飞、着陆、滑跑以及起飞滑跑前（和着陆滑跑后）运转的场地。跑道应有足够的长度、宽度、强度、粗糙度、平整度、规定的坡度。跑道的基本参数有跑道的基本尺寸（长度、宽度和坡度），跑道的方位、跑道号和跑道的数量，跑道道面的平整度、粗糙度和强度。跑道的构型将影响航站区的设置，布置航站区和跑道的相对位置的主要原则是：

（1）尽量缩短起飞飞机从航站区到跑道起飞端及着陆飞机从跑道抵达站坪的滑行距离；

（2）要考虑航站区与城市间的地面交通的连接以及航站区内交通组织；

（3）尽量避免起飞、着陆飞机在低空飞行时越过航站区上空，防止意外事故的发生；

（4）为飞机场内各设施将来扩建发展留有余地。

五、机场滑行道

滑行道是机场内供飞机滑行的规定通道。

滑行道的主要功能有：

（1）使已着陆的飞机迅速离开跑道，不与起飞滑跑的飞机相干扰，并尽量避免延误随即到来的飞机着陆。

（2）滑行道可将性质不同的各功能分区（飞行区、候机楼区、飞机停放区、维修区及供应区）连接起来，使机场最大限度地发挥其容量潜力并提高运行效率。

滑行道的宽度由使用机场最大的飞机的轮距宽度决定（比跑道宽度要小）。在滑行道转弯处，它的宽度要根据飞机的性能适当加宽。与跑道相比，滑行道所受载荷更重，飞机运行密度更高。所以滑行道道面强度要和配套使用的跑道两端的强度相等或更高。

滑行道的布置主要取决于飞机的运行次数。

（3）最简单的滑行道布置：在跑道两端设置供飞机调头用的滑行道，并用短滑行道与机坪连接。

（4）随着跑道交通量增长，可设置较短长度的平行滑行道。

（5）飞机运行次数预期在5年内达到：5 000次/年；年平均周高峰小时20次；需设与跑道平行的全长滑行道。

（6）当飞机预期运行次数达到跑道容量的40%~75%时应在跑道中部增设快速出口滑行道。

（7）飞机年运行次数预期达到75 000次或高峰小时运行次数到达30次时应在跑道端部设置停机坪或增设侧线滑行道。

（8）当飞机需要沿滑行道的两个方向滑行时，可考虑在第一条滑行道的外侧增设平行滑行道，每个方向规定一条单向滑行路线。

六、机场净空区

机场净空区指机场附近沿起降航线一定范围内的空域不能有地面的障碍物来妨碍导航和飞行区域，即在跑道两端和两侧上空为飞机起飞爬升、降落下滑和目视盘旋需要所规定的空域提出要求，也就是净空要求，保证在飞机的起飞和降落的低高度飞行时不能有地面的障碍物来妨碍导航和飞行。机场条件的破坏通常是由超高障碍物引起的，空中漂浮物或烟雾、粉尘也会引起。

七、机场停机坪

停机坪是指在陆地机场上划定的一块供飞机上下旅客、装卸货物和邮件、加油、停放或维修之用的场地。

停机坪上设有供飞机停放的划定位置，即机位。

站坪指候机楼空侧所设的停机坪，可供飞机滑行、停驻机位、停靠机位、停靠门位以便上下旅客、行李和货邮及加油，站坪包括客机坪和货机坪。

等待停机坪供飞机等待可让路，以提高飞机地面活动效率的场地。等待起飞机坪应能容纳2~4架飞机，并有足够的地面使一架飞机绕过另一架飞机。

登机机坪指旅客从候机楼上机时飞机停放的机坪，这个机坪要求能使旅客尽量减少步行上飞机的距离。

登机桥是一个活动的走廊，它是可以伸缩的，并且有液压机构调整高度，以适应不同的机型，当飞机停稳后，登机桥和机门相连，旅客就可以通过登机桥直接由候机楼进出飞机。

八、机场生产运营管理中的停机位与滑行道分配

机场是空中物流供应链中的重要一环，是人和物的起点、中转点和终点，也是一个国家和地区最重要的基础设施之一。制约机场发展的主要问题涉及安全、服务和效益几方面，设备能力不够及机场支援力量不够也使得航空物流与民航客运不能稳步前进。所以如何在保障机场飞机运行正常的前提下，通过合理调度与改进配置生产资源，增高服务质量，合理利用设施资源，并增加机场运营效益，是机场生产运营管理的核心问题。

机场调配管理是提升机场综合运营效益的最有效策略，机场调配问题可分为停机位的合理分配问题和滑行道的合理分配问题。停机位的合理分配指在符合特定的约束条件和目标要求的前提条件下，分配合适的停机位置给每个即将执行航次的机场飞机的过程，当前停机位分配问题，或者考虑所有乘客步行总距离最短为总目标，或者考虑飞机耗油总和最小为准则，在实际中管理人员经常会期望二者能够并存实现。机场滑行道分配即依据飞机起降的滑行道的进口、跑道的进口、开始进入滑行状态的时间、进入或者离开飞机场的不同和飞行器的尾部样式等安排需要滑行的路程的过程。机场的滑行道的合理调配度对提高机场调配的综合效益起着很重要的辅助作用，以达到滑行道中飞机滑行总距离最短的目标。同时，机场的飞机在滑行时的成本及其他消耗尤其是油耗也很大，所以合理的滑行道分配能够节约成本，而且缩短滑行时间的也可减少航次延误。因此，滑行道分配问题研究可以归结为飞机滑行距离最短为目标的滑行道分配问题研究。

复习思考题

1. 简述机场的功能、分类。
2. 简述机场总平面图的要求。
3. 简述布置机场航站区和跑道的相对位置的主要原则。
4. 简述停机位的合理分配问题。
5. 简述滑行道的合理分配问题。

第七章 综合交通枢纽规划设计与运营

一、概 述

中共中央、国务院印发的《交通强国建设纲要》提出到 2035 年，基本建成交通强国；现代化综合交通体系基本形成，人民满意度明显提高，支撑国家现代化建设能力显著增强；拥有发达的快速网、完善的干线网、广泛的基础网，城乡区域交通协调发展达到新高度；基本形成"全国 123 出行交通圈"（都市区 1 小时通勤、城市群 2 小时通达、全国主要城市 3 小时覆盖）和"全球 123 快货物流圈"（国内 1 天送达、周边国家 2 天送达、全球主要城市 3 天送达），旅客联程运输便捷顺畅，货物多式联运高效经济；智能、平安、绿色、共享交通发展水平明显提高，城市交通拥堵基本缓解，无障碍出行服务体系基本完善；交通科技创新体系基本建成，交通关键装备先进安全，人才队伍精良，市场环境优良；基本实现交通治理体系和治理能力现代化；交通国际竞争力和影响力显著提升。同时提出建设现代化高质量综合立体交通网络，以国家发展规划为依据，发挥国土空间规划的指导和约束作用，统筹铁路、公路、水运、民航、管道、邮政等基础设施规划建设，以多中心、网络化为主形态，完善多层次网络布局，优化存量资源配置，扩大优质增量供给，实现立体互联，增强系统弹性。强化西部地区补短板，推进东北地区提质改造，推动中部地区大通道大枢纽建设，加速东部地区优化升级，形成区域交通协调发展新格局。

对于综合交通枢纽的定义，一般认为：首先，在地理位置上，综合交通枢纽地处两种或两种以上的交通方式衔接处或客货流重要集散地；其次，在交通网络上，综合交通枢纽是交通网络上多条交通干线通过或连接的交汇点，是交通网络的重要组成部分，连接不同方向上的客货流，对交通网络的畅通起着重要作用；再次，在交通组织上，综合交通枢纽承担着各种交通方式的衔接，实现不同方向和不同运输方式间交通的连续性，完成交通出行的全过程。综合交通枢纽发展历程如图 7-1-1 所示。

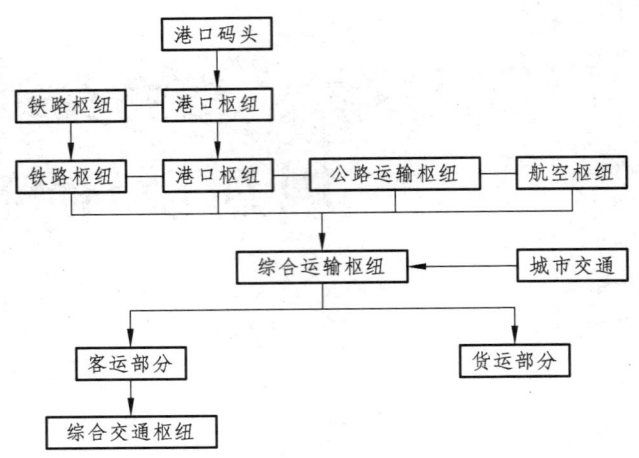

图 7-1-1 综合交通枢纽发展历程

中共中央、国务院印发的《交通强国建设纲要》提出构筑多层级、一体化的综合交通枢纽体系,即依托京津冀、长三角、粤港澳大湾区等世界级城市群,打造具有全球竞争力的国际海港枢纽、航空枢纽和邮政快递核心枢纽,建设一批全国性、区域性交通枢纽,推进综合交通枢纽一体化规划建设,提高换乘换装水平,完善集疏运体系;大力发展枢纽经济。新一代枢纽的发展趋势如下:

(1)各种运输方式的联运与功能整合;
(2)最短的换乘距离;
(3)一目了然的信息标识和诱导服务;
(4)智能化趋势;
(5)舒适的换乘条件和合理的商业配套;
(6)安全保障与高品质。

二、综合交通枢纽的分类与系统结构、系统组成

根据枢纽承担的交通功能和规模大小,综合交通枢纽可分为 A、B、C、D 四大类。

1. A 类枢纽

以航空、铁路等大型对外交通设施为主,配套设置轨道交通车站、地面公交站、社会停车场、出租车营运站等市内交通设施,共同形成的大型市内外综合客运交通枢纽。

2. B 类枢纽

以轨道交通车站为主,结合地面公交站点、出租车营运站、社会停车场和长途客运站等其他交通设施,共同形成的大中型综合客运枢纽。根据不同的客流规模,B 枢纽又可分为 B_1、B_2 两类,B_1 类枢纽:是以 3 线及 3 线以上轨道交通换乘站为主体的大型枢纽;B_2 类枢纽:是以 1 线或 2 线轨道交通站点为主体的中型枢纽。

3. C 类枢纽

以轨道交通、地面公交和机动车换乘为主体的停车换乘枢纽。此类枢纽主要适用于中心城市用地紧张、交通负荷重的地区。因此在外环附近及外环以外、靠近主要公路和轨道交通站点的区域设置大中型社会停车场，提供优惠的停车收费标准和便捷的换乘条件，起到适当截流进城机动车、引导换乘公交的作用。

4. D 类枢纽

以多条地面公交换乘站点为主体的小型枢纽。D 类枢纽通常是距离轨道交通站点较远的、多条常规公交线始末集中布局而形成的枢纽。

综合交通枢纽的系统结构如表 7-1-1 所示。

表 7-1-1　综合交通枢纽的系统结构

子系统	具体构成
枢纽外部运输子系统	不同运输方式的输入线路
	不同运输方式的场站设施
	不同运输方式的客货运输系统
	不同运输方式的管理系统
枢纽内部运输子系统	枢纽内部联络子系统
	枢纽运输代理子系统
	城市交通运输子系统
	物流集散系统与客流换乘系统

三、综合交通枢纽的功能

综合交通枢纽作为交通运输的生产组织基地和交通运输网络中客货集散、转运及过境的场所，具有运输组织与管理、中转换乘及换装、物流功能、多式联运、信息流通和辅助服务六大功能。

（一）运输组织功能

运输生产组织。对于货运系统，包括货物运输的发送、中转、到达等作业；组织联合运输和组织货物的装卸、分发、换装作业；制订货物运输计划，进行货物运输全过程的质量监督与管理工作。对于客运系统，包括为组织旅客上下车而提供的各种管理服务工作、为参营车辆安排运营班次、拟定发车时刻。

运力组织。运输枢纽站场通过向公众提供客货源、客货流信息，组织营运车辆进行客货运输，开辟新班线、班次和运力，运用市场机制协调客货源与运力之间的匹配关系，使运力与运量保持相对平衡，为社会运力提供配载服务等。

运行组织。根据货流特点确定货运车辆行驶的最佳路线和运行方式,制订运行作业计划,使货运车辆有序运转,掌握营运线路通阻情况,向司乘人员提供线路通阻信息,联合有关部门处理行车事故、组织救援等,具体包括办理参营车辆到发手续,组织客车按班次时刻准点正班发车。

客货流组织。货运系统依据货源信息和货流变化规律资料,掌握货源特征实现货物的合理运输。客运系统收集客流信息和客流变化规律资料,根据客流特征合理安排营运线路,以良好的服务和公关活动吸引新客源。

(二) 中转换乘和换装功能

综合交通枢纽站场为旅客的中转换乘提供方便,为货物中转和因储运需要而进行的换装提供方便,配备相应的站场服务设施,在时间、要求、物耗等方面为中转旅客、货主提供服务,确保旅客安全、迅速、方便地完成换乘作业,保证中转货物安全可靠地完成换装作业,及时地到达目的地。

(三) 多式联运功能

枢纽站场可承担运输代理,为旅客、货主和车站提供双向服务,选择最佳运输线路,合理组织多式联运,实行"一次承运,全程服务"。

(四) 物流功能

货运枢纽站场面向社会开放提供物流服务,为货主提供仓储、保管、包装服务,代理货主销售、运输所仓储的货物,在此基础上进行功能延伸,开展流通加工、物流咨询、设计等综合物流业务。

(五) 信息流通功能

通过计算机及通信设备,使全国综合交通枢纽形成网络,使公路运输枢纽与水运枢纽、铁路站场和航空港有机联系、相互衔接,并使各种营运信息得以迅速、及时、准确地传递和交换;面向社会提供货源、运力信息和配载及通信服务。

(六) 其他辅助服务功能

为旅客、货主、司助人员提供食、宿、娱乐、购物一条龙服务,代货主办理报关、报检、保险等业务,提供商情等信息服务。为营运车辆提供停放、加油、检测和维修服务。综合交通枢纽除具备运输组织、中转换乘换装、物流、联运代理、信息流通和辅助服务功能外,还从系统整体上显现其他功能,如系统优化功能、"网"上运输衔接功能、"面"上客货集散功能、疏导城市交通功能。

四、综合交通枢纽的协调与运行机制

枢纽运营计划的协调主要考虑如下几方面:

(1) 统一技术作业过程——协调时刻表。
(2) 制定开行计划——固定（铁路、水运、航空）、灵活（地铁、公交）。
(3) 完善运输服务网络——合理、高效、协调、有序。
(4) 应用信息技术支撑——信息化、智能化、自动化。

综合交通枢纽内各种交通方式间的协调过程分类如表 7-1-2 所示。

表 7-1-2　综合交通枢纽内各种交通方式间的协调过程分类

按空间协调特征	综合交通枢纽与周围土地开发布局形态及环境的协调	
	综合交通枢纽与综合交通运输网的协调	
	综合交通枢纽与城市道路网络的协调	
按协调方式计划期长短	远期计划协调	
	近期计划协调	
	日常作业计划协调	
按相互协调子系统的等级	第一级	交通枢纽输入、输出交通流与枢纽固定设备间的协调
	第二级	交通枢纽内各种运输方式间的协调
	第三级	交通枢纽内同种运输方式主要子系统间的协调
	第四级	枢纽内各组成要素及其子系统间的协调
按协调形式	技术作业过程协调、信息协调、管理制度协调、经济协调	

综合交通枢纽系统与综合交通网络的协调归根于综合交通枢纽系统规划与综合交通网络规划的协调。综合交通枢纽系统与综合交通网络规划是区域交通规划中两个紧密联系、互为补充的重要内容，两者互动关系如图 7-1-2 所示。

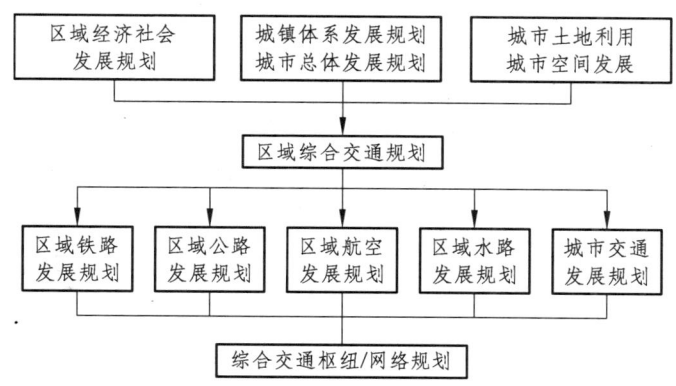

图 7-1-2　综合交通枢纽系统与综合交通网络的协调

综合交通枢纽的运营，是由旅客（或货主）、运输企业和政府三个部分共同参与的。它不仅与枢纽所在区域的交通网络的物理特征有关，还与三个参与枢纽运营的主体的相互关系有关；综合交通枢纽的运行机制可以用图 7-1-3 所示的两个层次来说明，其中上层问题代表政府的宏观行为（如枢纽规划及其配套政策），下层问题代表需求者、运营者的微观行为。

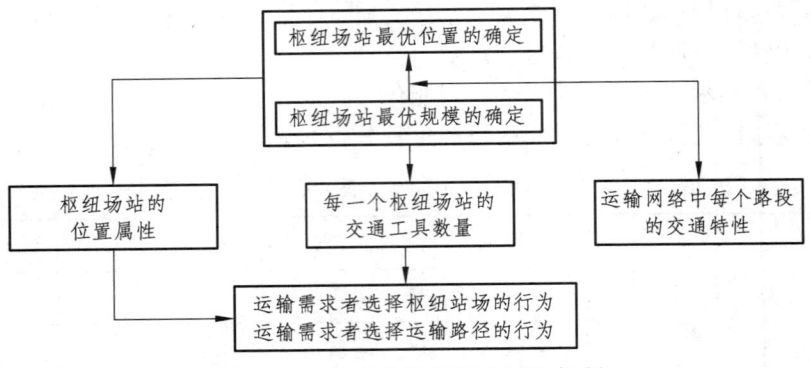

图 7-1-3 综合交通枢纽的运行机制

五、交通枢纽规划布局流程与设计

（一）交通枢纽场站规划布局的流程

交通枢纽规划布局一般包括前期准备、需求分析、规划设计、方案论证四个阶段，具体流程如图 7-1-4 所示。

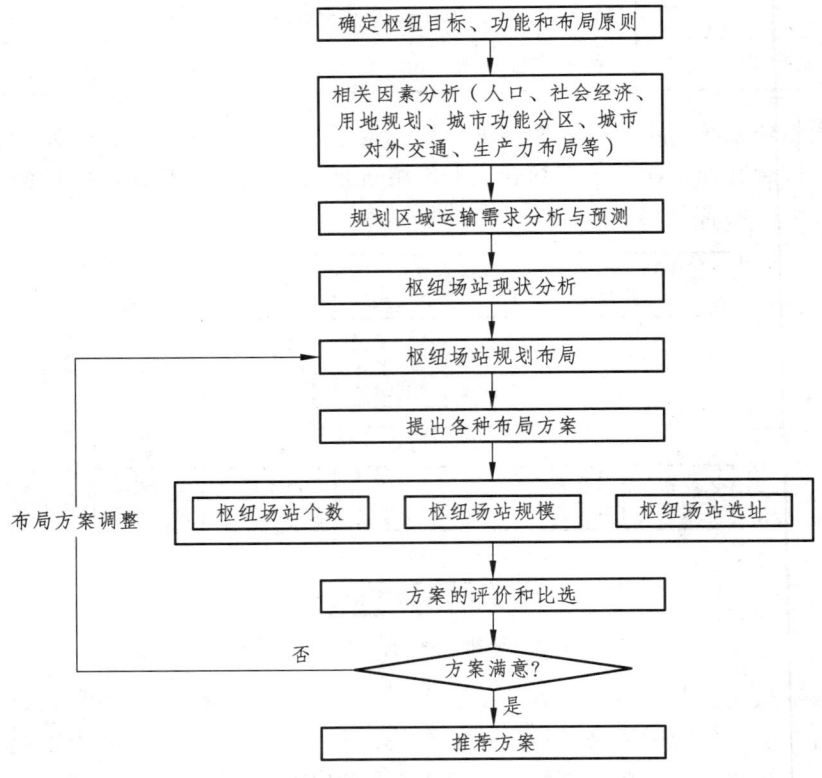

图 7-1-4 交通枢纽场站规划布局的流程

（二）综合交通枢纽的设计目标

将枢纽设计与上位规划、运营统一考虑，综合交通枢纽的设计目标包括如下几方面：
（1）实现乘客出行、乘降、中转、换乘的衔接协调，保证换乘效率和换乘便利；
（2）提高公共交通便利性、公共交通方式间换乘的优先性，引导各交通方式换乘公共交通；
（3）枢纽换乘要以提高乘客安全性和换乘服务可靠性为目标，利于乘客安全集散与自由移动；
（4）枢纽规划设计要考虑城市区域布局和土地合理利用；
（5）枢纽设计要考虑人性化服务和综合服务功能。

枢纽内的信息与引导标识可分为定点标识与区域标识，其中定点标识设计时要注意：
（6）各类出入口、功能点、周边道路等；
（7）内容简单易懂，信息单一；
（8）醒目性。

区域标识设计时要注意：
（1）设置在多条旅客流线交织处、不同层面交界处、不同功能区交界处前上空间；
（2）多以地图或平面立体示意图等方式呈现。

（三）轨道交通与常规公交换乘枢纽设计原则

在进行轨道交通与常规公交换乘枢纽设计时，应力争使两条换乘线路上的绝大多数客流不用转换站台即能换乘，以实现"门对门"的换乘方式，并最大限度地缩短换乘距离。因此，在进行轨道交通与常规公交换乘设计时，应充分考虑以下原则：
（1）满足换乘客流量的需要；
（2）调整相交线路方向创造良好的换乘条件，实现轨道交通与常规公交的有效衔接；
（3）尽量缩短乘客的走行距离（包括换乘站的形态与空间组织、垂直与水平自动步行道的设置等）；
（4）结合地形布置车站形式；
（5）简洁的平面组织与一目了然的诱导标识，组织好人流和车流，避免枢纽内部人流与车流的平面交叉，建立安全、独立的步行换乘系统；
（6）努力提高服务水平，以安全、舒适的换乘条件与充分的空间容量来吸引乘客。

轨道交通与常规公交及其他交通方式交汇衔接时，一定要有清晰的线路信息，使换乘乘客流流向明确、通道畅通、换乘便捷无误。由轨道交通车站换乘常规公交的客流，应通过人行天桥或地道直接进入街道外的公共汽车站台，使人流与车流分别在不同的层面上流动，互不干扰。所以，大型换乘枢纽的建筑必须与其周围的道路、广场等进行综合设计。

六、综合交通枢纽"一体化"

"一体化"亦称"综合化"，指存在两种或两种以上交通可以相互区别、相互联系而又相互作用的要素或系统，以一定的阶层结构形式分布，在既定的环境约束下，为达到整体的目的而形成的有机集合体。综合交通枢纽"一体化"有两个方面的含义:综合集成与资源整合。一体化的核心是同步和协调,同步强调过程,协调则是一体化的目的,使体系内各个要素高度有序地整合,最终达到彼此的协调匹配,实现综合交通资源的优化配置。

资源整合是指把所有的交通资源进行统一规划、统一管理、统一组织、统一调配,以达到综合交通枢纽的整体优化,以便充分地利用交通资源和最好地满足交通需求。交通资源包括由自然交通条件(包括土地、空域、港址、桥位、航道等)和人为建设所形成的交通设施(如线路、场站及枢纽设施、停车场位等)两部分组成的硬件资源,以及由运输系统的人力、信息、组织与管理等构成的软件资源。综合交通枢纽的综合集成包含两方面的含义,一是集多种交通方式于一体,将铁路、公路、轨道交通、公交、出租汽车、私家车停车场等集中组织管理;二是建筑功能的综合化,综合交通枢纽外围丰富的商业和服务业使其成为以交通功能为核心,集商业、服务业于一体的"交通综合体"。

七、综合换乘枢纽各交通方式场站布局衔接模式

综合换乘枢纽根据各参与交通方式间的换乘形式,可分为平面式、立体式和混合式3种空间布局模式。由于不同换乘枢纽周围土地开发程度和土地利用模式不同,现有道路交通条件也不同,使得不同的综合换乘枢纽布局衔接呈现出多样性、地域性和个体差异性,没有固定的模式,但是各交通方式场站之间的布局模式仍然可以将其归类。

(一)综合换乘枢纽铁路客站与城市轨道交通车站的布局衔接

城市轨道交通由于其运营稳定、发车间隔短、运量大等特点而成为大城市铁路客站的重要衔接方式,国外多将轨道交通车站和铁路客站联合集中设置,而国内由于管理体制的分割性,立体换乘、集中设置的应用还不普遍。根据城市轨道交通车站与铁路客运站的规划、设计、建设是否统筹考虑分为独立设置和联合设置两类。独立设置是指城市轨道交通车站和铁路客运站的规划、设计、建设由不同部门进行,未做一体化规划设计、建设,两站的结合紧密程度较弱。联合设站是指轨道交通车站和铁路客运站进行了统一的规划设计和建设,将两者纳入铁路综合换乘枢纽的整体框架下进行设置,综合考虑了节约用地、缩短换乘距离、方便旅客换乘等多方面的因素。独立设置时两站的建筑物是分离的,而联合设置时两站在同一建筑物内,分布在不同的功能区,两者各有特点。从旅客换乘成本角度出发,联合设置的衔接模式较独立设置模式更能体现"以人为本",城市轨道交通的站厅或出入口靠近铁路客站的出入口或站台,旅客换乘便利,但是需要相关管理部门之间在规划建设、管理体制、票制等诸多层面相互协调,同步规划,同步实施。

独立设置的具体特点包括:① 城市轨道交通车站的出入口设置于铁路客站的站前广场,如运营多年的北京地铁站,这是国内早期最常见的衔接模式,乘客的换乘距离较长。② 城市轨道交通车站的出口通道直接连接至铁路客站的候车室或售票室,如广州地铁1号线与广州东站的衔接;若通道较长,可考虑在通道内设置自动步行道以方便旅客携行李换乘。③ 城市轨道交通的站厅层设专用通道、步行楼梯或自动扶梯直达铁路客站的站台面,如上海地铁1号线与铁路新客站的衔接。

联合设置的具体特点包括：① 城市轨道交通车站和铁路车站共用站厅层，其站台平行设置。② 城市轨道交通车站直接修建在铁路客运站的站台或站房下，乘客通过轨道车站的站厅和楼梯就能在两者之间换乘。

（二）综合换乘枢纽铁路客站与常规地面公交车站的布局衔接

在以铁路为主导方式的综合换乘枢纽的设计中，城市常规地面公交与铁路客站衔接协调的必要条件是保证在列车密集到达时，常规公交应在短时间内快速将乘客疏散。根据公交车站的规模和换乘客流的大小，可分为 3 种形式，表 7-1-3 目前国内的综合换乘枢纽的地面公交站与铁路客站大多为平面分离布置形式，而国外由于规划理念的超前性，综合换乘枢纽中不乏立体集中设置模式，如美国旧金山的港湾枢纽，轨道层位于地下二层，公交层位于地上二层，通过换乘大厅和楼梯、电梯、自动扶梯等可实现不出站便捷换乘。

表 7-1-3 综合换乘枢纽铁路客站与常规地面公交车站的布局衔接方式

布局衔接方式	具体特征
不设公交枢纽	换乘需求小，仅在铁路客站周围设置分散的公交停靠站台，当换乘客流增大时，对城市交通的影响较大，客流组织复杂
设置公交枢纽	换乘客流较多，常规公交线路多为始发线路，铁路客站位置通常较为偏远，但以铁路为主导方式的综合换乘枢纽规模较大
集中设置公交枢纽和分散设置公交停靠站相结合	换乘客流需求大，综合换乘枢纽参与城市交通成分较大，采用集中设置公交枢纽和分散设置公交停靠站相结合的形式

（三）综合换乘枢纽铁路客站与长途汽车站的布局衔接方式

当铁路综合换乘枢纽中配套建设有长途汽车客运站时，铁路客站与长途汽车站的布局衔接主要有平面分离设置和配套设置两种模式，具体分析见表 7-1-4。

表 7-1-4 综合换乘枢纽铁路客站与长途汽车站的布局衔接方式

布局衔接方式	具体特征	适用性
平面分离设置	铁路客站与长途汽车站平面分离设置，到发客流通过站外换乘或通道换乘的方式在两者间转换，换乘距离长，客流多带有行李，走行速度慢，换乘效率低；许多长途汽车站与铁路客站相隔几个街区，在增加了乘客旅行劳累度的同时，影响了铁路客站周边的城市交通的运行	此种布局模式设计简单，实施难度小，长途汽车客运站辐射范围较广，为我国目前大多数铁路客站与长途汽车站的布局衔接模式
配套设置	长途汽车站与铁路客站配套设置，长途汽车站内只设一定数量的发车位，而在换乘枢纽不远处设置长途汽车停车场，即场站分离。长途汽车的上客点即发车位靠近铁路客运站的出口，落客点靠近铁路客运站的入口或售票厅	适应于铁路到达客流换乘长途汽车的旅客流量和方向稳定的枢纽。根据综合换乘枢纽的性质和周边区域土地利用状况，长途汽车站的发车位可采用平面布置形式且尽量靠近铁路客运站的出口，也可采用立体布置形式，乘客通过换乘站厅和通道到达长途汽车站

（四）综合换乘枢纽铁路客站与出租车交通的布局衔接方式

由于综合换乘枢纽设计的多样性，使得出租车交通在枢纽内的交通流线呈现出个体差异性，但为了方便旅客，综合换乘枢纽应设置出租车落客区和候客区，落客区尽量靠近进站口，候客区靠近出站口。铁路客站与出租车交通的布局衔接方式主要有三种，具体分析见表 7-1-5。

表 7-1-5　综合换乘枢纽铁路客站与出租车交通的布局衔接方式

布局衔接方式	具体特征与适用性
出租车落客区、候客区、停车场平面分离设置	这种模式多采用在以往的铁路客站设计中，但由于占地面积大，且旅客乘车不便，已逐步被淘汰
不设出租车停车场，落客区和候客区共用或设置成"U"形	适宜于铁路到发客流稳定且密集，铁路换乘出租车需求较大，出租车候车时间较短的情况
将出租车的送、接客点设置在更加靠近进出站的位置	迎合综合换乘枢纽立体空港式设计，利用高架匝道或地下坡道形成"高进低出"的方案；如新北京南站，在地上二层高架匝道上设置出租车落客区，在地下一层换乘大厅出入口，设置出租车停车场及上客区

（五）综合换乘枢纽铁路客站与社会车辆的布局衔接方式

为了避免社会车辆在客站广场或客站周围道路的滞留聚集，影响人流的移动和城市交通的运行，形成混乱无序的场面，一般综合换乘枢纽会限制社会车辆在广场或客站周围道路停留或上下乘客，而要求社会车辆统一进入社会车辆专用停车场，乘客和接送旅客的人员再通过站前广场或者通道、楼梯、换乘站厅层到进出站口、售票厅等目的位置。目前国内铁路客站的社会车辆停车场多为地面和地下两种形式，如北京西客站。

复习思考题

1. 简述综合交通枢纽的概念、分类与系统结构。
2. 简述综合交通枢纽规划布局流程与设计。
3. 简述综合交通枢纽的协调与运行机制。

参考文献

[1] 中华人民共和国铁道部. 铁路车站及枢纽设计规范[S]. 北京：中国计划出版社，2006.

[2] 中华人民共和国铁道部. 铁路信号站内联锁设计规范[S]. 北京：中国铁道出版社，2001.

[3] 中国铁路总公司. 铁路技术管理规程[S]. 北京：中国铁路总公司，2014.

[4] 铁道第四勘测设计院. 铁路工程设计技术手册：站场及枢纽[M]. 北京：中国铁道出版社，2004.

[5] N Adamko, V Klima, P Marton. Designing railway terminals using simulation techniques[J]. International Journal of Civil Engineering. Vol.8, No. 1, March 2010.

[6] Norbert Adamko, Valent Klima. Optimisation of railway terminal design and operations using villon generic simulation model，Transport，2008，23（4）：335-340.

[7] 刘其斌，马桂贞. 铁路车站及枢纽[M]. 北京：中国铁道出版社，1997.

[8] 陈应先. 高速铁路线路与车站设计[M]. 北京：中国铁道出版社，2001.

[9] 李海鹰，张超. 铁路站场及枢纽[M]. 北京：中国铁道出版社，2011.

[10] 张嘉敏. 铁路运营管理技术体系研究[M]. 成都：西南交通大学出版社，2015.

[11] 中国住房和城乡建设部. 地铁设计规范[M]. 北京：中国建筑工业出版社，2014.

[12] 中国铁路总公司. 高速铁路设计规范[M]. 北京：中国铁道出版社，2014.

[13] 伍东. 铁路客运站规划设计理念及总体布局研究[J]. 铁道勘察，2014，1：52-56

[14] 胡永举，黄芳. 交通港站与枢纽设计[M]. 北京：人民交通出版社，2012

[15] 周爱莲. 交通枢纽规划与设计[M]. 北京：人民交通出版社，2013.

[16] 毛保华. 城市轨道交通规划与设计[M]. 2版. 北京：人民交通出版社，2016.

[17] 张嘉敏. 基于OBE轨道交通规划与管理方向教研体系创建——以非行业特色省属地方高校向世界高水平应用研究型大学迈进为愿景[J]. 高教学刊，2019，10：14-17.

[18] 张嘉敏. 网络在线课程混合式教学模式设计方案与实施——以省属地方高校"交通枢纽场站设计"课程为例[J]. 高教学刊，2019，11：128-131.

[19] 刘叶. 铁路客流调查与分析技术体系研究[D]. 北京：北京交通大学，2009.

[20] 何静. 城市轨道交通线路与站场设计[M]. 北京：中国铁道出版社，2015.

[21] 任南杰. 铁路站场平面图计算机辅助设计系统的研究与开发[D]. 成都：西南交通大学，2011.

[22] 李陶深. 铁路站场平面设计系统 TZSHX[J]. 工程设计 CAD 及自动化, 1998（4）: 55-57.
[23] 孔旭. 铁路车站列车运行仿真系统研究[J]. 成都: 西南交通大学, 2011.
[24] 田晓莉. 基于 CBTC 的 ATS 列车进路控制技术研究[D]. 成都: 西南交通大学, 2014.
[25] 吴朝荣. 铁路进出站线疏解方式及接轨站布置探讨[J]. 高速铁路技术, 2011, 2（6）: 4-10.
[26] 丁顺均. 客货共线铁路一般中间站平面布置分析[J]. 铁道工程学报, 2013（8）: 99-103.
[27] 杨冬营. 铁路中间站平纵横集成式 CAD 系统研究[D]. 成都: 西南交通大学, 2010.
[28] 王长明. 浅谈如何加强中间站非正常情况下行车组织工作[J]. 减速顶与调速技术, 2015（1）: 24-25.
[29] 黄兴建. 铁路中间站调车模式的探讨[J]. 中国铁路, 2009（2）: 48-50.
[30] 张铸. 提高中间站作业效率的对策[J]. 铁道货运, 2012（1）: 53-55.
[31] 张伯敏. 中间站调车作业钩计划优化编制系统的应用与实践[J]. 中国铁路, 2011（8）: 21-22.
[32] 康莹. 区段站现车管理信息系统的设计与实现[J]. 铁路计算机应用, 1995, 4（4）: 40-42.
[33] 崔炳谋. 编组站综合自动化系统总体框架的研究[J]. 铁道运输与经济, 2007, 29(5): 42-46.
[34] 高雪. 编组站作业计划自动执行的研究与开发[D]. 兰州: 兰州交通大学, 2012.
[35] 蔡超. 铁路编组站 CIPS 自动统计分析系统研究[D]. 北京: 北京交通大学, 2015.
[36] 邹健康. 客运专线引入既有客运站条件下高速车场作业系统仿真模型的研究[D]. 成都: 西南交通大学, 2009.
[37] 武常山. 大型客运站日计划管理信息系统研究[D]. 上海: 上海交通大学, 2012.
[38] 黄维. 铁路货运站实行物流化运营的研究[D]. 成都: 西南交通大学, 2005.
[39] 景莉. 现代铁路物流中心功能设计与基于改进 SLP 方法的功能区布局[D]. 长沙: 中南大学, 2013.
[40] 王青亚. 枢纽内铁路客运站布局方案比选研究[J]. 交通运输工程与信息学报, 2007, 5（3）: 58-62.
[41] 汤祥. 城市中心型铁路枢纽一般交通组织技术研究[J]. 山东交通科技, 2015（1）: 31-33.
[42] 黄翠玲. 轨道交通时代大型铁路客运枢纽站的衔接方式研究[D]. 天津: 天津大学, 2008.
[43] 王苏嫄. 铁路客运枢纽设备配置及能力协调研究[D]. 成都: 西南交通大学, 2014.
[44] 刘纪建. 铁路客运枢纽换乘组织研究[D]. 成都: 西南交通大学, 2010.
[45] 陈虎. 铁路客运枢纽站客流预测及换乘研究[D]. 北京: 北京交通大学, 2012.
[46] 方健. 铁路综合客运枢纽的设计研究[J]. 铁道运输与经济, 2015, 37（6）: 55-59.
[47] 陈震. 高速铁路客运站通过能力与客运设备匹配仿真研究[D]. 北京: 北京交通大学, 2015.

[48] 韩宝明，李得伟，鲁放，张琦. 铁路客运专线换乘枢纽交通设计理论与方法[M]. 北京：北京交通大学，2010.
[49] 刘耀. 高速铁路枢纽能力统筹利用研究[D]. 北京：北京交通大学，2018.
[50] 夏胜利. 基于流程再造的高速铁路客站旅客流线优化设计研究[J]. 铁道运输与经济，2015，37（10）：34-40.
[51] 王多龙. 高速铁路车站售检票设备布局方案仿真评价及优化研究[D]. 北京：北京交通大学，2012.
[52] 张帅. 城市轨道交通折返能力的研究[D]. 成都：西南交通大学，2018.
[53] 康亚舒. 城市轨道交通车站客流控制方案的研究[D]. 北京：北京交通大学，2014.
[54] 张春家，史天运，吕晓军等. 铁路智能客运车站总体框架研究[J]. 交通运输系统工程与信息，2018，18（2）：40-44.
[55] 于金苗，苗丽雯，等. 现代铁路工程师手册[M]. 北京：当代中国音像出版社，1998.
[56] 张春民. 铁路站场及枢纽设计[M]. 北京：人民交通出版社，2014.
[57] 何世伟. 城市交通枢纽[M]. 北京：北京交通大学出版社，2016.
[58] 张明，徐涛，李晓峰. 城市轨道交通 TOD 类型研究与规划设计导则[M]. 北京：中国建筑工业出版社，2018.
[59] 王玖河. 港口企业供应链的结构分析与优化[M]. 北京：现代教育出版社，2009.
[60] 白亚南. 基于双层规划的港口供应链运营优化研究[D]. 秦皇岛：燕山大学，2013.
[61] 王炜，过秀成. 交通工程学[M]. 2版. 南京：东南大学出版社，2011.
[62] 解英全. 基于遗传蚁群混合算法的机场停机位分配研究[D]. 西安：西安工业大学，2015.